사회복지실천론

길귀숙 강희숙 오영훈 오하나 유진희 제미자 현영렬 공저

YANGSEOWON
양서원

머리말

사회복지실천은 사회복지전문직의 개입을 필요로 하는 제반 현장에서 사회복지사가 전문적 도움을 필요로 하는 사람들을 직접 만나 전문적인 서비스를 제공하는 활동을 의미한다. 최근 우리 사회의 다변화, 복잡화, 다양화에 따라 사회복지사의 도움을 필요로 하는 사람들의 수와 욕구의 종류가 늘고 있다. 사회복지사는 다양한 클라이언트를 만나게 되고 이들을 원조하는 데에 있어 많은 지식과 기술이 필요함을 알게 되며 도전받게 된다. 21세기의 사회복지는 복잡한 사회문제와 다양한 인간의 욕구에 대응해야 하는 시대적 요구에 직면하여 더 전문화되고 실천적인 학문으로 거듭나야 할 과도기에 서 있다고 할 수 있다. 더욱이 사회복지사업법의 개정과 국가시험제도의 도입으로 사회복지사의 자격이 강화되고 전문직으로서 확고한 위치를 가지게 되면서 대학은 사회복지실천의 전문성을 교육해야 하는 막중한 책임을 지게 되었다.

'사회복지실천론'은 사회복지사 자격을 취득하기 위한 국가시험 필수과목이며 사회복지방법론 교육을 위한 가장 기본적인 과목으로 사회복지학과 및 관련 학과의 학생들은 이 과목을 통해 사회복지실천의 실제적인 과정을 학습하게 된다. 사회복지실천은 사회의 요구에 민감하지 않을 수 없는 학문으로서, 사회문제에 대한 대응에서 비롯된 전문 학문이며 사회의 변화, 역사적 사건들, 사회과학의 새로운 지식, 전문직의 목적과 역할에 대한 관점의 변화에 따라 변화되어 왔다. 사회복지사를 클라이언트의 문제를 해결하고 바람직한 변화를 수행할 수 있는 전문가로서 인식하려고 하는 사회복지전문직에 대한 사회의 요구가 증대되어가는 것에 맞춰 사회복지실천에 대한 사회의 변화된 관점과 요구를 반영하기 위한 사회복지학계나 실천현장의 노력이 반영된 사회복지실천 교육이 절대적으로 필요하게 되고 있다. 이런 효과적인 사회복지실천에 필요한 기본 이론과 기술을 제시하는 것이 이 책의 목적이다.

여러 욕구를 가진 클라이언트들을 위한 사회복지실천이 제대로 이루어지기 위해서는 정부의 바람직한 제도와 실천현장의 합리적 운영, 그리고 사회복지사의 성실한 활동이 뒷받침되어야 한다. 이런 세 가지 요소는 상호작용하여 발전과 변화할 뿐만 아니라 사회복지실천영역 전반에 핵심적인 맥락을 이룬다고 할 수 있다. 따라서 사회복지실천과 관련하고 있는 우리 정부의 제도와 실천현장의 운영 실태, 그리고 사회복지사의 교육과정을 보면 우리나라 사회복지실천의 상황을 짐작할 수 있지만 안타깝게도 우리나라의 사회복지실천과 관련된 위의 세 가지 요소의 원활한 기능이 걱정되는 현실이다.

이처럼 어려운 우리나라 사회복지실천의 현실을 변화시킬 수 있는 방법 중의 하나는 사회복지사를 대학에서 올바르게 교육시켜 배출하는 일이라고 생각한다. 사회복지실천 관련 제도와 현장의 어려움을 변화시킬 수 있는 사람들이 곧 지금 대학에서 교육을 받고 있는 예비 사회복지사들이라는 생각을 하면서 이 책을 준비하였다. 이런 생각에서 출발하여 교육현장에서 사회복지실무에 효과적으로 대처할 수 있는 실제적이고 유용한 사회복지실천 이론들과 기술들을 학생들이 배우고 익히도록 이끌어 줄 수 있는 좋은 교재를 만들어 보자는 소박한 동기에서 집필이 시작되었다.

그리고 이 책을 출간하면서 사회복지학계 및 실천현장의 NCS(국가직무능력표준) 기반 교육과정 적용 및 사회복지실천 현장맞춤형 학습 등의 최근 경향을 반영하고자 노력하였으며, 집필진들의 완성도를 높이고자 노력하는 열성들을 더하였다.

이 책은 총 13개의 장으로 구성되어 있다. 제1장은 사회복지실천의 개념 및 정의에 관해 다루었고, 유진희 교수가 집필하였다. 제2장은 사회복지실천의 역사적 발달과정을 살펴보았고, 현영렬 교수가 집필하였다. 제3장은 사회복지실천의 가치과 윤리로, 제미자 교수가 집필하였다. 제4장은 사회복지실천현장과 대상 개관으로, 오영훈 교수가 집필하였다. 제5장은 사회복지실천의 관점과 통합적 접근을 다루었고, 유진희 교수가 집필하였다. 제6장은 사회복지실천모델로, 오영훈 교수가 집필하였다. 제7장은 사회복지실천을 위한 관계형성으로, 현영렬 교수가 집필하였다. 제8장은 사회복지실천을 위한 의사소통으로, 길귀숙 교수가 집필하였다. 제9장은 사회복지실천을 위한 면접을 살펴보았고, 길귀숙 교수가 집필하였다. 제10장은 사회복지실천의 과정: 초기단계로, 오하나 교수가 집필하였다. 제11장은 사회복지실천의 과정: 중기단계로, 강희숙 교수가 집필하였다. 제12장은 사회복지실천의 과정: 종결과 평가단계를 다루었고, 강희숙 교수가 집필하였다. 그리고 제13장은 사회복지실천의 사례관리로, 제미자 교수가 집필하였다.

이와 같은 내용을 다루는 데 있어 저자들은 한국사회복지교육협의회의 최근의 사회복지학 교과목 지침서의 기준에 충실하기 위해 노력하였으며, 실제 실천현장에서 활용하는 데 도움이 될 수 있도록 가능한 한 예문과 사례, 연습을 제시하려고 노력하였다. 그러나 클라이언트들의 문제를 돕는 영역이 다양하여 실천현장의 현실성을 다 반영하기에는 분명히 한계가 있다고 본다. 앞으로 이에 대한 많은 부분들이 수정되고 보완되어야 할 것으로 생각한다. 아낌없는 비평과 조언, 그리고 격려를 독자 여러분에게 부탁드린다. 이 책을 내기까지 많은 도움을 주신 양서원의 박철용 회장님과 직원 여러분들께 깊은 감사를 드린다.

2018년 2월

저자 일동

차 례

Chapter 06 사회복지실천모델 • 131

Chapter 07 사회복지실천을 위한 관계형성 • 159

Chapter 08 사회복지실천을 위한 의사소통 • 181

Chapter 09 사회복지실천을 위한 면접 • 215

Chapter 10 사회복지실천의 과정: 초기단계 • 267

Chapter 11 사회복지실천의 과정: 중기단계 • 297

Chapter 12 사회복지실천의 과정: 종결과 평가단계 • 315

Chapter 13 사회복지실천의 사례관리 • 335

Chapter 01

사회복지실천의 개념 및 정의

학습목표

1. 사회복지실천의 정의와 목적을 학습하고 이해할 수 있다.
2. 사회복지실천의 이념과 철학을 학습하고 이해할 수 있다.

학습목차

1. 사회복지와 사회사업, 사회복지실천의 관계
2. 사회복지실천의 정의와 목적
3. 사회복지실천의 이념과 철학

급속하게 변화하고 있는 우리 사회는 저출산·고령화로 인한 인구 변화에 따른 다양한 사회문제와 심각한 소득 양극화 현상으로 인한 빈곤층의 증가, 의료, 교육, 주거문제 등 다양한 영역에서 사회문제가 증가하고 있다. 이러한 다양한 사회문제를 해결하기 위한 다각적인 방안들이 나오고 있으며, 특히 사회복지에 대한 관심은 날로 증가하고 있다. 실질적으로 인간의 가장 기본적인 삶을 영위할 수 있도록 하는 것이 사회복지의 가장 큰 역할이라고 볼 때 너무나도 당연한 일인지도 모른다. 사회복지의 실천은 다양한 사회문제로 인해 나타나는 클라이언트의 복합적인 문제를 해결하고 욕구를 충족시켜 줌으로써 모든 사람들이 행복한 삶을 영위할 수 있도록 중추적인 역할을 하고 있다. 이처럼 우리 삶에 밀접한 관련이 있으며 사회문제를 해결함에 있어서 궁극적인 역할을 하는 사회복지실천에 대한 정의와 목적 그리고 사회복지실천의 이념과 철학에 대해서 살펴보고자 한다.

1. 사회복지와 사회사업, 사회복지실천의 관계

사회복지는 social welfare로 사회(social)와 복지(welfare)의 합성어이며, 복지(welfare)란 불만이 없고 만족할 만한 상태를 뜻한다. 즉, 복지란 안락하고 만족한 상태, 건강한 상태를 말하며 행복한 상태를 추구한다고 볼 수 있다. 따라서 사회복지는 복지(welfare)에 사회(social)란 말이 합쳐져 사회적으로 행복한 생활상태를 의미한다. 또한 넓은 의미에서 볼 때 사회복지는 사회구성원의 기본적 욕구를 충족하여 삶의 조건을 보장하고 사회 통합을 달성하고자 하는 사회적 활동의 총체로 사회구성원들의 삶의 질 개선을 위한 모든 사회적·제도적 노력이라고 할 수 있다(이영실 외, 2016).

반면 사회사업(social work)이란 개인, 집단, 지역사회를 도와 그들의 사회적 기능의 역량을 강화, 회복시키고 그들의 목적에 유리한 사회적 조건을 창출하도록 하는 전문적 직업 활동이다(미국사회복지사협회, 1973). 또한 개인, 가족, 집단 그리고 지역사회 문제를 해결하고, 개인, 집단, 지역사회와의 관계를 만족스럽게 돕는 하나의 전문적인 활동이다(Skidmore et al., 2000).

이처럼 사회복지는 사회사업보다 더 포괄적인 개념이라고 볼 수 있다. 하지만 최근에는 사회복지와 사회사업을 구분하지 않고 혼용하여 사용하거나, 동일한 개념으로 사용하고 있는 실정이다. 즉, 사회복지는 개인, 가족, 집단, 지역사회의 욕구를 충족시키기 위한 법률, 프로그램, 서비스 체계인 반면에 사회사업은 개인, 가족, 집단, 지역사회의 욕구 충족을 위해 도움을 주는 전문적 실천방법이라고 볼 수 있다(남세진 · 조흥식, 1995). 따라서 사회복지는 국민의 복지를 위한 일련의 목표와 제도이며, 사회사업은 전문 지식과 가치와 기술을 강조하는 전문직 서비스라고 할 수 있다. 사회복지와 사회사업의 특성을 비교하여 정리하면 〈표 1－1〉과 같다(장인협, 1996; 이종복 외, 2015 재인용).

〈표 1-1〉 사회복지와 사회사업의 특성

구분	사회복지	사회사업
어의	이상적 측면 강조	실천적 측면 강조
목적	바람직한 사회	바람직한 인간
대상	일반적 · 전체적	개별적 · 부분적 · 특정적
방법	제도 · 정책, 고정적	지식과 기술, 역동적
기능	예방적 · 사전적	치료적 · 사후적

사회복지는 인간의 행복을 추구하는 학문으로 사회사업만으로는 사회복지를 달성할 수 없으며 다양한 직업군에 있는 사람들의 노력을 통해 이루는 결과이다. 사회복지를 수행하는 전문가 집단이 [그림 1－1]에서처럼 사회복지사, 의사, 교사, 도시계획가, 심리학자, 간호사, 정신과의사 등 다양하듯이 사회사업은 사회복지에 기여하는 여러 전문직 중 하나로 이해할 수 있다.

사회복지실천은 사회사업의 개념에서 비롯하며, 1970년대 후반부터 1980년대에 이르면서 미국을 중심으로 사회사업 대신 사회복지실천이라는 용어를 사용하기 시작했다. '사회복지실천'은 사회복지를 위한 실천이라고 볼 때 행위를 뜻하는 '사회사업'과 같은 의미이다(길귀숙 외, 2011). 사회복지가 광의의 개념이라면 사회복지실천은 협의의 개념이며 사회복지로 빈곤과 고난을 경감시킬 목적으로 사회가 공공 또는 민간의 형태로 비영리적 서비스 기능을 통해 국민의 최저생활을 보장하는 것을 포함하는 의미이다(이종복 외, 2015). 이처럼 사회복지실천은 사회복지의 핵심적인 요소이며, 사회복지 목적을 달성하기 위해 사회복지사는 전문가로서 사회복지실천을 한다.

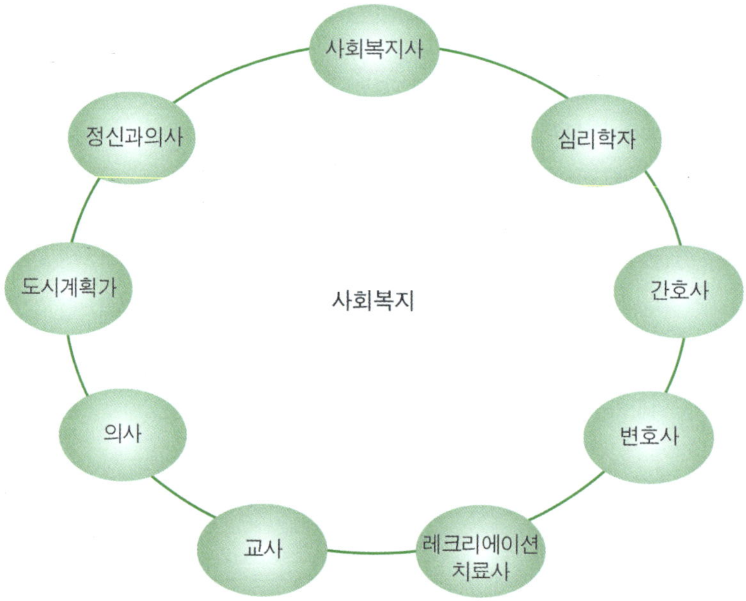

출처: Zastrow(2000: 10) ; 백은령 외(2008) 재인용.

[그림 1-1] 사회복지영역 내에서 전문가집단의 예시

2. 사회복지실천의 정의와 목적

1) 사회복지실천의 정의

사회복지실천에 대한 개념은 매우 광범위하고 다양하며 시대적 흐름에 따라 학자마다 조금씩 다르게 정의하고 있지만 공통적인 요소도 내포되어 있다. 또한 사회복지실천은 매우 복잡하고 다양한 활동이므로 한마디로 정의를 내리는 것은 매우 어려운 일이다. 사회복지실천은 미국에서 사회복지발달 초기에 사회사업의 개념으로 출발하였으며 사회복지실천이라는 용어는 1970년대 이후 전문성을 보다 중요시하는 일부 실천가들 중심으로 사용하기 시작하였다. 우리나라의 사회복지실천의 내용은 미국에서 실행하고 있는 사회복지실천 내용과 거의 유사하기 때문에 서구의 사회복지실천과 동일 개념으로 이해해야 한다(김기태 외, 2008).

우리나라는 한국사회복지사협회가 1998년 사회복지사업법 시행령 및 시행규칙 개정과 더불어 2003년부터 사회복지사 자격 취득 국가시험제를 도입하게 되었다. 이를 계기로 2000년부터 개별사회사업과 집단사회사업이 없어지고 사회복지실천론과 사회복지실천기술론으로 변경되고 사회복지실천이라는 말을 공식적으로 사용하게 되었다(전재일 외, 2004).

사회복지실천에 대하여 리치몬드(Richmond, 1922)는 『개별사회사업이란 무엇인가』에서 사회복지실천을 "개인과 개인, 인간과 사회환경 간의 적응능력을 갖도록 의식적인 조정을 통해 개개인의 인격 발달을 도모하는 과정"으로 정의하면서 개인의 성격 변화에 초점을 맞췄다. 하지만 바우어(Bower, 1949)는 사회복지실천을 "클라이언트와 그들의 환경 간에 더 나은 조정을 도모하기 위해 개인의 역량과 지역사회의 자원을 활용하는 지식과 기술"로 정의하였다. 이는 클라이언트와 환경 사이에 조화를 이룰 수 있도록 지역사회 내의 자원 동원을 강조하는 것으로 변화되었다.

사회복지실천에 대한 공식적인 최초의 작업적 정의는 1958년 미국사회복지사협회(National Association of Social Workers; NASW)에 의해 내려졌다. 인간과 사회환경의 부조화로 인해 나타나는 개인, 집단의 문제를 해결하며, 이러한 문제를 미리 예방하고 개인, 집단, 지역사회의 잠재력을 최대화하는 것을 목적으로 하는 원조활동이라고 강조했다. 또한 1973년에는 "개인, 집단, 지역사회가 그들의 사회적 기능을 향상시키거나 회복하며 그러한 목적 달성에 적합한 사회적 여건을 만들도록 돕는 전문적 활동"으로 역할을 강조하면서 최초의 사회복지실천이 전문직이라는 것을 강조했다(이영실 외, 2016).

보엠(Boehme, 1958)은 사회복지실천은 "개인, 집단의 사회적 기능을 향상시키는 것으로 개인의 손상된 능력의 회복, 개인적·사회적 자원의 제공, 사회적 역기능의 예방이 포함되는 것"이라고 보다 포괄적인 정의를 내렸다. 또한 핀커스와 미나한(Pincus & Minahan, 1973)은 "사람들이 생활과업을 수행하고 가치를 실현시키기 위하여 사람들의 능력에 영향을 미치는 환경과 그 사람 사이의 상호작용에 관여하는 것"이라고 하였다.

1977년과 1981년 2차례에 걸쳐 미국사회복지사협회는 사회복지실천의 정의, 목적, 승인, 지식, 가치, 특성화에 대해 공식적인 입장을 표명하는 내용을 발표하면서 사회복지실천의 정의를 재정립하고자 했다. 개인과 사회환경과의 상호작용에 초점을 두면서 삶의 질 향상을 목적으로 하고 있으며 이는 이전의 정의보다는 보다 발전된 것으로 사회복지의 사회통제, 사회 개혁의 기능이 보완된 정의라고 볼 수 있다(양옥경 외, 2005).

1994년 미국사회복지교육협의회(Council of Social Work Education; CSWE)는 사회복지실천을 "인간의 삶의 질을 향상시키고 빈곤을 감소시키기 위해 공적인 영역과 사적인 영역으로부터 권한을 위임받아 다양한 분야에서 사회서비스를 제공하는 것"으로 정의하였다.

사회복지사국제연맹(International Federation of Social Workers; IFSW)은 1982년에 내렸던 사회복지실천에 대한 정의를 2000년에 재정립하였는데 사회복지실천 전문직은 약자의 권익 증진을 위해 사회 변화를 촉진, 인간관계 내 문제 해결을 촉진, 개인의 복지 증진을 위해 개인의 역량강화와 함께 개인을 차별과 억압으로부터 해방시키기 위해 노력해야 한다고 하였다.

이영분 등(2001)은 "개인, 집단, 가족, 지역사회를 대상으로 자신들의 문제와 욕구를 스스로 해결할 수 있도록 도와주고 사회적 기능의 향상과 배분적 사회정의를 실현하는 것을 목적으로 하는 종합적이며 전문적인 실천활동"이라고 하였다.

지금까지 살펴본 사회복지실천의 정의를 종합해 보면, 사회복지실천은 궁극적으로 개인·집단·지역사회가 가지고 있는 문제를 해결하고 욕구를 충족시키기 위해 사회복지 전문가가 다양한 자원 연계를 통해 서비스를 제공하고 개입하는 일련의 활동으로 전문적인 실천이라고 할 수 있다. 사회복지실천의 정의를 정리하면 〈표 1-2〉와 같다.

〈표 1-2〉 사회복지실천의 정의

구분	정의
Richmond (1922)	개인과 개인, 인간과 사회환경 간의 적응능력을 갖도록 의식적인 조정을 통해 개개인의 인격 발달을 도모하는 과정
Bower (1949)	클라이언트와 그들의 환경 간에 더 나은 조정을 도모하기 위해 개인의 역량과 지역사회의 자원을 활용하는 지식과 기술
NASW (1958)	인간과 사회환경의 부조화로 인해 나타나는 개인, 집단의 문제를 해결하며, 이러한 문제를 미리 예방하고 개인, 집단, 지역사회의 잠재력을 최대화하는 것을 목적으로 하는 원조활동
Boehem (1958)	개인, 집단의 사회적 기능을 향상시키는 것으로 개인의 손상된 능력의 회복, 개인적·사회적 자원의 제공, 사회적 역기능의 예방이 포함되는 것
NASW (1973)	개인, 집단, 지역사회가 그들의 사회적 기능을 향상시키거나 회복하며 그러한 목적 달성에 적합한 사회적 여건을 만들도록 돕는 전문적 활동
Pincus & Minahan (1973)	사람들이 생활과업을 수행하고 가치를 실현시키기 위하여 사람들의 능력에 영향을 미치는 환경과 그 사람 사이의 상호작용에 관여하는 것
CSWE (1994)	인간의 삶의 질을 향상시키고 빈곤을 감소시키기 위해 공적인 영역과 사적인 영역으로부터 권한을 위임받아 다양한 분야에서 사회서비스를 제공하는 것
IFSW (2000)	사회복지실천 전문직은 약자의 권익 증진을 위해 사회 변화를 촉진, 인간관계 내 문제해결을 촉진, 개인의 복지 증진을 위해 개인의 역량강화와 함께 개인을 차별과 억압으로부터 해방시키기 위해 노력해야 하는 것
이영분 외 (2001)	개인, 집단, 가족, 지역사회를 대상으로 자신들의 문제와 욕구를 스스로 해결할 수 있도록 도와주고 사회적 기능의 향상과 배분적 사회 정의를 실현하는 것을 목적으로 하는 종합적이며 전문적인 실천활동

2) 사회복지실천의 목적

사회복지실천에 관한 이해는 사회복지실천에서 달성해야 하는 목적을 살펴봄으로써 자세히 이해할 수 있을 것이다. 사회복지실천의 목적에 대한 정의는 한마디로 단정하기가 어려우며, 사회복지실천의 출현 이후 정의하려는 노력은 계속되고 있다. 구체적인 노력이 시작된 것은 1929년 밀포드(Milford) 회의였으며, 1979년 미국사회복지사협회 주관의 시카고회의에서는 사회복지 관련 인사들이 실질적으로 사회복지실천의 목적에 대해 합의를 하였고, 1994년 미국사회복지교육협의회도 사회복지실천의 목적에 대해 포괄적이고 광범위하게 정의를 했다.

미국사회복지사협회(NASW, 1958)가 제시한 사회복지실천의 목적은 첫째, 개인과 집단이 그들과 환경 간에 불균형 상태가 발생했을 때 문제를 찾아내어 문제의 어려움 정도를 감소시키거나 해결하도록 도와주는 것이다. 둘째, 개인이나 집단이 그들과 환경 간에 불균형 상태가 일어날 수 있는 잠재적 문제를 미리 발견하여 예방하는 것이다. 셋째, 개인과 집단과 그들과 환경 간에 불균형 상태가 일어날 수 있는 잠재력을 발견하여 확인하고 또 이를 강화시켜 주는 것이라고 하였다(임은희, 2008).

미국사회복지교육협의회(Council on Social Work Education; CSWE, 1994)에서 제시한 사회복지실천의 목적은 다음과 같다.

첫째, 개인 · 가족 · 집단 · 조직 · 지역사회가 목적을 달성하여 고통을 완화시키고 자원을 활용할 수 있도록 도와줌으로써 이들의 사회적 기능을 촉진, 회복, 유지, 향상시키는 것이다. 둘째, 인간의 기본적인 욕구 충족과 잠재력 및 가능성 개발을 돕기 위해 필요한 사회정책, 서비스, 자원, 프로그램 등을 계획하며 공식화하고 시행하는 것이다. 셋째, 사회적 취약 계층의 역량강화 및 사회적 · 경제적 정의를 실현하기 위해 조직적 · 행정적 옹호와 사회적 · 정치적 운동을 통해 정책, 서비스 지원, 프로그램을 추구하는 것이다. 넷째, 이러한 사회복지실천 목적과 관련된 모든 전문적인 지식과 기술을 개발하고 발전시키는 것이다.

헵워스 등(Hepworth et al., 2002)은 사회복지실천의 목표를 첫째, 개인, 가족, 집단,

지역사회의 삶의 질 및 사회적 기능의 향상, 둘째, 개인의 역기능 치료, 셋째, 사회정의 실현을 향상시키는 것으로 보다 구체적으로 설명하였다.

궁극적으로 사회복지실천의 목적은 복합적이고 다양한 욕구를 지닌 클라이언트의 문제를 해결하기 위해 개입하는 일련의 활동으로 클라이언트의 삶의 질 향상이라는 목적을 가지고 있다. 클라이언트의 삶의 질 향상이라는 목적을 달성하기 위해 다양한 전문적인 활동을 통해 인간이 살아가는 데 있어서 최소한의 생활을 영위할 수 있도록 해주는 것이다.

3) 사회복지실천의 기능

사회복지실천의 기능은 사회복지의 목적을 달성하기 위한 구체적인 역할을 제시하며, 밀접하게 연관되어 있다. 사회복지실천의 기능은 크게 예방, 재활, 치료 활동을 통해 욕구가 있는 개인의 사회적 기능 향상과 개인 · 집단의 불의의 상황에 사회복지사가 개입하여 옹호 활동을 통한 사회적 정의의 향상으로 구분된다(양옥경 외, 2002).

미국사회복지사협회(NASW)는 사회적 기능 향상과 사회적 정의 실현의 사회복지실천 기능을 다음의 여섯 가지 기능으로 세분화하여 제시하였다(Minahan, 1981).

첫째, 사람들이 자신의 능력을 향상시켜, 자신이 겪고 있는 문제를 해결할 수 있도록 대처능력 등이 향상되도록 돕는다. 클라이언트가 문제 상황에 부딪혔을 때 문제 해결을 위한 도움을 요청하면 클라이언트가 문제를 해결할 수 있도록 다양한 지원을 제공해야 한다.

둘째, 사람들이 자원을 획득할 수 있도록 돕는다. 사람들이 인간다운 삶을 유지하기 위해서는 이용 가능한 여러 가지 자원이 필요하다. 최소한의 의식주를 해결하는 데 필요한 자원, 보호서비스, 법률서비스, 의료서비스, 정신건강서비스 등의 서비스가 필요하다. 이러한 서비스를 사회복지사는 클라이언트에게 직접 서비스를 제공하거나 제공받을 수 있도록 도움을 주어야 한다.

셋째, 사회복지실천 조직이 사람들의 욕구에 반응하도록 한다. 클라이언트에게 서비스를 제공하는 기관들이 클라이언트를 존중하면서 적절한 절차와 기준에 따라 필요한 서비스를 제공하는지 점검하고 그렇지 않은 경우에는 시정을 요구한다.

넷째, 개인과 주위 환경 내의 사람과의 상호작용을 촉진한다. 사람들의 삶의 질은 그들의 사회적 환경 내에 있는 사람들과의 기능적인 상호작용에 바탕을 두고 있다. 따라서 사회복지사는 개인과 주위 환경 내의 사람들과의 기능적인 상호작용을 할 수 있도록 도와야 한다.

다섯째, 조직과 제도 간의 상호관계에 있어서 영향력을 행사한다. 클라이언트의 복합적인 문제를 해결하고 도움을 주기 위해서는 다양한 기관이 함께 협력관계를 구축하여 접근할 필요성이 있다. 따라서 사회복지사는 목표를 성취하기 위하여 조직 및 기관 간의 협조가 원활하게 이루어질 수 있도록 조정자, 중재자 또한 정보 제공자로서의 역할을 수행한다.

여섯째, 사회정책과 환경정책에 영향력을 행사한다. 사회복지사는 클라이언트의 삶의 질 향상을 위해 그들의 물리적·사회적 환경의 질을 높이는 정책이나 법률 제정 등을 위해 활동해야 한다. 이러한 활동은 클라이언트에게 긍정적인 영향을 미칠 수 있으므로 매우 중요한 부분이다.

사회복지실천의 기능과 관련하여 매우 다양한 역할을 수행하고 있는 사회복지사 역할에 대해 재스트로우(Zastrow, 1999)는 다음과 같이 13가지로 설명하였다(길귀숙 외, 2011 재인용).

① **가능하게 하는 사람**(enabler) : 사회복지사가 개인이나 집단, 지역사회가 그들의 욕구를 명백히 하도록 돕는 것이다. 즉, 그들이 직면하고 있는 문제를 좀 더 효과적으로 다룰 수 있도록 능력을 발달시켜 준다.

② **중개인**(broker) : 개인이나 집단이 지역사회 내에 있는 서비스체계나 자원을 선택하여 활용할 수 있도록 돕거나 연결해 주는 역할을 말한다. 많은 경우에 클라이언트는 자신에게 필요한 서비스와 자원이 지역사회 내 어디에 어떻게 있

는지를 알지 못하므로 사례관리를 통해 자원을 연결한다.

③ **옹호하는 사람**(advocate) : 클라이언트의 권익을 보호하기 위하여 마땅히 수혜를 받아야 할 사회적 약자가 서비스를 받을 수 있는 권리를 박탈당할 때 더욱 적극적이고 직접적인 역할을 취한다.

④ **권한부여자**(empowerer) : 사회복지실천의 핵심적인 목적 중의 하나가 클라이언트로 하여금 자신의 권한과 능력을 향상, 신장시키는 것에 맞추어져 있다. 그래서 클라이언트가 자신의 환경을 이해하고 기회를 만들며, 자신의 결정에 대하여 책임을 지게 한다.

⑤ **행동가**(activist) : 사회정의, 불평등과 사회적 박탈에 관심을 가지고 개인의 욕구를 충족시켜 주기 위해서 불리한 사회환경의 변화에 관심을 가진다. 이를 위해서 사실을 탐구하고 지역사회 욕구를 분석하며, 조사연구, 정보의 보급과 해석, 연합회 구성, 법적 행동, 입법 로비활동 등을 통한 사회 개혁을 위한 노력을 한다.

⑥ **중재인**(mediator) : 상이한 의견이나 가치를 가진 개인 간 또는 집단이나 조직 간의 논쟁이나 갈등 등이 고조될 때 차이점을 협상하고 중재하는 기능을 사용한다. 이때 사회복지사는 중립적인 위치에 머물러 있어야 하며 논쟁에서 한 편으로 치우쳐서는 안 된다.

⑦ **협상하는 사람**(negotiator) : 하나 혹은 그 이상의 갈등적 문제를 가진 사람들이 서로 화해하고 수용하며 의견의 일치를 이루어내도록 돕는 역할이다. 여기에는 협상이 유용하며 사회복지사는 중립적인 입장에 머물 수가 없고 어느 한편의 의견을 가지고 적극적으로 개입하게 된다.

⑧ **교사**(educator) : 클라이언트에게 정보처리를 촉진시키고 교육 프로그램을 제공하는 역할이다. 이 경우 사회복지사는 클라이언트체계에 대한 정보를 확보하고 기술 개발을 도모하기 위한 학습전략을 이용한다. 또한 훌륭한 의사소통기술을 지녀야 한다.

⑨ **주창자**(initiator) : 하나의 문제 또는 잠재적인 문제에 주의를 기울이기 전에 그것은 문제로 간주되지 않기 때문에 주창자로서 사회복지사는 사회문제를 다양

한 사람에게 알리고, 주의를 기울여야 한다.

⑩ **조정자**(coordinator) : 구성원들을 조직화된 방식으로 함께 묶는 것이다. 가령 복합적인 문제를 가진 가족의 경우 여러 기관이 함께 일을 하게 되는데 서비스의 중복과 상호 간의 갈등을 피하기 위하여 조정을 시도하게 된다.

⑪ **조사연구자**(researcher) : 관심 있는 분야의 문헌에 대한 조사, 실천의 결과 평가, 프로그램의 장・단점 사정, 지역사회 욕구의 탐구 활동 등을 포함하며 전문적인 지식과 과학적인 조사연구가 실천의 기초가 된다.

⑫ **집단촉진자**(group facilitator) : 사회복지사가 관여하는 집단은 치료집단, 교육집단, 자조집단, 감성집단, 가족치료집단 등으로 이러한 집단에서 사회복지사는 클라이언트가 변화하려는 노력을 하도록 격려하고, 집단 경험의 리더로서 받아들여진다. 즉, 집단촉진자는 집단 내 지지를 자극하고 집단 상호작용을 관찰하여 체계적인 피드백을 제공하게 된다.

⑬ **강연자**(public speaker) : 다양한 집단의 대화를 통해 사회적 부정에 대해 설명하고 이를 해결하기 위한 서비스와 정책을 제시한다.

3. 사회복지실천의 이념과 철학

사회복지실천의 이념과 철학은 사회복지발달의 역사적 배경과 시대의 흐름에 따라 많은 영향을 받았으며, 매우 다양하게 변화되어 왔다. 따라서 사회복지실천의 이념과 철학에 대한 이해는 사회복지실천의 맥락 속에서 이해가 되어야 하며, 그 시대의 정치・경제・문화를 아우르는 전체적인 사회적 배경을 충분히 이해해야 한다. 사회복지실천의 이념과 철학은 사회복지실천에 있어서 크게 영향을 미치므로 이에 대한 이해는 매우 중요하다고 볼 수 있다. 사회복지실천의 이념과 철학은 양옥경(2004)이 인도주의와 박애사상, 사회진화론, 민주주의, 개인주의, 다양화로 분류한 것을 바탕으로 정리하였다.

1) 인도주의와 박애사상

사회복지실천의 가장 기본적인 이념은 인도주의와 박애사상으로 볼 수 있다. 인도주의는 모든 인간의 존엄성을 존중하는 것으로 인종, 민족, 국적, 종교 등의 차이를 초월한 인간애를 의미하며, 박애사상 역시 모든 인간은 평등하다는 생각에서 인종·종교·습관·국적 등을 초월하여 어려움을 같이 나누려는 인간애를 의미한다(이영실 외, 2016).

사회복지발달에서 있어서 영국의 엘리자베스 구빈법은 빈민 구제에 있어서 가장 많은 영향을 미쳤지만, 산업혁명 이후 도시화로 인한 빈민은 계속 늘어나고 빈곤문제가 더욱 심각하게 증가하였다. 이러한 상황 속에서 어려운 빈민들을 위해 기독교적인 신앙심을 바탕으로 중산층의 자발적인 자선사업의 참여는 사회적 지위를 향상시키는 계기가 되었다. 이러한 인도주의와 박애주의 이념은 자선조직협회(Charity Organization Society; COS)[1]의 우애방문자들이 가가호호 방문을 통해 적절한 원조를 하고자 했던 빈민 구제 활동의 기본적인 철학이었다. 이러한 이념은 항상 나보다는 타인을 먼저 생각하는 이타주의에 기반을 둔 것이었으며, 이후 사회복지실천의 기본사상이 되었다.

2) 사회진화론

다윈의 생물진화론에 기초한 사회이론으로 자연법칙의 진화론을 사회법칙에 적용한 것이다. 인간의 사회생활도 생존 경쟁으로 보고 적자생존에 의해 지배되어, 환경에 가장 잘 적응하는 우수한 경쟁자는 살아남는다는 것이다. 즉, 사회적합계층은 살아남고 사회부적합계층은 소멸된다는 것으로 부는 성공을 의미하고, 가난한 사람은 도태된 사람으로 도움을 줘서는 안 된다고 인식하였다. 이러한 진화론은 사회복지실

1) 영국은 산업혁명 이후 극심한 빈부의 격차로 인해 나타난 다양한 사회문제에 당면하게 되고 이를 해결하기 위해 민간 자선단체의 구제활동이 활성화되었다. 하지만 각종 민간단체들이 구제활동을 하면서 자선활동의 중복과 누락 등의 현상이 나타나면서 이를 보완하고 효율적으로 구제활동을 하기 위해 자선조직협회가 만들어져 상호 긴밀한 협력관계를 구축하였으며, 우애방문자의 활동으로 구제활동이 더욱 활성화되었다.

천에 있어서 사회통제의 목적에서 수용되었다.

대표적인 예는 우애방문자들이 기독교적인 신앙심을 바탕으로 빈곤층에게 자선사업을 실시하면서 자신들의 기독교적 신앙심을 강요하고 빈곤층의 가치관을 무시한 것으로 이에 따르지 않으면 최소한의 도움만 줌으로써 겨우 살아갈 수 있게 하였다. 이는 가난한 사람은 도태된 사람으로 도움을 줘서는 안 된다는 인식이 깔려 있는 것으로 사회적합계층에 방해가 되지 않도록 한 것이다.

3) 민주주의

민주주의는 모든 인간이 보장받아야 할 인간의 존엄성, 자유, 평등을 인정하므로 사회진화론과는 상반되는 이념이다. 민주주의의 등장은 클라이언트가 존중받고 서비스에 대한 선택권과 결정권에 대해 적극적으로 참여하여 한다는 움직임으로 나타났다. 이러한 움직임은 향후 사회복지실천에 있어서 클라이언트의 자기결정권에 영향을 미쳤다. 민주주의 이념은 인보관운동[2]에서도 잘 나타나고 있으며, 빈곤문제의 원인을 개인에 두기보다는 사회환경에 초점을 두고 있어 사회 변화를 위한 사회 개혁으로 이어졌다. 즉, 문제를 해결하는 방식은 빈곤층의 개인을 변화시키는 것이 아니라 사회환경에 대한 변화를 통해 기존의 사회 질서를 바꿔야 한다는 사회 개혁으로 나타났다.

4) 개인주의

개인주의 이념은 개인은 가장 큰 가치를 지닌 존재로 개인의 권리를 중요시하며 또한 사회에 대한 책임감을 강조한다. 사회는 개인적 목적을 위한 수단으로 각 개인

2) 인보관운동은 빈민지역의 인보사업과 구제를 목적으로 사회교육, 사회 개혁 운동으로 시작되었으며, 지역사회문제를 해결하기 위해 주택의 개선, 직업기술훈련, 환경개선운동, 공중보건의 향상 등을 강조하였다. 세계 최초 인보관은 1884년 사무엘 바네트 목사에 의해 개관한 토인비 홀이다. 미국의 경우 1889년 제인 애덤스가 시카고의 빈민가에 설립한 헐 하우스로 인보관운동을 통해 주민 상호 간에 서로 배우고 가르치고 돕는 활동이 활발하게 전개되었다.

의 집합으로 이해한다. 개인의 권리와 책임에 따라 행동하는 것은 자신의 이익을 어떻게 발전시킬 것인지 가장 잘 알고 있으므로 효과적인 결과를 얻을 수 있음을 강조한다. 이렇듯 개인의 권리와 책임이 강조되면서 빈곤문제 역시 개인의 책임으로 간주하였으며, 사회복지 혜택을 받는 빈곤한 자는 빈곤하게 살 수밖에 없어야 한다는 '최소한의 수혜자격 원칙'을 제시하였다(Whitaker & Federico, 1977). 즉, 저임금 노동자보다 더 낮은 보조를 받도록 하는 정책을 펼침으로써 수혜자격 축소에 있어서 영향을 주었다.

개인주의는 사회복지실천에 있어서 클라이언트 문제 해결은 각자가 처한 환경이 다르고 문제의 원인이 다르기 때문에 클라이언트의 개별적 특성을 고려하여 개입해야 한다는 개별성을 강조하는 것에 초점을 두었다.

5) 다양화

21세기 세계화의 영향으로 시대가 빠르게 급변하면서 나타나는 다양하고 복합적인 문제에 대한 이해와 다양한 계층에 대한 수용이 사회복지실천에 있어서도 인식되었다. 다양한 계층이 가지고 있는 개개인의 문제에 대한 특성을 이해하는 개별적인 접근이 강조되었다. 이는 곧 다양한 계층의 문제에 대한 다양성을 수용하면서도 개인의 특성을 인정하는 개별화를 동시에 추구하는 실천방식으로 변화하였다. 다양성에 대한 존중과 내재된 잠재력, 능력을 극대화시키고 클라이언트의 역량을 향상시키는 역량강화를 강조한다(김혜란 외, 2013).

이러한 방식은 클라이언트가 문제를 스스로 해결할 수 있는 여건을 조성해 줌으로써 스스로 결정하고 자신의 변화를 이끌어낼 수 있도록 클라이언트에 대한 권한을 인정하는 것으로 나타났다. 사회복지실천에 새로운 형태의 모델인 클라이언트에 대한 권한부여는 사회복지사와의 협력을 통해서 이루어지며 사회복지사와의 동등한 관계에 대한 인정을 의미한다. 권한부여모델에서는 사회복지사와 클라이언트의 관계가 '제공자-수혜자'의 관계에서 '제공자-소비자'로 개념의 변화가 나타났다. 지금까지 설명한 사회복지실천의 이념을 비교하여 정리하면 〈표 1−3〉과 같다(길귀숙 외, 2011; 이종복 외, 2015 재인용).

〈표 1−3〉 사회복지실천의 이념 비교

내용 / 주의	인도주의	사회진화론	민주주의	개인주의	다양화
이념	인도주의 박애사상 자선조직협회의 우애방문자의 철학	사회진화론은 Darwin의 1895년 저서 『종의 기원』에서 파급된 이념. Darwin의 자연과학적 요소에 가미되어 파생	민주주의는 평등을 표방하는 이념으로 인간의 평등함을 인정하면서 클라이언트도 평등한 대우를 받을 권리가 있음을 표방	개인주의와 함께 자유방임주의 등장. 작은 정부를 표방하는 형태로 나타남. 경제뿐 아니라 사회복지를 자유시장에 맡기는 자유방임정책을 펴나감	21세기에 두드러짐. 세계화의 영향으로 다양성에 대한 수용이 높아짐
기본사상	기독교 사상을 실천하려는 중산층 이상의 사람들이 빈곤한 사람을 대상으로 인도주의적 구호를 제공, 이 사상이 사회복지실천의 기본 사상이 됨	Darwin의 자연법칙의 진화론을 사회법칙의 진화론에 적용시켜 '부자는 우월해서 부유층으로 살아남는 것이고 빈곤한 사람은 게으르고 비도덕적인 열등인간이기 때문에 가난하게 살 수밖에 없다.' 계층화는 동식물 생태계의 적자생존의 법칙과 동일하다. 사회적합계층은 살아남고 사회부적합계층은 자연 소멸된다는 논리	클라이언트를 위한 무조건적인 봉사정신에서 클라이언트에 대한 선택적 봉사의 철학이 강화된 것. 주는 자와 받는 자의 평등한 권리를 인정하여 클라이언트가 시혜 여부를 결정하는 데 적극 참여하도록 하는 사회적 움직임. 클라이언트의 자기결정권의 가치적 측면이 영향을 미침	개인주의 사상 ① 개인 권리 존중 ② 수혜자격의 축소. 빈곤문제도 다시 빈곤한 자의 책임으로 돌아감	권한부여 열등계층의 소외계층에게 스스로 발전할 수 있는 여건을 만들어 줌으로써 자기 변화를 위한 권한을 부여

주의 \ 내용	인도주의	사회진화론	민주주의	개인주의	다양화
실천	'타인을 위하여 봉사'하는 정신으로 실천 케어의 봉사정신이 이타주의의 사회복지실천의 기본정신으로 자리 잡게 됨	사회진화론의 사회복지실천은 사회통제 측면에서 나타남. 사회통제를 주 목적으로 한 실천은 자선조직협회의 우애방문자의 봉사활동. 열등계층인 극빈자, 장애인을 방문하여 중산층의 기독교적 도덕을 강요	평등을 위한 사회복지실천은 인보관운동의 활동이 대표적. 빈곤계층에도 나름대로의 가치관이 있으며 이를 동등하게 인정해 주는 것에서부터 시작한 인보관운동의 이념은 전체 사회가 이를 인정해 주도록 사회 개혁으로 이루어짐	빈곤한 사회복지수혜자는 빈곤하게 살 수밖에 없어야 한다는 '최소한의 수혜자격 원칙'을 낳았으며 저임금 노동자보다 더 낮은 보조를 받도록 정책은 펼쳐나감. 클라이언트의 개인적 특성, 즉 개별화를 중시하는 것에 초점을 둠	클라이언트에 대한 선택적 봉사의 실천이며 개별화와 평등화의 복합적 실천모델, 권한부여모델은 클라이언트와 협력을 통해서만 이루어낼 수 있음
변화	클라이언트를 위한 무조건적 봉사에서 클라이언트에 대한 봉사활동으로 개념 변화. 무조건적 봉사, 선택적 봉사	중간계급의 사상에 적합하지 못한 계층은 최소한의 도움으로 겨우 생존할 수 있는 수준만 유지하도록 함. 사회적합계층에 방해가 되지 않도록 함	빈곤이나 장애를 전적으로 클라이언트의 책임으로 돌렸던 것을 사회 변화의 측면에서 사회책임으로 돌림. 모든 인간이 평등하듯이 클라이언트도 동등한 처우를 받을 권리, 빈곤에서 탈피할 동등한 기회를 제공받을 권리를 보장해 주지 못한 사회에 있으며 사회 변화를 통해 이를 가능하게 함. 이것이 민주적 사회주의를 채택하는 결과를 낳음. 스웨덴, 덴마크, 영국 등이 수용국가	미국은 사회진화론과 맞물려 더욱 큰 힘을 발휘	제공자–수혜자의 개념에서 제공자–소비자의 관계개념으로 기본철학의 변화를 초래함. 사회복지사와 클라이언트에게 동등한 관계를 인정하는 것으로 클라이언트가 제공자인 사회복지사를 선택하게 됨

지금까지 살펴본 사회복지실천을 위한 이념에 대해 현장에서 근무하게 될 사회복지사에게 몇 가지 제언을 하면 다음과 같다(최옥채, 2002 재인용).

첫째, 특정 사상이 사회복지실천현장에 강요되어서는 안 된다. 한국철학사상연구회(1997)가 밝힌 바와 같이 주입된 사상의 경우 주입시키는 쪽은 주체가 될 수 있지만 받아들이는 쪽은 반드시 사회복지사 자신의 입장과 성향에 따라 수용되어야 한다.

둘째, 우리나라의 사회복지실천과 밀접한 사상이 널리 알려져야 한다. 외국의 경우 사회복지실천에 관한 연구(한국복지연구회, 1987)가 있으나 우리나라의 경우는 그렇지 못하다. 우리의 사회복지실천가들이 정립한 사상을 널리 알릴 필요가 있으며, 이를 위해 이 분야에의 특별한 연구가 있어야 할 것이다.

셋째, 사회복지실천현장에서 특정 종교를 일방적으로 강조하거나 배척하는 행위는 지양되어야 한다. 이는 사회복지실천사상이 강압적으로 주입되어서는 안 된다고 하는 맥락과 일치한다. 그러므로 사회복지기관이나 시설의 운영체가 직원을 채용할 때 같은 종교인만을 받아들이거나 지나치게 특정 종교를 고집하지 않아야 한다.

넷째, 사회복지실천가는 특정 사상에 얽매이는 것보다는 오히려 사상을 바탕으로 자유자재로 활동할 수 있어야 한다. 즉, 자신의 사상만을 고집하고 상대의 사상을 무시하는 다툼에서 벗어나 상대의 사상과 교류할 수 있어야 한다. 즉, 사회복지사는 클라이언트를 포함한 모든 이들과 끊임없이 나눔을 실천해야 한다.

요 약

1. 사회복지 · 사회사업 · 사회복지실천의 관계

구분	개념
사회복지	인간의 사회적으로 행복한 생활 상태, 안녕을 추구하는 상태
사회사업	사회복지를 달성하기 위한 전문적 직업 활동
사회복지실천	인간의 삶의 질을 향상시키기 위한 다양한 사회복지서비스를 제공하는 것

2. 사회복지실천의 정의와 목적

① 사회복지실천의 정의 : 개인 · 집단 · 지역사회가 가지고 있는 문제를 해결하고 욕구를 충족시키기 위해 사회복지 전문가가 다양한 자원 연계를 통해 서비스를 제공하고 개입하는 일련의 활동으로 전문적인 실천을 의미한다.

② 사회복지실천의 목적 : 사회복지실천의 목적은 복합적이고 다양한 욕구를 지닌 클라이언트의 문제를 해결하기 위해 개입하는 일련의 활동으로 클라이언트의 삶의 질 향상을 꾀한다.

3. 사회복지실천의 이념과 철학

① 인도주의와 박애사상 : 사회복지실천의 기본 사상으로 모든 인간의 존엄성을 존중하는 것으로 자선조직협회 우애방문자들의 기본적인 철학이었다.

② 사회진화론 : 사회적합계층은 살아남고 사회부적합계층은 소멸된다는 것으로 사회복지실천에 있어서 사회통제의 목적에서 수용되었다.

③ 민주주의 : 클라이언트가 존중받고 서비스에 대한 선택권과 결정권에 대해 적극적으로 참여하여 한다는 움직임으로 사회복지실천에 있어서 클라이언트의 자기결정권에 영향을 주었다.

④ 개인주의 : 개인은 가장 큰 가치를 지닌 존재로 개인의 권리와 사회에 대한 책임감을 강조하였으며 '최소한의 수혜자격 원칙'을 제시하였다.

⑤ 다양화 : 다양한 계층이 가지고 있는 개개인의 문제에 대한 특성을 이해하는 개별적인 접근강조를 통해 클라이언트에 대한 권한을 인정한 역량강화를 강조하였다.

토의문제

1_ 사회복지와 사회사업 그리고 사회복지실천과의 관계를 비교해서 설명해 보시오.

2_ 사회복지실천의 정의와 목적에 대해 함께 이야기를 나눠보고 설명해 보시오.

3_ 사회복지실천의 기능과 관련하여 사회복지실천현장에서 사회복지사 역할에 대해 함께 이야기를 나눠보고 설명해 보시오.

4_ 사회복지실천의 이념을 비교해서 설명해 보시오.

Theories of Social Work Practice

Chapter 02

사회복지실천의 역사적 발달과정

▌학습목표▐

1. 영국과 미국을 중심으로 서구 사회복지실천의 발전과정에 대해 학습하고 이해할 수 있다.
2. 한국 사회복지실천의 발전과정에 대해 학습하고 이해할 수 있다.

▌학습목차▐

1. 서구 사회복지실천의 역사적 발달과정
2. 한국 사회복지실천의 역사적 발달과정

사회복지실천의 변화와 발달의 양상은 각 나라마다 차이가 있으며 그 나라의 시대의 사회구조와 사상적 흐름 속에서 찾아볼 수 있다.

사회복지실천의 역사적 배경은 영국에서 1601년에 제정된 엘리자베스 구빈법에 그 기원을 둘 수 있다. 엘리자베스 구빈법 제정 이후 산업혁명기를 거치면서 자선조직협회와 인보관운동의 발달은 현재의 사회복지실천 발달에 큰 영향을 미쳤다. 서구에서 영국과 미국의 사회복지실천의 발달과 변화과정을 중심으로 살펴보고, 한국의 사회복지실천 역사의 발달과정을 살펴보고자 한다.

1. 서구 사회복지실천의 역사적 발달과정

1) 전문사회복지실천의 태동기(19세기 말~1900)

18세기부터 시작된 영국의 산업혁명으로 산업화, 도시화가 진행되면서 많은 인구가 도시로 유입되었고, 이에 따라 도시빈민들이 발생하게 되었으며, 질병, 빈곤, 범죄, 비행 증가 등과 같은 사회문제를 해결하기 위해 개인이나 민간 차원의 자선사업과 박애사업이 시작되었고, 인도주의적 사회개량사상과 연계된 민간 사회복지가 발달하기 시작하였다. 그 결과 자선조직협회가 설립되고 인보관운동이 활발하게 전개됨으로써 사회복지실천에 있어 새로운 전환점을 맞이하게 되었다.

(1) 자선조직협회(COS)의 활동

구빈법(1601)에 기초하여 19세기 말에 출현하기 시작한 민간 사회복지기관들의 활동을 체계적으로 조정하여 구제서비스를 보다 효과적으로 실시하기 위하여 자선조직협회를 결성하였다. 자선조직협회(Charity Organization Society; COS)는 1869년 영국 런던에 세계 최초로 설립되었고 미국 최초의 자선조직협회는 1877년 뉴욕 버팔로 자선조직협회였으며, 주변의 800여 개 군소단체들을 연합한 것이었다(이상호 외, 2010).

자선조직협회는 자선의 의미로 직접 돕는 것이 아니라 자선단체가 과학적으로 통합 조정하는 역할을 담당하였다. 구제신청자에 대한 과학적이고 면밀한 조사를 통해 구제의 중복과 누락을 피하고 효율적으로 구제 활동을 전개하기 위한 구제 등록의 실시, 여러 구제기관 간의 연락, 조정 등을 실시하였다.

이 시기에 자선조직협회의 직원들은 주로 자원봉사자들로서 주로 중산층의 부인들로 구성된 "우애방문자(friendly visitors)"를 활용하여 빈민층 교화를 위한 활동을 하였으며, 빈곤가족을 방문하여 빈민조사 및 등록을 통한 조직 간 활동의 조정과 협력을 추구하였고, 가정생활지도, 아동교육, 가계경제에 대한 조언 등을 제공하였다. COS에 소속되어 있던 우애방문단은 1900년대부터 점차 보수를 받는 정식직원으로 변하기 시작하였고, 이들이 점차 전문화되면서 나중에 사회복지사(social worker)로 불리기 시작하였다.

우애방문단에 의해 시작된 가정방문, 면담, 기록, 사례연구 등의 활동들은 개별사회사업실천기술의 기초가 되었고, 사회복지조사 및 지역사회실천활동의 뿌리가 되었다.

(2) 인보관운동

인보관운동(settlement house movement)은 사회문제가 집중적으로 나타나고 있는 빈민지역에 함께 살면서 우애관계를 갖고 지역주민의 문제를 해결하고 생활을 개선하고자 하는 목표로 시작되었다.

1884년 바네트(S. Barnet) 목사에 의해 런던에 세계 최초의 인보관인 토인비 홀(Toynbee Hall)이 설립되었고, 1886년 코이트(S. Coit)에 의해 미국 뉴욕에 미국 최초의 근린조합(neighborhood guild)이 설립되었다. 1898년 아담스(J. Addams)와 스타(E. Star)가 시카고의 빈민가에 헐하우스(Hull House)를 설립하여 주민 상호 간에 서로 배우고 가르치고 돕는 인보관운동이 전개되었다(원석조, 2005).

인보관운동은 대학생과 지식인층을 주축으로 활동하였고, 이들은 지역사회의 문제를 해결하기 위해서는 문제를 갖고 있는 지역사회에 나가 빈민과 함께 거주하면서 주변 환경의 개선과 빈민의 도덕적 교화에 힘써야 한다는 믿음을 갖고 있는 사람들에 의해 주도되었다.

인보관운동 참여자들은 주택의 개선, 공중보건의 향상, 고용주들에 의한 빈민착취의 방지 및 해결 등 제반 사회문제에 대한 집합적인 해결을 강조하였다.

또한 직업기술훈련, 언어훈련, 교육 및 환경개선운동 등을 공동으로 전개함으로써 빈민들이 자립할 수 있는 여건 형성을 위한 집단적 노력을 실천하였으며 지역사회 거주자들의 자생력을 강화하기 위해 성인교육도 실시하였다.

인보관운동은 빈민의 자립여건 형성을 위한 집단적인 노력을 실천하였고, 이는 집단사회사업, 사회행동 및 지역사회조직활동의 시초라 할 수 있으며, 이러한 활동은 나중에 사회복지정책과 관련한 사회복지실천활동에 영향을 주었다.

자선조직협회와 인보관운동을 비교하면 〈표 2-1〉과 같다.

〈표 2-1〉 자선조직협회와 인보관운동 비교

구분	자선조직협회	인보관운동
주체	중산층 여성 중심(우애방문자)	중류층 지식인, 대학생 중심
빈곤관	개인주의 빈곤관(개인 책임)	사회환경(사회 개혁)
대표인물	리치몬드(Mary Richmond)	아담스(Jane Addams)
이념	사회진화주의 사상 인도주의적 기능과 사회통제적 기능 담당	기독교 사회주의 자유주의, 급진주의 성향
서비스	경제부조: 서비스 조정에 초점 사회복지사 중심	서비스 자체에 초점 클라이언트 중심
방법론	개별사회사업	집단사회사업, 지역사회조직사업
지향점	개개인의 복지	일반대중의 복지
공통점	궁극적인 목적을 복지와 안녕의 추구에 둔다는 공통점이 있기 때문에 상호 의존적인 관계를 유지, 통합, 발전시킬 필요가 대두된다.	

출처: 이상호 외(2010: 77-78) 재구성.

2) 전문사회복지실천의 성장기(1900 ~ 1920)

이 시기는 전문적 사회복지실천 이론이 확립되기 시작하였고 사회복지 관련 단체가 전국적으로 조직화되는 등 사회복지실천이 전문적 특수영역으로의 확대라는 차원에서 전문직으로서 성장을 해 가는 시기였다.

자선조직협회의 활동이 점차 전문화, 조직화되어 감에 따라 봉사자 교육 및 조직, 관리과정에서 일정한 기준과 지침서가 요구됨에 따라 전문적인 교육의 필요성이 대두되었다.

1898년 뉴욕자선조직협회에 의해 미국 최초의 사회복지전문인력 양성과정이 현재의 컬럼비아대학교의 전신인 뉴욕자선학교에서 실시되었고, 이것이 1910년에 2년의 정규교육 프로그램으로 채택됨으로써 사회복지실천교육의 체계화의 기틀을 마련하였다. 이것이 사회복지실천에 대한 최초의 정규교육과정이며, 현재 2년제 전문대학교 형태의 교육제도의 전신이라고 할 수 있다(양옥경 외, 2005: 69-70).

1919년 당시 미국 내에 17개의 사회복지대학이 생겨났으며 현장 유급직원들에 대한 현장교육 중심의 교육이 이루어졌다.

전문적 이론의 확립에 있어서는 개별사회사업의 어머니라 불리는 리치몬드가 1917년『사회 진단(Social Diagnosis)』을 통해 사회복지실천에 관한 이론과 방법을 최초로 체계화하였고,『개별사회사업이란 무엇인가?』라는 저서를 통해 개별사회사업의 이론화를 명확히 하여 사회사업실천의 전문화에 커다란 공헌을 하였다.

1921년에는 전국적인 전문직 조직인 미국사회사업가협회(American Association of Social Wokers; AASW)가 결성되기에 이르렀다.

이 시기는 전문적 사회복지실천 이론이 전문적 특수영역으로의 확대라는 차원에서 전문직으로서 성장을 해 가는 시기였다고 할 수 있다(나동석 외, 2009: 60).

3) 사회복지실천의 전문적 분화기(1920 ~ 1950)

1920년까지 사회복지실천이 점차 전문직으로서의 기틀을 다지면서 전문영역의 확장 및 이론적 기초를 이루기 위한 성장을 이루었다면 이 시기에는 사회복지실천의 이론적, 방법론적 발달이 각 영역별로 분화되어 발전하는 시기였다.

(1) 개별사회사업(casework)의 발달

이 시기에는 의료현장, 학교, 법정 등 다양한 영역으로 사회복지사들의 역할이 넓어짐에 따라 공통 지식기반의 필요성에 대한 요구가 사회복지계 내부에서 일어났다.

① 사회복지실천 초점의 이동: 정신분석의 영향

1920년대 사회복지사들은 프로이트(Freud) 이론과 신프로이트학파인 랑크(Rank)이론을 추종하였으며, 이 두 이론과 리치몬드의 "사회 진단(social diagnosis)"의 직접적인 영향으로 형성된 것이 개별사회사업이다.

1920년대에 들어서 프로이트의 정신역동학이론이 유럽을 비롯해 전파되기 시작하면서 인간의 성격 발달과 문제행동에 관한 프로이트 이론은 특히 사회복지실천활동에 큰 영향을 주었다.

이러한 이론은 환경의 변화를 통한 인간의 성장, 발달 및 변화와 적응을 강조하던 초기 사회복지실천가들을 매료시켰으며, 따라서 사회복지실천의 초점도 환경에서 개인 내부문제로 옮겨가기 시작하여 이후 30여 년간 사회복지실천은 개인의 내적인 문제와 변화에 초점이 맞추어졌다.

② 진단주의와 기능주의의 갈등

가. 진단주의

1920년대 개별사회사업은 리치몬드의 "사회 진단"의 흐름을 이어받으면서 정신분석지향적 접근의 프로이트학파의 개념과 방법을 기초로 하였다. 이들은 클라이언트의 문제를 개인 내적 정신과정의 산물로 보고 무의식, 전이, 저항과 같은 개념들을 기초로 접근하였다. 기계론적, 결정론적 관점과 실천으로 하는 전통적인 접근법이다.

이 시기에 등장한 진단주의는 정신의학 분야의 실천자와 가족복지관이나 아동상담소 등에도 널리 확대되어 이후 이 이론은 해밀턴(G. Hamilton)에 의해 이론화가 진행되었고 이어 홀리스(F. Hollis)에 의해 심리사회적 모델로 체계화되어 현대 사회복지실천모델의 하나로 발전되었다.

나. 기능주의

1930년대 제2차 세계대전과 대공황으로 대량실업이 발생하여 빈곤문제가 제기되면서 전통적인 프로이트학파를 중심으로 한 진단주의에 불만을 가지고 기능주의가 등장하게 되었다. 신프로이트학파인 랑크(Rank)가 진단주의에 대한 비판을 가하면서 인지심리학에 기초를 둔 기능주의를 수립하게 되었다.

기능주의학파는 인간에 대한 낙관적인 견해를 채택하였다. 기능주의학파의 초점은 사회복지사와 클라이언트 간의 관계에 있었다. 또한 상호 간의 관계는 성장과 촉진을 하며 무엇보다도 클라이언트 내부의 힘을 중요시하였다. 치료라는 말 대신 원조과정이라는 용어를 사용했다.

기능주의의 핵심은 원조과정이 전개되는 기관의 기능과 중요한 관계를 갖고 있었다. 진단주의학파의 주장과 달리, 기능주의자들은 사회사업기관이 사회복지사의 실천을 위한 초점, 방향, 내용을 공급해야 한다고 생각하였다.

기능주의 논쟁은 사회복지관점이 의학모델에서 생활모델로 전환되는 실마리를 제공했다는 점에서 역사적 의의가 매우 크며, 기능주의의 대표자로는 로빈슨(V. Robinson)과 타프트(J. Taft)가 있다(나동석 외, 2009: 62).

다. 진단주의와 기능주의의 갈등

1930년대 프로이트의 정신분석이론을 중심으로 사회복지실천을 행하는 진단주의학파와 랑크(Rank)의 이론을 중심으로 사회복지실천을 행하는 기능주의학파 사이에 전통적 정신분석이론에 대한 비판이 제기되면서 1950년대까지 논쟁이 계속되었다.

진단주의는 병리를 강조하며, 기능주의는 환경의 요구에 부응하지 못하는 개인의 역기능적 능력에 강조를 두었는데 개인의 내부에 잠재한 건전 성장을 위한 의지를 강조하는 기능주의의 영향으로 진단주의는 프로이트의 개인 내적 진단 경향에서 다소 벗어나 '환경 속의 개인'을 이해하는 방향으로 변화되었다.

〈표 2-2〉 진단주의와 기능주의의 비교

구분	진단주의	기능주의
배경	1920년대, 프로이트의 영향	1930년대, 랑크의 영향
주요 이론	정신분석이론(의학모델)	성장이론(생활모델)
인간에 대한 관점	병리적, 소극적, 수동적, 질병적, 결정론적, 기계론적 관점	성장잠재력을 가진 인간관, 창의적, 의지적, 낙관적인 관점
개입 초점	자아의 강화 환경에 대한 적응력 강화	스스로 자아를 전개하도록 원조 시간과 장소와 원조과정의 구조화
치료 주체	사회복지사	클라이언트
주요 용어	질병, 치료	성장, 원조
특징	과거의 기능과 경험 중시	'지금 - 여기' 즉 현재에 초점을 둠
발전이론	홀리스의 심리사회모델	펄먼의 문제해결모델 로저스의 클라이언트중심모델

③ 문제 해결 접근

진단주의와 기능주의 간의 논쟁은 약 25년 이상이나 지속되었다. 이러한 상황에서 두 학파 간의 해결에 공헌한 문제 해결 접근을 시도한 사람이 헬렌 펄먼(Helen Perlman)이다. 펄먼의 진단주의와 기능주의를 혼합한 문제해결모델, 스몰리(R. Smalley)의 현대 기능주의 모델, 로저스(C. Rogers)의 클라이언트중심모델, 집단사회사업을 포함한 상호작용모델, 그리고 체계이론을 사용한 현대적 모델로 연결되었다.

한편, 1950년대의 혼란이 어느 정도 제거되고 안정이 되었을 때, 기능주의는 사라져버렸다. 하지만 성장과 변화를 위한 자극제로서 과정의 개념과 치료적 관계를 포함하는 기능주의의 많은 이론과 태도, 기술들은 사회사업실천을 발전시키는 데 남아 있게 되었다.

(2) 집단사회사업의 발달

1920년대에 접어들어 지역사회 공동시설과 지역사회센터 건설 등으로 주민들의 자발적인 여가 활동과 집단활동이 활성화되기 시작하면서 전문적, 이론적으로 체계화된 집단지도기술이 요구됨에 따라 집단사회사업(group work) 전문교육이 시작되었다.

집단사회사업이 사회복지실천에 도입된 것은 1930년대이며, 1935년 미국 사회복지사 전국대회에 집단사회사업 부분이 등장하였고, 1936년 집단사회사업 연구회가 결성되었으며 1946년 미국 집단사회사업협회로 발전하였다.

제2차 세계대전 이후 정신분석의 집단치료방법으로 활용하여 군대나 사회복지관에 집단지도사가 고용됨으로써 집단지도사업이 발전하였다. 정신병원과 아동상담소 등에서 같은 대상층에 대해, 유사한 문제를 경험하고 있는 사람들을 돕기 위한 방법으로 활발히 도입되기 시작하여 1960년대에 이르러서는 가족에 대한 개입에도 집단사회사업이 활용되기 시작하였다.

(3) 지역사회조직사업의 발달

1920년대부터 주 단위로 공공 복지기관이 설치되면서 지역사회복지실천으로 전환하는 계기를 마련하였다. 1929년 대공황 이후 1935년 미국 사회보장법이 제정되어 공적 사회복지기관이 더욱 발달하게 되면서 사회복지사는 뉴딜정책의 추진과 공적 기관에서의 사회복지계획 등의 지역사회조직사업(community organization)에 개입하게 되었다. 그리고 1939년에는 미국 지역사회조직 역사의 이정표가 되며, 래인보고서(The Lane Report, 1939)라고 불리기도 하는 "The Field of Community Organization for Social Welfare"가 맥밀란(W. McMillen)에 의해 발간되어 지역사회조직의 이론화에 크게 공헌하였으며, 이듬해인 1946년에는 지역사회조직에 관한 연구협회가 결성되었다. 이뿐만 아니라 1952년에는 UN 사회국에 '지역사회조직 및 개발과'가 설치되는 등 이 시기를 지역사회조직의 발전기로 규정할 수 있다(고수현 외, 2003).

4) 사회복지실천의 통합기(1950~1960)

(1) 등장배경

대공황 이후 제2차 세계대전을 거치면서 사회복지실천은 또 한 차례 변화를 겪게 되는데, 이것은 치료적 접근방법으로의 재전환과 통합방법론의 등장이다. 과거의 방법론적 접근방법으로 급격한 사회 변동이나 여러 사회문제에 적절히 대응할 수 없다는 한계점이 드러나게 되어 사회복지실천의 통합방법론의 요구가 절실해졌다.

이 시기에는 치료적 접근방법의 등장과 함께 가장 독특한 형태의 개입으로 클라이언트가 있는 곳으로 접근해가는 아웃리치(outreach) 방법과 지역사회를 하나의 단위로 보고 접근하고자 하는 노력이 한층 두드러졌다. 도움을 필요로 하는 클라이언트도 다양하고 복잡한 문제를 가지고 있었고, 이러한 복합적 사회문제에 적절히 대응하기 위해 통합적 접근방법이 필요하게 되었다. 방법론으로는 개별사회사업, 집단사회사업, 지역사회조직, 그리고 통합방법론이라는 전통적인 방법론을 정착시켰다. 이로 인해 전문직의 영역과 종사하는 전문 사회복지사의 수도 증가하게 되어 개인과 가족을 돕는 전문직으로 자리잡게 되었다. 1962년 미국사회복지사협회 내부의 분회제도를 폐지하고 통합적인 방법을 지향하는 "사회복지실천"이라는 용어가 등장하여 일반화되기 시작했다(나동석 외, 2010: 64).

(2) 대표적 사회복지 통합이론

① **핀커스와 미나한**(Pincus & Minahan)**의 4체계모델**: 포괄적이고 전체적인 관점에서 클라이언트체계를 사정하는 기초를 제공한다.

② **골드스타인**(Goldstein)**의 단일화모델**: 사회체계모델, 사회학습모델, 과정모델들의 결합으로, 사회학습에 관한 사회복지사의 기능과 자원 확보 및 활용능력을 통해 사회 변화가 가능함을 강조하고 있다.

③ **콤프톤과 갤러웨이**(Compton & Galaway)**의 문제해결과정모델**: 펄먼에 의해 처음 제시되었으며 인간의 생활은 끊임없는 문제 해결의 과정으로 문제는 병리가 아님

을 분명히 하였다. 문제 해결 자체보다 과정이나 단계에서의 활동에 중점을 두었다.

④ **저메인과 기터맨**(Germain & Gitterman)**의 생활모델**: 개인과 환경 동시에 초점을 제공하였고, 문제나 장애를 생활과의 맥락 속에서 파악하는 통합적 관점을 취하고 있다.

사회복지실천기술에 있어서는 개별사회사업, 집단사회사업, 지역사회조직사업의 세 가지 방법을 절충적으로 사용하면서 사회행동, 조사, 관리행동계획, 정책론을 포함한 거시적 방향으로의 발전이 요구되었다.

클라이언트의 생활에 대한 전체적인 이해를 위해 필요한 서비스를 조정해 주는 사례관리(case management)나 자조집단 활동의 지원을 포함한 사회적 지지망의 형성 등 과거 미시적 수준과 거시적 수준의 원조를 통합한 새로운 영역으로 넓혀가게 되었다.

5) 사회복지실천의 발전기(1960~1980)

이 시기에는 사회사업 통합이론이 진행되는 한편 전통적인 실천기술도 새로운 이론을 도입, 형성하면서 발전하는 과정을 거치면서 전문사회복지실천은 새로운 도약을 하게 된다.

(1) 사회복지실천 초점의 이동 및 다양한 실천모델의 개발

1960년대 이르러, 대공황 등의 여파로 개인에 초점을 둔 사회복지실천이 근본적 문제 해결을 이루기에는 부적절하다는 인식의 영향으로 개별사회사업에 대한 비판의 목소리가 높아지면서 사회복지실천의 개입방향이 다시 사회 변화 및 사회적인 접근으로 회기하기 시작하였다.

개별사회사업에 대한 비판이 크게 두 가지 측면에서 등장하는데, 하나는 억압받고 소외받는 계층에 대한 원조가 충분하지 못하다는 것이고, 또 하나는 방법론적, 과학적 개입기술이 충분하지 못하다는 비판이었다. 이러한 비판에 부응하여 대상별 클라이언트에 따라 직접적 기능과 간접적 기능으로 나누어 접근하였다.

토마스(E. Thomas)의 행동주의 모델과 1970년대 생태체계이론의 등장과 함께 환경과 인간을 함께 이해하는 관점에서 라포포트(L. Rapoport)의 위기개입모델, 리이드(W. J. Reid)와 엡스타인(L. Epstein)의 과제중심모델 그리고 저메인(Germain)과 기터맨(Gitterman)의 생활모델에 대한 이론화가 진행되었다.

사회사업 분야가 다양해지면서 정신위생, 학교, 노인복지 분야와 같은 특수 분야들의 많은 중복성을 재규정하게 되고, 이 시기에는 이론적인 분열이 나타나기 시작하였다. 이러한 결과로서 개별사회사업실천은 의료모델에서 생활모델로 전환을 구축하였다.

(2) 임상사회사업의 발전

1970년대 이후 미국 존슨의 사회복지정책에 대한 보수주의자들의 공격으로 인해 공공부문의 직업과 훈련수당을 삭감하는 어려움을 겪으면서 발전하게 된 것이 임상사회사업이다.

기존의 미국사회복지사협회(NASW)가 사회 변화에 관심을 지나치게 가지고 있다고 생각하던 직접적인 실천의 지지자들은 1971년에 임상사회사업연맹을 구성하였다. 이 시기에 개업 사회복지사(private practice)의 출현도 이와 같은 클라이언트의 심리사회적 문제에 대한 사회복지사의 전문적 직접서비스에 대한 관심의 반영이라고 할 수 있다.

임상사회사업가의 역할에 대한 요구는 건강보호시스템, 보건교육, 가족계획 상담을 위한 입·퇴원 서비스영역, 산업체의 서비스 욕구, 아동학대, 교정, 그리고 가정폭력 분야 등에서 점차 증가되고 있다.

(3) 집단사회사업의 실천이론과 기술의 발전

집단과 관련된 실천이론과 기술들이 집대성되어서 더욱 발전하게 되었다. 가족 해체, 인지행동, 심리사회이론들이 도입되어 정교화되었으며, 자아심리학, 가족치료적 접근의 도입과 생태체계모델 접근법, 인간 중심적 실천, 경험주의 실천 등과 같은 새로운 관점이 등장하게 되었다.

집단사회사업은 분화와 발전을 거듭하면서 1960년대 후반부터 1970년대에 이르러 사회목표모델(social goals model), 치료모델(remedial model), 상호작용모델(reciprocal model) 등으로 성장하게 되었다.

(4) 지역사회조직사업의 실천과 발전

지역사회를 통한 사회문제들의 해결이 강조되었고, 사회적 측면을 기반으로 한 사회복지실천 전반에 중요한 영향을 미치게 된다. 사회행동이 지역사회조직방법으로서 사회문제를 해결하기 위하여 강조되었으며, 사회행동으로 분명해진 사회사업 욕구를 사회복지실천서비스로 구체화해 가는 것이 중대한 과제가 되면서 1970년대 중반 이후의 지역사회조직은 사회계획에 초점을 두게 되었다(백은령 외, 2007: 70).

6) 1980년~현재(다중적 관점)

이 시기에는 새로운 관점이 등장하고 개입전략도 확장되는 시기로서 개인의 책임성을 강조하는 보수적 관점이 뚜렷이 나타나는 경향이 있다. 절대적인 진리나 절대적인 이론체계를 밝히려는 연구는 한계에 부딪치게 되므로 다중 관점의 필요성이 새롭게 대두되는 시기이다. 다양한 이론적 관점들을 수용하면서 이를 사회복지실천에 적용하였으며, 복합가족집단, 폭력, 아동, 청소년, 보건단체 등 다양한 영역으로 확대되었다.

개별사회사업실천은 개인이나 가족과 치료적 대화를 나누는 이야기 치료법 등 독특한 실천개입방법이 개발되었고, 단기 문제 해결 중심의 개입 기법이 개발되었다.

집단사회사업실천은 집단구성원들로 하여금 자신의 고유한 능력과 힘을 개발하여 개인적 문제뿐만 아니라 주변문제 처리도 돕는 권한을 강조함으로써 '권한부여'(empowerment)가 가장 중요한 요소로 등장하고 있다.

1980년대에는 미국사회복지사협회를 중심으로 공통적인 지식기반, 실천방법, 실천현장, 가치와 기술 등에 대한 합의를 도출하려는 노력을 통해 통합방법론과 일반사회사업실천이 등장하였다. 최근에는 다중 관점 및 다중 개입전략이 각광을 받고 있다.

이와 같이 발전한 사회복지실천 중 개인, 가족, 집단은 미시 또는 임상으로 분류되고 지역사회조직은 행정, 정책과 함께 거시로 편입되었고 전문화에 대한 강조가 약화되면서 일반적 실천(generalist practice)이 등장하였다.

결국 오늘날의 사회복지실천은 자선조직협회와 인보관운동의 영향, 지역사회조직운동 등의 영향이 통합되어 이루어진 것이라고 볼 수 있다.

2. 한국 사회복지실천의 역사적 발달과정

1) 초기 사회사업의 발달

근대 사회복지사업이 우리나라에서 시작된 것은 조선 말엽인 1888년에 프랑스의 천주교회에 의해 고아원이 설립된 것이 최초이며, 갑오경장 후 인천의 교회 부속 고아원 설립, 1907년 평양 맹아학교가 개교되었다.

한국 개별사회사업실천의 기원은 일제시대 방면위원제도에서 그 뿌리를 찾을 수 있다. 방면위원제도는 1927년 일제에 의해 인보관사업과 사회사업서비스를 원활히 한다는 명목으로 도입되었는데, 주로 빈민의 생활상태를 조사하고 빈곤의 원인을 판명하여 적절한 지도교화 및 구제방법을 강구하는 데 있었다.

우리나라 최초의 지역사회복지관은 1921년 설립된 태화여자관(현, 태화기독교종합사회복지관)이다. 태화기독교종합사회복지관은 저소득층 주민과 여성의 권익 옹호에 힘썼으며, 설립 초부터 여성을 대상으로 사회복지서비스를 제공하였고, 1925년부터는 여자맹인학교를 설립하여 안마법, 한글, 일본어 등을 가르쳤다(나동석 외, 2010: 69).

미 군정시대의 사회복지시책은 기아의 방지, 최저생계 유지, 보건 및 의료보호, 응급 주택 보급 등에 중점을 두고 있었으나 적극적이고 계획적인 사업 추진이나 장기

계획은 거의 이루어지지 않았다.

1947년에 이화여자대학교 기독교사회사업학과가 설립되었고, 1948년 이화여대에서 사회사업 인력을 배출하였다.

2) 사회복지실천의 도입기: 한국전쟁 전후의 사회복지실천 발달

한국에서의 사회복지실천의 도입은 1950년대 개별사회사업이다. 한국전쟁 직후에 많은 외국 민간 외원단체가 들어온 것을 계기로 기독교세계봉사회, 홀트아동복리회, 선명회 등과 같은 외원 사회사업기관과 한국외원단체협의회(Korea Association of Voluntary Agencies; KAVA)를 중심으로 하여 기관을 통한 개별사회사업실천이 행해졌다. KAVA는 전쟁 기간과 전후 상당 기간 동안 기본적인 생계문제, 여러 유형의 가족 해체, 전쟁고아문제, 전쟁으로 인한 장애아동 및 성인들의 생활문제, 교육문제, 사회재활문제 등 중요한 문제를 지원하였다. 이들 외원단체들은 전문적 사회복지실천보다 종교적 선교활동에 목적을 두었기 때문에 사회복지전문성은 갖추지 못하였다.

이러한 외원단체의 활동은 한국의 사회사업 발전에 다음과 같은 영향을 끼쳤다.

첫째, 한국의 사회사업이 종교(특히 기독교)와 밀접한 관련 하에 전개되도록 하였고, 둘째, 한국에서 전문사회사업이 시작되도록 촉발하였으며, 셋째, 시설 중심의 사회사업이 발전하게 된 계기가 되었다. 넷째, 한국의 사회복지가 거시적인 사회정책보다는 미시적인 사회사업 위주로 발전하게끔 하였으며, 다섯째, 사회사업을 구호사업 또는 자선사업과 같은 것으로 한국인들이 인식하는 데 기여하였고, 여섯째, 외원단체의 철수에 따라 외원에 크게 의존하던 한국의 민간 사회사업부문이 정부에 의존하게 됨으로써 정부 통제 하에 편입되게 하는 데 기여하였다(이상호 외, 2010: 87).

1960년대 후반부터 이러한 외원단체들이 한국을 떠나기 시작하여 사회복지실천이 자리잡지 못해 수용보호의 전통적 방법에서 탈피하지 못한 채 대인서비스 기술 개발보다는 노인, 아동, 부녀, 정신질환의 분야로 나뉘어 수용보호임무를 수행했다고 볼 수 있다.

1959년에 의료사회사업이 시작되었고, '한국개별사회사업가협회'가 결성되었다. 이것은 한국 최초의 전문사회사업가집단이라고 할 수 있으며, 1967년에야 모든 분야의 전문사회사업가를 총망라한 '한국사회사업가협회'가 조직되었고, 이것은 후에 '한국사회복지사협회'로 발전하였다.

1970년대에는 사회복지사업법(1970)이 제정되고, 1960년대에 입법화된 각종 제도들이 시행되고 있었으나, 경제개발 우선정책에 밀려서 사회복지 분야는 괄목할 만한 발전을 보이지 못했다.

3) 한국 사회복지실천의 확대기와 전문화 : 1980년대 이후

1980년대에 이르러서는 지역사회복지와 재가복지사상이 도입되면서 전국적으로 사회복지관사업이 활성화되었다. 1985년부터 지역사회 중심의 사회복지실천을 위하여 각 시·도 단위로 종합사회복지관이 설립되었으며, 공공영역에서는 1987년부터 생활보호업무를 담당하는 '사회복지전문요원'을 저소득층 밀집지역과 전국 동사무소에 배치함으로써 사회복지전달체계가 확립되었고 문제를 가진 개인 및 가족에 대한 개별적 접근이 다양하게 이루어지게 되었다.

1997년 정신보건법이 시행되면서 '정신보건사회복지사'의 탄생으로 전문화가 강화되었다. 그러나 현재 전문적 개입의 필요성이 심각하게 요청되고 있는 학교사회복지, 군사회복지, 교정사회복지, 폭력 및 학대와 관련된 영역 등 다양한 분야에서의 사회복지실천 욕구를 만족시키기 위해서는 체계화된 전문적 훈련과 국가 차원에서의 제도적 장치가 마련되어야 할 것이다.

1998년 사회복지사업법 시행령, 시행규칙 등이 개정되어 사회복지사 자격 국가시험을 신설하였으며, 임상사회복지사제도에서 전문사회복지사제도로 명칭이 바뀌어 시행되고 있다. 사회복지사업법 개정과 함께 대학교육 교과목이 개별사회사업과 집단사회사업이 통합, 분할되어 사회복지실천론과 사회복지실천기술론으로, 지역사회조직사업은 지역사회복지론으로 변경되었다.

4) 한국 사회복지실천의 발전과제

한국의 사회복지실천의 발전과정은 서구에 비해서는 조금 느리나 그동안 빠르게 발전하기 시작하는 단계라고 볼 수 있다. 앞으로 더 많은 발전과 거듭남으로 한국적인 사회복지의 맥을 잡아야 한다.

우선 다양한 문제에 전문적인 개입을 위해서는 인접학문과의 교류나 다학문적인 접근을 통하여 전문적 지식과 기술 향상을 위해서 지속적으로 노력해야 한다. 또한 우리 사회에 맞게 사회복지의 이론과 개입기술을 정립하고 적용하려는 노력이 필요할 것이다.

앞으로의 한국 사회복지실천은 한국 사회가 지난 반세기 동안 겪은 도시화·산업화·핵가족화 그리고 가치관의 변화로 겪고 있는 빈곤문제, 가족 해체로 인한 아동보호문제, 알코올과 약물오남용문제, 실직자와 부랑인문제, 장애인·노인·여성·다문화가족 등 사회적 소외계층의 적응과 통합을 다룰 수 있는 한국적 접근방법이 더 개발되어야 할 것이다(백은령 외, 2007: 79).

요 약

1. 서구 사회복지실천의 역사적 발달과정

1) 전문사회복지실천의 태동기(19세기 말~1900)

(1) 자선조직협회(COS)

① 1869년 런던에 세계 최초 설립, 개별사회사업실천, 사회조사, 지역사회실천의 기초가 되었다.

② 기능 : 구제신청자에 대한 과학적이고 면밀한 조사, 구제등록 실시, 여러 구제기관 간의 연락, 조정, 우애방문자를 활용한 빈민층 교화 활동, 빈곤가족을 방문하여 빈민조사 및 등록을 통한 조직 간 활동의 조정과 협력의 추구 등을 실시하였다.

(2) 인보관운동

① 1884년 바네트에 의해 런던에 세계 최초의 인보관인 토인비 홀(Toynbee Hall)이 설립되었다.

② 집단사회사업, 사회행동 및 지역사회조직활동의 시초가 되었다.
③ 빈민지역에 함께 살면서 우애관계를 갖고 지역주민의 문제를 해결하고 생활을 개선하고자 하는 목표로 시작하였다.
④ 기능 : 주택의 개선, 공중보건의 향상, 고용주들에 의한 빈민 착취의 방지 및 해결, 직업기술훈련, 언어훈련, 교육 및 환경개선운동, 성인교육 등을 실시하였다.

2) 전문사회복지실천의 성장기(1900~1920)

(1) 전문교육기관의 등장

① 1898년 미국 최초의 사회복지인력 전문인력 양성과정이 뉴욕자선학교에서 실시되었다.
② 전문적 이론의 확립 : 1917년 리치몬드의 『사회 진단』이라는 저서를 통해 사회복지실천에 관한 이론과 방법을 최초로 체계화하였다.

3) 사회복지실천의 전문적 분화기(1920~1950)

(1) 진단주의와 기능주의의 갈등

① 진단주의 : 리치몬드의 사회 진단과 프로이트의 정신분석학의 개념과 방법을 도입. 기계론적, 결정론적 관점과 실천으로 하는 전통적인 접근법으로, 질병이론, 치료용어 사용. 해밀턴에 의해 이론화가 진행되고 홀리스의 심리사회모델로 체계화하였다.
② 기능주의 : 인지심리학에 기초. 인간에 대한 낙관적인 견해를 가지고 사회복지사와 클라이언트 간의 관계를 중시. 원조과정 용어 사용. 사회복지 관점이 의학모델에서 생활모델로 전환되었다.

4) 사회복지실천의 통합기(1950~1960)

(1) 대표적 사회복지 통합이론

① 4체계모델, 단일화모델, 문제해결과정모델, 생활모델, 권한부여모델

5) 사회복지실천의 발전기(1960~1980)

(1) 다양한 실천모델의 개발

① 위기개입모델, 과제중심모델, 생활모델에 대한 이론화가 진행되었다.
② 사회목표모델, 치료모델, 상호작용모델, 인본주의모델, 사회학습모델, 목표형성모델의 여섯 가지로 성장하였다.

③ 심리사회모델, 기능주의모델, 문제해결모델, 행동주의모델 등 다양한 실천모델이 등장하였다.

6) 1980년~현재(다중적 관점)

최근에는 다중 관점 및 다중 개입전략이 각광을 받고 있다.

2. 한국 사회복지실천의 역사적 발달과정

① 한국전쟁 이후 기독교아동복리재단, 홀트아동복리회, 선명회 등의 외원 사회사업기관과 KAVA, 외국 민간원조기관 한국연합회를 중심으로 행해졌다.

② 1959년 의료사회사업의 시작, 한국개별사회사업가협회가 조직되었다.

③ 1967년 한국사회사업가협회가 조직되었다.

④ 1980년대 이후 지역복지와 재가복지사상의 도입으로 사회복지관사업의 확장, 활성화, 사회복지전문인력의 배출, 사회복지전문요원제도가 실시되었다.

⑤ 1997년 정신보건법이 시행되면서, '정신보건사회복지사'의 탄생으로 전문화가 강화되었다.

⑥ 1998년 사회복지사업법 시행령, 시행규칙 등이 개정되어 사회복지사 자격 국가시험제도가 신설되었다.

토의문제

1_ 사회복지실천의 발달과정을 서구와 한국을 비교하여 설명해 보시오.

2_ 자선조직협회와 인보관운동을 주체, 빈곤관, 이념, 서비스 등을 중심으로 비교 설명해 보시오.

3_ 사회복지전문직 교육의 등장배경은 무엇인지 토론해 보시오.

Theories of Social Work Practice

Chapter 03

사회복지실천의 가치와 윤리

▌학습목표▐

1. 사회복지사상의 특성과 가치 전제에 대해 학습하고 이해할 수 있다.
2. 사회복지전문직의 가치와 윤리강령을 파악하고 이해할 수 있다.
3. 사회복지실천현장의 가치 갈등 해결과정을 알아보고 이해할 수 있다.

▌학습목차▐

1. 사회복지실천의 철학적 기반
2. 사회복지전문직의 가치와 윤리강령
3. 사회복지실천현장의 가치 갈등

사회복지실천현장에서 이루어지는 사회복지사의 다양한 실천활동과 업무수행과정에서는 가치와 윤리적인 문제들이 시시각각으로 발생하게 된다. 따라서 실천현장에 근무하는 사회복지사들은 수많은 가치와 윤리의 문제를 적절히 이해하고 상황에 적합한 대응을 하도록 요구받고 있다.

사회복지실천의 중요한 기반이 되는 것은 지식기반, 가치기반, 그리고 개입기술기반이다. 이것을 그림으로 나타내면 [그림 3-1]과 같다. 이들 중 가치기반이란 사회복지실천의 사상, 가치, 윤리 등의 인간이 가지고 있는 철학에서부터 시작한다. 사회복지실천에 종사하는 사회복지사는 과학적이고 전문적인 지식과 실천과정상의 적절한 개입기술만을 갖추는 것만으로는 부족하고 사회복지실천의 가치와 윤리에 대해 이해하는 것이 필요하다. 왜냐하면 사회복지실천의 가치와 윤리, 사회복지사 개인의 가치관과 윤리관, 클라이언트의 가치관과 윤리관들이 서로 상충될 수 있기 때문이다. 결국 이들 간의 문제는 사회복지사와 클라이언트와의 관계 그리고 서비스의 전달과정과 효과성에 중요한 영향을 줄 수 있다(권구영, 2008).

본 장에서는 사회복지실천의 철학적 기반으로 사상의 개념, 특성, 중요성 등에 대해 먼저 살펴보고, 사회복지전문직의 가치와 윤리강령의 개념에 대해 알아보고자 한다. 그리고 사회복지실천현장의 가치 갈등과 윤리적 딜레마의 해결방법 등에 대해 설명하고자 한다.

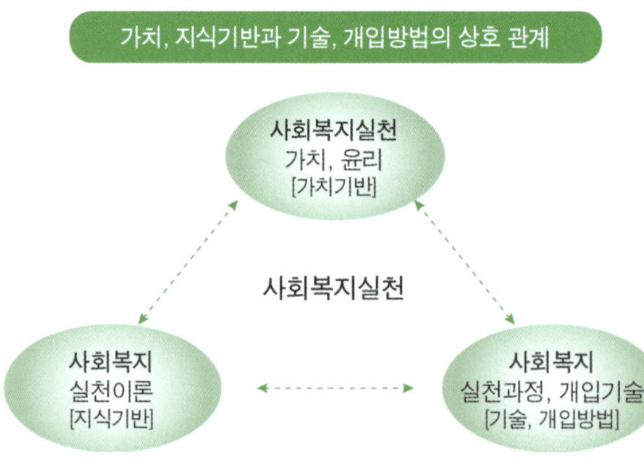

[그림 3-1] 사회복지실천의 토대 또는 기반

1. 사회복지실천의 철학적 기반

1) 사회복지사상의 개념

사상은 사회사상, 정치사상, 경제사상, 철학사상, 문학사상 등 합성어로 각 분야에서 사용되고 있다. 특별히 사회사상이란 이데올로기, 세계관, 사회의식, 가치관, 사회심리, 생활지향, 사회철학의 내용과도 비슷한 개념을 가지면서 인간 스스로가 직면한 문제들을 해결하기 위한 현실적·실천적 사고인 동시에 앞으로의 이상적인 사회현실을 위한 논의이며, 제안이며, 운동이며, 구상의 논리라고도 할 수 있다(김대환, 1985).

사회복지사상은 사회복지를 객체로 사회구성원이 발전시킨 생각의 총체다. 즉, 인간의 이상적 상태, 이를 실현하기 위한 사회적 노력, 그리고 이들 사회적 노력을 실행하는 전문적·도구적 행위에 대해 사회구성원이 발전시키고 개념화한 일관되고 지속적이며 지배적인 생각의 총체로 정의될 수 있다(최혜지 외, 2008).

2) 사회복지사상의 특성

성실성과 전문성, 그리고 공익성을 강조하는 사회복지실천은 사회복지사의 정신에 크게 좌우된다고 하겠다. 더욱이 사상은 그 사회의 정치적 상황을 반영하기 때문에 사회복지사의 활동정신과 활동가치, 그리고 활동목표에 큰 영향을 미친다고 볼 수 있다. 또한 사회복지실천사상은 사회복지실천의 정당성을 밝혀 주기 때문에 사회복지사의 활동기반이 된다고 할 수 있다(최옥채, 2002). 최혜지(2008)는 이러한 사회복지사상의 특성을 일관성, 역사성, 유토피아성으로 나누어 설명하고 있다.

(1) 일관성

사회복지사상은 일관성의 특성을 갖는다. 사회복지사상은 사회적으로 높은 수준의 합의를 보이는 지배적인 사고방식으로 개별적 사회현상에 일관되게 적용된다. 예를 들어 자유주의 사상이 지배적인 사회에서의 빈곤, 분배적 정의, 복지제도의 목적과 영역 등을 바라보는 사회적 시각과 접근방식이 자유주의적 색채로 일관된다.

(2) 역사성

사회복지사상은 역사성을 특성으로 한다. 한 시대의 사회복지사상은 이전 시대까지 지속되어온 사회복지사상들과의 연계 속에서 발전된다. 따라서 새로이 출현한 사회복지사상은 이전 사회복지사상들과의 단절 또는 결별을 의미하기보다 어떤 식으로든 이전 사회복지사상을 담아내고 그 기반 위에 발전된다. 따라서 사회복지사상은 역사성의 특성을 갖는다.

(3) 유토피아성

사회복지사상은 유토피아적 특성을 갖는다. 사회복지사상은 사회가 직면한 현실을 설명하고 극복하기 위한 노력들로부터 발전된다. 따라서 사회복지사상은 이상적 사회 구현을 현실화시킬 수 있는 사회적 원리들을 담아낸다. 즉, 사회복지사상이란 미래의 이상사회 실현을 위한 논리이며 구상인 것이다.

3) 사회복지실천의 기본적 가치 전제

사회복지사상을 좀 더 실천적인 측면에서 사회복지사들이 이해하고자 한다면 사회복지실천의 기본적인 가치 전제를 이해해야 한다. 뷰티엄(Buteym, 1976)은 인간에 대한 시점을 중요시한 실천의 기본적 가치 전제로서 인간 존중, 인간의 사회성, 인간의 변화 가능성을 들고 있다(한국전문대학사회복지교육협의회, 2007).

(1) 인간 존중

인간은 태어나면서부터 가치 있는 존재로서 존중해야 한다는 것이다. 이때 '존중'이란 인간이 태어난 가치에 의한 것으로 실제 그 사람이 무엇을 할 수 있으며 어떤 행동을 하는지에 좌우되는 것보다는 단지 인간 그 자체이기 때문에 존중받아야 한다는 것이다. 이러한 인간 존중이라는 가치를 고수하는 실천적 의도는 사회복지사와 클라이언트 쌍방의 인간성을 수용하는 것을 의미하며 사회복지사의 이성적 · 정서적 투입을 이루게 하는 근본적 동기가 된다.

인간 존중이라는 가치는 사회복지실천의 다른 모든 가치를 이끌어내는 중심적인 도덕적 가치이다. 즉, 인간 존중이라는 가치는 그것에서 모든 가치가 설명되는 기본적 가치이며 비에스텍(Biestek)이 말하는 '개별화', '수용', '자기결정권'이라는 사회복지실천의 원칙도 이 안에 포함되어 있다고 할 수 있다.

(2) 인간의 사회성

인간 존중이라는 가치는 가장 근본적인 가치이지만 사회복지실천에 있어 '인간의 사회성'이란 가치 또한 중요하다. 이것은 인간의 사회성에 대한 신념을 나타내고 있다. 사회성이란 인간은 각자의 독자성을 가지고 태어났지만 드러나는 개성은 타인과의 의존의 결과에 의해서이다.

여기서 의존한다는 것은 단순히 다른 사람의 도움이 필요하다는 의미뿐만 아니라 기본적으로 인간의 존재가 '다른 사람을 통하여 자신을 나타내는 존재'라는 것을 의미한다. 예를 들어 인간은 가족, 학교, 직장, 여가생활 등 인간 생활의 모든 시간과 장소에 있어 다른 사람과의 관계 속에서 살아가고 있다. 여기서 우리는 인간의 기본적 사회성을 발견할 수 있다. 사회복지실천은 그 기본적 가치 전제로서 인간의 이러한 '사회성'을 강조하고 있다. 사회성은 사회복지실천이 클라이언트를 인식하는 시점이자 그의 생활과제에 대처하는 실천원칙이기도 하다. 하지만 그렇다 하여 인간의 개별성을 결코 부정하는 것은 아니다. 실천은 사회성과 개별성 모두를 인간의 본질로서 인식하고 이 모두가 인간에게 있어 의미가 있다는 것이다. 사회복지는 클라이언트의 사회생활의 곤란을 문제로 하고 있기 때문에 사회적 존재로서의 인간을 강조하는 것이며 그 때문에 생활문제에 대한 사회적 해결을 강조하고 있다.

(3) 변화의 가능성

실천의 세 번째 가치 전제는 인간의 변화, 성장 및 향상의 가능성에 대한 신념에서 생겨난다. 사회복지실천은 주로 변화를 위해 개입하고 있고, 따라서 이러한 인간의 '변화의 가능성'에 대한 시각은 사회복지실천에 있어 많은 힘을 실어준다.

그러나 사회복지실천은 '변화'라는 결과를 중시하기보다는 그 변화를 추구하며 실현시키려고 하는 과정을 중시한다. 실천에서의 변화과정을 중시하는 것은 다른 사람의 목적에 맞도록 자기를 변화시킨다는 수동적 변화를 의미하는 것이 아니라 인간이 삶의 의의를 스스로 찾고 주체적으로 살아가는 자유로서의 변화 가능성을 말한다.

4) 사회복지사상과 사회복지가치, 윤리의 관계

사회복지가치는 사회복지사상과 유사한 개념처럼 사용된다. 그러나 사회복지의 사상과 가치는 서로 독립적인 개념으로 구분, 사용되어야 한다고 주장하는 학자들이 있다. 하지만 사회복지사상을 실천적인 측면에서 접근하고 있는 것이 사회복지가치로 이해하는 것이 바람직하다.

사회복지사상은 사회복지사가 바람직하다고 생각하는 것을 추구하고 실현하는 목적과 방법에 대한 사회적 사유, 즉 사회구성원의 지배적 생각의 총체이다. 그리고 사회복지가치는 '바람직하다고 생각하는 것', 즉 사회복지가 이념적으로 바람직하다고 지향하는 것으로 사회복지의 제도적 · 실천적 선택에 영향을 미치는 신념체계로 정의할 수 있다. 다시 말해 사회구성원의 지배적인 생각인 사회복지사상 중에서 사회복지실천현장에 적용할 수 있는 지향점인 사회복지가치가 도출된다고 하겠다.

윤리는 가치에서 비롯되나 무엇이 옳고 그른가를 판단하여 주는 도덕적 지침이 된다. 사회복지실천의 윤리에서 가치문제를 중요하게 다루는 것은 사회복지사의 가치에서 윤리적인 원칙들이 나오기 때문이다. 윤리와 가치의 개념을 구분해 보면 가치는 바람직한 것, 우선적인 것, 선한 것의 의미이고, 윤리는 도덕적으로 좋고 나쁘고, 옳고 그른 것에 관한 것으로 이해할 수 있다(엄명용 외, 2013).

5) 사회복지사상의 중요성

사회복지사상이 사회복지실천에 주는 의미를 규명하는 것이 사회복지사상의 중요성을 보여준다고 하겠다. 이러한 의미에서 박석돈(1994)은 다음의 3가지로 사회복지사상의 중요성을 제시하였다.

(1) 사회복지실천의 정당성 확립

사상은 사회복지사에게 큰 틀의 활동 방향과 논리를 제공한다. 사회복지실천은 사회복지사의 임의로 하는 것이 아니고 법의 테두리 안에서 이루어지며 그 법의 원리는 당시의 사회가 추구하는 사상을 토대로 한다. 예를 들면, 과거 생활보호법에서 강조하는 국가책임, 최저생활보장, 자립조장, 무차별평등, 보충성 등의 원리는 국가가 개인의 인권을 침해하지 않고 개인이 자신의 생명 · 신체 · 재산에 관한 권리를 가지고 있다는 자연법사상에 근거하고 있다.

(2) 사회복지실천의 가치 확립

사회복지실천에서 본질적인 가치 전제는 개인의 존엄성과 독특성에 대한 존중 및 클라이언트의 자기결정권에 대한 신념이 깔려 있다(김융일 외, 2000). 즉 여타 전문직의 활동과 비교하여 지극히 인간적인 활동임을 강조한다고 할 수 있다. 이러한 가치지향적 특성은 사회복지사협회가 정한 '사회복지사 윤리강령'에서 찾아볼 수 있다. 그러므로 사회복지사에게 사회복지실천의 가치 함양이 중요시되어야 한다.

(3) 사회복지실천의 목표 설정

사회복지실천의 궁극적인 목표는 '아름다운 사회의 구현'이다. 이와 같은 목표는 너무 이상적이어서 꿈으로 그칠 수 있기 때문에 구체적인 실천방안이 나와야 한다. 이때 사회복지사의 제 능력을 토대로 목표의 수준이 정해질 수밖에 없는데 그 수준은 사회복지실천의 사상에 의해 규정된다.

2. 사회복지전문직의 가치와 윤리강령

사회복지사들도 의사 · 변호사 등 다른 전문직들과 같이 윤리적인 기준이 요구되었고 이러한 윤리 기준은 사회복지실천의 임무 · 방법 · 실천의 우선순위, 사회복지실천대상의 문화적인 배경, 그리고 사회복지실천의 시기 등에 따라 지속적으로 변화되었다.

윤리적 실천지침을 제공하는 일은 전문가의 가장 핵심적인 역할 가운데 하나이다. 특히 사회복지실천에 있어서 윤리적인 실천 기준을 마련하는 일은 전문가가 실천에 있어 윤리적인 문제를 다루는 데뿐만 아니라 전문가로서의 정체성을 확보하는 데 도움이 된다. 특히 전문가의 행동과 관련하여 윤리적으로 받아들일 수 있는 행동과 그렇지 못한 행동이 무엇인지에 대한 명확한 기준을 제공한다는 면에서 매우 의의가 크다. 전문가들은 대체로 실천과 관련한 윤리강령을 제정하고, 이 기준에 의해 자신들의 윤리적인 기준을 제시하고 있다(백은령 외, 2008).

1) 사회복지실천과 가치

가치란 '우리가 인간으로 살아가면서 옳고 좋은 것으로 선호되는 것에 대한 신념이고 행동을 지배하는 중요한 감정체계들'이라고 할 수 있다. 또한 가치는 우리들의 행동방향을 결정하도록 이끄는 힘을 가지고 있다. 이러한 의미에서 가치는 좋고 나쁨에 대한 양자 간의 구분을 하게 하는 방향을 제시한다. 모든 전문직들은 그 영역 안에서 활동하는 전문가들에게 목적과 의미, 그리고 방향을 제시하는 가치체계를 가지고 있으며, 사회복지실천의 경우에도 예외는 아니다.

실제로 사회복지의 목적들은 핵심적 가치체계, 즉 자원의 개발과 활용, 클라이언트의 존엄 보장, 고유성 및 개별성의 존중, 문제해결능력 및 자기결정의 확신 그리고 비밀보장에서 나오고 있다. 그런데 이러한 전문적 가치들은 사회적 가치들과 분리되어 존재하는 것은 아니다. 특히 인간과의 관계 속에서 사회규범과 사회적 도덕체계들을 다루는 사회복지실천 영역은 가치 관련 부담이 큰 전문직이라 할 수 있으며, 특정의 사회적 가치들과 연계됨으로써 사회의 양심 혹은 도덕관념으로 작용하는 경향이 있다(Hepworth & Larsen, 1993).

한 전문직 안에서의 윤리적 행위에 대한 내용을 정리한 것이 윤리강령이며, 이것은 이론체계 개발과 더불어 모든 전문직이 그 전문성을 인정받기 위해 반드시 필요로 하는 부분이다. 윤리강령 안에서 해당 전문직의 주요 사상, 신념 및 전통이 모두 반영되며, 이로써 전문가들을 올바르고 책임성 있는 행위로 안내할 수 있다(권구영 외, 2008). 이러한 윤리강령은 사회복지사의 전문적 판단에 항상 절대적으로 우선하는 것은 아니지만 사회복지실천현장에서 사회복지사에게 기대되는 행동을 규제하고 실천활동의 범위와 한계를 규정짓기도 한다.

2) 사회복지사의 가치 기준

사회복지실천은 인도주의적 이상과 민주주의적 사상으로부터 유래되었다. 개인적·사회적 상호작용으로부터 생겨나는 인간의 욕구를 충족시켜주기 위하여 또 인간의 가능성을 개발하기 위하여 전문적인 사회복지사들은 사회복지실천에 헌신한다(김융일 외, 2000).

로웬버그와 돌고프(Loewenberg & Dolgoff, 1996)는 사회복지실천의 중심 가치를 다음과 같이 6가지로 제시하고 있다.

① 사회복지사들의 전문적 관계는 개인의 가치와 존엄성에 기초하며, 상호 참여와 수용, 비밀보장, 정직성 그리고 책임성을 통해 발전한다.

② 사회복지사들은 클라이언트가 독립적으로 결정할 권리와 원조과정에 적극적으로 참여할 권리를 존중한다.

③ 사회복지사들은 클라이언트체계가 필요한 자원을 획득하도록 원조할 책임이 있다.

④ 사회복지사들은 사회제도를 보다 인도적이며, 인간의 요구에 부응하도록 만들기 위해 노력해야 한다.

⑤ 사회복지사들은 다양한 집단의 고유한 특성을 존중하고 수용해야 한다.

⑥ 사회복지사들은 자신이 행한 윤리적 행위와 실천 행위에 대한 책임을 져야 한다. 따라서 사회복지사들은 전문적인 지식과 기술을 지속적으로 발전시키기 위한 노력을 해야 한다.

최옥채(2002)는 사회적 상황, 사회복지실천의 전문성, 사회복지사의 역할 등의 맥락에서 사회복지사의 가치 기준으로 다음의 세 가지를 제시하고 있다.

(1) 클라이언트의 가치

클라이언트는 자신이 처해 있는 모든 상황을 초월하여 클라이언트 자체로서 존중되어야 한다. 클라이언트가 개인이건 집단 혹은 지역사회이건 정부와 사회복지기관 그리고 시민을 포함한 사회로부터 소중함의 가치를 보장받아야 한다. 그 구체적인 상황은 다음과 같다.

첫째, 모든 클라이언트는 그들의 타고난 자체로 존중되어야 한다. 예컨대, 클라이언트의 성(性), 나이, 가족관계, 학력, 부의 정도, 생활지역 등에 관한 구별 없이 정의롭게 대우받아야 한다.

둘째, 모든 클라이언트는 자신의 문제 상황에 따른 이유를 불문하고 존중되어야 한다. 즉, 모든 클라이언트 문제의 유형과 정도, 그리고 원인을 따지지 않고 양질의 서비스를 받아야 한다. 예를 들면, 장애인, 어르신, 범죄인, 비행청소년 등이 그들의 처지나 책임을 가리지 않고 재활에 필요로 하는 도움을 받아야 한다.

셋째, 모든 클라이언트는 독립된 개체로서 그들의 독특성을 포함한 문화가 인정되어야 한다. 개인과 집단 그리고 지역사회가 특정 기준에 따라 획일적으로 이해되어서는 안 된다.

(2) 전문 지식과 기술의 가치

사회복지사가 갖추어야 할 전문적 지식과 기술은 소중한 가치가 있음을 사회복지 분야에서는 물론 관련 전문분야에서도 인정받아야 한다. 또한 사회복지실천의 가치는 사회복지사가 사회복지실천가로서뿐만 아니라 좋은 이웃으로도 인정받아야 한다.

그러므로 사회복지사는 자신의 지식을 쌓고 기술을 갈고 닦기 위해 끊임없이 노력해야 하고, 나아가 이 지식과 기술을 활용하는 데에도 신중해야 한다.

(3) 사회복지사 활동의 가치

사회복지사의 활동은 고귀한 가치를 갖는다. 이는 사회복지사들이 순수한 마음을 가지고 오직 클라이언트의 재활과 발전을 위해 활동하기 때문이다. 특히 우리나라의 사회복지사는 대체로 열악한 환경에서 어려운 처지의 클라이언트를 상대하고 있어 다른 어떤 분야의 전문가들보다 보람 있는 활동이 성직자 혹은 수도자의 활동에 버금간다는 자부심을 가질 수 있도록 자세를 가꾸어야 한다.

다음의 신문기사는 병원의 존재이유, 의사라는 직업의 가치와 윤리에 대한 날카로운 지적을 하고 있다. 사회복지사들의 가치와 윤리를 점검하는 것이 얼마나 중요한가를 다시 한 번 점검하여야 하겠다.

사 례

➔ '얌체 같은' 병 · 의원들

직원 건보료는 안 내고 보험급여는 꼬박 챙겨

상당수 병 · 의원이 직원의 건강보험료는 수개월씩 내지 않으면서도 보험급여 비용은 매달 꼬박꼬박 받아간 것으로 확인됐다. 18일 민주당 최영희 의원이 건강보험공단으로부터 제출받은 자료에 따르면 2003년부터 올 7월까지 177개 병 · 의원이 건강보험료 11억 원을 체납하고 있다. 이 중 의원이 115개로 가장 많았으며 한의원 42개, 병원 20개 등으로 집계됐다. 이들 177개 병 · 의원이 체납한 기간은 총 1,185개월로 평균 6.6개월 이상을 체납한 셈. 이 중 최대 55개월째 체납하고 있는 곳도 있으며, 6개월을 체납한 상태에서도 13억 원의 보험급여 비용을 받아간 병원도 있었다. 건강보험공단은 이들 병 · 의원이 수개월째 건강보험료를 체납하고 있음에도 불구하고 지난해 말까지 196억 원의 보험급여 비용을 지급했다.

올 들어서도 7월 말 현재 169억 원을 지급한 것으로 확인됐다. 병 · 의원의 건강보험료 체납은 사업자가 납부해야 할 부분으로 종업원은 급여에서 보험료를 원천징수하기 때문에 이로 인한 보험 혜택을 받지 못하는 등의 문제는 발생하지 않는다. 최 의원은 "일부 병 · 의원이 재정적 어려움을 겪고 있다고 하지만 보험급여는 꼬박꼬박 받아가면서 직원의 건강보험료를 체납한다는 것은 이해할 수 없다"며 "건강보험공단이 실사를 통해 특단의 대책을 내려야 한다"고 주장했다.

출처: 헤럴드경제(2008. 9. 18).

3) 사회복지실천과 윤리

(1) 윤리의 출현

사회복지실천의 윤리가 본격적으로 논의되기 시작한 것은 겨우 1970년대에 들어서였다. 그 이전에는 가치가 윤리의 자리를 대신하였으며, 실천윤리를 논하여야 할 만큼 실천의 대상, 과정, 결과 등이 복잡하지 않았다. 이는 사회복지사뿐 아니라 의학, 법, 간호, 언론 등의 분야에서처럼 사람을 대하는 전문직에서도 동일하게 적용되어 사람에 대한 존엄성의 가치가 행동에서 지켜질 수 있는 어떤 원칙과 기준이 있어야 함을 절실히 느끼기 시작하게 하였다(양옥경 외, 2004).

사회복지사들은 1920년대부터 윤리의 필요성을 절감하고 전문직 윤리강령을 만들고자 하였으나 잘 되지 않았다. 1960년에 와서야 최초의 사회복지사 윤리강령이 미국사회복지사협회에 의해 채택되었다(Reamer, 1992). 그전까지는 전문 지식과 기술의 개발에 주로 초점을 두고 있었는데, 그 이유는 가치에 중점을 두면 사회복지전문직이 과학적이지 않게 보이기 때문에 전문직의 발전을 위해 가치 및 윤리에 대한 관심이 활발히 진행되지 못한 것이다. 그러나 1970년대 후반에 들어와 윤리가 각광을 받게 된 이유는 여러 가지 차원에서 찾아볼 수 있다. 사회의 다양한 변화로 인한 전문직의 발맞추기가 그것인데, 가장 큰 변화는 과학과 기술의 발전이라고 할 수 있다(Reamer, 1999). 의학과 공학의 발달로 생명 연장이 가능해졌으며, 장기이식이나 유전공학의 실현 등이 우리가 쉽게 접할 수 있는 것으로 다가왔다. 이에 따라 클라이언트들도 인공수태를 한다거나, 장기이식을 원한다거나, 안락사를 원한다거나, 성감별을 통한 유산을 원하는 등 다양한 형태의 윤리적 결정을 해야 하는 상황에 놓이게 되며 이 상황에서 사회복지사들의 개입이 필요하게 된다. 또한 사회가 성숙함에 따라 환자의 권리, 피의자의 권리, 죄수의 권리 등을 인정하는 사회 분위기에 힘입어 사회복지대상자의 권리를 인정하자는 사회 분위기의 영향도 있다(Reamer, 1999). 사회복지대상자의 권리인정으로 인한 다양한 형태의 윤리적 갈등이 발생함에 따라 이를 해결하기 위한 윤리적 토론이 진행되었으며, 결국 윤리적 지침의 필요성이 대두된 것이다.

(2) 윤리강령의 주요 기능

로웬버그와 돌고프(Loewenberg & Dolgoff)는 전문가 윤리강령의 주요 기능을 다음과 같이 소개하고 있다.

① 실천현장에서 윤리적인 딜레마가 발생하게 된 경우 이를 해결하기 위한 지침을 제공한다.

② 부정직하고 무능력한 실천가들로부터 클라이언트를 보호한다.

③ 정부의 통제로부터 전문직을 보호한다. 전문직의 자기규제는 정부의 규제보다 더욱 우선된다.

④ 전문직의 내부 갈등으로부터 초래되는 자기 파멸을 예방하여 전문가들이 조화롭게 일하도록 돕는다.

⑤ 소송으로부터 전문가를 보호한다. 윤리강령을 따르는 실천가들이 실천 오류로 인해 제기된 소송에서 일정한 보호를 받도록 한다(서미경 외, 2000).

(3) 미국사회복지사협회의 윤리강령

과학기술의 발전에 따른 윤리적 결정이 필요한 상황과 사회적 약자의 권리 옹호라는 차원에서 대두된 사회복지실천윤리는 미국에서는 다음의 태러소프(Tarasoff) 사건으로 윤리강령에서 윤리적인 결정의 우선순위를 제시하는 단계까지 끌어올렸다.

사 례

➔ Tarasoff 사례

포다(Poddar)는 캘리포니아 주립대학의 병원 외래에서 정신건강 상담을 받고 있었다. 그는 담당 심리상담자 무어(Moore)에게 어떤 여학생을 살해하겠다고 이야기했다. 상담 중 상담자는 여학생이 태러소프(Tarasoff)임을 알았다. 상담 후에 상담자는 그가 위험하며 입원조치가 필요할지 모른다는 이유에서 전화로 경찰에 유의 주시를 요청했으며 서장에게 도움을 요청하는 편지를 발송했다. 경찰은 포다를 일시 구금했으나 이성적 판단이 가능하다며 석방했고 태러소프에 대한 접근금지를 경고했다. 그러나 얼마 후 포다는 태러소프가 부모와 함께 살고 있는 아파트 근처로 이사를 해서 태러소프 남동생과 함께 살게 되었다. 그 무렵 담당 상담자의 슈퍼바이저 포웰슨(Powelson) 박사는 경찰에 상담자가 보낸 편지를 반송해 줄 것을 요청하고 상담자에게는 편지와 사례 기록을 없애고, 더 이상 포다를 입원시키기 위한 어떠한 조치도 취하지 말라고 지시했다. 이 과정에서 아무도 태러소프나 가족에게 포다의 위협 사실에 대해 알리지 않았다. 포다는 치료를 중단했으며 2달 후 태러소프를 살해했다. 이후 그녀의 부모들은 자신의 딸에게 잠재적 위험성에 대한 경고조치를 해주지 못한 점을 들어 치료자를 상대로 소송을 제기했다. 이에 캘리포니아 최고법원은 클라이언트와 치료자의 관계는 '특수'한 만큼 치료자는 클라이언트에 대한 정보를 제삼자에게 제공하는 보호 차원의 행위를 해야 할 책임이 있다고 결론지었다.

출처: Corey et al.(1988: 189).

사회복지전문직에서의 올바른 행동들에 관한 규칙들을 열거한 것으로서 미국사회복지사협회의 윤리강령이 대표적이다. 이 윤리강령은 대체로 네 가지의 주요 부분들로 구성되어 있다(Kirst-Ashman & Hull, 1999).

① 서문

사회복지의 임무를 요약하고 핵심적 가치들을 확인시키는 부분이다. 여기서 임무란 "인간의 복지를 향상시키고 모든 사람들의 기본적 욕구 충족을 원조하며, 취약한 상태에 있고 억압을 받으며 빈곤에 놓여 있는 사람들의 욕구와 임파워먼트에 특별한 관심을 가지는 것"으로 설명되고 있다. 그리고 핵심적 가치들을 ㉠ 서비스, ㉡ 사회정의, ㉢ 인간 존엄, ㉣ 인간관계의 중요성, ㉤ 성실, ㉥ 능력 등의 차원에서 설명하고 있다.

② 목적

이 부분에서는 여섯 가지의 주요 목적들을 제시하고 있다.

㉠ 기본적 사회복지가치의 확인

㉡ 실천지침으로서의 광범위한 윤리적 원칙들의 요약

㉢ 윤리적 딜레마를 다룰 때 고려해야 할 관련 사항들을 결정하는 데 원조를 제공

㉣ 전문적 책임성 차원에서 공공에게 대체적인 윤리적 표준들을 제공

㉤ 전문직 내 임무, 목적, 윤리에 관해 신임실천가들을 사회화시킴

㉥ 전문직 내 구성원의 행동을 평가하는 데 사용되는 구체적 표준들의 명시

③ **윤리적 원칙**

이 부분은 앞의 여섯 가지 핵심적 가치들에 기초해서 모든 실천가들이 추구해야만 하는 기준들(네 번째 부분)의 틀을 마련하고 있다. 예를 들어, 사회정의의 가치와 관련된 윤리적 원칙에서는 "사회복지사들은 사회 부조리에 도전"함을 밝히고 있다. 성실과 관련한 원칙은 "사회복지사들이 진실한 태도로 행동해야 함"을 기술하고 있다.

④ **윤리적 기준**

이 부분은 가장 광범위한 내용들을 다루고 있는데, 여섯 가지의 주요 범주들 아래 무려 156개의 원칙들이 분류되어 있다. 이들은 사회복지사의 ㉠ 클라이언트에 대한 윤리적 책임들, ㉡ 동료에 대한 윤리적 책임들, ㉢ 실천의 장에서의 윤리적 책임들, ㉣ 전문가로서의 책임들, ㉤ 사회복지전문직에 대한 책임들, ㉥ 사회에 대한 책임들에 관한 내용들을 포함하고 있다.

(4) 한국사회복지사협회의 윤리강령

한국사회복지사협회에서는 1992년에 사회복지사 윤리강령을 제정하였으며 이를 2001년 12월에 대폭 개정하였다. 1992년에 제정되었던 사회복지사 윤리강령은 서문과 10개의 조항으로 되어 있으나 2001년 개정된 사회복지사 윤리강령에서는 서문을 비롯하여 내용을 기본적 윤리 기준, 클라이언트에 대한 윤리 기준, 동료에 대한 윤리 기준, 사회에 대한 윤리 기준, 기관에 대한 윤리 기준, 윤리위원회의 구성과 운영에 관한 부분으로 범주화하였다. 한국사회복지사협회의 이러한 윤리강령은 2001년 12월 15일 전국사회복지사대회에서 채택하고 발표함으로써 사회복지사의 윤리강령

을 대내외에 천명하였다. 매우 다양하면서도 구체적인 내용을 담고 있는 한국사회복지사협회 윤리강령의 핵심적인 내용을 살펴보면 다음과 같다.

① 서문

서문에서는 사회복지사의 사명을 천명하고 있다. 사회복지사는 인본주의와 평등주의 사상에 기초하여, 모든 인간의 존엄성과 가치를 존중하고 천부의 자유권과 생존권의 보장 활동에 헌신하며, 사회적 · 경제적 약자들의 편에 서서 개인의 주체성과 자기결정권을 보장함은 물론 사회정의와 평등 · 자유와 민주주의 가치를 실현하는 데 앞장선다. 이러한 사명을 실천하기 위하여 전문적 지식과 기술을 개발하고, 사회적 가치를 실현하는 전문가로서의 능력과 품위를 유지하기 위해 노력해야 한다는 내용이다.

② 사회복지사의 기본적 윤리 기준

이 부분에서는 사회복지사의 ㉠ 전문가로서의 자세, ㉡ 전문성 개발을 위한 노력, ㉢ 경제적 이득에 대한 태도를 제시하였다. 사회복지사는 어떠한 이유로도 클라이언트를 차별적으로 처우하지 않으며, 전문적인 가치와 판단에 따라 성실하고 공정하게 업무를 수행하며 업무상 어떠한 압력과도 타협하지 않으며 부당한 간섭을 받지도 않는다. 사회복지사는 전문적인 지식과 기술 개발에 노력하여야 하며 그 과정에서도 클라이언트를 보호해야 한다는 내용이다. 그리고 자신의 이익을 위하여 사회복지전문직의 가치와 권위를 훼손하지 않으며 사회정의 실현을 위해서 노력한다는 것이다.

③ 사회복지사의 클라이언트에 대한 윤리 기준

이 부분은 ㉠ 클라이언트와의 관계, ㉡ 동료 클라이언트와의 관계로 나누어지는데, 사회복지사는 클라이언트의 권익 옹호를 최우선의 가치로 삼고 행동하며 클라이언트에 대하여 인간으로서의 존엄성과 자기결정권을 존중해야 한다는 내용과 동료, 혹은 다른 기관의 클라이언트와 적법하고도 적절한 논의 후에 전문적 관계를 맺어야 한다는 내용이다.

④ **사회복지사의 동료에 대한 윤리 기준**

이 부분은 ㉠ 동료, ㉡ 슈퍼바이저로 나누어, 사회복지사는 존중과 신뢰로써 동료를 대하며, 비윤리적 행위에 대해 제반 법률규정이나 윤리 기준에 따라 조치를 취해야 하며, 슈퍼바이저로서 전문적 기준에 의해 공정하게 책임을 수행하며, 사회복지사와 수련생 및 실습생에 대한 평가는 서로 공유해야 한다는 내용이다.

그리고 다음으로는 사회복지사는 인권 존중과 인간 평등을 위해 헌신해야 하며, 사회적 약자를 옹호하고 대변하는 일을 주도해야 한다는 ⑤ **사회복지사의 사회에 대한 윤리 기준**, 사회복지사는 기관의 정책과 사업 목표의 달성 및 서비스의 효율성의 증진을 위해 노력해야 한다는 ⑥ **사회복지사의 기관에 대한 윤리 기준**, 사회복지윤리위원회를 구성하여, 사회복지실천의 질적인 향상을 도모하여야 한다는 ⑦ **사회복지윤리위원회의 구성과 운영**에 대한 내용이며, 마지막으로 ⑧ **선언문**에서는 사회복지사 윤리강령을 준수함으로써, 도덕성과 책임성을 갖춘 사회복지사로 헌신한다는 내용을 담고 있다.

3. 사회복지실천현장에서의 가치 갈등

1) 가치 갈등

사회복지실천에 임하는 사회복지사는 개인적 가치, 전문적 가치, 클라이언트와 클라이언트집단의 가치, 사회의 가치에 의해 영향을 받으며, 이러한 가치들 간의 갈등으로 인해 어려움을 경험하게 된다. 사회복지사가 겪게 되는 다양한 갈등의 유형은 다음과 같이 제시될 수 있다(양옥경, 1993).

(1) 가치의 상충

가치의 상충은 윤리적 딜레마가 가장 빈번히 야기될 수 있는 상황으로 사회복지사는 두 개 또는 그 이상의 경쟁적 가치와 직면했을 때 윤리적 딜레마에 빠지게 된다. 자주 문제가 되는 것은 '클라이언트의 자기결정'이라는 가치와 '인간의 생활보호'의 가치 사이에서 어떤 윤리적 결정을 내려야 하는 상황이다. 예를 들면, 심각한 유전 질병을 가진 남편이 아내에게 이 사실을 알리지 않고 자녀를 갖기 원하는 경우, 사회복지사는 클라이언트의 자기 삶의 결정권이라는 가치와 장애아 출산 예방이라는 가치 사이에서 윤리적인 갈등에 빠지게 된다.

(2) 의무의 상충

사회복지사는 기관에 대한 의무와 클라이언트에 대한 의무 사이에서 갈등하게 된다. 사회복지사는 자신이 속한 기관의 정책을 따라야 하나 기관의 목표가 클라이언트 이익과 위배되면 윤리적인 딜레마에 직면하게 된다. 클라이언트의 이익이 최우선이라는 가치에도 불구하고 기관의 자원 부족이라는 제한점으로 인하여 클라이언트에게 최선의 서비스를 제공하지 못하는 경우가 종종 발생하게 된다. 예를 들어, 장애인복지시설에서 장애인에게 휠체어를 제공하는 데 있어서 사회복지사, 보장구사, 내과의사, 소아과의사, 정형외과의사, 상담사 등과 회의를 거쳐 클라이언트의 장애정도와 체격에 맞는 보장구를 제공해야 함에도 불구하고 대, 중, 소의 보장구를 장애인에게 제공하여 진정한 장애인의 복지에 기여하지 못하는 경우이다.

(3) 클라이언트체계의 다중성

사회복지실천의 개입과정에서 아동학대 문제, 심각한 부부갈등, 가정폭력 등의 복합적인 문제를 가진 이혼부부의 자녀문제를 다룰 때 사회복지사는 누가 클라이언트인가를 결정하는 데 어려움을 겪고 누구의 이익을 최우선적으로 고려해야 하는지, 어떤 문제에 먼저 개입해야 하는지, 누구의 관점에서 문제를 생각해야 하는지를 결정하는 것은 어려운 일이다. 판사의 관점, 사회의 관점, 아동의 관점, 어머니의 관점에 따라 문제에 접근할 때 다양한 윤리적 딜레마를 겪게 된다.

(4) 결과의 모호성

사회복지사가 내린 윤리적 결정의 결과가 모호할 때 사회복지사는 선택의 딜레마에 봉착하게 된다. 특히 클라이언트가 아동일 때 어떻게 결정하는 것이 아이를 위해 최선인지, 앞으로 5~10년 후에도 최선일 수 있는지, 무슨 권리로 사회복지사가 아동에 대한 결정을 해야 하며, 바른 윤리적 결정이 어느 것인지가 모호한 상황에서 사회복지사는 종종 난관에 봉착하게 된다. 예를 들어, 해외 입양이 아동을 위한 최선의 결정인지를 확신할 수 없기 때문에 해외 입양 담당사회복지사는 자주 갈등을 겪게 된다.

(5) 힘 또는 권력의 불균형

사회복지사와 클라이언트의 관계가 권력적으로 평등하지 않다는 것은 사실이며 이것이 기본적으로 윤리적 딜레마를 일으킨다. 클라이언트는 도움을 구하는 위치에 있으므로 전문가에게 의존하는 관계가 되기 쉽다. 따라서 비록 사회복지사들이 클라이언트의 자기결정권, 클라이언트 이익의 최우선성, 의사결정에서의 클라이언트 참여 등에 높은 가치를 두고 있지만 사회복지실천과정에서 이를 충분히 반영하지 못하는 경우가 발생할 수 있다. 특히 미성년자나 정신지체 등의 요인으로 클라이언트의 능력이 제한되어 있는 경우 자신의 결정과 선택을 전문가에게 의존할 수밖에 없으므로 클라이언트의 알 권리와 자기결정권의 포기가 생길 수 있다.

2) 윤리적 딜레마 해결을 위한 준거 틀

사회복지실천현장에서 근무하는 사회복지사는 클라이언트의 문제를 해결하기 위한 실천과정에서 다양한 가치 갈등을 겪게 되고 자주 윤리적인 결정을 해야 하는 상황에 직면하게 된다. 다음의 사례에서 사회복지사는 부정수급을 알릴 것인지 말 것인지에 대한 윤리적인 결정을 해야 한다. 이러한 과정에서 상호 배타적인 가치 전제들 때문에 많은 혼란을 겪게 된다. 그러한 경우 다음과 같은 준거 틀을 고려해 봄으로써 도움이 될 것이다.

사 례

- 김씨 아주머니는 두 아이와 함께 6주 전부터 남편의 심각한 폭력을 피해서 가정폭력피해여성을 위한 쉼터에서 생활하고 있다. 현재 그녀는 동네 미용실에서 보조 일을 하고 있으며, 남편은 실직 상태로 2년 전부터 생활보장수급을 받고 있다. 생활이 안정되면 남편이 달라질 것이라고 믿는 김씨는 가정폭력으로 남편을 신고하는 것은 생각해본 적이 없다. 담당사회복지사는 구체적인 대안이 없이 남편에게로 다시 돌아가게 될까봐 우려하고 있다. 현재는 앞으로의 생활계획에 초점을 맞춘 상담을 하고 있다.
- 오늘 상담 도중에 김씨 아주머니는 사실 자신이 미용실의 주인이며, 아이들과 함께 지낼 방을 구할 수 있을 만한 돈을 저축하고 있다고 한다. 미용실은 언니가 운영하는 것으로 되어 있으며, 사실을 숨긴 채 수급을 받아왔고 남편도 모르고 있다고 했다. 김씨 아주머니는 그 동안 생활보장수급을 받지 못했다면 미용실의 수입만으로는 의식주 해결도 어려웠을 것이며 저축은 꿈도 꾸지 못했을 일이라고 했다.

출처: 김상균 외(2005).

(1) 윤리적 딜레마 점검의 준거 틀

매티슨(Mattison, 1997)이 제시하는 준거 틀은 사회복지사가 윤리적 딜레마를 해결하는 데 사용할 수 있도록 단계별 과정을 상세히 기술하고 있다. 의사결정단계마다 사회복지사는 분석도구의 상호 의존도와 개인의 의사결정과정 방향에 주의를 기울여야 한다.

1단계는 사례 이면의 사실과 사례의 세부사항에 대한 수집 및 평가 단계이다. 윤리적 의사결정과정은 사례의 세부사항과 이면에 대한 명확한 이해가 우선되어야 하며, 사회복지사는 클라이언트와 그의 체계에 관계하면서 특별한 사례 상황을 수집, 평가해야 된다. 특정한 사실을 포함시키는 여부와 책임질 클라이언트의 선정은 의사결정자에 따라 다를 수 있다.

2단계는 실천에 대한 고려와 윤리적 요소를 구분하는 단계이다. 사회복지사가 윤리적 문제를 실천과정의 문제에서 구별할 수 있고 또한 윤리적 문제를 고려하는 방법을 얼마나 습득하고 있는가에 따라 윤리적 문제를 다루는 능력을 가늠할 수 있다.

윤리적 고려를 모두 평가하여야 한다.

3단계는 가치 갈등에 대하여 확인하는 단계이다. 서로 상충되는 책임 가운데 어느 것을 선택해야 하는 경우에는 의사결정자가 무엇에 우선권을 두어야 하는지를 결정해야 된다. 윤리적 딜레마를 해결한다는 것은 한 가지 의무에만 헌신함으로써 다른 의무가 희생되는 것을 인식하면서 여러 의무 중에 한 가지를 선택하는 것이다.

4단계는 사례에 영향을 미치는 윤리강령 원칙들을 확인하는 단계이다. 사회복지사는 윤리강령을 참조하여 자신이 책임져야 할 윤리적 기준을 이해하여야 하고 어떤 기준에서 행동하여야 하는지를 판단하여야 한다. 그리고 의사결정자의 판단에 따라서 개별사례에 어떤 윤리강령 원칙을 적용해야 하는가를 결정해야 한다.

5단계는 가능한 행동양식을 결정하는 단계이다. 사회복지사는 담당하고 있는 사례와 관련된 법, 규칙, 정책 또는 잠재적 위험과 혜택을 모두 고려하여 행동양식을 결정하여야 한다. 어떤 행동양식은 유익하기도 하고 해롭기도 한 결과를 가지고 올 수도 있다. 의사결정자는 클라이언트체계, 사회복지사, 더 넓은 사회에서의 유익함과 해로움을 고려해야 한다.

6단계는 어떤 의무가 우선적인지 평가하고 행동의 선택을 정당화하는 단계이다. 이전 단계에서 얻은 정보를 바탕으로 어떤 순위와 의무, 가치들이 다른 것보다 중요하다는 것을 결정해야 한다. 특정한 행동을 선택한 후 모든 사실과 정보를 검토하고 사회복지사도 자성을 해 보면서 선택 배경을 이해하는 단계이다. 의사결정자는 무슨 근거로 우선순위를 판단했는지에 대하여 명확히 함으로써 행동 선택에 정당성을 부여해야 한다.

7단계는 해결과 반영의 단계이다. 선택된 가치선호에 대해 사회복지사가 반영해 볼 수 있는 기회를 갖게 된다. 여러 대안들 가운데 어떤 가치나 윤리원칙에 우선권을 부여했는지를 보고 사회복지사는 자신의 가치선호도를 알게 된다.

(2) 의무의 우선순위 결정의 준거 틀

위의 6단계에서 어떤 의무가 우선하는가에 대해 명확히 하는 것은 사회복지실천의 정당성을 확보함에 있어서 매우 중요하다. 의무의 우선순위를 결정함에 있어서 참고할 수 있는 준거 틀로는, 로웬버그와 돌고프(Loewenberg & Dolgoff, 1996)의 준거 틀에 양옥경(1995)이 몇 가지를 첨가한 윤리적 결정지침이 있는데 다음과 같다.

윤리원칙 1은 생명의 보호 원칙이다. 사회복지사는 인간의 생명을 보호하여야 할 의무가 있다. 이는 기본적인 의식주의 해결로부터 의료보장, 소득보장에 이르기까지 인간의 기본 생존권을 보장하는 것을 의미한다. 또한 저소득계층의 최저생계보장 및 최저생활보장 등의 삶의 질을 높이는 데도 기여해야 한다.

윤리원칙 2는 자기결정의 원칙이다. 사회복지사는 클라이언트의 자유, 자율 그리고 독립성을 최대한 보장하는 환경을 제공하여야 한다. 클라이언트가 자유로운 분위기에서 자신의 의지에 따라 스스로 결정할 수 있는 환경이 보장되어야 한다. 그러나 클라이언트가 스스로 결정한 것이 자신이나 타인의 생명을 위협하는 것일 때는 사회복지사는 우선순위 1번으로 생명보호를 먼저 생각해 보아야 할 것이다.

윤리원칙 3은 비밀보장의 원칙이다. 사회복지사는 클라이언트가 제공하는 자신 및 타인에 관한 모든 정보의 비밀을 보장해 주어야 할 의무가 있으며, 또한 클라이언트가 자신의 사적 생활을 보호하고자 하는 자유의지도 보호해 주어야 할 의무가 있다. 클라이언트는 사회복지사와의 전문적인 관계 속에서 자신의 문제 해결을 위해 많은 내용을 공개하게 된다. 사회복지사는 이 내용들을 클라이언트의 문제 해결을 위한 목적 이외에는 타인에게 공개해서는 아니 된다. 클라이언트의 비밀보장이 우선순위 1번인 생명보호에 위배될 때는 생명보호가 클라이언트의 비밀보장보다 우선된다.

윤리원칙 4는 진실성의 원칙이다. 사회복지사는 클라이언트가 진실을 알기를 원하는 경우에는 알 권리를 보호해 주어야 한다. 사회복지사는 클라이언트에게 진실만을 이야기해야 하며 그가 원하는 정보는 모두 진실하게 알려주어야 한다.

윤리원칙 5는 균등의 원칙이다. 사회복지사는 모든 인간이 균등한 기회를 제공받을 수 있도록 하여야 한다. 이 원칙은 소득보장의 기회, 학업과 취업의 기회, 의료혜택의 기회, 사회문화적 노출에까지 균등한 기회 제공을 의미한다.

윤리원칙 6은 객관성의 원칙이다. 사회복지사는 자신의 가치관을 공적으로 실행하는 사람이므로 자신의 가치관 및 윤리관을 탐색하여 알도록 하여 객관성을 유지하여야 한다. 객관적 기준에서 개인의 가치관을 탐색하여 알도록 하여 객관성을 유지하여야 한다. 객관적 기준에서 개인의 가치관을 반영시키려면 자신이 신봉하는 이념이나 가치관을 알아야 한다.

윤리원칙 7은 최소손실의 원칙이다. 모든 선택 대안들이 모두 다 유해하거나 또는 누구에게든지 유해할 때 가장 최소로 유해한 대안을 선택해야 하며, 가장 빠르고 쉽게 원상복귀될 수 있는 대안을 선택해야 한다는 의미이다.

윤리원칙 8은 효과성의 원칙이다. 효과성이란 기대하는 결과의 성취 정도에만 관심을 두기 때문에 하나의 방법이 다른 방법보다 더 나은 결과를 초래하면 그 방법이 더 효과적이라고 한다. 반면에 효율성이란 목적 달성을 위한 비교가치, 즉 비용, 직원, 시간, 기관 자원 및 지역사회 자원 등 목적 달성을 위해 쓰인 자금에 관심의 초점을 둔다. 적은 비용과 직원 수 그리고 짧은 시간에 같은 결론에 도달하는 것이 더 효율적이다. 그러나 효율적인 것이 효과가 적다거나 효과적인 것이 효율성이 떨어진다는 데 문제가 있다. 가장 효과적이고 효율적인 것이 가장 윤리적이라고 할 수도 없다. 그러므로 사회복지사는 문제 해결방법을 결정할 때 경제적 효율성과 윤리적 효율성을 함께 고려해야 할 것이다.

윤리원칙 9는 규칙 준수의 원칙이다. 사회복지사는 자신이 자발적으로 수용하는 규칙과 규정에 따라야 한다. 그러나 이 원칙은 윤리적 결정에 있어서 인간 존엄성 등 모든 다른 원칙이 우선된 후에 마지막으로 고려되어야만 할 것이다.

요 약

사회복지실천의 철학적 기반으로 사회복지사상은 인간의 이상적 상태와 이의 실현을 위한 사회적 노력에 담긴 생각의 총체이며, 사회복지사상의 특성으로는 일관성, 역사성, 유토피아성이 있다. 사회복지실천의 기본적인 가치 전제를 인간 존중, 인간의 사회성, 그리고 변화의 가능성으로 정리하였다.

사회복지사상의 중요성으로는 사회복지실천의 정당성 확립, 사회복지실천의 가치 확립, 그리고 사회복지실천의 목표 설정을 설명하였으며, 사회복지사상과 사회복지가치, 윤리의 관계를 알아보았다. 사회복지전문직의 가치와 윤리강령에서는 사회복지사의 가치 기준, 윤리의 출현과정, 윤리강령의 주요 기능, 미국과 한국의 윤리강령 내용을 정리하였다.

끝으로 사회복지실천에서 만나게 되는 윤리적인 딜레마 해결을 위한 매티슨(Mattison)이 제시한 준거 틀과 사회복지사의 의무의 우선순위 결정을 위한 준거 틀로 로웬버그와 돌고프(Loewenberg & Dolgoff)의 준거 틀을 참고할 수 있다.

토의문제

1_ ['얌체 같은' 병 · 의원들]에 관한 신문기사를 보면서, 사회복지실천과정에서 나타날 수 있는 자신의 이익을 위해 클라이언트의 이익을 저버리는 행위에 대한 의견을 나누어 보시오.

2_ 'Tarasoff 사례'에서는 결국 비밀보장의 가치로 한 사람을 죽음으로 몰고 갔지만, 그렇지 않은 경우, 이와 유사한 상황에서 본인이 담당사회복지사라면 비밀보장과 생명 존중의 가치 충돌 상황에서 어떻게 결정했을지를 생각해 보시오.

3_ 앞에서 제시한 김씨 아주머니 사례에 있어서 본인이 담당사회복지사라면 어떻게 결정할 것인지 생각해 보시오.

4_ 사회복지실천현장에서 경험하는 가치 갈등의 유형을 통하여 이를 해결하기 위한 전략과 방안에 대하여 토의해 보시오.

Chapter 04

사회복지실천현장과 대상 개관

▌학습목표▐

1. 사회복지실천현장의 의미와 분류를 학습하고 이해할 수 있다
2. 사회복지실천의 현장을 학습하고 이해할 수 있다.
3. 사회복지실천의 대상을 학습하고 이해할 수 있다.
4. 사회복지사의 역할을 학습하고 이해할 수 있다.

▌학습목차▐

1. 사회복지실천현장의 의미와 분류
2. 사회복지실천의 현장
3. 사회복지실천의 대상
4. 사회복지사의 역할

사회복지실천현장이란 사회복지사들이 사회복지서비스를 직접 또는 간접적으로 제공하는 분야나 장소를 의미한다. 사회복지실천현장은 매우 넓고 다양하기 때문에 이러한 현장에서 이루어지는 사회복지사의 역할 또한 폭넓다. 사회복지실천현장은 실천과정에 중요한 영향을 미치기 때문에 사회복지사로서 활동하기 위해서는 실천현장에 대한 이해가 선행되어야 한다. 이에 본 장에서는 실천현장의 의미와 사회복지사들이 활동하고 있는 주요 실천현장을 우리나라를 중심으로 살펴보고, 이러한 사회복지실천현장에서 이루어지는 사회복지사의 역할에 대해 살펴보고자 한다.

1. 사회복지실천현장의 의미와 분류

1) 사회복지실천현장의 개념

사회복지실천현장은 사회복지실천이 행해지는 장과 문제 및 대상집단을 모두 포괄하는 개념이며, 사회복지의 다양한 기관과 그러한 기관에서 활동하는 데 필요한 특별한 능력까지를 포함하는 복합적인 개념이다. 사회복지실천현장은 1920년대부터 형성되기 시작하였으며, 초기 분야로는 가족복지(family welfare), 아동복지(child welfare), 정신의료사회복지(psychiatric social work), 의료사회복지(medical social work), 학교사회복지(school social work) 등이 포함된다(Barker, 1987). 이후 각 분야의 초점도 변화되고 새로운 분야도 대두되었는데, 산업복지(industrial social work), 노인복지(gerontological social work), 농촌복지(rural social work), 경찰복지(police social work) 등이 그것들이다(Barker, 1987). 이러한 실천현장들은 실천의 장인 동시에 대상문제와 집단을 지칭하면서 활동하는 데 필요한 지식이나 기술의 의미도 내포하고 있다.

사회복지실천현장은 사회 변화와 더불어 변화한다. 우리나라의 경우에도 사회복지서비스의 초점이 사회복지대상자에 대한 수용보호 위주의 정책이 주를 이루던 시절에는 생활시설(수용시설)이 사회복지사들의 주요 실천현장이었지만, 지역사회 중심의 사회복지서비스가 확대되면서 지역사회복지관, 노인복지관, 장애인복지관 등이 활동의 장이 되었다. 최근에는 학교 내에서의 부적응, 왕따 등의 문제나 북한이탈주민이나 이주노동자들의 문제가 사회적인 이슈로 부각되면서 학교, 북한이탈주민을 위한 복지기관, 이주노동자 대상의 복지기관 등도 사회복지사들의 새로운 실천활동의 장으로 등장하였다.

이와 같이 사회복지실천현장은 광범위할 뿐만 아니라 매우 다양하기 때문에 개념을 정의하기가 용이하지 않다. 김혜란 등(2003)은 사회복지실천현장을 넓은 의미의 현장과 좁은 의미의 현장으로 구분하고, 전자는 사회복지실천 분야(일반적으로 세팅 혹은 장이라고 지칭함, setting)를 의미한다고 설명하고 있다.

다시 말하면 넓은 의미의 현장은 아동, 노인, 청소년, 여성복지 분야와 같은 대상별 분야와 약물남용, 의료정신보건, 교정 등의 문제영역별 분야를 의미하고, 장소란 클라이언트에게 사회복지서비스를 직접 또는 간접적으로 제공하는 사회복지기관을 의미한다. 즉 교도소, 병원, 학교, 기업과 같은 현장에서 교정복지서비스, 의료복지서비스, 학교사회복지서비스, 산업복지서비스가 제공된다는 점에서 이들을 세팅이라고 간주할 수 있다.

2) 사회복지실천현장의 분류 기준

사회복지실천현장은 광범위하고 다양하기 때문에 실천현장을 개념적으로 명확하게 분류하는 데에는 한계가 있다. 이와 관련하여 바틀렛(Bartlett, 1970)은 실천현장의 기준을 정의하기 어려운 이유 중의 하나는 사회복지가 수행하는 장과 프로그램 및 사회서비스가 본질적으로 변화되는 특성을 갖고 있기 때문이라고 하였다. 즉, 사회문제와 프로그램은 다양한 형태로 등장하여 통합되거나 때때로 사라진다. 어떤 현장은 통합되며, 어떤 현장은 새롭게 등장할 것인데, 예를 들어 보건과 정신의료사회복지는 결합되며, 아동복지와 가족복지의 영역은 통합될 수 있다.

이와 같이 다양한 사회복지현장을 카머만(Kamerman, 1998)은 사회복지사가 실천하는 범주, 개입하는 문제, 지원하는 클라이언트집단을 기준으로 분류하면서 사회복지의 지식, 가치, 기술에는 모든 사회복지실천에 적용되는 공통된 핵심토대가 존재하지만, 사회복지사들이 활동하는 영역은 너무 방대하고 다양해서 사회복지사가 활동하는 특정 영역에서의 실천에서 고려해야 할 특유의 변수들, 즉 사용되는 지식, 가치, 기술의 형태가 있음을 언급하고 있다. 그가 제시한 사회복지실천현장은 다음과 같다.

① **사회복지사의 실천 범주**: 공공 혹은 민간 사회기관, 정부 또는 비정부기관, 작업현장, 병원, 군사기지와 같은 특수기관

② **사회복지사가 개입하는 사회문제**: 아동·노인·배우자 학대, 물질 남용, 노숙, 만성정신질환, 빈곤문제 등

③ **사회복지사가 지원하는 클라이언트집단**: 아동, 청소년, 가족, 노인, 인종 및 민족, 난민 등 사회복지사가 실천하는 장에 대응하여 형성·발전된 실천 범주, 사회복지사가 개입하는 사회문제, 사회복지사가 지원하는 클라이언트집단

한편 이영분(2001) 등도 사회복지실천은 인간과 사회환경 사이에서 나타나는 다양한 문제와 욕구를 예방하고 해결하는 전문적인 활동이기 때문에 어느 특정 분야만을 사회복지실천이라고 규정하기는 어렵다고 하면서 생애발달적 관점에 근거한 사회복지실천대상자, 사회복지서비스가 제공되는 사회체계, 현재 당면하고 있는 사회문제에 따라서 실천 분야를 분류하고 있다.

3) 사회복지실천현장의 특성

(1) 실천 분야의 특성

① 개입의 초점(대상, 문제, 현장)

실천현장은 아동, 청소년, 노인, 여성과 같은 특정 인구집단이나 약물남용, 노숙, 비행, 가정폭력과 같은 특정 문제 또는 병원, 학교, 군대, 농촌/도시, 직장과 같은 현장을 중심으로 구성된다.

② 관련 법규와 정책

법규는 원조의 형태나 수준, 대상과 같은 실천의 범위를 규정짓는 역할을 하며, 정책은 서비스 전달과정과 내용을 결정짓는 제도이다.

③ 전달 체계와 프로그램

서비스 전달 체계의 특성과 전달 체계 내 기관의 위치를 파악하는 일은 제공할 원조의 종류와 지원 가능한 대상을 결정하는 데 직접적인 관련이 있다. 또한 프로그램의 자격요건과 서비스의 접근성, 이용방법과 내용에 관한 정보도 실천 분야를 이해하는 데 유용하다.

④ 개입방법과 실무자의 유형

개입방법은 전문 지식을 통해 적절한 방법을 선택하게 된다. 실천 분야에 따라 서비스를 제공하는 실무자의 유형과 역할이 달라지게 된다.

⑤ 연구, 평가 및 성과

프로그램에 관한 연구와 평가를 통해 개입의 효과성을 파악하는 일은 특정 실천 분야의 전문 지식과 기술을 이해하는 데 도움을 준다.

(2) 개입현장의 재분류

김혜란 등(2003)은 바틀렛(Bartlett, 1971)이 제시한 서비스체계를 기초로 사회복지실천현장의 분석틀을 제시하고 있는데, 먼저 기관의 목적에 따라 1차, 2차 현장으로 구분하고 사회복지서비스를 제공하는 것이 주목적인 1차 현장을 중심으로 사회복지현장을 재분류하는 방식을 취하고 있다. 이를 제시하면 다음과 같다.

① 1차 현장과 2차 현장

기관의 목적에 따른 분류로, 사회복지사업 제공이 그 기관의 1차적인 목적일 경우 1차 현장으로 지칭한다(사회복지관, 노인복지관 등). 2차 현장이란 교육서비스나 의료

서비스 등을 제공하는 것이 1차적인 목적인 기관에서 사회복지서비스가 기관 운영과 서비스의 효과성에 미칠 긍정적 영향을 고려하여 사회복지사의 개입을 부분적으로 허용되는 현장을 의미한다. 학교, 병원, 교정시설, 보건소, 보육시설 등이 그 예이다.

② 공공기관과 민간기관

기관의 설립주체와 재원의 조달방식에 따른 분류로, 정부의 지원에 의해 운영되며, 사회복지사의 업무도 정부의 규정이나 지침에 의해 지도 감독되는 기관을 공공기관이라고 하고, 사회복지 관련 사업을 목적으로 사회복지법인이나 재단법인, 사단법인, 종교단체, 시민사회단체에서 운영하는 비영리기관을 총칭하는 개념이 민간기관이다.

③ 서비스기관과 행정기관

사회복지서비스 대상자들을 직접 접촉하면 서비스를 제공하는 것에 주된 목적이 있는지, 아니면 이러한 기관들을 지원하는 것에 목적이 있는지에 따라 서비스기관과 행정기관으로 분류할 수 있고, 행정기관은 다시 공공행정기관과 민간행정기관으로 구분할 수 있다.

행정기관은 사회복지기관 혹은 시설의 운영을 지원하고, 이를 통해 사회복지서비스 대상자들을 간접적으로 지원하는 역할을 담당한다. 그러나 민간행정기관이 사회복지시설을 설립하거나 정부로부터 위탁받아 운영하는 경우도 있어 이때에는 직접적 서비스기관의 역할도 담당한다고 보아야 하기 때문에 엄밀한 구분은 힘들다. 서비스를 제공하는 기관들의 협의체인 사회복지관협의회, 장애인복지관협회, 노인복지관협회 등이 이에 해당된다. 한편 서비스기관은 거주서비스의 제공 여부에 따라 생활시설과 이용시설로 분류할 수 있다.

사회복지실천현장들은 상호 역동적으로 연계되어 있기 때문에 사회복지실천 분야는 다양하게 확대될 수 있으며, 사회환경의 변화와 새로운 요구 출현에 의해 점차 확대될 것이다.

2. 사회복지실천의 현장

사회복지영역이 점차 확대되면서 사회복지사가 활동하는 분야나 기관의 성격이 매우 다양해지고 있고, 이에 걸맞게 사회복지직과 역할에 대한 사회적 인식도 점차 개선되어 가고 있다. 그러나 모든 사회복지사가 전문직으로 인정되는 실천현장에서 일하고 있는 것은 아니다. 일부 사회복지사들은 아직까지 사회복지실천의 현장으로 인정되지 못하거나 제도적인 틀이 갖추어지지 못한 현장에서 활동하기도 한다. 본 절에서는 사회복지실천현장을 사회복지사들이 주로 많이 활동하고 있는 주요 현장인 사회복지시설, 공공복지 분야, 의료 및 정신보건 분야, 학교, 사회복지 관련 단체를 중심으로 살펴보고자 한다.

1) 사회복지시설

사회복지시설은 사회복지 관련 법과 연계되어 사회복지사업을 행할 목적으로 설치된 시설을 의미한다. 사회복지사업을 운영하는 것이 기관의 사명이자 목적이라는 점에서 사회복지실천의 대표적인 1차 현장이라 할 수 있다.

사회복지시설은 사회복지 관련 법에 따라 결핵·한센시설, 사회복지관, 노인복지시설, 아동복지시설, 장애인복지시설, 한부모가족복지시설, 지역자활센터, 어린이집, 성매매피해지원시설, 성폭력피해보호시설, 가정폭력보호시설로 분류할 수 있다. 이러한 시설들은 다시 서비스의 제공방식에 따라 생활시설과 이용시설로 재분류할 수 있는데, 생활시설이란 주거서비스를 비롯하여 제반 사회복지서비스를 제공하는 시설을 말한다. 본 절에서는 사회복지시설 중에서도 많은 사회복지사들이 활동하고 있는 대표적인 시설인 사회복지관, 아동복지시설, 청소년복지시설, 장애인복지시설, 정신보건시설, 지역자활센터를 중심으로 소개하고자 한다. 사회복지시설의 종류를 도표로 제시하면 〈표 4-1〉과 같다.

〈표 4-1〉 사회복지시설의 종류

관련 법	시설 종류	세부 종류	
		생활시설	이용시설
사회복지사업법	사회복지관 결핵 · 한센시설	결핵 · 한센시설	사회복지관
노인복지법	노인복지시설	노인주거복지시설 노인의료복지시설	재가노인복지시설 노인여가복지시설 노인보호전문기관 노인일자리지원기관
아동복지법	아동복지시설	아동양육시설 아동일시보호시설 아동보호치료시설 자립지원시설 공동생활가정	아동상담소 아동전용시설 지역아동센터
장애인복지법	장애인복지시설	장애유형별 거주시설 중증장애인거주시설 장애영유아거주시설 장애인단기거주시설 장애인공동생활가정	장애인지역사회재활시설 장애인직업재활시설 장애인의료재활시설 장애인생산품판매시설
정신보건법	정신보건시설	정신요양시설 사회복귀시설 중 생활시설	사회복귀시설 중 이용시설
국민기초생활 보장법	지역자활센터		지역자활센터
농어촌주민의 보건복지증진을 위한 특별법	복합 노인복지시설	※ 농어촌지역에 한해 노인복지시설 중 "노인보호전문기관"을 제외한 2종류 이상의 노인복지시설을 동일 또는 인접 건물에 설치 가능	
한부모가족 지원법	한부모가족 복지시설	모자가족복지시설 (기본, 공동, 자립) 부자가족복지시설 (기본, 공동, 자립) 미혼모자가족복지시설 (기본, 공동) 일시지원복지시설	한부모가족복지상담소

관련 법	시설 종류	세부 종류	
		생활시설	이용시설
영유아보육법	보육시설		어린이집
성매매방지 및 피해자보호 등에 관한 법률	성매매피해 지원시설	일반지원시설 청소년지원시설 외국인여성지원시설 자립지원공동생활시설	자활지원센터
성폭력방지 및 피해자보호 등에 관한 법률	성폭력피해 보호시설	성폭력피해자보호시설	성폭력피해상담소
가정폭력방지 및 피해자보호 등에 관한 법률	가정폭력 보호시설	가정폭력피해자보호시설	가정폭력상담소
다문화가족 지원법	다문화가족 지원센터		다문화가족지원센터

출처: 보건복지부(2016).

(1) 사회복지관

저소득층 밀집지역을 중심으로 전문 사회복지사 및 자원봉사자의 활동을 통한 포괄적인 지역사회복지서비스를 제공함으로써 노인, 장애인, 아동, 저소득층 등 취약계층의 지역사회복지문제를 예방·해결하기 위하여 1983년부터 사회복지관을 설치·운영하기 시작하였으며(보건복지부, 2017), 2017년 5월 말 현재 전국적으로 460개소가 설치되어 있다(표 4-2).

〈표 4-2〉 시·도별 사회복지관 설치 현황(2017년 5월 말)

구분	계	서울	부산	대구	인천	광주	대전	울산	경기	강원	충북	충남	전북	전남	경북	경남	제주
시설수	460	98	53	26	20	18	21	8	77	18	13	21	17	15	16	30	9

핵심인력이 대부분 사회복지사들로 대표적인 사회복지실천현장 중 하나이다. 사회복지관의 기능과 역할로는 지역사회주민의 욕구 파악 및 평가, 주민의 성장과 자립을 위한 종합사회복지서비스 제공, 지역사회통합의 매개역할, 지역사회 민간자원의 발굴 및 활용, 주민을 위한 사회교육 매체기능을 수행하고 있으며, 가족복지사업, 지역사회보호사업, 급식서비스, 보건의료서비스, 경제적 지원, 일상생활지원, 정서지원서비스, 일시보호자서비스, 지역사회조직사업, 교육문화사업, 자활사업 등을 운영하고 있다.

사회복지사들은 복지관의 특성과 직급 및 업무에 따라 차이가 있긴 하나 클라이언트들에 대한 상담, 교육 등의 직접적 서비스 제공업무와 프로그램 개발 및 운영·관리, 자원 개발 및 연계, 지역사회를 대상으로 한 업무, 행정업무 등을 수행하고 있다.

(2) 노인복지시설

노인복지법 제31조에 명시된 노인복지시설은 시설의 기능에 따라 생활시설과 이용시설로 구분된다. 생활시설로는 노인주거복지시설, 노인의료복지시설 등이 있다. 이용시설로는 노인여가복지시설, 재가노인복지시설, 노인보호전문기관, 노인일자리지원기관 등이 있다. 노인복지시설의 세부 유형은 다음과 같다(표 4-3).

〈표 4-3〉 노인복지시설의 종류

시설 구분		시설 종류
생활시설	노인주거복지시설	양로시설, 노인공동생활가정, 노인복지주택
	노인의료복지시설	노인요양시설, 노인요양공동생활가정
이용시설	노인여가복지시설	노인복지관, 경로당, 노인교실
	재가노인복지시설	주·야간보호서비스, 단기보호서비스, 방문요양서비스, 방문목욕서비스, 그 밖의 서비스를 제공함을 목적으로 하는 시설
	노인보호전문기관	지역 간의 연계체계를 구축하고 노인학대를 예방하기 위한 시설
	노인일자리지원기관	지역사회 등에서 노인일자리의 개발·지원, 창업·육성 및 노인에 의한 재화의 생산, 판매 등을 직접 담당하는 기관

생활시설에 근무하는 사회복지사들의 경우에는 시설장, 생활복지사, 상담지도원으로 활동하면서 입소노인들을 대상으로 한 상담, 생활지도 등의 직접적 서비스와 기관 운영과 관련된 간접적 지원업무를 담당한다. 이용시설에서 활동하는 사회복지사들은 관장, 관리자, 사회복지사로 근무하면서 노인들을 대상으로 상담업무와 교육, 후원 개발과 연결, 사례관리업무 등의 직접적 서비스 제공뿐만 아니라 기관 운영 및 지역사회자원 동원업무 등을 수행하고 있다.

(3) 아동복지시설

아동복지시설은 아동의 건강하고 안전한 성장을 목적으로 설치, 운영되고 있다. 부모가 없거나 양육할 수 없는 상황에 있어 보호를 필요로 하는 아동뿐만 아니라 지역사회 내의 일반가정의 아동들을 대상으로 다양한 서비스를 제공한다. 사회복지사들은 주로 시설장(관장), 총무, 사회복지사, 생활복지사, 상담지도원 등의 자격으로 활동한다. 한편 양육시설, 일시보호시설, 보호치료시설 등의 생활시설에서 활동하는 사회복지사들은 시설이 가정의 양육기능을 대리적으로 담당할 수 있도록 하는 직접 서비스, 가정적 양육환경 조성, 지역사회와의 연계 업무, 행정적 업무 등을 담당하며, 아동복지상담소, 지역아동센터 등과 같은 이용시설에서 활동하는 사회복지사들은 아동기에 필요한 정서적 안정감을 줄 수 있는 상담, 사례관리, 교육, 자원 개발 및 연결, 행정업무를 담당한다. 아동복지시설의 종류는 〈표 4-4〉와 같다.

〈표 4-4〉 아동복지시설의 종류

시설 종류		시설 목적
생활시설	아동양육시설	보호를 필요로 하는 아동을 입소시켜 보호 · 양육하는 것을 목적으로 하는 시설
	아동일시보호시설	보호를 필요로 하는 아동을 일시보호하고 아동에 대한 향후의 양육대책 수립 및 보호조치를 행하는 것을 목적으로 하는 시설
	아동보호치료시설	불량행위를 하거나 불량행위를 할 우려가 있는 아동으로서 보호자가 없거나 친권자나 후견인이 입소를 신청한 아동 또는 가정법원 및 지방법원 소년부 지원에서 보호위탁된 아동을 입소시켜 그들을 선도하여 건전한 사회인으로 육성하는 것을 목적으로 하는 시설

시설 종류		시설 목적
	공동생활가정	보호를 필요로 하는 아동에게 가정과 같은 주거 여건과 보호를 제공하는 것을 목적으로 하는 시설
	자립지원시설	아동복지시설에서 퇴소한 자에게 취업준비기관 또는 취업 후 일정기간 보호함으로써 자립을 지원하는 것을 목적으로 하는 시설
이용시설	아동상담소	아동과 그 가족의 문제에 관한 상담, 치료, 예방, 연구 등을 목적으로 하는 시설
	아동전용시설	어린이공원, 어린이놀이터, 아동회관, 체육, 연극, 영화, 과학실험전시시설, 아동휴게숙박시설, 야영장 등 아동에게 건전한 놀이, 오락 등 기타 각종 편의를 제공하여 심신의 건강 유지와 복지 증진에 필요한 서비스를 제공하는 것을 목적으로 하는 시설
	지역아동센터	지역사회 아동의 보호, 교육, 건전한 놀이와 오락의 제공, 보호자와 지역사회의 연계 등 아동의 건전 육성을 위하여 종합적인 아동복지서비스를 제공하는 시설

(4) 청소년복지시설

청소년복지지원법(제29, 30, 31조)과 학교밖 청소년 지원에 관한 법률에서 명시된 청소년복지시설의 종류는 〈표 4-5〉와 같다. 생활시설로는 청소년쉼터, 청소년자립지원관, 청소년치료재활센터 등이 있다. 이용시설로는 청소년상담복지센터, 이주배경청소년지원센터, 학교밖청소년지원센터 등이 있다.

〈표 4-5〉 청소년복지시설의 종류

시설 종류		시설 목적
생활시설	청소년쉼터	가출청소년에 대하여 가정·학교·사회로 복귀하여 생활할 수 있도록 일정기간 보호하면서 상담, 주거, 학업, 자립 등을 지원하는 시설
	청소년 자립지원관	일정기간 청소년쉼터의 지원을 받았는데도 가정·학교·사회로 복귀하여 생활할 수 없는 청소년에게 자립하여 생활할 수 있는 능력과 여건을 갖추도록 지원하는 시설
	청소년치료 재활센터	학습·정서·행동상의 장애를 가진 청소년을 대상으로 정상적인 성장과 생활을 할 수 있도록 청소년에게 적합한 치료·교육 및 재활을 종합적으로 지원하는 거주형 시설
이용시설	청소년상담 복지센터	청소년에 대한 상담·긴급구조·자활·의료지원 등의 업무를 수행하기 위한 기관

시설 종류		시설 목적
이용시설	이주배경 청소년지원 센터	이주배경청소년(다문화청소년, 외국인근로자가정자녀, 중도입국청소년, 탈북청소년, 제3국 출생 북한이탈주민자녀) 지원을 하는 기관
	학교밖 청소년 지원센터	학교밖 청소년(초·중학교 또는 이와 동일한 과정을 교육하는 학교에 입학한 후 3개월 이상 결석하거나 취학의무를 유예한 청소년, 고등학교 또는 이와 동일한 과정을 교육하는 학교에서 제적·퇴학처분을 받거나 자퇴한 청소년, 고등학교 또는 이와 동일한 과정을 교육하는 학교에 진학하지 아니한 청소년) 지원을 위한 기관

(5) 장애인복지시설

장애인복지시설이란 장애인이 시설에 입소하거나 통원하면서 재활에 필요한 상담 치료, 교육, 훈련, 요양 등의 장애인복지서비스를 제공받을 수 있는 사회복지시설을 말하며, 시설의 종류에는 생활시설로 장애인거주시설, 이용시설로는 장애인지역사회재활시설, 장애인직업재활시설, 장애인의료재활시설, 장애인생산품판매시설로 구분되고 있고, 이를 다시 세분류하면 〈표 4-6〉과 같다.

〈표 4-6〉 장애인복지시설의 종류

시설 종류		종류
생활시설	장애인 거주시설	장애유형별 거주시설, 중증장애인거주시설, 장애영유아거주시설, 장애인단기거주시설, 장애인공동생활가정
이용시설	장애인 지역사회 재활시설	장애인복지관, 장애인주간보호시설, 장애인체육시설, 장애인수련시설, 장애인생활이동지원센터, 수화통역센터, 장애인재활치료시설, 점자도서관, 점서 및 녹음서 출판시설
	장애인직업 재활시설	장애인보호작업장, 장애인근로작업장, 장애인직업적응훈련시설
	장애인의료 재활시설	장애인을 입원 또는 통원하게 하여 상담, 진단·판정, 치료 등 의료재활서비스를 제공하는 시설
	장애인생산품 판매시설	장애인 생산품의 판매활동 및 유통을 대행하고, 장애인 생산품이나 서비스·용역에 관한 상담, 홍보, 판로 개척 및 정보 제공 등 마케팅을 지원하는 시설

장애인복지현장에서 활동하는 사회복지사들은 타 분야의 전문가, 즉 간호사, 물리치료사, 심리치료사, 작업치료사, 직업재활상담사, 특수교사 등과 함께 일하는 경우가 많다. 이용시설에서 활동하는 사회복지사가 더 많고, 시설장(관장), 총무(사무국장), 사회재활교사, 사회복지사 등으로 활동하면서 장애인들에 대한 자원봉사자 및 물적 자원의 개발 연계, 물리적·심리적 지역사회환경 개선업무 등을 담당한다.

(6) 정신보건시설

지역사회 내에서 정신질환자를 조기에 발견하여 상담, 치료, 재활, 사회복귀를 촉진할 수 있도록 정신보건시설이 운영되고 있다. 정신보건시설은 정신의료시설, 정신요양시설, 정신질환자 사회복귀시설로 분류되나, 이 중 정신의료시설은 의료법에 의해 설치된 시설이므로 사회복지시설로 간주하기는 어려우며, 주로 정신질환자 진료를 위한 병원과 의원 및 병원급 이상의 의료기관에 설치된 정신건강의학과 등이 해당된다.

정신의료시설에서도 사회복지사들이 활동하고는 있으나 시설의 주된 목적인 환자들의 진료와 치료에 있으므로 정신의료시설은 1차 현장이라기보다는 2차 현장에 해당된다. 따라서 정신요양시설과 정신질환자 사회복귀시설만이 사회복지시설에 해당된다고 볼 수 있다. 정신요양시설은 생활시설로 이곳에서도 일부 활동하는 사회복지사들이 있으나, 정신보건 분야의 사회복지사들은 주로 사회복귀시설에서 활동하고 있다.

정신보건시설에서 근무하기 위해서는 사회복지사 1급 자격을 소지하고 「정신보건법」에서 요구하는 수련과정과 시험을 거쳐 정신보건전문요원 자격증을 취득해야 한다. 정신적·정서적 장애로 어려움을 받고 있는 사람들 그리고 정신건강의 예방적 차원의 욕구를 가지고 있는 사람들을 대상으로 부적응적 상태와 정서문제, 사회 적응과 사회복귀를 위한 상담, 교육, 훈련 등의 직접적 서비스, 자원 개발 및 연계, 지역사회 인식 개선을 비롯한 사회환경 개선, 기관 운영 등의 업무를 담당한다.

〈표 4-7〉 정신보건시설의 종류

<table>
<tr><th colspan="2">시설 유형</th><th>내용</th></tr>
<tr><td colspan="2">정신요양시설</td><td>정신의료기관에서 의뢰된 정신질환자와 만성정신질환자를 입소시켜 요양과 사회복귀 촉진을 위한 훈련을 행하는 시설</td></tr>
<tr><td rowspan="6">사회복귀시설</td><td>정신질환자 생활시설</td><td>정신질환자가 필요한 기간 동안 생활하면서 재활에 필요한 상담·훈련 등의 서비스를 받아 사회복귀를 준비하거나 장애로 인하여 장기간 생활하는 시설</td></tr>
<tr><td>중독자 재활시설</td><td>알코올·약물 등 유해약물이나 도박·인터넷 게임 등 유해행위에 의존하거나 그 유해약물이나 유해행위를 남용하여 중독된 정신질환자를 치유하거나 재활을 돕는 시설</td></tr>
<tr><td>정신질환자 종합시설</td><td>사회복귀시설 중 2개 이상의 사회복귀시설이 결합되어 정신질환자에게 생활지원, 주거지원, 재활훈련, 심신수련 등의 기능을 복합적·종합적으로 제공하는 시설</td></tr>
<tr><td>정신질환자 지역사회 재활시설</td><td>정신질환자 복지관, 의료재활시설, 체육시설, 수련시설, 공동생활가정 등 정신질환자에게 전문적인 상담·훈련 등을 제공하거나 여가활동 및 사회참여활동 등에 필요한 편의를 제공하는 시설(주간재활시설, 공동생활가정, 단기보호시설)</td></tr>
<tr><td>정신질환자 직업재활시설</td><td>일반고용이 어려운 정신질환자가 특별히 준비된 작업환경에서 직업훈련을 받거나 직업생활을 영위할 수 있도록 하는 시설</td></tr>
<tr><td>정신질환자 생산품 판매시설</td><td>정신질환자가 생산한 생산품을 판매하거나 유통을 대행하고, 정신질환자가 생산한 생산품이나 서비스에 관한 상담, 홍보, 판로 개척 및 정보 제공, 마케팅 등을 지원하는 시설</td></tr>
<tr><td colspan="2">정신건강증진센터</td><td>지역사회정신보건사업의 실시를 위하여 시·군·구 단위로 정신질환자의 발견, 상담, 진료, 사회복귀훈련 및 이에 관한 사례관리 및 연계 등을 실시하는 기관</td></tr>
<tr><td colspan="2">중독관리 통합지원센터</td><td>알코올중독 예방, 중독자 상담, 재활훈련을 지원하는 기관</td></tr>
</table>

(7) 지역자활센터

국민기초생활보장법 제16조, 동법 시행령 제22조, 동법 시행규칙 제27~30조에 의해 설치, 운영되는 시설로 근로능력이 있는 저소득층에게 집중적이고 체계적인 자활지원서비스를 제공함으로써 자활의욕 고취 및 자립능력 향상을 지원하고 기초생활보장 수급자 및 차상위계층의 자활 촉진에 필요한 사업을 수행하는 핵심 인프라로서의 역할을 수행토록 하는 것이 기관의 목적이다.

1996년 시범사업 실시 이후 2000년까지 70개소를 지정 운영하였으며, 기초자치단체인 시·군·구에 1개소씩 설치를 목적으로 2008년 지역자활센터를 신규로 지정하여 총 248개 기관을 지정 운영 중(〈표 4-8〉)이며, 앞으로도 미지정된 지역을 중심으로 신규로 지정할 계획을 갖고 있다.

〈표 4-8〉 지역자활센터의 현황

구분 \ 연도	1996	2000	2005	2010	2017	비고
총계(개소)	5	70	242	242	248	2007년 7월 자활후견기관에서 지역자활센터로 명칭 변경
지정(개소)	5(시범사업)	50	172			
취소 반납	7(취소 4)					

출처: (사)한국지역자활센터협회(2017).

주요 사업으로는 자활의욕 고취를 위한 교육을 개발·운영, 주거현물급여, 집수리 사업, 자활근로 매출관리, 광역자활사업, 자활공동체지원사업, 디딤돌사업(사회 적응 프로그램), 창업지원사업, 자활소득공제(자활장려금)사업, 희망리본프로젝트, 성과관리형 자활시범사업, 기타 자활을 위한 각종 사업 등을 실시하고 있다(보건복지부, 2016). 한편 지역자활센터와 연계하여 청소년자활지원관도 운영하고 있는데, 이 기관은 저소득층 청소년 등을 대상으로 취업 및 자활을 위한 지속적인 지원을 함과 동시에, 건전한 문화공간을 제공함으로써 빈곤문화의 세대 전승을 차단하는 것을 목적으로 운영된다. 2017년 현재 전국적으로 248개소를 운영하고 있다(보건복지부, 2016).

2016년도에 보건복지부가 발간한 자활사업안내에 따르면, 지역자활센터의 종사자로는 사회복지사 자격증 소지자가 1인 이상 있어야 한다는(단, 지역적 특성에 따라 선발이 어려운 경우 지자체와 협의하여 예외로 할 수 있음) 단서조항을 달고 있을 만큼 사회복지사들은 지역자활센터에서 핵심적인 인력으로서 각종 사업의 운영을 담당하고 있다.

2) 공공복지 분야

공공복지 분야란 정부의 사회복지 관련 부처나 부서를 지칭하는데, 구체적으로는 보건복지부, 시 · 도, 시 · 군 · 구의 사회복지 관련 부서 등이 해당된다. 공공복지 분야에서 활동하는 사회복지사들의 신분은 공무원으로서 사회복지 관련 정책 수립과 일선 실무를 담당한다.

특히 사회복지전담공무원은 공공기관의 행정업무와 사회복지서비스의 업무를 동시에 담당하는 공공복지행정 전문인력이다. 사회복지사업법 제14조에 의하면 사회복지사업에 관한 업무를 담당하게 하기 위하여 시 · 도, 시 · 군 · 구 및 읍 · 면 · 동 또는 제15조의 규정에 의한 복지사무전담기구에 사회복지전담공무원을 둘 수 있도록 되어 있으며, 사회복지사 자격을 가진 자이어야 한다.

사회복지전담공무원은 공개 경쟁 선발과정을 거쳐 읍 · 면 · 동 행정기관에 배치되며, 시장, 군수, 구청장의 지도 감독을 받는다. 1987년부터 생활보호업무를 비롯한 공공부조사업을 효과적으로 운영하기 위하여 저소득층 밀집지역을 중심으로 전국의 읍 · 면 · 동사무소에 배치되어 활동하고 있다. 주요 업무로는 국민기초생활보장법에 의한 생활보장업무, 아동복지법에 의한 아동복지업무, 노인복지법에 의한 노인복지업무, 장애인복지법에 의한 장애인복지업무, 모부자복지법에 의한 모자복지업무, 기타 보건복지부장관이 필요하다고 인정하는 업무 등을 담당한다. 제도의 설치 당시에는 별정직인 사회복지전문요원으로서 배치되어 활동하다가 2000년 1월부터 사회복지직으로 전직되었다(한국사회복지행정연구회, 2017).

2017년 말 22,000여 명의 사회복지사가 사회복지전담공무원으로 활동하고 있으며, 앞으로도 확대될 것으로 기대된다. 한편 공공복지 분야에서 사회복지사들이 활동할 수 있는 직종으로는 아동복지지도원, 노인복지상담원, 장애인복지상담원 등이 있다.

3) 의료 · 정신보건 분야

의료 · 정신보건 분야는 오랫동안 사회복지사들의 중요 실천현장이 되어 왔지만, 병원, 보건소 등의 기관들은 의학적 서비스 제공이 1차적인 목적이라는 점에서 2차 현장이라고 할 수 있다. 사회복지사들이 의료기관에 근무할 수 있는 법적 근거는 의료법 시행규칙 제38조 2항의 6에서 종합병원에는 사회복지사업법의 규정에 의한 사회복지사 자격을 가진 자 중에서 환자의 갱생 자활과 사회복귀를 위한 상담 및 지도 업무를 담당하는 요원을 1인 이상 둔다고 정한 바에 따른다.

사회복지사들이 주로 활동하는 대표적인 의료 분야는 병원이며, 병원에 소속된 사회복지사의 업무에 대해서는 국민건강보험 요양급여의 기준에 따라 이학요법료(재활사회사업)와 정신요법료(정신의학적 사회사업)와 같은 치료비 일원으로 본인이 소속되어 있는 진료과의 특성에 따라 환자의 원활한 치료가 이루어질 수 있도록 치료적 여건을 조성하고 환자의 사회복귀를 원조하는 다양한 프로그램을 개발·운영하는 것 등이다.

정신보건 분야에서 사회복지사들이 활동할 수 있는 근거는 앞에서 제시한 의료법 시행규칙과 함께 정신보건법 시행령 제2조 3항을 들 수 있다. 특별히 정신보건 분야에서 활동하는 사회복지사를 정신보건법에서는 정신보건사회복지사라고 규정하면서 정신보건전문요원에 포함시키고 있다. 정신보건법에서는 정신보건시설을 정신의료기관, 정신질환자 사회복귀시설, 정신요양시설을 의미한다고 규정하고 있다. 법에 따르면 정신의료기관이란 의료법에 의한 의료기관 중 주로 정신질환자 사회복귀시설과 정신요양시설도 포함된다. 이러한 시설들은 정신보건서비스를 어느 곳을 중심으로 제공하느냐에 따라 병원과 지역사회 정신보건시설로 분류할 수 있는데, 후자에는 정신건강증진센터, 사회복귀시설, 낮병원, 보건소, 알코올상담센터 등이 포함된다.

정신보건사회복지사는 활동하는 기관의 종류에 따라 다소 차이가 있긴 하나 정신과의사, 정신보건임상심리사, 정신보건간호사 등 관련 전문직들과 함께 정신보건팀의 일원으로 업무를 수행하는데, 타 전문직들과는 달리 정신질환자들의 사회 적응과 복귀에 상대적으로 더 많은 관심을 갖고 활동한다. 즉, 정신질환자의 사회복귀에 필요한 상담 및 훈련, 가족의 교육·지도·상담, 시설의 관리 운영, 정신보건 관련 예방활동 및 조사연구업무, 정신질환에 대한 사회적 인식의 개선 활동, 지역사회복지 자원들과의 연계와 교류, 자원 동원 등의 업무를 담당한다. 정신보건전문요원의 업무의 범위 및 한계를 제시하면 〈표 4-9〉와 같다.

〈표 4-9〉 정신보건전문요원의 업무 범위 및 한계(제2조 1항 관련)

종별	업무의 범위와 한계
공통	• 사회복귀시설의 운영 • 정신질환자의 사회복귀 촉진을 위한 생활훈련 및 작업훈련 • 정신질환자와 그 가족에 대한 교육·지도·상담 • 법 제25조 1항의 규정에 의한 진단 및 보호의 신청 • 정신질환 예방활동 및 정신보건에 관한 조사연구 • 기타 정신질환자의 사회 적응 및 직업재활을 위하여 보건복지부장관이 정하는 활동
정신보건 임상심리사	• 정신질환자에 대한 심리평가 • 정신질환자와 그 가족에 대한 심리상담
정신보건 간호사	• 정신질환자의 병력에 대한 자료 수집, 병세에 대한 판단, 분류 및 그에 따른 환자 관리 활동 • 정신질환자에 대한 간호
정신보건 사회복지사	• 정신질환에 대한 개인력 조사 • 정신질환자와 그 가족에 대한 사회사업지도 및 방문지도

출처: 정신보건법 시행령 별표 1

4) 학교

학교는 아동 및 청소년기의 학생들에게 있어 가정을 제외하고는 시간적으로나 공간적으로 가장 오랜 시간을 보내는 곳으로 학생들에게 많은 영향을 주는 환경체계이다. 미국에서는 이미 1900년대 초부터 사회복지사들이 활동해온 사회복지실천의 주요 현장이다. 그러나 학교의 주기능이 학생들은 건전한 사회구성원으로 성장시키고자 하는 교육기능에 있다는 점에서 볼 때 사회복지실천의 2차적인 현장이라고 볼 수 있다. 따라서 학교현장을 근거로 사회복지실천활동을 전개하는 학교사회복지는 학교의 교육기능을 향상시키고 보충하기 위한 부가적 서비스를 제공하는 것이라 볼 수 있다. 학교사회복지는 학교를 실천장소로 하여 학생, 학교, 가정, 지역사회의 역기능적 상호작용에 의해 발생하는 학생의 심리사회적 문제를 예방하고 해결하여 학생 개개인의 잠재력과 사회적 기능을 향상시키고, 이들 학생의 학업 성취를 증진시켜 모든 학생들이 건전한 사회구성원으로 성장할 수 있도록 교육시키는 학교교육의 목적을 달성하기 위해 사회사업의 실천방법을 활용하는 전문 분야이다.

우리나라의 경우 사회복지사들이 학교에서 활동할 수 있는 법적 근거는 아직까지 마련되지 못한 상태이나 부분적으로 조례로 제정하여 실시되어 2016년 말 현재 전국적으로 2,000여 개의 학교에서 사회복지사들이 학교사회복지 실천활동을 펼치고 있다(http://www.kassw.or.kr).

사회복지사들은 학생지원업무(상담, 자원 연계, 여가 및 문화활동), 가정지원업무(학부모 상담, 자원 연계, 부모 교육), 교사 연계 업무(교육 지원 및 교사 대상 서비스), 지역사회 연계 업무(지역사회 자원 개발, 학교–지역사회 연계), 연구개발업무 등을 수행하고 있다(한국학교사회복지사협회, 2016).

전술한 바와 같이 학교는 사회복지사들이 전문영역임에도 불구하고 안타깝게도 제도의 미비로 사회복지사들의 활동이 법적으로 보장되지는 못하고 있는 실정이다. 하루 빨리 학교사회복지가 제도화되어 최근 사회문제로 대두되고 있는 왕따, 학교폭력 등의 청소년 문제 해결에 사회복지계가 기여할 뿐만 아니라 사회복지실천의 주요현장의 폭을 확대해야 할 것이다.

5) 사회복지 관련 단체

사회복지 관련 법이 규정하고 있는 단체와 관련 법에서 규정하고 있지는 않으나 사회복지사업에 직·간접적으로 관여하는 단체들을 의미한다. 전자의 경우는 사회복지사업법에 의한 한국사회복지협의회와 한국사회복지사협회 및 사회복지공동모금회법에 의한 사회복지공동모금회 등을 예로 들 수 있다. 후자의 경우는 사회복지시설들의 공동 목적을 위해 조직된 사회복지관협회, 노인복지시설협회, 장애인복지시설협회, 지역자활협회와 같은 직능별 협의체가 포함된다. 한편 사회복지 관련 법에서 규정하고 있지는 않으나 사회복지사업의 긴 역사를 지니고 있는 사회단체들도 그 예가 된다. 이러한 단체들은 시민들이 주체가 되어 설립·운영하고 있으며, 전국적인 네트워크를 가지고 있는 경우가 많은데, 사회복지사를 채용하고 있을 뿐 아니라 사회복지시설을 위탁 운영하는 경우도 적지 않다.

주요 단체로는 한국YMCA, 한국YWCA, 청소년폭력예방재단, 한국월드비전, 한국굿네이버스, 아름다운재단, 기타 종교단체 등이 있으며, 이러한 조직들을 특별히 비정부조직(NGO)이라고 지칭한다. 최근에는 대기업을 중심으로 공익을 위하여 복지재단을 설립하는 경우가 많은데, 이곳에서는 사회복지사들이 많은 활동을 하고 있다.

이러한 단체들은 서비스 대상자들에게 직접적인 서비스를 제공하기보다는 민간 사회복지행정조직체로서 사회복지기관의 운영을 지원하고 이를 통해 사회복지서비스 대상자들을 간접적으로 지원하는 역할을 담당하고 있다. 그러나 단체가 사회복지시설을 정부로부터 위탁받아 운영하는 경우에는 직접적 서비스기관의 역할도 담당한다고 보아야 한다. 얼마나 많은 사회복지사들이 사회복지 관련 단체에서 활동하고 있는지에 대한 정확한 데이터를 파악할 수는 없으나 특히 1980년대 후반 이후부터 확대되고 있는 비정부조직들은 사회복지사들의 새로운 실천현장으로 인식되고 있다.

3. 사회복지실천의 대상

사회복지실천의 대상을 개인, 가족, 집단, 지역사회로 나누어 엄명용 등(2006)이 정리한 내용을 중심으로 살펴보면 다음과 같다.

1) 개인

사회복지실천 대상으로서의 개인은 종전의 개별사회사업실천 대상을 의미한다. 전통적으로 casework라 불리는 개별사회사업실천은 직접실천 중에서도 가장 오래된 사회사업실천방법이다. 개별실천은 개인적 · 사회적 문제에 직면해 있는 개인을 일대일로 만나 문제 해결을 원조하는 활동으로 클라이언트로 하여금 주변 환경에 적응하도록 도움을 제공하거나 개인에 영향을 미치는 사회경제적 결핍 상태를 완화시켜 주기 위한 활동이다.

우리나라에서는 시 · 군 · 구, 읍 · 면 · 동 주민센터의 사회복지전담공무원, 각종 사회복지관의 사회복지사, 종합병원의 의료사회복지사, 정신병원이나 정신건강증진센터의 정신보건사회복지사, 학교의 사회복지사, 아동양육시설(보육원), 양로원 등 각종 사회복지단체 및 시설에서 근무하는 사회복지사들이 클라이언트에게 직접서비스를 제공하는 형태로 개별실천을 실시하고 있다.

개별실천은 사회복지사가 직접 만나 상대하는 클라이언트가 개인임을 의미하는 것이며, 사회복지사가 개인만을 상대하여 개인의 문제 해결을 원조한다는 것은 아니다. 개별실천에서 클라이언트의 문제 해결을 위해 필요하다고 판단될 경우 사회복지사는 클라이언트의 문제에 직 · 간접적으로 영향을 미치고 있는 주변 체계들에 개입하여 그들의 변화까지도 시도한다.

〈표 4-10〉 사회복지사가 도움을 주는 사람들

- 노숙인
- 아동유기, 성적 · 신체적 학대 및 부부학대와 관련된 문제를 지닌 개인이나 가족들
- 결혼생활에 심각한 문제가 있는 부부
- 가출, 범죄, 폭력 등으로 심각한 갈등을 겪는 한부모가족이나 일반 가족들
- 에이즈환자나 이들 가족으로 인해 고통받는 사람들
- 법적 제재나 처벌로 인해 삶이 파괴된 개인이나 가족
- 임신한 십대 미혼모
- 개인적으로 또는 가족 차원에서 어려움에 직면한 동성애 · 양성애자
- 신체적 · 정신적 질환이나 장애로 삶이 파괴된 개인이나 가족
- 자신이나 가족 중 약물이나 알코올에 중독된 사람
- 부모가 사망한 아동이나 아동들을 안전하게 돌보지 못하는 위탁부모
- 생활의 필수자원이 결여된 이민자와 소수자집단
- 심각한 신체발달상의 장애가 있는 사람이나 그 가족
- 더 이상 스스로를 돌볼 수 없는 노인
- 학교생활과 관련된 문제가 있는 아동이나 그 가족
- 실직, 사랑하던 사람의 죽음, 아동 가출, 게이나 레즈비언, 양성애자의 커밍아웃 등과 같이 외상적 사건이나 생의 중요한 변화로 인해 고도의 스트레스를 경험하는 사람들

2) 가족

가족실천은 가족구성원 간의 관계나 가족구성원 중 한 사람의 행동, 정서, 심리상의 문제에 개입하여 문제를 해결 또는 경감시키기 위한 노력이다. 개인을 단위로 하는 것보다 가족을 단위로 개입하는 것이 효과적이라고 판단될 때, 클라이언트의 문제해결을 위해서 가족 모두의 협조와 노력이 요구된다고 판단될 때 가족과의 실천을 택하게 된다.

대개의 가족실천모델들은 일반체계이론의 영향을 받아 가족을 하나의 역동적 체계로 간주하여, 가족구성원 개인이 나타내는 문제의 원인을 개인적 요인에서 찾는 것이 아니라 가족구성원 간의 상호작용 패턴, 즉 관계양상에서 찾고자 한다. 문제해결도 개인적 변화에 초점을 두기보다는 가족구성원 간의 상호작용하는 방식의 변화에 초점을 둔다. 가족구성원 중 한 사람의 행동이 가족 전체에 영향을 미쳐 기능적 또는 역기능적 가족이 될 수 있고, 반대로 가족 전체의 균형을 위해 가족구성원 일부가 희생양(scape goat)이 될 수 있다고 본다.

따라서 가족구성원 한 명의 변화가 가족 전체의 문제를 해결할 수도 있고, 한 가족구성원의 행동 변화를 위해 먼저 다른 가족구성원의 행동을 변화시킬 수도 있다. 가족치료는 제2차 세계대전 이후 전쟁으로 인한 개인의 심리적·정서적 문제가 가족 해체, 청소년비행 등의 가족문제로 제기되면서 가족의 구조 변화를 통해 개인의 행동과 태도에 변화를 주려는 관심이 모아지면서 시작되었다. 초기의 관심은 주로 조현병 환자나 그 가족에 대한 것이었으나 일반 가족으로 확대되었다. 가족과의 실천은 주로 부부갈등, 부모-자녀 간의 문제, 아동문제, 다세대 간의 갈등 등을 중재 또는 해결하기 위해 개입하게 된다. 대표적인 가족실천모델은 정신역동모델, 대상관계모델, 구조적 모델, 전략적 모델, 경험적 모델, 행동주의 모델, 해결중심적 단기치료모델 등이 있다.

3) 집단

집단실천은 유사한 목표를 가지고 있는 개별 구성원을 하나의 집단으로 묶어 그 집단을 대상으로 사회복지사가 집단이라는 환경과 집단 내의 역동성을 활용해 집단 구성원의 개별 목표와 집단 공동의 목표를 성취하기 위해 노력하는 실천방법이다. 집단실천모델은 집단의 목표, 성격에 따라 사회적목표모델과 치료모델 두 가지로 나누어질 수 있다.

사회적목표모델은 집단활동을 통해 사회구성원으로서의 참여의식, 역할 인식, 책임 인식 등을 고취함으로써 개인의 성숙과 민주시민의 역량 개발에 초점을 두고 있다.

사회적목표모델은 토론, 합의, 집단과제의 개발 및 실행 등을 통해 집단의 목적을 달성하고자 한다. 이 모델의 대표적 활동에는 보이스카우트, 걸스카우트, 청소년캠프 등과 같은 대규모 집단활동이 포함될 수 있으며, 공예교실, 음악교실, 자조집단 등과 같은 소규모 집단활동도 이에 해당될 수 있다.

치료모델은 흔히 집단치료라고 불리는 것으로 집단구성원 간의 상호작용과정이나 집단 내의 역동성을 활용해 집단구성원이 갖고 있는 문제들이 해결 또는 경감될 수 있도록 하는 활동을 말한다. 집단치료의 참가자들은 대개 정서적 문제, 행동상의 문제, 대인관계상의 어려움을 호소하는 사람들이다. 이들은 대개 비슷한 문제들을 갖고 집단에 참여하며 집단 내에서 집단구성원 간의 상호작용을 통해 상대방에게 도움을 제공하기도 하고 상대방으로부터 도움을 받기도 하면서 문제를 해결하게 된다. 집단치료에 참가한 자들은 문제를 갖고 참여한 자신이 비슷한 문제를 가진 다른 참여자들의 문제 해결에 도움을 제공했다는 자긍심이 고조되면서 자신의 문제 해결에 도움을 받게 된다. 이런 면에서 볼 때 집단치료는 개인의 부적응행동을 변화시키는 데 개별치료보다 더 효과적일 수 있다.

집단치료는 주로 심한 우울증 환자, 정신질환자, 약물복용자, 약물중독자, 음주문제를 갖고 있는 사람, 알코올중독자, 성폭력피해자, 이혼 후 충격 상태에 있는 사람들을 대상으로 실시될 수 있다. 사회복지사는 집단 역동에 대한 전문적 지식을 활용해서 집단 내의 상호작용을 촉진하고 그 과정에 개입하여 집단구성원의 변화를 유도하게 된다.

4) 지역사회

지역사회실천은 지역사회를 실천단위로 하며, 사회복지사가 지역주민 스스로 상호협동 노력에 의해 지역사회의 문제를 해결할 수 있도록 돕는 실천활동이다. 실천단위인 지역사회는 학자들마다 다양하게 정의되고 있으나 크게 둘로 나누면 하나는 지리적 조건에 의해 형성된 지역사회를 의미하고, 다른 하나는 공통된 이해와 관심으로 형성된 교회, 조합, 시민단체 등의 이익집단을 의미한다.

지역사회실천은 지역에 속한 주민이 자신들의 사회적 기능 향상을 위해 필요한 의식 개혁, 환경 개선, 지역사회 조직화 등을 자발적, 주체적, 협력적으로 해 나갈 수 있도록 사회복지사가 안내자, 조력자, 조정자, 운동가, 전문가 등의 역할을 수행하는 것을 말한다. 이러한 활동을 수행하기 위해 사회복지사는 지역주민들의 성향과 문화를 파악하고 지역사회의 문제 및 욕구를 파악하며 지역주민들의 욕구 충족에 필요한 자원들을 확인 및 발굴하고 지역사회주민의 조직화, 지역사회자원의 조직화 및 조정, 지역사회자원 개발 등의 활동을 한다.

현재 우리나라의 각 지역사회에 위치해 있는 종합사회복지관은 지역사회보호활동과 지역사회조직활동을 혼합하여 실천하고 있다고 볼 수 있다. 지역사회보호활동은 지역사회 내에 존재하는 후원자를 발굴, 동원하여 지역사회의 요보호대상자들을 보호하는 활동이다.

지역사회 자원과 빈곤한 가정을 정기적으로 연결하여 줌으로써 요보호 지역주민의 경제적 어려움을 경감시켜 주고 심리적 안정을 도모하는 데 지역사회보호의 목적이 있다. 지역사회조직활동은 잠재된 지역사회의 자원을 찾아내고 서로 연결함으로써 지역복지 발전을 위한 토대를 마련하고 지역주민 자신들의 조직화를 통하여 궁극적으로 지역사회의 복지 향상을 도모하는 사회복지사의 활동이다. 이를 위해 사회복지사는 지역사회와 공동사업을 추진하기도 하고 지역주민이 서로 모여 조직화될 수 있는 장소 및 기회를 제공하기도 한다. 지역사회 내에서 바자회를 열어 지역사회에 존재하는 다양한 자원을 동원, 배분하는 과정을 통해 지역주민의 유대감을 조성하고 공동체의식을 강화시키는 활동이 여기에 해당된다.

4. 사회복지사의 역할

사회복지실천현장과 사회복지사들의 활동범위는 넓고 다양하다. 우리나라의 경우 사회복지실천이 도입된 지 반세기가 지나면서 전통적 실천 분야 외의 다양한 실천 분야가 나타나고 있고, 사회복지실천 분야도 점차 전문화되고 확대될 전망이다. 그렇다고 해서 인간과 사회문제를 다루는 모든 분야를 사회복지실천현장이라고 주장하기에는 한계가 있다. 사회복지실천현장으로 규정하기 위해서는 사회복지의 가치, 지식, 기술을 갖춘 사회복지사에 의해 서비스가 제공되어야 한다. 뿐만 아니라 사회복지사들은 타 분야의 전문직들과 대등한 협력관계 속에서 일할 수 있을 정도의 자질과 능력을 갖추면서도 사회복지사로서의 정체성을 확연하게 드러낼 수 있는 역할들을 수행할 수 있어야만이 사회복지실천현장이라고 주장할 수 있을 것이다. 타 전문직들과는 확연하게 차별화된 전문직의 정체성을 확보하기 위해서는 사회복지사들이 수행하는 역할이 매우 중요하다.

사회복지사들은 기관의 성격과 담당하는 업무에 따라 한 가지 역할을 주로 수행하기도 하지만, 그보다는 여러 역할을 동시에 수행할 가능성이 높다. 이와 같이 사회복지사들은 서로 다른 역할들을 동시에 수행해야 하는 경우가 많기 때문에 각 역할들의 특성에 대해 숙지한 후 상황에 맞는 적절한 역할을 수행해야 할 것이다.

많은 학자들이 사회복지사의 역할에 대해 언급하고 있지만 재스트로우(1999)는 사회복지사는 개인, 집단, 가족, 조직, 지역사회와 작업하는 데 있어서 다양한 역할을 수행해야 한다고 하면서 조력자, 중개자, 능력고취자, 행동가, 중재자, 협상가, 교육자, 주창자, 조정자, 조사자, 집단촉진자, 대중연설가 등의 역할을 수행해야 한다고 제시하고 있다.

1) 사회복지사의 역할(헵워스와 라센)

헵워스 등은 사회복지사의 역할을 직접실천에 초점을 두고 크게 서비스 직접 제공자의 역할, 다양한 체계와의 연결자의 역할, 체계 유지와 강화자의 역할, 연구자와 조사활용자의 역할, 체계 개발자의 역할로 분류하고 있다.

(1) 서비스 직접 제공자

사회복지사가 서비스 제공과정에서 클라이언트와 직접 대면하여 서비스를 제공하는 것을 의미한다.

- 개별적인 사회복지실천 혹은 상담
- 부부치료, 가족치료(개별, 집단상담 포함)
- 집단활동서비스(지지집단, 치료집단, 자조집단, 과업집단, 기술개발집단 포함)
- 교육자, 정보 제공자(개별, 연합, 집단 세션에 필수적인 정보를 제공)

(2) 체계 연결자

클라이언트가 사회기관에서 제공할 수 없는 자원을 필요로 하거나, 유용한 자원을 이용하는 능력이나 지식이 부족하기 때문에 종종 사회복지사는 사람과 다른 자원을 연결하는 역할을 수행해야 한다. 구체적인 내용은 다음과 같다.

① 중개자

사람들을 자원과 연결시키기 위해서는 지역사회 자원에 대해 잘 파악하고 있어야 적절하게 의뢰할 수 있다. 자원체계의 정책을 잘 파악하고 연결담당자와 좋은 업무관계를 유지하는 것이 성공적인 의뢰의 필수요소이다.

② **사례관리자/조정자**

어떤 클라이언트는 다른 체계에 의뢰할 때 능력, 기술, 지식이나 자원이 부족하다. 이런 경우에는 사회복지사가 사례관리자의 역할을 수행해야 한다. 클라이언트의 욕구를 평가하고 다른 자원에서 필수 재화와 서비스 전달을 연결·조정하고 클라이언트가 시의적절한 방식으로 재화와 서비스들을 제공받을 수 있도록 개입해야 한다.

③ **중재자/판단자**

종종 클라이언트와 서비스 제공자 간에 분열이 생겨서 클라이언트가 받아야 할 서비스를 받지 못하게 되는 경우가 있다. 이런 경우는 서비스 제공자가 임의로 거절하거나, 클라이언트가 자신이 서비스자격이 있음을 알리지 않았거나, 둘 사이에 긴장이 조성될 경우에 발생하는데, 이 경우 사회복지사는 서비스 전달과정에 존재하는 장애물을 제거하는 중재자의 역할을 수행해야 한다. 이 양 당사자의 입장을 경청하고 정확하고 완전한 정보를 얻었다는 확신이 들 때까지는 어느 쪽에도 치우쳐서는 안 된다.

④ **클라이언트 옹호자**

클라이언트와 클라이언트집단에 대한 옹호역할은 사회복지전문직이 생겨난 이래 줄곧 수행해온 역할이다. 자원 연결의 측면에서 볼 때 옹호란 클라이언트를 대신하여 자원과 서비스를 획득하는 활동과정을 의미한다.

(3) 체계 유지와 강화자

사회기관의 구성원으로서 사회복지사는 서비스 전달 체계의 효율성을 떨어뜨리는 기관 내 구조, 정책, 기능적 관계를 평가할 책임을 갖고 있다. 이와 관련된 역할은 다음과 같다.

① **조직분석가**

서비스 전달에 부정적인 영향을 미치는 기관의 구조와 정책, 절차 등을 분석, 지적하는 역할이다. 이 역할을 수행하기 위해서는 조직이론과 행정이론에 대한 지식을 갖고 있어야 한다.

② 촉진자/추진자

서비스 전달을 방해하는 요인들을 파악한 후 서비스 전달 체계를 강화할 수 있는 방안을 모색하고 실행할 책임을 수행하는 것을 의미한다. 기관장이나 행정가들에게 관련된 데이터를 제공하고, 문제를 제기할 직원회의를 추천하며, 저항하는 행정가에게 압력을 행사하기 위해 다른 직원과 협력하고, 필수적인 기관 내 서비스 훈련 세션에 참여하는 등의 활동이 포함된다.

③ 팀 구성원

많은 기관에서 사회복지사는 클라이언트의 문제와 서비스 전달에 협력하는 임상팀의 일원으로 활동하게 된다. 팀은 내과의사, 정신과의사, 심리학자, 사회복지사, 간호사, 재활상담가, 작업치료사, 교사 그리고 실천의 장에 따라서는 레크리에이션 치료사 등으로 구성된다. 팀 구성원으로서 사회복지사는 가족 역동과 관련된 지식을 파악하는 데 기여하고, 가족구성원과의 치료적 작업에 관여한다. 또 종종 지역사회에서 적절하게 기능할 수 없는 환자들을 위해 퇴원계획을 조정하는 사례관리자의 역할도 수행한다.

④ 자문가/자문을 받는 사람

자문은 사회복지사가 클라이언트에 대한 지식, 기술, 태도를 발전시키고 수정해서 클라이언트에게 효과적으로 서비스를 전달할 수 있도록 하는 과정이다. 사회복지사는 자문을 제공하고 받는 역할을 모두 수행할 수 있는데, 제공자로서의 역할도 많이 수행하고 있고, 약물남용, 아동학대, 성문제 혹은 전문 지식이 필요한 문제에 대해서는 의사, 간호사, 심리학자 및 숙련된 전문 사회복지사로부터 자문을 받을 필요가 있다.

(4) 연구자와 조사 활용자

사회복지사는 평가 가능한 개입방법을 선택하여 그들의 개입효과를 평가해야 하고, 클라이언트의 변화과정을 체계적으로 점검해야 한다. 이러한 과정은 연구하고 활용할 것을 요구한다. 사회복지사들이 수행하는 조사는 때때로 단일사례설계 방법을 취한다.

(5) 체계 개발자

사회복지사는 미충족된 클라이언트의 욕구, 서비스 간의 괴리, 예방적 서비스에 대한 욕구에 인해 기관의 서비스를 확대하거나 개선할 기회를 갖게 된다. 이와 관련된 역할은 다음과 같다.

① 프로그램 개발자

클라이언트의 욕구를 대응해서 서비스를 개발할 기회가 종종 있다. 교육 프로그램(십대 미혼모 대상), 지지집단(강간피해자, 알코올중독자의 자녀, 근친강간피해자), 기술개발집단(스트레스 관리, 부모훈련, 주장훈련집단 등) 등이 포함된다.

② 계획가

지역사회계획가에 대한 접근성이 떨어지는 작은 지역사회나 시골에서 사회복지사는 계획하는 역할을 담당할 수 있다. 이때 사회복지사는 공식적 · 비공식적으로 영향력 있는 인사들과 함께 미충족되거나 새롭게 대두되는 욕구에 대응하기 위한 프로그램을 계획하게 된다. 아동 보호 프로그램, 노인과 장애인을 위한 운송 프로그램, 여가 프로그램, 건강관리 프로그램 등이 그 예가 될 수 있다.

③ 정책과 절차 개발자

정책과 절차개발과정에서 사회복지사가 참여하는 것은 클라이언트에게 서비스를 제공하는 기관의 범위로 한정된다. 이러한 참여의 정도는 기관의 행정 스타일에 따라 결정된다. 유능한 행정가는 전문직원들로부터 기관이 서비스이용자들에게 보다 효과적으로 반응할 수 있는 방법을 파악한다. 사회복지사들은 일선에 있기에 부합되는지를 파악할 수 있는 전략적 위치에 있다. 따라서 정책과 절차와 관련된 의사결정에 참여시키는 것은 중요하다.

④ **옹호자**

사회복지사가 개별 클라이언트를 옹호하는 것과 마찬가지로 필요한 자원을 제공하고 사회정의를 증진하는 목적을 가진 법률과 사회정책을 옹호하는 데 있어서 클라이언트집단, 다른 사회복지사, 연합한 전문가집단과 합류해야 한다.

2) 실천영역에서의 사회복지사의 역할

(1) 사회복지조직에서의 사회복지사의 업무

① 조직에 대한 이해와 효율적 기관 운영을 위한 업무
② 업무량 관리 및 자기개발
③ 프로그램 개발과 모금
④ 기관들 간의 협조와 연계 업무
⑤ 지역사회와의 협조업무

(2) 실천현장별 사회복지사의 역할

① **공공기관에서의 역할**

첫째, 미시적 수준의 개입 역할로서, 직접적인 서비스의 제공과 자원 개발 및 연계 업무를 하는 조력자와 중개자의 역할이 있다.

둘째, 기관이나 조직 중심의 중범위 차원에서, 사회복지전담공무원은 공공복지 전달 체계상에서의 행정업무나 서비스 업무 수행상의 문제점을 개선하고, 조직 내의 기능이나 조직 간의 연결망을 강화하는 촉진자로서의 역할을 담당한다.

셋째, 거시적 차원에서, 사회복지전담공무원은 국민기초생활보장 관련 업무나 기타 복지서비스에 관한 홍보와 지역주민들에 대한 교육 활동, 주민의 욕구를 기초로 한 프로그램의 개발과 같은 계획가나 현장 개입가로서의 역할이 부분적으로 가능하다.

넷째, 사회복지전담공무원이 담당하는 지역 내의 아동, 노인, 장애인, 한부모가정의 욕구와 실태, 서비스 만족도에 관한 조사업무는 효과적인 서비스 개발이나 전달을 위해 전문가 차원에서 이루어지는 연구자/학자의 역할이라고 볼 수 있다.

② 민간 사회복지서비스기관에서의 역할

가. 생활시설에서의 역할

생활시설에 거주하고 있는 클라이언트는 시설보호를 필요로 하는 특수한 욕구를 가진 경우가 많기 때문에 생활시설의 사회복지사는 단순한 시설 내 보호수준에서 벗어나 클라이언트의 치료, 재활, 사회복귀 과정에 필요한 개별화된 서비스를 제공하는 전문가 역할을 수행해야 한다.

나. 이용시설에서의 역할

지역사회복지관에서 일하는 사회복지사는 지역사회에서의 통합적인 개입을 위해 개인 클라이언트로부터 집단, 지역사회, 전문가집단까지 개입수준을 확대하며 다양한 역할을 수행하게 된다.

첫째, 미시적 수준에서, 지역사회 내 개인이나 가족을 대상으로 직접적인 서비스를 제공하거나 서비스를 연결하고 교육하는 역할을 수행한다.

둘째, 기관이나 조직 중심의 중범위 차원에서, 지역사회복지관의 사회복지사는 프로그램의 효율적 운영과 관리를 위한 방안이나 운영구조 개선 등을 통해 조직의 기능을 활성화시키는 촉진자의 역할과, 지역 내 기관들 간의 연계와 공동사업을 통해 지역복지 네트워크를 발전시키는 중재자의 역할을 수행할 수 있다.

셋째, 거시적 차원에서, 지역사회기관에서 일하는 사회복지사에게는 지역사회 개발이나 지역문제 해결을 위한 주민 참여와 공동체의식을 증대시키기 위한 계획가와 현장개입가로서의 역할이 중요하다.

넷째, 전문가 차원에서의 역할과 관련하여, 지역사회복지관의 사회복지사들은 복지관협회나 사회복지사협회와 같은 전문가 조직의 활동을 통해 정보를 공유하고 전문직의 발전을 위한 다양한 활동에 참여한다.

지금까지 살펴본 바와 같이, 개별 클라이언트 차원에서의 직접적인 서비스 제공을 위한 미시적 접근과 지역사회 차원에서의 문제 해결을 위한 거시적 접근을 모두 요구하는 지역사회복지관의 특성상 사회복지사의 역할과 업무도 일반 사회복지기관에 비해 다양하게 확대되어야 한다.

③ 분야별 역할

가. 아동복지 분야

아동복지 분야에서 일하는 사회복지사가 효과적인 조력자의 역할을 수행하기 위해서는 아동의 욕구에 적합한 태도와 기술이 요구된다. 이때 사회복지사는 아동기의 핵심적 특성인 안정감을 줄 수 있는 지지자로서 부모와의 정상적인 관계를 맺을 수 있도록 중개하는 역할이 필요하다.

나. 청소년복지 분야

청소년과 함께 일하는 사회복지사는 불안정하며 다양한 변화를 체험하는 청소년기의 특성을 이해하는 것이 중요하다. 전문가로서 청소년의 특성과 욕구를 파악하고 이를 기초로 청소년의 개인적 성장과 사회 적응 과정을 도울 수 있는 프로그램을 개발하는 것이 매우 중요하다.

다. 노인복지 분야

노년기의 정체감 상실과 역할 상실에서 오는 무력감 등에 대해 공감하며 노년기를 정서적으로 안정되게 꾸려갈 수 있도록 돕는 조력자로서의 역할과 취업교육이나 사회교육, 여가활동 지도, 치매노인을 위한 가족교육 프로그램 등 다양한 교육 프로그램을 개발하고 지도하는 교사로서의 역할이 이 분야에서 강조된다.

라. 여성복지 분야

여성들이 독립된 개인으로서 자신의 삶을 영위할 수 있도록 정서적으로 지지하며 자립지원서비스나 사회복지자원을 제공해주는 조력자/중개자의 역할이 기본적으로 요구되며, 부모교육이나 취업교육, 기타 자립생활에 필요한 정보를 제공하는 교사의 역할도 필요하다.

마. 장애인복지 및 의료보건 분야

신체적 · 정신적 기능상의 장애를 극복하고 사회의 한 구성원으로 살아나가는 데 필요한 정서적 지지와 지원을 해줄 수 있는 조력자/중개자의 역할과 함께, 장애인이 정상화된 삶을 누릴 수 있는 환경을 만들기 위해 장애인의 권리를 알리고 경제적 · 물리적 · 사회적 제반 서비스를 개발하는 옹호자, 행동가, 현장개입가의 역할이 요구된다.

바. 소득보장/생활보장 분야

개별 클라이언트 차원에서 개인과 그 가족이 겪는 경제적 · 행동적 · 정서적 문제에 관한 지지와 상담을 할 수 있는 조력자의 역할과 치료, 자활, 사회복귀에 필요한 주변 자원을 연결하는 중개자로서의 역할이 있다.

④ 이차 현장에서의 사회복지사의 업무

가. 학교사회복지 분야

학교사회복지는 학교 부적응이나 중도탈락과 같은 취학 청소년의 문제와 학교제도나 운영상의 문제를 해결함으로써 최적의 교육환경을 만들고 교육의 효과를 극대화할 수 있도록 돕는 사회복지실천의 개입 분야이다.

나. 의료사회복지 분야

의료시설에서 환자와 그 가족의 심리적 · 정신적 · 경제적 제반 문제들에 관심을 갖고 의료진과 협력 하에 치료과정에 개입함으로써 의료서비스가 보다 효과적으로 제공되도록 돕는 역할을 한다.

다. 교정복지 분야

사회복지사의 활동이 이루어지는 교정복지 분야의 기관으로는 법원, 소년분류심사원, 소년원, 보호관찰소 등이 있다. 보호관찰 업무나 소년분류심사업무를 담당하는 사회복지사는 비행 행위에 대한 원인을 밝히고 문제요인을 제거하고 새로운 삶을 이룰 수 있도록 도와주는 조력자 역할과 퇴소 후 건강한 사회복귀가 이루어질 수 있도록 필요한 자원을 연결해 줄 수 있는 중개자 역할을 담당한다.

요 약

사회복지실천현장이란 사회복지사들이 사회복지서비스를 직접 또는 간접적으로 제공하는 분야나 장소를 의미한다. 사회복지실천현장은 사회복지실천이 행해지는 장(setting)과 문제(problem) 및 대상집단(client)을 포괄하는 개념(Kamerman, 1999)이다. 사회복지실천현장은 사회 변화와 더불어 변화하고, 광범위하며 매우 다양해지고 있다. 아동, 청소년, 장애인, 노인 분야와 같은 대상별 분야와 약물남용, 의료 · 정신보건, 교정 등의 문제영역별 분야와 장소별 분야 등으로 분류된다.

기관의 목적에 따른 분류로 1차 현장과 2차 현장으로 분류하고, 기관의 설립주체와 재원조달방식에 따른 분류로 공공기관과 민간기관으로 분류하고, 직 · 간접서비스로 지원하는 방식에 따라 서비스기관과 행정기관으로 분류한다.

사회복지실천의 주요 현장 시설과 현황을 최근 자료를 근거로 제공하였고, 사회복지실천의 대상을 개인, 가족, 집단, 지역사회로 나누어 정리를 하였다.

끝으로 사회복지사의 역할을 직접실천에 초점을 두고 크게 서비스 직접 제공자의 역할, 다양한 체계와의 연결자의 역할, 체계 유지와 강화자의 역할, 연구자와 조사활용자의 역할, 체계 개발자의 역할로 분류하고, 실천현장에서의 일상적인 업무를 중심으로 공공기관과 민간기관에서의 사회복지사의 역할, 분야별 역할, 2차 현장에서의 업무로 정리를 하였다.

토의문제

1_ 사회복지실천현장 중 1차 현장과 2차 현장의 차이점은 무엇인지 설명하시오.

2_ 현재 사회복지사들이 활동하고 있는 주요 현장에는 어떠한 것들이 있는지 설명하시오.

3_ 앞으로 사회복지현장으로 개발할 분야에는 어떠한 것들이 있는지 설명하시오. (장소별, 분야별, 문제영역별로 구분해서)

4_ 다양한 변화 속에서 사회복지실천 대상자의 확대범위는 어디까지인지 설명하시오.

5_ 사회복지사의 역할 중 서비스 직접 제공자의 역할에는 어떠한 것들이 있는지 설명하시오.

6_ 2명씩 짝을 지어 미래 사회복지사로서의 비전을 나누어 보시오.

Chapter 05

사회복지실천의 관점과 통합적 접근

학습목표

1. 통합적 접근의 개념 및 등장배경을 학습하고 이해할 수 있다.
2. 사회복지실천의 이론적 토대가 되는 관점과 모델을 학습하고 이해할 수 있다.
3. 통합적 접근의 실천모델을 학습하고 이해할 수 있다.

학습목차

1. 통합적 접근의 개념 및 등장배경
2. 통합적 접근의 주요 관점
3. 통합적 접근의 실천모델

1. 통합적 접근의 개념 및 등장배경

사회복지실천은 역사적으로 다양한 접근방법을 통해 사회문제를 해결하고 도움을 제공하기 위해 노력해왔다. 하지만 사회복지실천방법에 있어서 일원적인 통일된 체계로 발전하지 못하고 1920년대 개별사회사업, 집단사회사업, 1930년대 지역사회조직사업, 1950년대 사회복지행정, 사회복지조사연구 등 각각의 이론적인 기틀을 마련하여 발전해왔다. 이러한 전통적 실천방법은 사회복지 전문직을 정립하는 계기가 되었지만, 포괄적인 접근보다는 개인의 심리문제에 초점을 두면서 과도하게 세분화된 전문화를 야기하였다. 또한 전통적인 방법론은 특정 문제를 중심으로 개입하기 때문에 다양하고 복잡한 문제에 효과적으로 대처할 수 없다는 비판을 제기하였다(이영실 외, 2016).

이러한 전통적 실천방법은 첫째, 주로 제한된 특정 문제 중심의 개입을 하고 있어 복합적인 문제 상황에 적절히 개입하기 어려운 상황이 발생하며 둘째, 과도한 세분화로 서비스의 파편화 현상을 초래하여 다양한 문제와 욕구를 가진 클라이언트가 여러 기관을 찾아다녀야 하는 부담감을 야기하며 셋째, 전문화 중심의 교육훈련은 사회복지사의 분야별 직장 이동에 도움을 주지 못하며 넷째, 공통 기반을 전제하지 않는 분화 및 전문화는 각각 별개의 사고와 언어 및 과정을 보여줌으로써 사회복지 전문직의 정체성 확립에 장애가 된다는 한계점이 있다(김융일 외, 2000 재인용).

또한 1960년대 미국에서 개인의 빈곤과 차별문제를 해결하는 데 실패하면서 개인의 문제를 심리적 원인보다 사회적 환경요인을 중요하게 생각하는 분위기가 조성이 되고 전통적인 방법에 대한 비판의 목소리가 높아졌다. 이후 미국사회복지사협회에 의해 1958년 "사회사업실천의 직업 정의"라는 보고서가 제출되고 전통적 실천방법을 통합화하려는 시도가 나타났다. 이처럼 전통적 실천방법의 한계에 대해 1970년대 후 개별사회사업, 집단사회사업, 지역사회조직사업을 구분하지 않고 개입할 수 있는 접근방법, 즉 통합적인 지식을 근거로 한 통합적 접근방법이 요구되었다.

1970년 이후 골드스타인, 핀커스와 미나한, 콤프톤과 갤러웨이 등 다양한 학자에 의해 사회복지실천현장에서 공통적으로 적용될 수 있는 통합적 접근방법에 관한 노력이 전개되었다. 특히, 바틀렛은 『사회복지실천의 공통 기반』의 출간으로 사회복지실천에서 사회사업의 대상이나 영역이 무엇이든지 사회사업 전체에 통용될 수 있는 공통적 기반을 확립하고자 하였다. 사회복지사가 사회복지실천현장에서 클라이언트를 돕기 위해 개인, 가족, 집단, 지역사회 각각에 개별적인 접근방법보다 다양한 체계들과 관계를 맺을 수 있는 접근방법이 필요하게 되었으며, 모든 사회복지실천에 공통적으로 적용될 수 있는 통합적 접근의 필요성이 강조되었다(Pincus & Minahan, 1973).

사회복지실천에 있어서 통합적 접근이란 사회복지사가 개인, 가족, 집단, 지역사회 등에서 제기되는 사회문제에 활용할 수 있는 공통된 원리나 개념을 제공하는 것으로 클라이언트 원조에 있어 접근방법을 통합하는 것을 말한다. 이러한 통합적 관점을 통해 사회복지사는 전문직으로서 정체성을 확보하게 되었고, 개인을 환경 속에서 바라보는 고유한 관점을 확립하게 되었다고 볼 수 있다(이은희 외, 2015). 이러한 통합적 접근의 중요성을 강조하면서 체계이론, 일반체계이론, 생태체계이론 등 다양한 이론이 사회복지의 주요 이론으로 활용되면서 복합적인 문제에 접근할 수 있는 기틀을 마련하게 되었다. 더불어 기존 개별사회사업에 의존해왔던 모습에서 벗어나 개인, 가족, 집단, 지역사회 등 다양한 환경에 대한 개입이 이루어지고 사회복지실천현장에서 공통적으로 활용할 수 있는 지식, 기술, 태도 등에 대한 중요성이 강조되었다(이영실 외, 2016).

통합적 접근방법의 특성은 첫째, 사회복지실천에 본질적인 개념, 활동, 기술, 과업 등에 공통적인 기반이 있다는 것을 전제한다. 둘째, 통합적 방법의 가치는 클라이언트의 잠재성을 인정하며, 이들의 잠재성이 개발될 수 있다고 보고, 미래지향적인 접근을 강조한다. 셋째, 사회복지의 지식은 과거의 심리내적인 정신역동적 측면으로부터 상황 속의 인간을 이해하고자 하는 일반체계이론까지 확대된 개념을 사용한다. 넷째, 인간과 환경의 상호작용에 초점을 둠으로써 인간의 환경의 고유영역, 사회적 기능 수행영역까지 개입해야 함을 강조한다. 다섯째, 클라이언트의 참여, 자기결정, 개별화를 극대화하고 실천과정에 대한 지속적인 평가를 한다(김융일 외, 2000).

2. 통합적 접근의 주요 관점

1) 일반체계이론

일반체계이론은 1940년대에 생물학자인 베르탈란피(Ludwing von Bertalanffy)가 처음으로 이론적 토대를 마련하여 1960년대부터 주목을 받았다(이근홍, 2006). 미생물로부터 사회집단에 이르기까지 생존물에 초점을 둔 체계이론의 한 부분이며, 생물학적 이론으로 개인, 가족, 집단, 사회 등과 같은 사회학적 개념에 도입하고 적용하였다. 일반체계이론은 생물과 무생물은 모든 형태에 있어서 체계로 간주될 수 있고, 체계는 체계로서 연구될 수 있는 어떤 개별의 성질을 가지고 있다는 가정에 기초하고 있다. 체계의 구성요소들과 이것들의 하위체계들을 평형상태로 유지하고 안정화시키려는 통제수단 간의 상호작용을 인지함으로써 사람과 사회집단의 행동을 전체론적으로 설명하려는 개념상의 정립을 말한다(길귀숙 외, 2011). 따라서 개인, 가족, 집단, 조직, 지역사회 등 사회복지실천에서 일반적으로 관여하는 모든 실체들은 어떤 공통적인 성질을 가지고 있는 체계로 간주된다(이팔환 외 역, 1999).

체계(system)란 독특한 방식으로 상호작용을 하고 상호 연관되어 있는 요소와 활동들의 집합체로 조직화되어 있으며, 전체의 기능에 도움을 주는 부분들의 집합체이다. 체계는 단순히 구성요소들의 결합이 아니라 상호 연관되고 상호작용을 하는 집합체이다. 또한 각 체계는 상호 의존적이고 상호 연결되어 있기 때문에 한 부분의 변화는 다른 부분 또는 전체 체계의 변화를 초래하는 결과를 가져오게 된다. 이렇듯 체계는 정체된 것이 아니라 끊임없이 변화하는 속성, 즉 역동성을 가지고 있다(길귀숙 외, 2011). 이러한 특성은 사회복지실천에 있어서 클라이언트의 문제를 해결할 때 클라이언트 자신이 아닌 다른 체계의 변화를 이끌어내어 도움을 줄 수 있으므로 사회복지실천에 중요한 영향을 미쳤다고 볼 수 있다. 개인은 환경과 다양한 체계와 지속적인 상호작용을 하므로 인간의 행동은 단순한 원인에 의한 개별적인 것보다 다양한 체계와의 상호작용을 통해 나타나는 것으로 본다. 즉 일반체계이론에 있어서 사회복지실천의 목표는 클라이언트와 체계와의 상호작용을 향상시키는 것이다.

일반체계이론의 주요 개념은 경계, 개방체계, 폐쇄체계, 위계, 항상성, 안정상태, 역동적 평형상태, 투입, 전환, 산출, 피드백 등이 있으며 그 내용을 살펴보면 다음과 같다(권중돈 외, 2008; 길귀숙 외, 2011; 이영실 외, 2016).

(1) 경계

경계(boundary)란 체계를 외부 환경으로부터 구분하는 일종의 테두리를 말하며, 모든 체계는 경계를 가지고 있다(Sheafor & Horejsi, 2006). 전체 체계와 부분 체계, 상위체계와 하위체계를 구분하며, 체계와 체계 사이에서 상호교류를 통해 외부로부터 에너지와 정보, 자원을 교환한다. 이러한 에너지와 정보, 자원의 교환을 조절하고 통제하는 역할을 하게 된다.

(2) 개방체계

개방체계(open system)는 어느 정도 경계의 투과성이 높아 다른 체계와 에너지, 정보, 자원 등을 활발하게 상호작용하는 체계이다. 환경과의 상호작용을 통해 지속적으로 외부의 자원 투입을 받아들이며, 산출을 생산하여 환경으로 내보낸다. 체계가 성장하고 발달하기 위해서는 다른 체계와 활발하게 상호작용하고 자원 투입에 대해 개방적이어야 한다. 개방체계는 환경과의 상호작용을 통해 변화하는 부분이므로 사회복지실천에서는 클라이언트가 개방성 정도를 최대화할 수 있도록 해야 한다.

(3) 폐쇄체계

폐쇄체계(closed system)는 경계의 투과성이 낮아 다른 외부체계와 에너지, 정보, 자원을 상호작용하지 않는 체계이다. 침투되지 않은 경계를 가지고 있으며, 시간이 지남에 따라 에너지가 투입되지 않으면 산출을 생산하지도 않기 때문에 체계들의 분화가 적어 조직과 기능이 상실되는 경향을 보인다.

(4) 위계

체계는 위계적인 다양한 수준의 구조를 가지고 특정한 행동패턴을 가지고 있다. 하위체계는 상위체계에 의존하며, 상위체계는 하위체계에 방향을 제시하며 서로 연결되어 있다. 이렇듯 하위체계와 상위체계 사이의 관계를 위계(grade of rank)라 한다.

예를 들어 가족이 일차적인 관심체계일 경우, 배우자 하위체계(남편과 아내 관계), 부모 하위체계(부모－자녀 관계), 형제 하위체계(자녀－자녀 관계)와 같이 몇 개의 하위체계로 구분해 볼 수 있다. 각각의 체계는 보다 큰 상위체계의 한 부분이며 상호 간의 관계를 맺고 있다(Sheafor & Horejsi, 2006).

(5) 항상성

항상성(homeostasis)이란 체계가 균형을 유지하거나 안정된 평형상태로 돌아가려는 것을 의미한다. 항상적인 균형은 고정된 것이 아니라 변화하는 것이며, 체계가 생존을 위해 환경과 성공적으로 타협하는 능력이다(Maguire, 2006). 항상성은 자동온도조절장치를 활용한 자기규제와도 같다. 온도가 일정수준으로 올라가면 자동으로 전원을 차단해서 온도를 낮추고, 온도가 일정정도 내려가면 다시 전원을 올려서 온도를 조절하는 것과 같은 논리이다.

(6) 안정상태

안정상태(steady state)는 부분과의 관계를 유지시키고 체계가 붕괴하지 않도록 에너지가 계속적으로 사용되는 상태를 의미한다. 환경과의 교류뿐만 아니라 환경에 적응하기 위해 체계의 구조를 변화시키는 상태로 체계가 건강한 상태 혹은 균형상태를 의미한다. 안정상태는 모든 사회체계의 기본 속성이며, 체계의 목표와 정체성을 유지하려는 체계의 의도적인 노력에 의하여 수정된다(최옥채 외, 2007).

(7) 역동적 평형상태

질서와 구조가 안정되어 있는 상태에서 체계는 내부적으로 끊임없이 변화하고 움직이는데 이러한 상태를 역동적 평형상태(dynamic equilibrium)라고 한다. 체계의 구조를 변화시키지 않은 채 환경과의 상호작용 속에서 체계의 균형을 회복하려는 내부 성향이라는 점에서 체계의 항상성이라 할 수 있다(이은희 외, 2015).

(8) 투입, 전환, 산출, 환류

체계와 외부 환경 간의 작용은 상호적이어서 체계가 외부 환경으로부터 영향을 받기도 하고 반대로는 체계가 외부 환경에 영향을 주기도 한다. 체계의 기능은 상호 관련된 투입, 전환, 산출의 활동을 포함한다.

투입(input)은 체계가 환경과의 상호작용을 위해 외부로부터 필요한 에너지, 사물, 정보 등을 받아들이는 것을 의미한다. 생물학적 · 심리학적 생존과 성장은 투입과정을 통해서 보장받는다.

전환(conversion operation)은 체계가 투입된 에너지를 변형시키고 재조직화하는 과정을 말하며, 체계의 기능을 유지하고 사용할 수 있는 형태로 투입요소를 처리하고 전환하는 활동을 의미한다.

산출(output)은 전환활동을 통해서 얻어진 결과물을 말하며, 체계 내에서 변형된 에너지를 환경으로 방출하는 것을 말한다.

환류(feedback)는 체계가 자신의 기능을 점검하고 안정상태를 유지하기 위해 필요한 조정을 수행하는 과정을 말한다. 환류는 체계가 스스로 갖고 있는 목적을 향해 나가도록 체계의 작동을 점검하고 적응적 행동이 필요한지 판단하여 수정하는 능력이다. 환류를 통해 새로운 행위를 만들어 내거나 기존의 행위를 수정한다. 환류는 정적 환류와 부적 환류가 있으며, 정적 환류는 적절한 행위가 지속적으로 더 많이 발생하도록 하는 것을 말하며, 부적 환류는 기존의 행위를 수정하는 방향으로 가해지는 것을 의미한다.

이러한 체계이론은 사회복지실천에 있어서 '상황 속의 인간'에 대한 관점의 확장과 사회복지실천의 개념적 틀을 제공함으로써 중대한 영향을 미쳤다. 개인의 특성에 맞춰진 초점이 관련 환경요소 간의 상호 관련성에 대한 관심으로 초점을 옮길 수 있도록 하는 데 기여하였다. 하지만 한계점으로 클라이언트의 문제를 해결하는 데 있어서 사회복지사가 구체적으로 어떻게 무엇을 해야 하는지에 대해서는 제시하지 않아 어떤 구체적 상황에 적용하기가 어려운 부분이 있다(양정남 외, 2015).

2) 생태체계적 관점

생태체계적 관점은 절충주의적인 접근으로서 생태학의 개념과 일반체계이론을 기반으로 하여 도출되었다. 인간과 환경 간의 상호작용하는 방법이나 내용에 초점을 두고 있으며, 사회복지실천의 중요한 개념적인 기반으로 받아들여지고 있고, 1970년대 중반 이후 사회복지실천의 지배적인 준거틀로 자리 잡아왔다(Compton & Galaway, 1994; Meyer, 1988). 생태체계적 관점은 인간과 환경 간의 상호작용에 초점을 두고 있으며, 개인의 능력 및 개인에게 영향을 미치는 환경 모두를 강조하는 관점이다. 생태체계적 관점은 환경 속에서 인간을 바라보는 철학적인 관점을 제공하였다. 인간에 대한 이해를 하기 위해서는 그 사람이 처해 있는 상황 또는 환경에 대한 이해가 필수적이다. 즉, 개인을 이해하기 위해서는 단순히 환경에 대한 이해를 하는 것이 아니라 인간과 환경 간의 상호작용에 대한 이해를 해야 한다는 것이다(Miley et al., 1995). 이처럼 생태체계적 관점의 핵심은 '환경 속의 인간'(person-in-environment)의 개념이다.

클라이언트를 둘러싸고 있는 사회적 환경과 서로 간의 상호작용은 클라이언트의 삶에 중요한 영향을 미친다. 따라서 사회복지사는 클라이언트를 둘러싸고 있는 다양한 수준 환경의 특성에 대해 이해하고 실천에 활용하는 것이 필요하다. 클라이언트를 둘러싸고 있는 환경체계의 한 부분의 변화가 나타나면 다른 체계의 변화를 이끌어 내어 전체 체계의 변화가 나타난다고 보았다. 따라서 사회복지사는 개인, 가족, 집단, 지역사회 등에 개입을 할 때 클라이언트가 처해 있는 환경에 대한 이해가 필수적이며, 특히 클라이언트의 강점에 초점을 두어 긍정적인 변화가 나타날 수 있도록 해야 할 것이다. 생태체계적 관점의 개념적 특징을 살펴보면 〈표 5-1〉과 같다(길귀숙 외, 2011 재인용).

〈표 5-1〉 생태체계적 관점의 개념적 특징

- 사회복지실천의 개념적인 기반이자 준거틀
- 생태학과 일반체계이론을 통합한 절충주의
- 사람과 환경 간의 교환에 초점
- 사람과 환경은 분리된 것이 아니라 지속적으로 교류하는 존재
- 사람과 환경은 상호 호혜와 자원의 보충적인 교환을 통해 상호작용
- 개인을 이해하기 위해서는 개인과 환경 간의 상호작용과 교류를 분석

생태체계이론의 주요 개념은 환경, 적합성과 적응, 스트레스와 대처, 관계, 역할과 유능성, 상호교류와 상호의존 등이 있는데 그 내용을 살펴보면 다음과 같다(권중돈 외, 2008; 길귀숙 외, 2011; 이영실 외, 2016).

(1) 환경

생태체계이론에서 환경(environment)은 사회적 환경, 물리적 환경 그리고 문화적 환경뿐 아니라 공간과 시간적 리듬까지 포함한다. 생활상에 나타나는 문제와 환경의 연관성을 바탕으로 환경에 대한 개념을 이해하는 것은 사회복지실천에 큰 도움이 된다. 사회적 환경은 교육, 문화, 정치, 복지 등과 같은 사회적 욕구에 반응하는 조직뿐 아니라 삶 속에서 자연스럽게 형성되는 친구, 이웃, 친척, 직장동료 등 인간관계망까지 포함한다. 물리적 환경은 기후, 지리적 조건 등 자연적 환경과 건물, 교통시설, 통신시설, 대중매체 등 인위적 환경을 포함한다. 이러한 사회적 환경과 물리적 환경은 끊임없이 상호작용을 하며 문화적 환경까지 확대되고 생태체계이론은 이처럼 환경과의 상호작용에 관심을 갖는다.

(2) 적합성과 적응

적합성(goodness of fit)은 개인의 적응적 요구와 환경의 질이 어느 정도 부합되는가와 관련된 개념이다. 개인과 환경 사이의 상호작용이 성공적이고 적응적일 때, 즉 주요 타인, 사회적 조치 그리고 정치·경제적 구조와 정책, 물리적 환경이 개인의

성장, 발달을 지지할 때 적합성이 이루어진다.

적응(adaptation)은 개인과 환경의 적절한 결합을 의미한다. 인간은 끊임없이 재구조화하고 환경이 어떤 영향을 미친다고 해도 적응해 나간다. 이처럼 모든 유기체와 환경은 균형을 유지하기 위해 지속적으로 노력한다. 유기체가 환경의 자극에 대해 적절하게 대처하거나 환경으로부터 필요한 자원을 획득할 경우, 개인과 환경은 적절하게 결합하고 있다는 것을 의미하며, 이러한 상태를 적응상태라고 한다.

(3) 스트레스와 대처

스트레스(stress)는 개인이 지각한 요구와 이러한 요구를 자원을 사용해서 충족시킬 수 있는 능력 사이의 불균형이 나타났을 때, 사람들은 스트레스를 경험하게 된다. 개인과 환경 간의 상호작용이 적합성을 유지하지 못하고 혼란이 발생했을 때 스트레스는 야기된다. 인간이 살아가는 데 있어서 스트레스는 불가피한 것이며, 모든 스트레스가 문제가 되는 것은 아니다. 어떤 사람에게는 도전이 되고 또 다른 사람에게는 문제가 될 수 있는 것이다.

대처(coping)는 스트레스 요인에 대응하는 노력이다. 즉, 스트레스 상황을 경험하면서 자연적으로 발생하게 되는 대처기술은 정서적 고통을 통제하기 위해 개인이 수행하는 행동이다. 대처능력은 내적 자원과 외적 자원을 필요로 한다. 내적 자원에는 동기, 자존감, 심리적인 안정, 문제 해결 기술 등이 포함되며, 외적 자원에는 가족, 사회적 지지와 정서적인 지지, 교육적 지원 등이 포함된다.

(4) 관계, 역할, 유능성

관계(relatedness)는 인간관계를 형성하거나 타인과 연결될 수 있는 능력이다. 인간관계 없이 인간은 생존할 수 없으며, 다른 사람들과의 관계없이 인간은 인간답게 되는 것을 배울 수가 없다. 인간관계성이 없이 정서적 · 사회적으로 고립되는 것은 매우 큰 고통을 안겨주게 된다. 정체성과 자존감은 다른 사람들과의 관계로부터 생겨난다.

역할(role)은 기대되는 행동 유형이다. 특정 사회적 지위를 갖고 있는 개인이 타인에게 어떻게 행동해야 하는지에 대한 기대뿐만 아니라 타인이 그 사람에게 어떻게 행동해야 하는지에 대한 기대까지도 포함하고 있다.

유능성(competence)은 인간 발달에 필수적인 요소로 자신의 판단을 신뢰하고 자기 확신을 갖고 환경에 바람직한 영향을 미칠 수 있는 능력을 포함한다. 환경 속에서 성공적인 행동 기회를 가짐으로써 유능성은 강화될 수 있으며, 긍정적인 자존감을 형성할 수 있는 인간의 능력은 일생에 걸쳐 확대된다고 보고 있다.

(5) 상호교류와 상호의존

인간이 다른 환경의 사람과 의사소통하고 관계를 맺는 것을 상호교류(transaction)라고 하며, 한 개인이 다른 사람이나 집단에 서로 의존하고 의지하는 것을 상호의존(interdependence)이라고 한다. 인간은 살아가면서 끊임없이 상호교류를 하며, 생존하기 위해 서로 필요한 상호의존관계에 있다.

3. 통합적 접근의 실천모델

통합적 접근의 대표적인 사회복지실천모델인 핀커스와 미나한의 4체계모델, 펄먼의 문제해결모델, 저메인과 기터맨의 생활모델, 골드스타인의 단일화모델에 대해 살펴보기로 하겠다.

1) 4체계모델

핀커스와 미나한(1973)은 일반체계이론의 체계 개념을 바탕으로 사회복지실천의 기초가 되는 4가지 체계, 즉 변화매개체계, 클라이언트체계, 표적체계, 행동체계를 제시하였다. 인간은 만족할 만한 삶을 영위하기 위해 주변 환경의 체계에 의존하기 때문에 사회복지실천은 이러한 체계에 초점을 맞추어야 한다. 이러한 체계는 첫째,

가족, 친구, 동료 같은 비공식적인 자원체계 둘째, 회원으로 구성되는 지역사회집단이나 협회와 같은 공식적 자원체계 셋째, 병원, 학교와 같은 사회적 자원체계이다. 즉, 클라이언트의 문제를 해결하고 도움을 주기 위해서 다양한 자원체계의 연계를 통해 클라이언트와 환경 간의 상호작용을 향상시키는 것을 강조한다.

(1) 변화매개체계

변화매개체계는 클라이언트의 문제를 해결하고 도움을 주기 위해 여러 가지 자원체계를 연계하고 노력하는 변화매개인을 의미한다. 즉, 사회복지사와 사회복지사가 소속된 기관과 조직을 말한다. 클라이언트의 문제를 해결하고 변화를 위해 다양한 체계를 확인하고, 계획을 수립하여 실천을 통해 서비스와 자원을 제공한다.

(2) 클라이언트체계

클라이언트체계는 사회복지서비스가 필요한 개인, 가족, 집단, 기관, 지역사회 등이 포함되며 도움을 필요로 하는 사람을 말한다. 즉, 변화매개체계에게 서비스를 요청하거나 도움을 받는 데 동의하고 스스로 참여하는 사람들을 의미한다.

(3) 표적체계

표적체계는 변화매개체계가 목표를 달성하기 위해 영향을 미치거나 변화시킬 대상을 의미한다. 클라이언트체계와 중복될 수도 있으며 그렇지 않을 수도 있다. 표적체계는 대부분이 비자발적인 경우이므로 변화를 도모하기 위해서는 협력을 기반으로 목표를 설정하고 달성하기 위해 노력해야 한다.

(4) 행동체계

행동체계는 변화매체체계가 목표를 달성하기 위해 함께 상호작용하는 사람들을 의미한다. 클라이언트체계의 문제를 해결하기 위해 사회복지사는 다양한 행동체계와 함께 협력하여 일을 한다. 행동체계에는 클라이언트체계를 변화시키기 위해 함께 노력하는 가족, 친구, 이웃, 전문가 등이 해당된다. 클라이언트체계의 문제 해결과 변화를 위해 사회복지사는 다양한 행동체계를 개발한다.

4체계모델은 이후에 콤프톤과 갤러웨이(Compton & Gallaway, 1984)가 사회복지실천을 구성하는 체계로 전문가체계와 의뢰-응답체계를 추가하여 6체계모델로 발전하였다.

(5) 전문가체계

전문가체계란 사회복지사들이 기관을 변화시키거나 사회적 변화의 옹호자로서 행동할 때 활용하는 체계로 사회복지사의 행동에 영향을 미친다. 전문가 단체, 전문가를 양성하는 교육체계, 전문적 실천의 가치 등이 해당되며, 우리나라의 경우 사회복지사협회, 사회복지협의회, 사회복지학회 등이 있다. 사회복지사는 사회복지실천을 직·간접적으로 지원하는 전문가체계를 활용하여 자신이 속한 기관의 변화, 사회 변화를 위한 다양한 자원을 확보할 수 있다.

(6) 의뢰-응답체계

의뢰-응답체계는 클라이언트가 다른 사람의 요청이나 법원, 경찰 등에 의해 강제로 기관에 오게 되는 경우 일반 클라이언트체계와 구별하기 위해 사용된다. 서비스를 요청한 사람이나 조직을 의뢰체계, 다른 사람의 요청, 법원, 경찰 등에 의해 강제로 온 사람을 응답체계라고 한다.

다음 사례를 읽고 핀커스와 미나한(Pincus & Minahan, 1973)과 콤프톤과 갤러웨이(Compton & Gallaway, 1984)가 제시한 6체계모델의 구성요소에 따라 체계를 분석해보자.

사 례

햇빛 위스타트 학교사회복지사로 근무하는 도움 사회복지사는 어머니로부터 신체적 학대를 받은 문제로 철수를 담임교사로부터 의뢰받아 사례관리를 실시하고 있다. 도움 사회복지사는 정기적으로 개별상담을 통해서 아동을 지지하고, 변화 동기와 문제해결능력을 개발하였다. 아동의 희망에 따라 멘토링을 실시하고 있으며, 인근 지역아동센터에 연계하여 방과 후에 안정적으로 보호를 받을 수 있도록 하였다. 그리고 정기적으로 공무원, 의료사회복지사, 아동보호전문기관 사회복지사 등이 참여하는 정기 통합 사례회의에서 지원방안을 모색하고 있다.
어머니의 아동학대 문제는 아동보호전문기관이 담당하고 있으며, 어머니와 아버지에 대한 상담을 실시하고 있다. 아동학대문제가 처리되는 과정에서 어머니는 아동학대 피의자로 법원으로부터 가정폭력상담소로 의뢰되어 정기적인 상담을 받고 있다.
도움 학교사회복지사는 아동을 돕는 일에 초점을 두었지만 부모와의 협력이 무엇보다도 중요했기 때문에 학교에서 부모상담을 실시하였다. 어머니는 자녀 양육에 스트레스가 높은 상태이며, 아버지는 자녀 양육에 관심을 갖지 못하고 있다. 도움 사회복지사는 부모들의 고충을 들어주고 공감한 후 동반자적인 관계를 구축하는 데 초점을 두었다. 그리고 어머니와의 정기 상담을 통해서 부모 역할에 대한 정보를 제공하였다. 또한 가족과 함께 하는 문화체험을 제안하고 참여를 약속한 상황이다.
도움 학교사회복지사는 아동학대 문제를 조속하게 해결하기 위해서 경찰서와 협력하고 있으며, 아동의 안정적인 생활권을 보장하기 위해 그룹홈에 입소 가능성을 타진하고 있다. 도움 사회복지사는 우주시 사회복지협의회와 학교사회복지사협회가 공동으로 주관하는 아동학대에 대한 개입전략 워크숍에 참여 신청을 해놓은 상태이다.

출처: 길귀숙 외(2011) 재인용.

위의 사례에서 사회복지실천의 체계들을 분석하기 위해서는 클라이언트체계를 누구로 보느냐에 따라 다른 관련된 체계가 달라질 수 있다. 따라서 우선적으로 클라이언트를 누구로 볼 것인가를 고민하여 체계를 분석해야 한다. 철수를 클라이언트체계로 보았을 때, 다른 체계를 비롯해 전체적인 분석을 해보면 〈표 5-2〉와 같다.

〈표 5-2〉 6체계모델에 입각한 체계 분석

구분	관련 사람/체계
변화매개체계	위스타트센터, 위스타트 학교사회복지사
클라이언트체계	철수(어머니, 가족 전체)
표적체계	어머니, 아버지, 철수
행동체계	교사, 아동보호전문기관, 상담소, 공부방, 경찰서, 그룹홈, 공무원, 의료사회복지사, 멘토(어머니, 아버지)
전문가체계	○○ 사회복지협의회, 학교사회복지사협회
의뢰 - 응답체계	법원 - 어머니

출처: 길귀숙 외(2011) 재인용.

2) 문제해결모델

펄먼의 문제해결모델은 절충주의적인 접근으로서 1920년대 진단주의학파의 입장에서 1930년대 기능주의학파의 견해를 받아들인 통합 모델이다. 인간의 삶 자체가 끊임없이 지속적인 문제 해결의 과정이라는 가정 하에 문제를 사회복지실천의 변화 표적으로 제시한 모델이다(이종복 외, 2015).

문제해결모델의 특징은 첫째, 진단주의학파의 입장에서 기능주의학파의 이론인 클라이언트의 현재 상황에 대한 강조, 클라이언트의 문제를 해결하기 위한 기관의 준비, 클라이언트와의 원만한 관계 수립 등을 적극적으로 수용했다는 것이다(Perlman, 1986).

둘째, 클라이언트의 특성에 관한 것으로 도움을 받고자 하는 클라이언트의 경우 문제에 대처하고자 하는 동기, 문제에 대한 대처능력, 수준이나 방법에 관계없이 그 문제에 직면하여 경감시킬 기회가 부족하다고 보았다. 따라서 클라이언트는 문제를 해결하기 위해 사회복지기관에 도움을 구하여 문제를 해결하고자 한다는 것이다(Perlman, 1970; 장인협, 2005 재인용).

셋째, 사정(assessment)에 관하여 진단주의학파에 속하는 펄먼은 진단적 사정이란 용어를 사용함으로써 기능주의적 요소를 절충하였다. 클라이언트가 문제를 해결하고자 하는 동기, 문제를 해결하기 위한 능력 그리고 표현된 문제를 해결하는 데 활용 가능한 자원을 중심으로 클라이언트가 스스로 문제를 해결할 수 있도록 지원하고 원조한다.

마지막으로 넷째, 인간은 끊임없이 사회적 환경과 교류를 통해 상호작용을 하고 성장한다는 체계이론을 접목하고 있다. 개인과 환경을 분리해서 생각하는 것이 아니라 체계는 서로 간의 상호보완적으로 영향을 미치며 변화한다는 것이다. 따라서 클라이언트의 문제 상황에 대해서 개인뿐만 아니라 개인이 속한 사회환경과 상호작용하는 전체에 대한 이해가 있어야 하며 이를 파악해야 한다(Perlman, 1986).

펄먼(Perlman, 1957)은 클라이언트의 문제 해결과정을 4P로 설명하였다. "문제(problem)가 있는 사람(person)이 도움을 받기 위해 서비스를 제공하는 어떤 장소(place)

로 찾아오면 클라이언트의 문제 해결을 위해 필요한 자원을 지원하고 보완하는 과정(process)에 의해 도움을 받는다"고 설명하였다. 펄만은 이후에 전문가(professional)와 제공물(provisions) 두 가지 요소를 추가하였다.

사람(person)이란 문제로 인해서 도움을 요청하는 사람으로서 클라이언트를 의미한다. 클라이언트로 개인과 가족을 중요하게 다루었으며, 인간과 사회환경의 상호작용에 대한 전체에 대한 이해를 파악한다. 문제(problem)란 클라이언트가 대응하기 힘들거나 도움을 필요로 하는 상황이나 어려움을 의미한다. 클라이언트에게 나타나는 어려움은 개인과 환경 간의 상호작용과정에서 나타나는 충족되지 않은 욕구, 대인관계상의 문제, 사회적 기능상의 문제 등이 있다.

장소(place)란 도움을 필요로 하는 클라이언트에게 서비스를 제공하는 공간을 말한다. 일반적으로 사회복지시설 및 기관을 말하는데, 사회복지실천과 기술적인 발전으로 인해서 클라이언트의 가정, 지역사회, 온라인을 통한 가상의 공간까지도 장소로 이해할 수 있다. 과정(process)이란 클라이언트가 호소하는 문제를 해결하기 위한 일련의 체계적인 절차를 의미한다. 문제 해결의 과정은 학자마다 다른 견해를 가지고 있으나 일반적으로는 사정, 계획, 개입, 평가의 단계로 이루어진다(길귀숙 외, 2011).

전문가(professional)는 클라이언트의 문제 해결에 관여하고 문제 해결을 위해 필요한 자원을 지원하고 보완하는 사회복지사를 의미하며, 제공물(provisions)은 클라이언트의 문제 해결 및 욕구 충족을 위해 제공하는 필요한 모든 서비스 활동을 의미한다.

3) 생활모델

생활모델은 1970년대 초 저메인과 기터맨이 생태학적 관점을 이론의 준거틀로 개발한 사회복지실천의 통합 모델이다. 생활모델 접근은 ① 개인과 환경 모두에 초점을 두는 개념적인 준거틀(생태학적 관점), ② 개인, 가족, 조직 내의 집단, 지역사회 그리고 문화적인 맥락에 적용되는 원칙과 기술을 통합하는 실천방법을 개발하고자 하는 시도였다(Germain & Gitterman, 1986).

생활모델은 문제를 개인에 초점을 두는 것이 아니라 인간과 환경의 상호작용에 초점을 두고 개인, 가족, 집단, 지역사회 등 함께 개입할 수 있는 실천원칙과 기술을 통합하고 생활과정 안에서 문제를 해결해 나가도록 하는 실천 모델이다(김융일 외, 2005). 즉, 생태학적 관점에서 개인과 환경이 서로 어떻게 활동하고 영향을 미치는지를 이해하는 것처럼, 개인과 환경 간의 복합적인 상호관계 속에서 균형과 적응을 강조한다.

생활모델의 목표는 클라이언트의 생활상에 나타나는 문제를 해결하고 클라이언트의 적응능력을 지지하고 강화하여 스트레스를 경감시키고, 대처를 위한 사회 자원을 동원하여 클라이언트의 능력을 향상시키는 것이다. 사회복지사와 클라이언트는 인간과 환경 간의 상호작용에 관련된 생활 속에서 새로운 균형상태를 창출하고자 하며, 더 나아가 적응능력과 자율성을 획득하기 위해 노력한다(장인협, 1999).

생활모델에서의 원조과정은 세 단계, 즉 ① 초기단계: 관여, 탐색, 계약, ② 진행단계, ③ 종결단계로 구성되어 있다(Germain & Gitterman, 1986). 초기단계는 관여, 탐색, 계약의 단계로 구성된다. 클라이언트는 생태학적 맥락 속에 있는 존재로서 기관의 영향을 포함하는 클라이언트의 생활공간 내에 있는 역동적인 힘의 상호작용을 사정함으로써 지속적으로 진행된다. 탐색은 문제의 성격과 관련된 적절성, 클라이언트의 욕구와 생활상황, 클라이언트에 대한 개별화에 초점을 둔다. 사회복지사와 클라이언트가 문제의 정의, 탐색 및 사정, 우선순위 설정 및 초기 전략 계획은 계약을 통해서 이루어진다(장인협, 2005).

진행단계에서 사회복지사는 클라이언트를 도와서 생활의 변화, 환경적인 압력, 대인관계의 문제와 연관된 대처과업과 서비스를 실천한다. 클라이언트의 욕구를 충족시킬 수 있도록 사회적 지원망과 물리적인 환경, 서비스 지속기간, 속도 및 빈도 같은 시간적인 배열에 관한 내용을 포함한다. 사회복지사는 클라이언트의 생활의 변천, 환경적인 압력, 대인관계상의 부적응으로 나타나는 문제를 해결하는 데 초점을 둔다(길귀숙 외, 2011).

종결단계에서의 주요 과업은 종결 때 나타나는 클라이언트의 경험을 이해하고 적절하게 다루어주는 것과 실천의 성과를 평가하는 것이다(Germain & Gitterman, 1986).

모든 클라이언트가 그런 것은 아니지만 클라이언트들은 부인, 부정적 감정, 슬픔, 해방의 단계를 거쳐 종결을 하게 된다(장인협, 2005). 클라이언트들의 성공적 종결을 위해서 사회복지사는 클라이언트가 경험하는 감정의 특성을 이해하고 인내와 관심, 지지와 격려, 감정이입적 개입 등의 노력을 해야 한다(길귀숙 외, 2011).

4) 단일화모델

골드스타인(Goldstein, 1973)은 사회체계모델, 사회학습모델 또는 문제해결모델, 과정모델 세 가지 준거틀을 통합하여 단일화모델로 체계화하였다. 이 중 과정모델의 내용을 강조하며, 사회복지실천과정을 역할유도단계, 핵심단계, 종결단계로 설명하였다.

또한 사회학습에 관한 사회복지사의 기능에 더 많은 관심을 두었다. 사회학습을 매우 광범위한 의미로 제시하였으며, 개인, 소집단 체계의 변화를 목표로 국한하지 않고 사회학습과정을 통해 큰 체계(조직, 집단, 지역사회)가 변화할 수 있음을 강조하였다(이영실 외, 2016). 이러한 사회 변화는 사회복지사가 자원을 확보하고 활용하는 능력을 통해 가능하다고 하였다.

지금까지 살펴본 통합적 접근의 사회복지실천 모델을 정리하면 〈표 5-3〉과 같다.

〈표 5-3〉 통합적 접근의 실천모델 비교

모델명	대표 학자	주요 내용
4체계 모델/ 6체계 모델	Pincus & Minahan/ Compton & Galaway	• 클라이언트의 문제를 해결하고 도움을 주기 위해서 다양한 자원체계의 연계를 통해 클라이언트와 환경 간의 상호작용을 향상시키는 것을 강조 a. 변화매개체계 : 사회복지사가 소속되어 있는 기관, 조직 b. 클라이언트체계 : 서비스 및 도움을 구하는 개인, 가족, 집단, 지역사회 등 c. 표적체계 : 변화매개체계가 목적을 달성하기 위해 변화시키고자 하는 대상 d. 행동체계 : 변화매개체계가 목적을 달성하기 위해 함께 일하는 전문가 등 e. 전문가체계 : 사회복지사들이 기관을 변화시키거나 사회적 변화의 옹호자로서 행동할 때 활용하는 체계 f. 의뢰-응답체계 : 서비스를 요청한 사람이나 조직을 의뢰체계, 다른 사람의 요청, 법원, 경찰 등에 의해 강제로 온 사람을 응답체계

문제 해결 모델	Perlman	• 개인과 상황(환경)과의 전체적 상호작용을 강조 • 인간이나 사회체계를 효과적으로 변화시키기 위한 목표를 합리적으로 달성하는 데 중점 • 인간의 삶 자체가 끊임없이 지속적인 문제 해결의 과정이라는 가정 하에 문제를 사회복지실천의 변화표적으로 제시한 모델
생활 모델	Germain & Gitterman	• 개인과 환경 간의 복합적인 상호관계 속에서 균형과 적응을 강조 • 개인과 환경에의 동시적 초점을 제공할 수 있는 개념들과 조직적 지역사회 그리고 문화적 상황 안에서 개인, 가족, 집단과 같이 활동할 수 있는 실천원칙과 기술을 통합하는 실천방법 • 생활과정 속에서 사람들이 문제를 해결하고 갈등을 해소해 나가는 방법 등을 찾는 데 중점
단일화 모델	Goldstein	• 사회학습에 관한 사회복지사의 기능에 더 많은 관심을 둠 • 사회체계모델, 사회학습 또는 문제해결모델, 과정모델을 결합하였으며, 이 중 과정모델이 중심 • 사회학습과정을 통한 큰 체계가 변화될 수 있음을 강조 • 사회복지사의 자원 확보 및 활용을 통해 사회 변화 가능성 강조

요 약

1. 통합적 접근의 개념 및 등장배경

사회복지사가 개인, 가족, 집단, 지역사회 등에서 제기되는 사회문제에 활용할 수 있는 공통된 원리나 개념을 제공하는 것으로 클라이언트 원조에 있어 접근방법을 통합하는 것을 말한다. 이러한 통합적 관점을 통해 사회복지사는 전문직으로서 정체성을 확보하게 되었고, 개인을 환경 속에서 바라보는 고유한 관점을 확립하게 되었다.

2. 통합적 접근의 주요 관점

1) 일반체계이론

개인은 환경과 다양한 체계와 지속적인 상호작용을 하므로 인간의 행동은 단순한 원인에 의한 개별적인 것보다 다양한 체계와의 상호작용을 통해 나타나는 것으로 본다. 일반체계이론에 있어서 사회복지실천의 목표는 클라이언트와 체계와의 상호작용을 향상시키는 것이다.

일반체계이론의 주요 개념은 경계, 개방체계, 폐쇄체계, 위계, 항상성, 안정상태, 역동적 평형상태, 투입, 전환, 산출, 피드백 등이 있다.

2) 생태체계적 관점

절충주의적인 접근으로서, 생태체계적 관점은 인간행동에 대한 다양한 이론, 특히 생태학과 일반체계이론으로부터 나온 개념들의 강점을 통합하고 있다. 생태체계적 관점은 인간과 환경 간의 상호작용에 초점을 두고 있으며, 개인의 능력 및 개인에게 영향을 미치는 환경 모두를 강조하는 관점이다. 생태체계이론의 주요 개념은 환경, 적합성과 적응, 스트레스와 대처, 관계, 역할과 유능성, 상호교류와 상호의존 등이 있다.

3) 환경 속의 인간

이 개념은 개인과 그들의 환경을 상호 연관된 전체로서 바라본다. 인간에 대한 이해를 하기 위해서는 그 사람이 처해 있는 상황 또는 환경에 대한 이해가 필수적이다. 즉, 개인을 이해하기 위해서는 단순히 환경에 대한 이해를 하는 것이 아니라 인간과 환경 간의 상호작용에 대한 이해를 해야 한다.

3. 통합적 접근의 실천모델

1) 4체계모델

핀커스와 미나한(Pincus & Minahan)은 사회복지실천의 기초가 되는 4가지 체계, 즉, 변화매개체계, 클라이언트체계, 표적체계, 행동체계로 제시하였다. 이후 콤프톤과 갤러웨이(Compton & Gallaway)가 사회복지실천을 구성하는 체계로서 전문가체계와 의뢰-응답체계를 추가하여 6체계모델로 발전하였다.

2) 문제해결모델

펄먼(Perlman)은 문제(problem)가 있는 사람(person)이 도움을 받기 위해 서비스를 제공하는 어떤 장소(place)로 찾아오면 클라이언트의 문제 해결을 위해 필요한 자원을 지원하고 보완하는 과정(process)에 의해 도움을 받는다"고 설명하였다. 펄만은 이후에 전문가(professional) 와 제공물(provisions) 두 가지 요소를 추가하였다.

3) 생활모델

저메인과 기터맨(Germain & Gitterman)은 개인과 환경 간의 복합적인 상호관계 속에서 균형과 적응을 강조하였으며, 개인과 환경에의 동시적 초점을 제공할 수 있는 개념들과 조직적 지역사회 그리고 문화적 상황 안에서 개인, 가족, 집단과 같이 활동할 수 있는 실천

원칙과 기술을 통합하는 실천방법이다. 또한 생활과정 속에서 사람들이 문제를 해결하고 갈등을 해소해 나가는 방법 등을 찾는 데 중점을 두고 있다.

4) 단일화모델

골드스타인(Goldstein, 1973)은 사회체계모델, 사회학습 혹은 문제해결모델, 과정모델을 통합한 모델로, 사회학습에 관한 사회복지사의 기능과 사회 변화는 자원을 확보하고 활용하는 능력을 통해 가능하다고 강조하였다.

토의문제

1_ 통합적 접근방법의 개념 및 등장배경에 대해 함께 이야기를 나눠보고 설명해 보시오.

2_ 일반체계이론, 생태체계적 관점, 환경 속의 인간 등 각 이론과 관점에 대해 비교하여 설명해 보시오.

3_ 통합적 접근의 실천모델을 비교하며 함께 이야기를 나눠보고 설명해 보시오.

Theories of Social Work Practice

Chapter 06

사회복지실천모델

▌학습목표▐

1. 주요 사회복지실천모델에 대한 이해, 주요 개념을 중심으로 학습하고 이해할 수 있다.
2. 주요 사회복지실천모델의 사회복지실천 적용에 대해 학습하고 이해할 수 있다.

▌학습목차▐

1. 심리사회모델
2. 클라이언트중심모델
3. 인지행동모델
4. 과제중심모델
5. 임파워먼트모델

1. 심리사회모델

1) 심리사회모델의 이해

심리사회모델의 기본원리는 1930년대 초에 발달하여 사회복지실천 분야에서 있었던 진단주의와 기능주의의 논쟁에서 진단주의의 실천양식에 뿌리를 둔 모델로서 해밀턴(Hamilton)에 의하여 체계화되었다. 기능주의학파와의 여러 가지 차이점들 중의 하나인 진단의 중요성을 강조하였기 때문이다(Hamilton, 1941).

초기 심리사회모델은 정신분석이론, 자아심리학, 대상관계이론 등의 영향을 받아 개인의 심리내적인 과정에 치중되었다. 그러나 점차 개인 외부의 물리적 여건이나 사회적 여건들도 함께 중시하는 쪽으로 발전하여 개인 내적 요소와 사회적 요소를 모두 중시하는 심리사회모델로 발달하였다.

심리사회모델은 개인의 심리적 특성뿐만 아니라, 신체생리적인 현상과 사회적인 환경까지도 모두 고려하는 특성이 있다. 클라이언트를 '상황 속의 인간'이라는 개념으로 파악한다. 오늘날 심리사회적 모델에서 사용하고 있는 주요 원칙들의 기원은 메리 리치몬드(Mary Richmond)이다. 그는 사람과 환경에 대한 이중적 초점을 강조하여 오늘날 심리사회적 실천에서 중요시되고 있는 '상황 속의 개인'의 개념으로 이끄는 효시가 되었다. 클라이언트의 근접환경을 현재 및 과거 시점에서 조사했던 리치몬드의 영향을 반영하고 있으며, 관련된 과거사실에 대한 세심한 개인력 조사(history-taking)를 통한 사회 조사(social study)를 강조한 프로이트의 관점도 반영하고 있다. 그는 심리사회적 모델을 포함하는 사회복지실천의 이론들이 지속적으로 발전할 수 있는 확고한 토대를 마련하였다.

이러한 심리사회적 접근은 이전의 자선 내지 단순한 원조가 사회사업실천이라는 인식을 넘어 전문적인 현대의 임상사회복지실천을 형성하는 데 크게 기여하였다. 이렇게 사회복지실천의 발전에 공헌할 수 있었던 이유를 정리해 보면 다음과 같다. 첫째, 심리사회적 모델은 인간의 성격이나 문제는 생활의 다양한 요인 때문에 형성된다고 본다. 둘째, 인간은 똑같은 상황을 경험하더라도 각기 서로 다른 반응을 보이는 개별적인 존재이다. 셋째, 심리사회적 모델은 클라이언트의 생활사에 대해 다각적으로 사정하는 것을 중요하게 여긴다. 넷째, 클라이언트의 개별성을 이해하기 위해 '여기－지금'이라는 관점에서 문제를 인지하고 클라이언트의 행동을 파악한다. 다섯째, 앞에서도 설명한 것처럼 '상황 속의 인간'을 중요하게 여기기 때문에 사회복지실천을 할 때에도 클라이언트와 사회적 환경 간의 상호작용에 초점을 두었다는 점이다(이준우 외, 2004).

2) 사회복지실천을 위한 주요 개념

(1) 심리사회적 조사

정신분석은 무의식 분석을 통해 억눌린 유아기 때의 감정이나 기억들의 재생을 중요하게 다루는 반면, 심리사회적 조사는 의식 및 전의식 수준에 초점을 둔다. 그러므로 원가족과 초기 발달상의 정보 등이 표출된 문제에 직접적 연관성이 있을 때 과거로의 탐색이 이루어지기도 한다. 그리고 개인의 인생발달단계(life-stage) 및 가족생활주기에 있어 전환기에 더 주목하며 발달과정상의 정상적 위기로 밝혀지기도 한다. 이러한 경우 클라이언트는 자신이 경험하고 있는 혼란이나 좌절이 다른 많은 사람들 또한 겪는 것임을 인식하면서 안도감을 느끼기도 한다. 이는 클라이언트가 즉시 문제를 재규정하고 새로운 해결책을 찾도록 하는 계기가 된다(김기태 외, 2008).

(2) 상황 속의 인간에 대한 숙고

상황 속의 인간에 대한 숙고는 클라이언트를 둘러싼 현재 상황들과 다른 사람들과의 상호작용에 관련되는 인식, 사고와 감정들을 이해하는 것이다. 인간－상황 구성 내에서 작용하는 많은 체계들이 어떻게 상호작용하고 있는지를 개념화하는 것이 중요하다. 복잡한 체계들을 규명하여 변화를 위한 개인들, 가족, 사회연계망들과 지역사회들의 능력, 동기와 기회를 평가해야만 한다.

(3) 사회복지사와 클라이언트의 관계

사회복지사와 클라이언트와의 관계에 있어 사회복지사의 지지는 클라이언트가 자신의 억압된 생각과 감정을 적절히 표출하도록 도우며, 더 나아가 클라이언트의 자신감과 자존감을 향상시킴으로써 자신이 원하는 삶을 선택할 수 있도록 이끌 수 있다. 지지는 관심, 수용, 감정이입적 이해, 재확인, 그리고 격려를 보여주는 언어적·비언어적 의사소통이다. 특히, 수용은 클라이언트의 태도와 행동이 사회복지사의 개인적 판단과 상관없이 온화함과 선한 의지를 보여주는 태도를 유지하는 것을 의미한다. 따라서 클라이언트에게 도움을 제공하기 위해 수용은 다른 사람의 내적 감정이나 주관적인 상태에 들어가고 받아들이는 능력인 공감 혹은 감정이입을 갖추어야 한다. 클라이언트는 사회복지사와의 전문적 관계를 통해 자율성을 경험하고, 희망을 가지며, 보다 더 많은 자신감과 독립심을 느낄 수 있게 된다. 사회복지사는 클라이언트가 기회를 최대한 이용할 수 있도록 스스로 자기결정을 내려 행동에 옮길 수 있도록 도와주어야 한다. 클라이언트의 자기지시 혹은 자기결정은 클라이언트의 중요한 권리이며, 심리사회이론에서는 이 권리를 매우 중요시한다.

3) 사회복지실천에의 적용

심리사회모델에서 사회복지실천의 목적은 인간과 환경 간의 최상의 적합 혹은 적응을 제공하는 것이다. 클라이언트의 문제 해결을 위해 사회복지사는 클라이언트에 관여하여 직접 의사소통하거나 환경을 변화시키는 간접적 영향력을 통해 개입하게 된다. 홀리스(Hollis, 1964)는 클라이언트의 문제 상황을 현재 생활상의 압력, 미성숙하거나 부적절한 자아와 초자아의 기능 수행 및 억압적이거나 경직된 자아 방어기제와 초자아 기능적 문제로 보았다.

첫째, 현재 생활상의 압력은 개인의 현재 생활상황이 과도하게 개인을 압박하여 사회적 기능을 수행할 수 있는 기회를 제공하지 못하는 것으로 보았다. 역기능을 초래할 수 있는 생활상황으로는 경제적 박탈, 고용기회의 부족, 노동조건의 악화, 교육

기회의 부재, 질병, 그리고 사별과 별거 혹은 이혼에 의한 상실로 인한 것이다.

둘째, 클라이언트의 미성숙한 자아기능으로 타인에게 채워질 수 없는 욕구 만족을 기대하여 자주 정서적 좌절을 경험하게 된다. 또한 환경에 대한 잘못된 인식을 가지므로 사회적 환경에 대해 적대감이 형성되어 사회환경에 대한 부적응을 가져온다.

셋째, 억압적이거나 경직된 자아 방어기제와 초자아 기능적 문제로 보았다. 경험 혹은 감정, 사고, 갈등, 그리고 행위의 표현이 억압되거나 자아와 타인에 대한 기준이 경직되면 부적응의 징후를 나타낸다.

이러한 심리사회적 모델에 근거한 사회복지실천의 특징은 다음과 같다(Woods & Hollis, 1990; 이준우 외, 2004 재인용). 이것은 심리사회적 모델에 근거하여 수행되는 모든 개입실천에서 필수적으로 활용되는 사회복지사와 클라이언트 간의 의사소통 형태라고 볼 수 있다.

(1) 클라이언트의 감정과 행동에 대한 지지

클라이언트를 수용하고 원조 의사를 표현하고 문제해결능력에 대한 확신을 사회복지사가 표현함으로써 클라이언트가 갖고 있는 불안을 줄이고 자기존중감을 증진할 수 있다. 클라이언트에 대한 사회복지사의 지지(support)는 언어적・비언어적 의사소통으로 전달할 수 있으며, 이 외에 더 실질적인 도움(경제적인 지원 등)을 제공할 수도 있다.

(2) 문제를 해결하기 위해 직접 영향 주기

클라이언트의 행동을 향상시키기 위해 사회복지사의 생각을 말해주면서 보다 구체적으로 조언하거나 제안한다. 중요한 것은 클라이언트의 욕구에 따라 조언해야 한다는 점이다. 또 지지과정을 통해 충분하게 관계를 형성한 후에 직접적인 영향을 주는 것이 중요하다.

(3) 클라이언트의 감정을 탐색하고 묘사하고 환기시키기

탐색과 기술은 클라이언트의 문제와 관련해서 클라이언트, 클라이언트 환경, 클라이언트 환경의 상호작용에 관해 사실을 진술하고 설명하도록 원조하는 것이다. 환기는 사실과 관련된 감정을 표현하게 하여 카타르시스를 경험하도록 원조하는 것을 말한다. 클라이언트는 이러한 과정에서 자연스럽게 자신의 감정을 표현하고 환기를 경험하는 것 자체로 문제를 해결하기도 한다.

(4) 클라이언트를 상황 속의 인간이라는 관점에서 고찰하기

클라이언트를 둘러싸고 있는 환경이나 최근 관련된 사건에 대해 고찰하는 것이다. 클라이언트의 외부 환경, 클라이언트의 주관적인 내부 상황 그리고 원조상황으로 나누어 볼 수 있다.

① **클라이언트의 외부 환경**: 사회복지사는 직접적인 설명, 질문, 언급 등을 통해서 클라이언트를 둘러싸고 있는 사람과 상황에 대해 클라이언트가 스스로 깨닫도록 돕는다. 그리고 클라이언트의 행동이 자신과 다른 사람들에게 영향을 미치는지 깨닫도록 돕는다.

② **클라이언트의 주관적인 내부 상황**: 클라이언트 자신의 숨겨진 반응, 사고, 감정의 성격 등에 대해 스스로 통찰할 수 있도록 돕는다. 또한 다른 사람과 상호작용하거나 상황에서 유발하는 자극에 대해 클라이언트가 어떻게 반응하고 행동하는지 그 원인을 스스로 이해하도록 원조한다. 그리고 클라이언트의 도덕과 양심, 자신에 대한 이미지, 가치 등에 관해 스스로 평가하도록 원조한다.

③ **원조상황**: 치료의 모든 과정에 대한 클라이언트의 반응과 이해 정도를 탐색하여 원조과정의 효과를 높인다.

(5) 클라이언트의 성격과 행동의 역동성을 고찰하기

클라이언트의 성격유형, 행동유형, 방어기제 등 심리내적 역동에 대해 고찰한다.

(6) 클라이언트의 사회적 기능에 영향을 미치는 과거와 현재의 경험 고찰하기

성인기 이전의 생애경험이 과거와 현재의 사회적 기능에 어떻게 영향을 미치는지 고찰한다.

2. 클라이언트중심모델

1) 클라이언트중심모델의 이해

클라이언트중심모델(client-centered model)의 기본 원리는 1940년대 칼 로저스(Carl Rogers)가 처음 개발한 인간 성장과 변화에 대한 접근법에서 유래하여 최근까지 인간중심접근법(person-centered approach)이라 불리기도 하며, 정신분석이론과 행동주의이론 각각의 핵심인 무의식과 환경결정론을 반박하고 개인의 동기와 의지를 강조한 기능주의적 관점을 내포하고 있다.

로저스는 클라이언트중심모델의 체계화를 통해서 치료과정에서 사회복지사는 클라이언트가 자아실현 동기를 스스로 결정할 수 있도록 원조하여야 한다고 주장하면서, 그의 결과를 결정하는 중요한 요소로 사회복지사와 클라이언트 간의 관계의 질을 강조하였다. 로저스는 비지시적이고, 클라이언트가 변화를 주도하도록 강조하는 것으로 상담방식에 변화를 주었다. 이러한 로저스의 접근은 당시로서는 파격적이었음은 물론 가히 혁명적이었다. 로저스는 보살핌, 공감, 이해, 그리고 수용과 같은 이전에 시도되지 않았던 방법들을 강조하면서, 적절한 조건만 주어지면 클라이언트 스스로 성장할 것이라고 믿었다. 클라이언트중심모델의 타당성과 유용성은 지속적으로 검증되고 있고, 또 이러한 이유로 많은 사회복지사들로부터 인정을 받고 있다.

2) 클라이언트중심모델의 개념

(1) 자기

자기(Self)는 개인의 현상적 · 지각적 장(phenomenal or perceptual field)의 분화된 부분으로, 'I'나 'me'의 의식적 지각과 가치를 포함하는 개념이다. 자기는 개인이 경험하는 주관적 세계를 상징화하고 조직해 나가는 역할을 한다. 또한 개인이 의식할 수 있고, 무의식적 정신작용까지 통합하는 기능이 있다는 점에서 정신분석의 자아(ego)와 구분한다. 자기는 생의 초기에는 존재하지 않고 다만 포괄적이고 미분화된 현상적 장만이 존재한다. 자기 발달은 유기체의 내적 평가과정을 통해 자신의 일부로 인식되거나 자신의 일부가 아닌 것으로 인식하는 과정에서 시작된다. 유기체는 새로운 경험이 자신의 선천적인 실천경향성을 촉진하는가 아니면 방해하는가를 평가하고, 그 결과에 따라 반응한다. 특히, 부모나 교사와 같이 권위 있는 인물이 자신을 어떻게 생각하는가에 따라 형성되고, 점차 분화되고 복잡한 양상으로 발달된다(Nye, 2000). 그러나 자기는 유동적이고 새로운 경험에 의해 끊임없이 변화하더라도 개인은 이전과 똑같은 사람이라고 느낄 수 있는 내적 감정을 보유한다.

(2) 자기개념

자기개념(Self-concepts)은 현재 자신의 모습에 대한 인식과 앞으로의 자신이 어떤 존재가 되어야 하고, 어떤 존재가 되기를 원하고 있는지에 대한 인식으로 구성된 자기상이다. 자기개념은 현상적 장을 구분하는 과정에서 형성되며, 긍정적 관심에 대한 욕구가 결정적인 역할을 한다. 자기에 대한 의식이 생기면 타인으로부터 배려, 존중, 수용, 사랑을 받고 싶어하는 욕구가 생기기 때문이다. 특히 어머니로부터 사랑받고 보호받고 싶어하는 욕구가 강하다. 이와 같이 긍정적 관심에 대한 욕구는 타인에 의해 충족될 수 있으므로, 개인은 성장하면서 다른 사람으로부터 긍정적 관심을 받으려 한다. 여기에서 무조건적 긍정적 존중은 클라이언트의 상황, 관점, 진술의 논리 등을 따뜻하게 감싸주면서 인정하고 받아들이는 것을 말한다. 필요로 하는 사랑과 애정을 얻고 인정받기 위해 인간은 성장과정에서 부모와 중요한 타인들을 기쁘게 하고 자신의 내적 경험은 무시하게 된다. 즉, 점차로 자기 자신에게 '덜 맞추고', 타인의 평가에 '더 맞추어' 행동하게 된다.

(3) 실현경향성

실현경향성(Actualization Tendency)은 유기체를 유지하거나 성장시키는 방향으로 모든 능력을 발달시키는 성향이다. 실현경향성을 통해 유기체는 점차 단순한 존재에서 복잡한 존재로, 의존적 태도에서 독립적 태도로, 고정적 · 경직된 자세에서 유연하고 융통성 있는 자세로 발달한다. 태어나면서부터 이미 유전적으로 프로그램되어 있는 개인은 실현경향성에 의해 발달이 완성된다. 그러나 유기체가 경험을 통해 유지, 적응, 발달, 성장, 실현하려는 노력 없이는 이루어지지 않는다.

(4) 가치 조건

가치 조건(Conditions of Worth)이란 중요한 타인의 긍정적 관심을 모두 제공하는 것이 아니라 조건부로 제공함에 따라 인간이 어떤 측면에서는 자신이 존중되고 있지만 다른 면에서는 그렇지 않다고 느낄 때 일어난다. 즉, 아동은 부모의 기대에 따라 행동함으로써 칭찬받고, 주의를 끌며, 인정이나 또 다른 형태의 보상을 받게 된다.

가치 조건은 아동의 자기발달과 성장에 걸림돌이 된다. 로저스는 무조건적인 긍정적 관심, 즉 한 개인을 있는 그대로 수용하고 존중하는 것 역시 가능하다고 하였다. 이는 '만약 ~', 그리고 '그러나 ~'라는 조건 없이 있는 그대로 수용하고 존중하는 것을 의미한다.

로저스는 이러한 무조건적인 긍정적 관심을 주고 받을 때 개인으로 하여금 완전히 기능하는 사람으로 성장하게 하여, 자기 구조가 더욱 심화되어 간다고 보았다.

(5) 지금-여기

로저스는 지금-여기(here & now)에서 '사람이 어떻게 생각하고 느끼는가'가 행동을 결정하는 유일한 요소라고 하였다. 즉, 현재의 나를 결정짓는 것은 과거가 아닌 지금이라는 것을 중요하게 여겼다. 따라서 사건에서 빠져나오지 못하는 클라이언트에게 지금의 상황을 보여주고자 한다.

(6) 완전히 기능하는 사람

완전히 기능하는 사람(fully functional human)은 실현경향성을 끊임없이 추구하며 성장하는 사람을 지칭하는 가설적인 인간상으로서, 클라이언트중심모델의 궁극적인 목표이기도 하다. 완전히 기능하는 사람은 다섯 가지 특징을 갖는데, 즉 새로운 경험에 대한 개방적인 태도로, 실존적 삶을 영위하며, 자기 유기체를 신뢰하고, 자유로우며, 그리고 창조적이다.

(7) 적응과 부적응

적응(Adaption)이란 자기와 유기체의 경험 간의 일치를 말하고, 경험에 개방적인 특성을 지니고 있으며, 충분히 기능을 발휘할 수 있는 상태임을 뜻한다. 부적응(Maladaption)이란 자기와 유기체의 경험 간의 불일치를 말하는 것으로 방어적인 특성을 가지고 있다. 따라서 훌륭한 삶이란 상태가 아니라 과정이며, 목적이 아닌 방향을 의미하는 것이다.

3) 사회복지실천에의 적용

클라이언트중심모델에서의 사회복지실천의 목적은 클라이언트의 변화를 추구하기 위한 다음과 같은 세 가지의 실천기법이 중시된다(금기윤 외, 2013).

첫째, 공감적 이해(Empathic Understanding)로 클라이언트가 생각하고 느끼는 것을 사회복지사가 이해하며, 또한 클라이언트가 이러한 사회복지사의 감정적 흐름을 느끼는 것을 의미한다. 사회복지사는 클라이언트 감정에 휘말리지 않으면서, 클라이언트의 감정세계에 몰두하고 이해해야 한다.

둘째, 무조건적 긍정적 관심(Unconditional positive regard)과 수용(Acceptance)으로 사회복지사가 클라이언트를 충분히 수용하며, 클라이언트에 대한 순수한 관심을 전달하는 것을 의미한다. 클라이언트의 내재된 가치를 일관되게 수용하게 하여, 클라이언트가 사회복지사 앞에서 자기방어를 하지 않게 하고 그 불안도 점차 감소시켜 자신의 내면세계를 탐색할 수 있는 안정적 환경을 제공한다는 데 의의가 있다.

셋째, 진솔성(Genuineness)으로 클라이언트에 대한 사회복지사의 진실된 반응을 의미하며, 이러한 기법은 클라이언트에게 신뢰감을 준다. 따라서 사회복지사는 클라이언트에 관한 자신의 느낌을 인식하고, 클라이언트 입장에서의 공감과 본인의 유기체적 반응을 믿으며, 진실되게 클라이언트에게 표현해야 한다.

3. 인지행동모델

1) 인지행동모델의 이해

인지행동모델은 벡(Beck)의 인지이론과 엘리스(Ellis)의 합리정서행동적 이론에 행동주의이론이 병행되어야 한다는 주장으로부터 출발되었다. 인지적 모델은 1960년대 초에 벡을 통해 임상적 성과를 보게 되면서 그 활용도를 인정받게 되었고 또한 엘리스가 잘못된 신념을 반박하고 합리적 신념으로 바꾸는 합리정서행동적 모델을 제시하면서 구체적으로 실천이론으로 자리 잡게 되었다.

인지행동모델은 모든 형태의 행동은 어떤 자극에 대한 학습된 반응의 결과라는 스키너(Skinner)의 행동주의이론 위에서 전개된다. 행동주의자들은 인간의 행동은 동물의 행동처럼 행동주의 원칙을 적절히 적용하여 수정될 수 있다고 주장하면서 이를 실증적으로 입증하는 데 주력했다. 행동주의이론과 인지적 이론의 접목은 비교적 최근의 경향으로 '인지행동모델'이라는 용어를 탄생시켰다. 최근의 행동주의는 인지적 요소가 행동적 문제에 대한 이해와 치료에서 핵심적 역할을 하는 것으로 인식하게 되었고 이러한 경향은 행동주의적 요소의 중요성을 인식하게 된 인지치료영역에서의 경향과 맞물려 '인지행동모델'의 출현을 가져왔다. 즉, 행동주의와 인지치료 양측 모두 순기능적 및 역기능적 행동이 인지적 요소들 간에는 상호 관련성이 존재함을 인정하게 되었다(김기태 외, 2002: 437).

2) 인지행동모델의 주요 개념

(1) 벡의 인지모델

벡의 인지모델은 초기에는 주로 우울증의 치료에 적용되어 오다가 최근에는 자살, 불안, 공황장애, 물질남용, 성격장애 등에 관하여 확대 적용되고 있다. 벡은 인지모델을 체계적이며 구체적 방식으로 정밀화시키는 데 성공했다. 벡의 주요 개념은 스키마, 심리적인 문제를 야기하는 주요한 요인인 부정적인 자동적 사고와 인지적 왜곡에 대해 살펴보겠다(Seligman, 2001: 333-334; 노안영 외, 2005: 443-448 재인용).

① 스키마

스키마(schema)는 핵심 신념을 수반하는 '정신 내의 인지구조'로서 정보 처리와 행동을 지배하는 구체적 규칙과 신념이다. 핵심 신념은 세계, 타인, 자신 그리고 미래에 대한 자신의 견해를 반영한다. 스키마는 많은 자동적 인지에 바탕이 되는 자신에 대한 중심적 생각으로서 '보편적이며 과일반화된 절대적인' 것이다. 벡은 스키마 작업을 치료과정의 핵심이라고 보았다.

② 자동적 사고

자동적 사고는 정서적 반응을 일으키는 특별한 자극으로 어떤 노력 없이 자발적으로 생성되는 것이다. 자동적 사고는 자신의 경험으로부터 형성되며 신념체계 형성에 영향을 미친다. 심리적 장애를 가진 사람의 경우 자동적 사고가 왜곡되거나, 극단적이거나 부정확할 수 있다.

③ 인지적 왜곡

인지적 왜곡은 그릇된 가정 및 잘못된 개념화로 이끄는 생각의 체계적 오류라고 할 수 있다. 인지적 왜곡은 정보 처리가 부정확하거나 비효과적일 때 나타내며 비논리적 추론을 자동적으로 만들어낸다. 그래서 이것을 '부정적 사고'라고 부른다.

임의적 추론은 충분하고 적절한 증거가 없는데도 결론에 도달하는 것이다. 임의적 추론의 형태는 독심술(mind reading)과 부정적 예측(negative prediction)인데 상상과 예측을 통해 그것이 현실적이지 못할지라도 사실로 간주된다. 선택적 추상은 '정서적 여과'(mental filtering)라고도 한다.

선택적 추상에서 개인은 모두 객관적인 자료들을 무시한 채 자신의 우울한 생각을 정당화시키거나 지지하는 단일의 근거만을 선택적으로 채택한다. 과도한 일반화는 단일 사건에 기초하여 극단적인 신념을 가지고 그것들을 유사하지 않은 사건들이나 장면에 부적절하게 적용하는 과정이다. 이분법적 사고는 흑백논리로 사고하고 해석하거나 경험을 극단으로 범주화하는 것이다. 개인화는 관련지을 만한 일이 아님에도 불구하고 외적 사건들과 자기 자신을 관련짓는 경향이다.

(2) 엘리스의 합리정서행동치료모델

① 비합리적 신념(이현림, 2008)

비합리적 신념의 네 가지 차원은 당위적 사고, 과장, 자기 비하 또는 타인 비하, 부족한 인내심이다. 첫째 차원인 당위적 사고는 '반드시 … 해야 한다'는 사고로 강한 요구가 포함된 경직된 사고이다. 예를 들면, '세상은 반드시 공평해야 하며, 정의는 반드시 승리해야 한다', '나는 반드시 이 영역에서 성공해야 한다' 등이다. 둘째는 과장이다. 이것을 과장화 또는 재앙화라고 하는데, '… 하면 끔찍하다.' 또는 '… 하면 큰 일이다' 등의 표현으로 나타난다. 셋째는 자기 비하 또는 타인 비하이다. 이것은 자신이나 타인 또는 상황에 대한 극도의 비하, 파멸적 사고를 의미한다. 예를 들면, '… 하면(한 것을 보니), 나(그)는 무가치한 사람이다'가 이에 해당된다. 넷째 차원은 좌절에 대한 인내심 부족이다. 부적응적인 클라이언트는 원하는 것이 주어지지 않을 때 그 상황을 견디거나 좌절되는 상황을 견디지 못하는 경우이다.

② ABCDE모델

합리정서행동모델을 ABCDE모델이라고도 한다. 여기서 A는 클라이언트에게 의미 있는 '활성화된 선행사건'(Activating events)을, B는 '신념체계'(Belief system)를, C는 정서적 · 행동적 '결과'(Consequences), D는 '논박'(Devate), E는 '효과'(Effect)를 의미한다.

3) 사회복지실천에의 적용

사회복지실천에서의 주요 치료목표는 클라이언트가 역기능적 감정들과 행동을 불러일으키는 잘못된 생각이나 신념, 왜곡된 사고 및 비합리적 신념 등을 확인하여 이에 도전하며 변화시키도록 돕는 데 있다. 사회복지사는 부적응적 인지과정을 평가하고 인지과정과 관련이 있는 행동패턴을 변화시킬 수 있도록 학습경험을 지지하는 사정가 또는 교육자의 역할이다. 인지행동모델은 아동과 가족, 부모훈련, 아동학대, 물질남용에서 회복된 사람, 부부 스트레스, 이혼심리상담치료, 불안장애, 사회기술훈련, 스트레스 관리, 건강문제와 같은 다양한 사회복지실천영역에서 적용될 수 있다(서혜석 외, 2008).

(1) 치료관계의 적극적 이용

인지치료에서 클라이언트와 원조자의 관계는 잘못된 인지를 바꾸도록 원조하는 수단으로 효과적으로 사용할 수 있다. 클라이언트와 사회복지사의 관계에서 사회복지사의 지지를 경험함으로써 클라이언트는 자긍심 향상에 기여할 수 있다. 클라이언트가 자신이 가치 있는 중요한 존재임을 인식함으로써 왜곡된 인지과정은 차단될 수 있다.

(2) 개인 내부적 의사소통의 명확화

사회복지사는 클라이언트가 자기 자신 및 타인에게 한 말 속에 감춰져 있는 수많은 잘못된 생각 및 비합리적인 신념을 더 잘 이해하도록 돕게 된다. 클라이언트가 이러한 잘못된 생각들을 일단 깨닫게 될 때 인지적 검토를 통한 인지의 변화가 가능해진다.

(3) 설명

클라이언트가 잘못된 생각들을 변화시키도록 돕는 또 하나의 기법으로서, 정서의 운용방식을 설명하기 위해 엘리스의 ABCDE모델을 교육시키는 데 목적을 두고 있다. 엘리스의 ABCDE모델에서의 인지, 정서, 행동의 사이클을 이해시킴으로써 클라이언트 자신이 가지는 정서의 발생 경위를 보다 확실히 이해시키고 또 이 정서의 파급효과에 대한 것을 인식하도록 함에 초점을 둔다.

(4) 역설적 의도

역설적 의도(paradoxical intention)는 클라이언트가 어떤 불유쾌한 구체적 행동이 자꾸 발생할 것을 불안해하는 나머지 그 행동을 오히려 더욱 발전시킬 경우에 가장 적절하게 사용될 수 있다. 그러나 이 기법은 많은 유용성에도 불구하고 주의를 요한다.

사회복지현장에서 인지행동모델의 사용은 날로 확대되고 있으나 자신의 인지구조와 불합리한 신념을 분석하는 것은 지적 수준이 낮거나 언어구사력 능력이나 최소한의 내적 통찰능력 등을 갖추지 못한 대상들에 대해 이 모델을 사용하는 데는 한계가 있다. 치료방법이 매우 지시적이고 교육적이므로 치료자의 가치와 철학을 클라이언트에게 강요할 수 있어 치료자는 가치중립적이어야 한다는 전문적 윤리원칙과 갈등을 초래할 수 있다.

4. 과제중심모델

1) 과제중심모델의 이해

1970년대 초 미국 시카고대학교의 리이드와 엡스타인(Reid & Epstein)에 의해 수행된 프로젝트의 결과로 개발된 모델로서 단기치료의 일종으로 경험적 조사 자료에 근거한 효과적 개입기법을 통합적으로 활용하는 사회복지실천의 한 모델이다. 문제를 가진 개인이나 집단을 돕는 데 있어 단기적으로 심리사회적 접근이 보다 효율적이라는 것을 발견하고 체계적이고 종합적이며 효과적인 단기치료모델이다.

과제중심모델은 학습이론과 관련된 행동주의 원칙, 정신분석이론과 인지이론의 원리, 의사소통이론, 사회체계이론 등을 이론에 통합시키면서 성장하고 발달해 왔다. 행동주의 원칙은 문제 해결 과제에 도움이 되고 과제 수행을 조장하기 위한 강화와 모델링 기법을 활용하는 데 영향을 주었고 정신분석이론과 인지이론의 원리는 과제 수행을 어렵게 하는 심리적 장애에 대한 통찰력을 제공해 주었다. 의사소통이론은 가족이나 중요한 타자들과 함께 과제를 수행하는 데 적용되었고, 사회체계이론은 개인과 다른 사람들 또는 클라이언트가 속한 조직들, 소규모 사회체계 내에서의 의사소통과 과제 수행에 도움을 주었다.

2) 과제중심모델의 주요 개념

과제중심모델에서 의미하는 '과제'는 클라이언트와 사회복지사 간의 계약에 의해 계획되는 특정 유형의 문제 해결 활동이며, 면접 안에서뿐만 아니라 면접 밖에서도 행해지는 활동이다. 과제는 일반적 과제와 조작적 과제가 있으며, 그 밖의 부수적 과제가 있다.

(1) 일반적 과제

행동의 방향을 제시하는 무엇이 행해져야 하는가를 말한다. 항상 클라이언트의 목표를 포함한다. 목표는 과제가 행해졌을 때 달성되어야 하는 상태를 말하고, 목표와 과제 모두를 진술하고 이해하는 것이 필수적이다.

(2) 조작적 과제

클라이언트가 수행해야 하는 구체적인 활동을 의미한다. 대부분 조작적 과제는 일반적 과제에서 나온다. 명확한 활동에 대한 정보를 포함하고 있기 때문에 하위과제의 형태를 띠고 있다.

(3) 과제의 유형

① **유일과제**: 한 번의 수행을 위해 계획된 것
② **되풀이과제**: 반복적 활동을 위해 계획된 것
③ **단일과제**: 여러 단계들이 필요한 하나의 활동
④ **복잡한 과제**: 매우 밀접하게 관련된 둘 또는 그 이상의 구분된 활동
⑤ **공유과제**: 둘 또는 그 이상의 사람이 같은 과제를 하는 것
⑥ **인지적 과제**: 정신적 활동들을 검토하여 명확히 하기
⑦ **기타**: 개인적 과제 또는 상호적 과제

3) 사회복지실천에의 활용

과제중심모델은 경험에 기초한 지식을 바탕으로, 계획적이고 의도적인 과정을 통해 클라이언트의 문제를 구체적인 과제로 해결해 나가려는 모델이며, 클라이언트의 자기결정권을 존중하는 모델이다. 대부분의 사회복지실천현장에서 사용할 수 있지만 클라이언트가 문제 해결의 책임을 지고 개입이 진행되는 것이므로 동기화가 잘 되어 클라이언트와 일할 때 더욱 효과적이다.

과제중심모델은 행동 변화를 위한 직접적 기법과 간접적 기법이 있다. 직접적 행동변화기법으로는 클라이언트의 인지나 태도, 감정, 행동수정에 영향을 미치는 인식증진, 격려, 지시가 있으며, 간접적 행동변화기법으로는 의사소통기술, 탐색, 구조화, 상황분석이 있다(설진화, 2012 재인용).

(1) 직접적 행동변화기법

① **인식 증진**: 과제 성취에 장애가 되는 요인을 제거하거나 극복할 수 있도록 클라이언트의 인식을 증진시키는 기술로 개별화된 교육적 노력이 필요로 된다.

② **격려**: 클라이언트가 세운 계획이나 행동에 대해 긍정적으로 표현하는 기술로 진솔하고 정성된 마음으로 표현해야 한다.

③ **지시**: 클라이언트가 생각하지 않았거나 생각하고 있는 몇 가지 가정 중의 하나를 추천해주는, 행동가능성을 제시해주는 것을 의미한다(배은숙 외, 2013).

(2) 간접적 행동변화기법

① **의사소통기술**: 단기간에 클라이언트가 선택한 명확한 목표를 성취할 수 있도록 원조하는 서비스이므로 스스로가 문제 해결에 대한 인식을 명확히 하고, 무엇을 추구하고 있는지를 클라이언트와 함께 언어화하는 것이 중요하다.

② **구조화**: 경험에 기초한 지식을 바탕으로 하여, 계획적이고 의도적인 과정을 통해 클라이언트의 문제를 구체적인 과제로 해결해 나가려는 계획된 연속적인 활동들로 구조화시킨다.

③ **탐색**: 모든 대인치료모델에서 사용되는 기본적인 방법으로 사용되는 클라이언트에 대한 정보수집을 위한 사회복지사의 노력을 의미한다. 문제에 대한 필요한 정보를 얻고, 명료화시켜 과제의 방향과 가능성을 검토하는 것을 의미한다.

④ **상황분석**: 문제의 상황은 유지시키는 원인, 즉 문제 해결의 장애물과 문제를 다룰 때 동원될 수 있는 자원으로 구성된다. 클라이언트가 스스로 문제 해결에 동원할 수 있는 자원을 찾아내어 활용하고, 장애물을 확인하여 해결하도록 돕고, 클라이언트의 생활상에서 나타나는 문제의 변화를 확인하는 것이다.

5. 임파워먼트모델

1) 임파워먼트모델의 이해

임파워먼트모델은 1970년대 이후 사회복지실천현장에서 일반체계이론과 생태학이론을 활용하게 되면서 나타난 일반사회복지실천에서 오랫동안 존재해 왔던 강점관점 중심의 실천모델이라고 말할 수 있다. 이 모델은 사회과학 및 사회복지이론적 기반을 가지고 있다 하더라도 기본적 근원은 정치적·경제적 관점에 두고 있다. 정치학, 심리학, 사회학, 경제학, 해방신학 등이 현재까지도 사회복지실천과 임파워먼트이론의 통합에 기여하고 있다. 사회복지 분야에서 임파워먼트에 대한 연구는 주로 장애인, 노인, 빈곤가족 등 클라이언트를 중심으로 이루어지고 있으며 이들의 역량을 강화하기 위한 연구들이 대부분이다.

소외되고 권리를 박탈당한 클라이언트들의 집단을 대상으로 문제해결능력을 증가시키고, 자신과 환경에 대한 통제력을 갖도록 자원, 서비스, 기회, 정보 등을 연결시키는 것이다. 따라서 개인과 환경 간의 상호작용에서 발생하는 부조화, 불균형을 해결하려는 한 방법으로서 임파워먼트(empowerment)를 사회복지의 개입방법으로 활용하게 된다(김용민, 2009).

2) 임파워먼트모델의 주요 개념

임파워먼트라는 용어는 권한부여, 권한위임, 세력화, 능력고취, 역량강화 등 다양하게 사용되고 있다. 임파워먼트의 개념은 적용되는 차원에 따라서 미시적·거시적으로 이해할 수 있다(최영민, 2002). 거시적 차원에서는 구조적인 변화에 초점을 두고, 미시적 차원에서는 개인의 힘이나 통제력이 증대되었다고 느끼는 사실에 중점을 둔다. 이 두 차원의 상호적 차원으로서 개인과 집단의 힘이 상호 영향을 미치는 것에 관심을 갖기도 한다.

(1) 임파워먼트 실천의 목적

임파워먼트의 실천은 개인, 가족, 집단 그리고 지역사회가 자체의 역량 또는 힘을 획득할 수 있는 능력을 개발하기 위해 노력하는 과정을 도와주는 것이다. 성장과 힘을 이루고자 하는 개인적 욕구의 충족을 넘어서, 지역사회의 임파워먼트를 이루고 강인한 사람들로 발전시키는 것을 궁극적 목표로 한다.

(2) 가치 기반

임파워먼트 실천은 사회복지사 윤리강령에 명시된 기본적인 가치들을 포함한다. 클라이언트와 사회복지사는 인간 욕구에 상응하는 환경을 조성하는 데 효과적으로 관여해야 한다. 윤리강령에 강조된 자기결정과 자기실현에 대한 전문직의 기준 또한 임파워먼트에 중요한 역할을 한다. 클라이언트의 삶을 계획하고 통제하는 데 클라이언트체계를 가능한 한 충분히 포함함으로써 그들이 전 생애에 걸쳐 충분히 자신을 개발할 기회를 조성한다(김혜란, 2006). 한편으로는 개인과 집단은 서로 분리될 수 없음을 인정하기 때문에 집단성이 강한 특징을 보인다.

집단 경험 속에서 자기(self)와 타자들(others)은 공유된 경험을 인식하게 된다. 집단 경험은 개인으로 하여금 개인적 수준을 넘어서 가족 또는 지역사회체계의 변화를 도모하도록 동기화시킨다. 개인을 넘어선 집단 및 지역사회의 강조는 임파워먼트 접근이 억압을 하는 측과 억압을 당하는 측 모두가 억압에 의해 손상될 수 있으며, 양자 모두 해방에 대한 욕구를 지닌다는 점을 가정하고 있음을 보여준다.

(3) 강점관점의 활용

강점(strength)관점은 임파워먼트과정을 활용하여 클라이언트의 역량을 강화시키고자 하는 관점으로 클라이언트를 독특한 존재로서 다양성을 인정하고 존중하면서 클라이언트의 결점보다는 강점에 초점을 두고 가능한 모든 자원을 활용하여 클라이언트의 역량을 실현해 나가도록 돕는 것이다. 강점관점은 인간의 존엄성과 사회정의(social justice)라고 하는 사회복지의 기본 가치와 맥을 같이 한다.

(4) 임파워먼트의 구성요소

스프레이저(Spreitzer, 1995)는 임파워먼트의 구성요인으로 의미성, 영향력, 역량, 자기결정력을 들고 있다. 의미성은 자신의 직무가 자신의 목표와 기준에 비추어 볼 때 중요한 가치를 부여하는 정도이며 주어진 직무가 자신의 목표를 달성하는 데 가치 있는 특성을 갖느냐에 따라 구성원들은 의미성을 느끼게 된다. 영향력은 개인이 업무나 조직에서 전략적, 행정적, 운영적 결과에 미칠 수 있는 정도를 말한다. 역량은 특정 과업에 대한 자기효과성을 말하는 것으로 업무에 대한 기술을 갖고 과업을 수행해 나갈 능력이 있다고 믿는 조직구성원의 신념이다. 자기결정은 자기에게 주어진 업무를 스스로의 결정에 의해 선택하는 것에 대한 개인의 인식을 의미한다. 자기결정력은 자신의 능력에 대한 성과기대로 나타난다(신현석, 2003: 233-235).

3) 사회복지실천에의 활용

사회복지사와 클라이언트 사이에 형성된 관계는 개입의 성공 열쇠이다. 임파워먼트를 기반으로 한 실천에서는 전문가가 지시자보다는 '촉진자' 혹은 자원이 되는 '역량의 공유'와 '참여자 주도'의 과정으로 원조과정을 재규정하도록 요구한다. 역할과 책임은 상호적이며 공유된다. 사회복지실천에서 클라이언트와 사회복지사는 동반자로 행동한다. 우선 협력적인 원조관계에서 클라이언트의 역량을 강화하기 위해서 사회복지사는 다섯 가지의 중요한 기술을 갖추어야 한다(우국희 외 역, 2002; 최덕경 외, 2012 재인용).

(1) 클라이언트가 문제를 규정하는 것을 받아들이는 것
(2) 클라이언트의 장점을 명확히 하고 찾아내는 것
(3) 클라이언트가 힘의 불균형 문제를 자각하게 하는 것
(4) 특별한 기술을 통해 클라이언트가 개인적 · 사회적 · 정치적 수준에서 보다 영향력 있게 되도록 자원을 개발하도록 돕는 것
(5) 자원을 동원하거나 클라이언트를 옹호하는 것

또한 임파워먼트모델은 자원을 발견하여 연계하고, 클라이언트 · 환경 · 서비스 전달 체계 간의 다양한 동맹을 통하여 시너지 자원을 생성시키고자 노력하고, 클라이언트를 위한 기회와 자원을 적극적으로 확충하고자 해야 한다.

임파워먼트모델에서 클라이언트와 사회복지사는 함께 자료를 모으고 평가하며, 문제의 내 · 외부적 요소들과 그 배경에 대해 지속적으로 사정한다. 개인적 문제는 종종 정치적인 문제이기 때문에 사정은 반드시 경험의 두 차원을 포함해야 한다. 사정의 주요한 쟁점은 클라이언트가 원하는 것뿐 아니라 클라이언트의 경험과 전문성, 문제관점에 대한 초점이다. 그리고 개입전략의 실행은 목표 달성을 위한 다차원적인 체계전략을 실행해야 한다. 가족, 집단, 지역사회 및 국가적 체계들을 위한 전략들을 포함한다. 사회복지사의 기본적인 역할은 교사/훈련가, 자원상담가, 감수성촉진자, 또는 의식고양자의 역할 등이다(김혜란, 2006).

요 약

1. 심리사회모델

1) 심리사회모델의 이해

- 초기 심리사회모델은 정신분석이론, 자아심리학, 대상관계이론 등의 영향을 받아 개인의 심리내적인 과정에 치중한다.
- 심리사회모델은 개인의 심리적 특성뿐만 아니라, 신체생리적인 현상과 사회적인 환경까지도 모두 고려한다.
- 클라이언트를 '상황 속의 인간'이라는 개념으로 파악한다.
- 리치몬드(Richmond)는 사람과 환경에 대한 이중적 초점을 강조하여 오늘날 심리사회적 실천에서 중요시되고 있는 '상황 속의 개인'의 개념으로 이끄는 효시이다.
- 이전의 자선 내지 단순한 원조가 사회사업실천이라는 인식을 넘어 전문적인 현대의 임상 사회복지실천을 형성하는 데 크게 기여하였다.

2) 사회복지실천을 위한 주요 개념

(1) 심리사회적 조사

- 정신분석은 무의식 분석을 통해 억눌린 유아기 때의 감정이나 기억들의 재생을 중요

하게 다루는 반면, 심리사회적 조사는 의식 및 전의식 수준에 초점을 둔다.

- 원가족과 초기 발달상의 정보 등이 표출된 문제에 직접적 연관성이 있을 때 과거로의 탐색이 이루어진다.

(2) 상황 속의 인간에 대한 숙고

- 인간-상황 구성 내에서 작용하는 많은 체계들이 어떻게 상호작용하고 있는지를 개념화하는 것이다.

(3) 사회복지사와 클라이언트의 관계

- 사회복지사의 지지는 클라이언트가 자신의 억압된 생각과 감정을 적절히 표출하도록 돕는다.
- 클라이언트의 자신감과 자존감을 향상시킴으로써 자신이 원하는 삶을 선택할 수 있도록 돕는다.

3) 사회복지실천에의 적용

- 클라이언트의 감정과 행동에 대한 지지
- 문제를 해결하기 위해 직접 영향 주기
- 클라이언트의 감정을 탐색하고 묘사하고 환기시키기
- 클라이언트를 상황 속의 인간이라는 관점에서 고찰하기
  ① 클라이언트의 외부환경
  ② 클라이언트의 주관적인 내부상황
  ③ 원조상황
- 클라이언트의 성격과 행동의 역동성을 고찰하기
- 클라이언트의 사회적 기능에 영향을 미치는 과거와 현재의 경험 고찰하기

2. 클라이언트중심모델

1) 클라이언트중심모델의 이해

- 1940년대 로저스(Rogers)가 처음 개발한 인간 성장과 변화에 대한 접근법에서 유래하여 최근까지 인간중심접근법으로 활용되고 있다.
- 정신분석이론과 행동주의이론 각각의 핵심인 무의식과 환경결정론을 반박하고 개인의 동기와 의지를 강조한 기능주의적 관점이다.
- 로저스는 비지시적이고, 클라이언트가 변화를 주도하도록 강조하는 것으로 상담방식

에 변화를 주었다.

- 로저스는 보살핌, 공감, 이해, 그리고 수용과 같은 이전에 시도되지 않았던 방법들을 강조하였다.

2) 클라이언트중심모델의 주요 개념

(1) 자기(Self)

- 자기는 개인의 현상적·지각적 장(phenomenal or perceptual field)의 분화된 부분으로, 'I'나 'me'의 의식적 지각과 가치를 포함하는 개념이다.

(2) 자기개념(Self-concepts)

- 자기개념은 현재 자신의 모습에 대한 인식과 앞으로의 자신이 어떤 존재가 되어야 하고, 어떤 존재가 되기를 원하고 있는지에 대한 인식으로 구성된 자기 상황 속의 인간에 대한 숙고이다.

(3) 실현경향성(Actualization Tendency)

- 실현경향성은 유기체를 유지하거나 성장시키는 방향으로 모든 능력을 발달시키는 성향이다.

(4) 가치 조건(Conditions of Worth)

- 가치 조건이란 중요한 타인의 긍정적 관심을 모두 제공하는 것이 아니라 조건부로 제공함에 따라 인간이 어떤 측면에서는 자신이 존중되고 있지만 다른 면에서는 그렇지 않다고 느낄 때 일어난다.

(5) 지금-여기(here & now)

- 지금-여기에서 '사람이 어떻게 생각하고 느끼는가'가 행동을 결정하는 유일한 요소이다.

(6) 완전히 기능하는 사람(fully functional human)

- 실현경향성을 끊임없이 추구하며 성장하는 사람을 지칭하는 가설적인 인간상이다.

(7) 적응과 부적응(Adaption & Maladaption)

- 적응이란 자기와 유기체의 경험 간의 일치를 말하고, 경험에 개방적인 특성을 지니고 있으며, 충분히 기능을 발휘할 수 있는 상태이다.
- 부적응이란 자기와 유기체의 경험 간의 불일치를 말하는 것이다.

3) 사회복지실천에의 적용

- 공감적 이해(Empathic Understanding)로 클라이언트가 생각하고 느끼는 것을 사회복지사가 이해하며, 또한 클라이언트가 이러한 사회복지사의 감정적 흐름을 느끼는 것이다.
- 무조건적 긍정적 관심(Unconditional positive regard)과 수용(Acceptance)으로 사회복지사가 클라이언트를 충분히 수용하며, 클라이언트에 대한 순수한 관심을 전달하는 것이다.
- 진솔성(Genuineness)으로 클라이언트에 대한 사회복지사의 진실된 반응이다.

3. 인지행동모델

1) 인지행동모델의 이해

- 1960년대 초에 벡(Beck)을 통해 임상적 성과를 보게 되면서 그 활용도를 인정받게 되었고 또한 엘리스(Ellis)가 잘못된 신념을 반박하고 합리적 신념으로 바꾸는 합리정서행동적 모델을 제시하면서 구체적으로 실천이론으로 자리잡게 되었다.
- 행동주의이론과 인지적 이론의 접목은 비교적 최근의 경향으로 '인지행동모델'이라는 용어를 탄생시켰다.

2) 인지행동모델의 주요 개념

(1) 벡의 인지모델

- **스키마(schema)**: 핵심 신념을 수반하는 '정신 내의 인지구조'로서 정보 처리와 행동을 지배하는 구체적 규칙과 신념이다.
- **자동적 사고**: 정서적 반응을 일으키는 특별한 자극으로 어떤 노력 없이 자발적으로 생성되는 것이다.
- **인지적 왜곡**: 정보 처리가 부정확하거나 비효과적일 때 비논리적 추론이 자동적으로 만들어진다.

(2) 엘리스의 합리정서행동모델

- **비합리적 신념**: 비합리적 신념의 네 가지 차원은 당위적 사고, 과장, 자기 비하 또는 타인 비하, 부족한 인내심이다.
- ABCDE모델

3) 사회복지실천에의 적용

- 주요 치료목표는 클라이언트가 역기능적 감정들과 행동을 불러일으키는 잘못된 생각이나 신념, 왜곡된 사고 및 비합리적 신념 등을 확인하여 이에 도전하여 변화시키는 것이다.
- 사회복지사는 부적응적 인지과정을 평가하고 인지과정과 관련이 있는 행동패턴을 변화시킬 수 있도록 학습경험을 지지하는 사정가 또는 교육자의 역할을 수행한다.
- 인지행동모델은 아동과 가족, 부모훈련, 아동학대, 물질남용에서 회복된 사람, 부부스트레스, 이혼심리상담치료, 불안장애, 기술훈련, 스트레스 관리, 건강문제와 같은 다양한 사회복지실천영역에서 적용 가능하다.

4. 과제중심모델

1) 과제중심모델의 이해

- 1970년대 초 미국 시카고대학교의 리이드와 엡스타인(Reid & Epstein)에 의해 수행된 프로젝트의 결과로 개발된 모델로서 단기치료의 일종으로 경험적 조사 자료에 근거한 효과적 개입기법을 통합적으로 활용하는 사회복지실천의 한 모델이다.
- 학습이론과 관련된 행동주의 원칙, 정신분석이론과 인지이론 원리, 의사소통이론, 사회체계이론 등을 이론에 통합시켰다.

2) 과제중심모델의 주요 개념

- 일반적 과제 : 행동의 방향을 제시하는 무엇이 행해져야 하는가
- 조작적 과제 : 클라이언트가 수행해야 하는 구체적인 활동을 의미한다.
- 과제의 유형 : 유일과제, 되풀이과제, 단일과제, 복잡한 과제, 공유과제, 인지적 과제, 개인적 과제, 상호적 과제 등이 있다.

3) 사회복지실천에의 활용

- 직접적 행동변화기법 : 인식 증진, 격려, 지시
- 간접적 행동변화기법 : 의사소통기술, 구조화, 탐색, 상황분석

5. 임파워먼트모델

1) 임파워먼트모델의 이해

- 1970년대 이후 사회복지에서 일반체계이론과 생태학이론을 활용하게 되면서 나타난

일반사회복지실천에서 오랫동안 존재해 왔던 강점관점 중심의 실천모델이다.

- 사회과학 및 사회복지이론적 기반뿐만 아니라 정치적, 경제적 관점에 두고 있다.
- 사회복지 분야에서 임파워먼트에 대한 연구는 주로 장애인, 노인, 빈곤가족 등 클라이언트를 중심으로 이루어진다.

2) 임파워먼트모델의 주요 개념

- 임파워먼트 실천의 목적 : 개인, 가족, 집단 그리고 지역사회가 자체의 역량 또는 힘을 획득할 수 있는 능력을 개발하기 위해 노력하는 과정이다.
- 가치 기반 : 윤리강령에 명시된 기본적인 가치들을 포함하며 클라이언트와 사회복지사는 인간 욕구에 상응하는 환경을 조성하는 데 효과적으로 관여한다.
- 강점관점의 활용 : 임파워먼트과정을 활용하여 클라이언트의 역량을 강화시키고자 하는 관점이다.
- 임파워먼트의 구성요소 : 구성요인은 의미성, 영향력, 역량, 자기결정력이다.

3) 사회복지실천에의 활용

- 클라이언트가 문제를 규정하는 것을 받아들이는 것
- 클라이언트의 장점을 명확히 하고 찾아내는 것
- 클라이언트가 힘의 불균형 문제를 자각하게 하는 것
- 특별한 기술을 통해 클라이언트가 개인적 · 사회적 · 정치적 수준에서 보다 영향력 있게 되도록 자원을 개발하도록 돕는 것
- 자원을 동원하거나 클라이언트를 옹호하는 것

토의문제

1_ 제시된 사회복지실천모델들의 장 · 단점을 각 조로 나누어 토의하여 보시오.

2_ 제시된 모델들이 어떻게 구체적으로 사회복지실천현장에서 적용 가능한지를 토의하여 보시오.

3_ 제시된 사회복지실천모델과 관련된 사례를 조사하여 적용해 보시오.

Theories of Social Work Practice

Chapter 07

사회복지실천을 위한 관계형성

학습목표

1. 사회복지실천에서의 관계의 개념에 대해 학습하고 이해할 수 있다.
2. 사회복지실천 관계의 기본 원리에 대해 학습하고 이해할 수 있다.
3. 변화를 방해하는 관계형성의 장애요인에 대해 학습하고 이해할 수 있다.

학습목차

1. 관계형성의 중요성
2. 관계형성의 구성요소
3. 관계형성의 장애요인

Theories of Social Work Practice

사회복지실천에 있어 클라이언트와 사회복지사와의 관계는 매우 중요하다. 두 사람 간 상호작용의 산물인 관계는 사회복지실천에 있어 역사적으로 중요하게 인식되어온 용어이다. 사회복지사와 클라이언트가 바람직하고 좋은 관계를 발전시키는 것은 사회복지사의 실천 노력에서 필수적인 요소이다(Johnson, 1995: 167).

사회복지사와 클라이언트는 근본적으로는 평등하지만 사회복지실천에 있어서 사회복지사는 원조를 제공하는 사람이고, 클라이언트는 원조를 제공받는 사람으로 볼 수 있기 때문에 사회복지실천의 관계라고 한다(Brammer, 1979).

1. 관계형성의 중요성

1) 관계의 개념 및 의의

(1) 관계의 정의

일반적으로 관계란 공통된 이해관계를 지닌 두 사람 사이에 정기적 또는 일시적으로 감정의 상호작용이 일어나는 조건이다. 관계란 하나의 촉매제로서 문제 해결과 도움을 향한 인간의 에너지와 동기를 지지하고 양성하며 자유롭게 하는 원동력이 된다.

사회복지실천은 사회복지사가 클라이언트에게 직접 관여하여 문제를 해결하고 클라이언트의 능력 향상을 지원하는 것이다. 따라서 사회복지실천에서의 사회복지사와 클라이언트와의 관계는 전문적 원조관계라고 할 수 있다. 이러한 관계는 사회복지사와 클라이언트 간의 감정과 태도의 역동적인 상호작용으로서, 클라이언트 자신과 환경 간의 좀 더 나은 적응을 이룰 수 있도록 돕는 목적을 갖고 있다.

사회복지실천에서 관계의 개념을 학자들은 다음과 같이 정의하고 있다.

비에스텍(Biestek, 1957)은 관계란 사회복지사와 클라이언트 간의 감정과 태도의 역동적인 상호작용으로서, 클라이언트가 자신과 환경 간의 보다 나은 적응을 이룰 수 있도록 개인의 능력과 지역사회 자원을 적절히 동원하고 활용할 수 있도록 돕는 것이라고 정의하였으며, 펄먼(Perlman, 1957)은 관계를 정서적인 유대 및 인간적인 도움을 위한 수단으로 간주하였으며 좋은 관계란 자극과 영양이 되고 타인의 개성을 존중하고 키워주며 안전한 느낌과 일치성을 제공하는 것이라고 하였다.

핀커스와 미나한(Pincus & Minahan, 1973)은 관계란 사회복지사와 그가 관계하는 다른 체계들 간의 정서적인 유대로 볼 수 있으며, 이들 관계에는 협력, 협상 또는 갈등의 분위기가 포함될 수 있다고 하였다.

결론적으로 사회복지실천에서의 관계란 사회복지사와 클라이언트 간의 감정과 태도의 역동적 상호작용으로서 클라이언트의 문제 해결과 그를 둘러싼 환경과의 사이에 보다 나은 적응을 위해 개인, 집단, 지역사회의 자원을 활용할 수 있도록 도움으로써 클라이언트의 문제 해결과 적응능력 향상을 위해 협력하는 활동이다.

(2) 전문적 관계의 특성

사회복지사와 클라이언트와의 관계의 가장 대표적인 특징은 도움을 주는 전문적 원조관계라는 것이다. 이러한 전문적 관계는 일반적인 대인관계와는 다른 것으로 다음과 같은 특징을 가지고 있다(Johnson, 1998).

첫째, 서로 합의된 의도적인 목적이 있다. 사회복지사와 클라이언트 간에 클라이언트의 보다 나은 적응 및 문제 해결을 위한 원조를 목적으로 하여 진행된다는 것을 의미한다.

둘째, 클라이언트와 구체적으로 한정된 기간을 갖고 관계를 맺는다. 목적의 달성 여부에 관계없이 종결이 필요하다고 생각될 때에 관계는 종결된다.

셋째, 클라이언트의 욕구 중심적이다. 사회복지사는 자기 자신의 이익보다 클라이언트의 이익을 위해 자기 자신을 헌신한다. 따라서 사회복지사는 타인의 욕구에 민감할 수 있는 객관성과 자아 인식을 토대로 관계를 형성해야 한다.

넷째, 사회복지사는 특화된 지식 및 기술 그리고 전문직 윤리강령에서 비롯되는 권위를 지닌다.

다섯째, 전문적 관계는 현재 진행 중인 사례에 대해 객관성을 유지하고 자기 자신의 감정, 반응, 열망을 자각하고 그 책임을 진다는 의미에서 통제된 관계라 할 수 있다.

(3) 전문적 관계의 기본적 요소

클라이언트와 사회복지사와의 관계는 일차적 관계가 아닌 전문적 관계이며, 도움을 요청한 특정 개인의 행동과 환경에 초점을 둔다. 전문적 관계는 클라이언트의 문제 해결 및 적응이라는 분명한 목적을 가지고 그 목적 달성을 위해 제한된 시간 동안 이루어지는 특수한 관계로 언제나 클라이언트의 입장에서 출발해야 하며 사회복지사는 관계의 전반적인 과정에 대한 책임을 지게 된다.

이러한 전문적 책임을 위해 사회복지실천에서는 다음과 같은 관계의 기본 요소들이 있다(Compton & Galaway, 1994; 엄명용 외, 2005: 198-206).

① 타인에 대한 관심

책임감, 배려, 존중은 타인에 대한 필수적인 요소이며 조건 없는 인정과 목적의식을 가지고 관계를 유지해야 한다. 클라이언트에게 일어난 일에 대해 진심 어린 관심을 가지며 이들의 감정과 교류할 수 있어야 함을 의미한다. 관심은 좋아함(liking)의 의미와 혼동되어서는 안 되며 좋고 싫은 감정을 초월하여 클라이언트의 삶과 욕구에 대한 조건 없는 긍정적인 인정을 의미한다.

② 헌신과 의무

사회복지사와 클라이언트가 함께 관계의 목적과 조건을 위해, 그리고 상호 의존적인 교류관계를 위해 헌신하며, 사회복지사로서의 필수적인 절차상의 조건을 최대한 지켜나가며 신뢰관계를 형성해야 한다.

③ 권위와 권한

권위는 클라이언트와 기관에 의해 사회복지사에게 위임되는 권한으로 정의된다.

사회복지사는 지식과 경험을 보유하고, 기관에서 사회복지사의 위치와 기능으로부터 나오는 제도적인 측면과 지식과 기술면에서 권위를 가진 사람으로 사회복지사를 인식하면서 클라이언트가 안전과 보호의 느낌을 갖게 되는 심리적인 측면을 가짐으로써 어떤 권위와 권한을 가지고 있으며, 그 범위와 어떻게 사용되어지는지에 대해 클라이언트에게 분명하게 설명할 수 있어야 한다.

④ 진실성과 일치성

사회복지사가 클라이언트와 관계를 맺을 때 일관성 있고 정직한 개방성을 유지하며 대화의 내용과 행동이 항상 일치하면서도 전문가로서의 자아와 가치체계에 부합하여야 함을 의미한다.

⑤ 수용과 기대

사회복지사의 비심판적이고 무비판적인 태도뿐만 아니라 클라이언트의 감정에 대한 존중 및 클라이언트에 대한 헌신적인 믿음이다. 클라이언트를 수용한다는 것은 클라이언트를 있는 그대로 받아들이는 것을 의미한다. 클라이언트를 수용하기 위해서는 먼저 클라이언트의 상황과 감정을 이해하려고 노력하는 자세가 필요하다.

⑥ 감정이입

감정이입은 사회복지사가 자신의 관점을 유지하면서 클라이언트의 입장에서 보고 느낄 수 있는 능력을 의미한다. 감정이입은 적극적인 경청을 통해서 클라이언트에 대해 계속적인 주의를 기울임으로써 클라이언트가 어떻게 느끼는지를 나타내는 비언어적인 단서들에 대해 민감성을 갖고 관찰함으로써 도달할 수 있다. 사회복지사는 클라이언트와 감정이입을 하는 동시에 문제 자체와 그 해결 가능성을 객관적으로 분석하고 이성적으로 처신해야 한다.

2. 관계형성의 구성요소

1) 사회복지실천 관계의 기본 원칙

비에스텍(Biestek, 1957)은 도움을 구하는 모든 사람들에게 공통적인 기본 감정 및 태도유형이 존재한다고 보았으며, 사회복지실천 관계의 기본을 사회복지사와 클라이언트와의 태도 및 감정의 상호작용으로 간주하여 그의 저서 『개별사회사업 관계(Casework Relationship)』에서 7대 원칙이라 부르는 '관계론'을 정립하였다.

〈표 7-1〉 클라이언트의 욕구와 사회복지실천 관계의 원리

클라이언트의 욕구	관계의 원리
독특한 특성을 가진 한 개인으로 처우받기 바라는 욕구	개별화
자신의 감정을 자유롭게 표현하고자 하는 욕구	의도적인 감정 표현
문제에 대한 공감적 반응을 얻으려는 욕구	통제된 정서적 관여
가치 있는 인간으로 인정받고자 하는 욕구	수용
판단 받고 싶지 않은 욕구	비심판적 태도
자기 스스로 결정하고자 하는 욕구	클라이언트의 자기결정
자기 비밀을 간직하고 싶은 욕구	비밀보장

(1) 개별화(individualization)

① 개념

모든 인간이 개별적으로 취급되기를 원한다는 기본적인 욕구에 바탕을 둔 것이다. 즉, 모든 클라이언트는 다른 사람과 다르며 각 클라이언트의 감정, 사고, 행동, 독특한 생활양식, 경험 등은 각기 존중되어야 할 권리가 있다는 것이다. 사회복지사가 클라이언트를 원조함에 있어서 개개인에게 상이한 원리나 방법을 활용하는 것이며 개별성을 지닌 특정한 인간으로 대우받아야 한다는 것이다.

② 사회복지사의 역할

이러한 개별화를 위해 사회복지사는 다음과 같은 역할을 수행해야 한다.

첫째, 사회복지사는 자신의 편견이나 선입관에서 탈피해야 한다. 클라이언트의 개별화를 위해 사회복지사는 클라이언트의 욕구와 권리를 이해하며 특정 클라이언트 집단, 개별 클라이언트의 성별, 외모, 교육 정도 등에 대한 편견이나 선입관으로부터 벗어나야 한다.

둘째, 인간행동 및 사회환경에 관한 지식에 근거하여 클라이언트를 이해해야 한다. 인간 발달과 인간의 행동, 사회문제 등에 대한 이해는 사회복지사가 클라이언트의 개별적 문제를 과학적으로 이해하고, 개입전략을 수립하는 데 있어서도 객관적이고 합리적인 방법을 제공해 주는 틀을 마련해주기 때문이다.

셋째, 클라이언트의 언어 표현 내용과 표정, 몸짓, 침묵 등에 대한 경청과 관찰능력이 있어야 한다. 사회복지사는 클라이언트의 언어나 태도의 표현에서 클라이언트가 무엇을 호소하려고 하는지, 무엇을 말하려고 하는지 민감하게 포착해야 한다.

넷째, 클라이언트와 보조를 맞출 수 있는 능력을 갖추어야 한다. 사회복지사는 모든 개입에 있어 클라이언트의 이야기와 감정 표현, 행동의 변화를 나타내는 속도에 보조를 맞추어야 한다.

다섯째, 클라이언트의 감정과 경험을 사회복지사 자신의 경험으로 받아들여 이해하고 느낄 수 있는 민감성과 반응이 있어야 한다.

여섯째, 사회복지사는 클라이언트의 개별화를 위해 클라이언트의 개별적인 측면뿐만 아니라 환경적인 측면, 즉 전체적인 측면까지 관여하여야 한다.

일곱째, 클라이언트를 개별화하기 위해 필요한 여러 가지 수단과 방법을 활용한다. 예를 들면,

- 클라이언트의 입장을 자상하게 이해하고 그의 상황에 대해 세심한 배려를 해주어야 한다.
- 면접에서의 비밀보장을 통해 신뢰감과 안도감을 주어야 한다.

- 약속시간을 엄수하는 것도 개별화를 위한 수단이다. 약속한 면담시간이 잘 지켜지면 클라이언트는 사회복지사가 자신을 존중한다고 느낀다.
- 면접의 사전 준비도 개별화의 수단이다. 사회복지사는 면접 전에 사례기록을 찾아 자세한 것까지 기억하여 면접에 임하고 또한 자료나 사회적 동원 등도 사전에 파악하여야 한다.
- 클라이언트의 능력에 맞게 클라이언트를 조사, 사정, 개입과정에 클라이언트를 참여시켜야 한다.
- 클라이언트의 상황, 변화에 따른 수정이 요구되는 융통성 있는 원칙 적용이 필요하다.

(2) 의도적 감정 표현(purposive expression of feeling)

① 개념

클라이언트가 자신의 감정, 특히 부정적인 감정을 자유롭게 표현하려는 욕구에 대한 인식에서 출발한다. 클라이언트가 자신이 비판받게 될지도 모르는 감정들을 자유롭게 표현하는 것이다. 사회복지사는 클라이언트가 표현하는 감정에 의도적으로 귀를 기울이고 비난하거나 실망시키지 않아야 한다. 때로 클라이언트가 감정을 자유롭게 표현할 수 있도록 자극하고 격려해 주어야 한다. 클라이언트에게 도움을 주고자 하는 마음을 전달하고, 편안한 환경을 제공하며, 상황을 충분히 이해하기 전에 충고나 해결책을 제시하는 오류를 방지한다.

② 사회복지사의 역할

사회복지사는 클라이언트가 자신의 감정을 마음 놓고 털어 놓을 수 있는 환경을 조성해 주어야 하는데, 이를 위해서는 다음과 같은 역할을 해야 한다.

첫째, 클라이언트로 하여금 자신의 감정을 자유롭게 표현할 수 있도록 편안하고 안정적인 환경을 조성해야 한다. 사회복지사는 클라이언트가 자유롭게 감정을 표현할 수 있도록 격려하며, 클라이언트가 사용한 용어나 짧은 문구를 되풀이하는 것도 하나의 방법이다(엄명용 외, 2005: 214).

둘째, 클라이언트와의 면접 시 사회복지사는 시간적·정신적으로 충분한 여유를 가지고 임해야 하며, 미리 면접을 위해 준비해 두는 것도 클라이언트에게 마음의 여유와 안정감을 느끼도록 하는 것이다.

셋째, 사회복지사의 허용적 태도가 필요하다. 사회복지사가 클라이언트의 부정적인 생각과 감정들에 대해 비난하지 않는다는 것을 클라이언트가 느낄 수 있도록 하여야 한다.

넷째, 사회복지사는 클라이언트의 감정을 표현하도록 격려하여야 한다. 모든 사람은 자신에게 중요한 사람이나 사물에 대해 어떤 갈등적이고 부정적인 감정을 가질 수 있는데, 사회복지사는 이러한 감정을 자유롭게 표현해도 좋다는 것을 클라이언트에게 직접적으로 알려주어, 감정을 표현하도록 격려할 필요가 있다.

다섯째, 클라이언트의 감정의 흐름과 변화 속도에 민감하여야 한다. 클라이언트가 자신의 감정을 표현하는 데 있어 속도가 너무 빠르거나 혹은 너무 지연되어서는 안 되며, 클라이언트 개개인의 속도에 맞추어서 진행하여야 한다.

여섯째, 사회복지사는 클라이언트의 감정을 중요하게 생각하여야 하며, 클라이언트에게 비현실적 보장, 성급한 해석, 지나치게 많은 해석은 오히려 감정 표현에 방해가 된다.

(3) 통제된 정서적 관여(controlled emotional response)

① 개념

클라이언트가 자신의 문제에 대해 공감을 얻고자 하는 욕구에 기초한다. 클라이언트의 감정에 대한 사회복지사의 민감성과 그 감정들이 의미하는 것에 대한 이해, 그리고 클라이언트의 감정에 대한 의도적이고 적절한 반응으로 대하는 것이다.

② 사회복지사의 통제된 정서적 관여의 구성요소

사회복지사의 통제된 정서적 관여를 위해서는 민감성, 이해, 반응의 세 가지 구성요소가 필요하다.

첫째, 민감성이란 사회복지사가 클라이언트의 감정을 관찰하고 경청하여 파악하는 것을 의미한다. 클라이언트는 자신의 감정을 드러내는 데 언어뿐만 아니라 말 속에 숨겨진 감정을 드러내는 수단으로 비언어적인 것(얼굴 표정, 손놀림, 자세, 복장, 말의 속도, 억양 등)을 사용한다.

둘째, 감정이입적 이해란 클라이언트의 문제에 대해 클라이언트 자신이 갖는 감정의 의미를 사회복지사가 이해하는 것을 의미한다. 이해는 계속적인 과정이며 모든 면접에서 증대되고 표명되어야 한다.

셋째, 의도적 반응이란 사회복지사는 관계를 통해 클라이언트의 감정에 반응을 보임으로써 정서적으로 관여하게 된다. 클라이언트의 감정에 대한 사회복지사의 반응은 사회복지실천에서 가장 중요한 심리적인 요소이며 고도의 기술이 필요한 부분이다.

(4) 수용

① 개념

수용(acceptance)은 사회복지사의 행동상의 원칙이자 기본적으로 갖추어야 할 태도이다. 사회복지사가 클라이언트의 강점과 약점, 바람직한 성격과 그렇지 못한 성격, 부정적인 감정, 비판적인 태도와 행동 등 모든 것을 있는 그대로의 모습을 인정하고 존중해 주는 것을 말한다. 그러나 수용한다는 것을 일탈적인 태도나 행동을 허용한다는 것은 아니다. 클라이언트를 바람직하고 수용할 수 있는 상황으로 발전할 수 있도록 돕는 것이 사회복지사의 역할이다. 수용을 통하여 클라이언트를 바람직하지 못한 자기방어로부터 자유롭게 하며 현재 있는 그대로의 자기를 내세울 수 있고 그런 자신에 대한 안도감, 신뢰감을 가질 수 있게 한다.

② 사회복지사의 역할

첫째, 클라이언트를 수용하기 위해 사회복지사가 갖추어야 할 기본적인 태도는 클라이언트에 대한 완전한 이해이다. 클라이언트의 진정한 잠재능력과 새로운 성장의 가능성을 신뢰하고 클라이언트의 전부를 수용해야 한다.

둘째, 사회복지사는 클라이언트의 감정을 수용하는 것과 부도덕하고 반사회적인 행동을 인정하는 것을 혼동하여서는 안 된다.

셋째, 사회복지사의 이성적인 면과 감정적인 면을 고려하여야 한다. 이성적인 면에서는 목적에 대한 명확한 인식과 성격이나 행동양식에 대한 지식을 갖추어야 하며, 감정적인 면에서는 클라이언트의 수용을 의미한다. 즉, 사회복지사가 클라이언트에게 정서적으로 수용의 반응을 할 수 있기 위해서는 먼저 자신의 감정이나 태도를 이해할 수 있어야 하며, 이는 계속적인 자기인식에 의해 이루어질 수 있다.

③ 수용의 장애요인

사회복지사의 수용에는 다음과 같은 몇 가지 장애요인이 있다.

첫째, 사회복지사가 인간행동과 성장발달에 관한 지식이 충분하지 못한 경우 클라이언트를 바르게 수용하기 어렵다.

둘째, 사회복지사의 가치관이 개입되어 클라이언트의 문제 중 어떤 측면을 사회복지사가 받아들이지 못하는 태도는 클라이언트를 바르게 수용하는 일이 곤란해진다.

셋째, 사회복지사가 자신에 대한 인식을 정확하게 할 수 있는 능력이 결여되어 자신의 감정을 클라이언트에게 맡겨버리는 경우 클라이언트를 수용할 수 없다.

넷째, 사회복지사의 편견이나 선입관은 클라이언트를 수용하는 데 가장 큰 장애가 된다.

다섯째, 사회복지사가 클라이언트에게 보장할 수 없는 내용을 말로만 안심시키는 재보증(reassurance)은 사회복지사 편에서 클라이언트의 현실에 대처함을 거부하는 것과 같기 때문에 하지 말아야 한다.

여섯째, 수용할 수 있는 것과 수용할 수 없는 것의 구분이 모호하여 혼동될 때 클라이언트에 대해 바른 수용이 어렵다.

일곱째, 사회복지실천과정에서 클라이언트는 반복적으로 약점과 무능, 실패감과 열등감을 보이는 경우가 있으며, 특히 비윤리적이고 비도덕적인 문제인 경우에는 사회복지사가 클라이언트에 대한 존중심이 결여되고, 따라서 클라이언트를 수용하는 것도 불가능하게 된다(엄명용 외, 2005: 223-224).

(5) 비심판적 태도

① 개념

비심판적 태도(nonjudgemental attitude)는 클라이언트가 심판받지 않으려는 욕구에 대한 것이다. 클라이언트가 가진 문제나 욕구의 발생 원인에 대해서 클라이언트의 잘못 때문인지, 클라이언트에게 책임이 있는지 등을 심판하지 않으며 클라이언트의 특성 및 가치관을 비난하지 않는다는 원칙이다. 클라이언트는 자신의 무능력, 실패, 부도덕성에 관한 사회복지사의 심판가능성에 두려움을 가지고 있으므로 심판이 아닌 분석적·객관적 판단을 클라이언트에게 전달되어야 한다.

② 사회복지사의 역할

사회복지실천 관계에서 비심판적인 태도와 관련한 사회복지사의 역할은 다음과 같다.

첫째, 사회복지사의 비심판적인 태도가 클라이언트에게 전달되도록 해야 한다. 사회복지사는 클라이언트로 하여금 사회복지사가 클라이언트의 잘못을 비판하지 않을 것이며, 유죄인가 무죄인가 심판하지도 않을 것이라는 태도가 분명히 전달되고 느낄 수 있도록 한다.

둘째, 클라이언트의 행위와 진술에 대해 편견과 선입관을 가지고 지나치게 빨리 결론을 내리거나, 유사한 문제를 가진 다른 사람과 비교하거나 일정한 유형으로 분류하려는 것 등은 비심판적인 태도를 전달하는 데 장애가 된다.

(6) 클라이언트의 자기결정

① 개념

클라이언트의 자기결정(client self-determination)이란, 클라이언트가 모든 의사결정에 참여하여 스스로 선택하고 결정하는 것이다. 사회복지실천의 개입과정에서 클라이언트가 자신의 삶에 대해 스스로 선택하고 결정할 수 있는 권리와 욕구를 존중하고 인정해야 하며, 최대한 사용하도록 권장해야 한다. 자기결정권을 최대화하기 위해서는 클라이언트의 실수나 한계보다 장점과 능력을 강조한다. 사회복지사가 클라이언트를 위해 무엇을 해 주는 것이 아니라 클라이언트와 함께 해결해 나가는 것을 의미하므로 전문적 관계의 파트너십을 강조하게 된다.

② 사회복지사의 역할

클라이언트의 자기결정 원리를 실천하기 위해서는 다음과 같은 네 가지 측면을 고려해야 한다.

첫째, 사회복지사는 클라이언트로 하여금 자신의 문제와 욕구를 전체적인 관점에서 관찰하고 이해할 수 있도록 돕는다.

둘째, 사회복지사는 클라이언트에게 지역사회 내 인적 자원을 포함한 활용 가능한 자원들이 존재하고 있음을 알려주어야 한다.

셋째, 사회복지사는 클라이언트 자신의 잠재적인 자원의 활용을 적극적으로 활성화할 수 있도록 자극을 주는 역할을 한다.

넷째, 사회복지사는 클라이언트가 사회복지실천의 전 과정에 적극적으로 참여할 수 있도록 돕고, 더불어 경청하고 수용적인 태도로 클라이언트가 자신이나 자신의 문제에 대해서 보다 깊이 이해할 수 있도록 원조하여야 한다.

③ 자기결정의 장애요인

클라이언트의 자기결정 실천을 위해 피해야 할 사항은 다음과 같다.

첫째, 사회복지사가 문제 해결에 중요한 책임을 지고 클라이언트에게는 부차적인 역할만 수행하도록 하는 일은 피해야 한다.

둘째, 클라이언트가 요구하는 서비스는 무시하고 클라이언트의 사회적·정서적 생활에 사소한 조사를 강조하고 사회복지사 중심으로 계획을 수립하고 실행해서도 안 된다.

셋째, 사회복지사가 직접적 또는 간접적으로 조종하려는 것도 삼가야 한다.

넷째, 사회복지사가 클라이언트를 통제하기 위해 강제적인 방법으로 설득하는 태도 또한 피해야 한다.

그러나 이러한 자기결정 원리에는 다음과 같은 한계가 있다. 아동, 치매노인, 정신질환자 등과 같은 클라이언트의 지적, 정신적, 신체적 장애로 클라이언트가 스스로 결정할 능력이 없는 경우, 클라이언트의 결정이 법이나 도덕적 규범에 어긋나는 경우, 클라이언트가 도움을 청한 사회복지기관의 규정에 어긋날 경우 등은 자기결정이 제한되는 경우가 있는데, 클라이언트의 자기결정권이 최소한으로 침해되면서도 덜 파괴적이고 더 기능적인 방향으로 결정을 내릴 수 있도록 도와주어야 한다.

(7) 비밀보장

① 개념

비밀보장(confidentiality)은 클라이언트가 자신의 비밀을 간직하려는 욕구에 대한 것이다. 클라이언트의 기본적 권리이자 사회복지사의 윤리적 의무, 사회복지실천의 가장 기본적인 원칙이다. 클라이언트가 전문적 관계에서 노출한 비밀스런 정보를 사회복지사가 전문적 치료 목적 외에 타인에게 알려서는 안 된다는 원리에 근거하고 있다. 그러나 타인이나 클라이언트의 생명을 위협하는 경우 생명의 보호가 우선이 되므로 비밀보장의 원리는 유보될 수밖에 없다. 사전에 클라이언트에게 비밀보장의 한계를 분명히 말해주어서 양해를 구해야 된다.

② 사회복지사의 역할

비밀보장은 성공적인 사회복지실천 관계를 위해 매우 중요한 기본 원칙이며, 이는 사회복지사의 윤리적 의무이기도 하다. 사회복지사가 클라이언트에게 클라이언트의 사적인 정보를 알리지 않는다는 확신을 줄 경우 클라이언트가 자아방어기제를 사용하여 자신을 왜곡하는 현상을 감소시킬 수 있으며, 사회복지사와 클라이언트 간의 의사소통이 활발하게 촉진될 수 있는 결과를 가져오게 된다(김익균 외, 2006: 112).

그러나 비밀보장이 아무리 중요하다고 할지라도 그 정도에는 한계가 있다. 클라이언트의 비밀보장의 권리가 다른 권리와 모순될 때 경중을 비교하여 중대한 편을 선택해야 한다. 기관에서 보관하는 기록이나 동료들과의 사례회의에서도 비밀보장의 원리는 제한되며, 특히 클라이언트 자신이나 타인의 생명을 위협하는 위기에 처했을 때, 생명 보호가 우선되므로 비밀보장의 원리는 유보될 수밖에 없다.

3. 관계형성의 장애요인

사회복지사와 클라이언트의 관계는 변화의 중요한 도구이다. 따라서 이 양자 간 관계에서의 문제점은 변화를 방해할 뿐 아니라 관계를 단절하여 도중에 사회복지개입을 중단시키기도 한다. 일반적으로 변화를 방해하는 관계에는 다음과 같은 것들이 있다.

1) 클라이언트의 불신

클라이언트의 불신은 대부분 사회복지사와의 관계 이전의 중요한 다른 관계로부터 유래된다. 살아온 과정에서 격려와 인정을 받아보지 못한 사람은 사회복지사를 신뢰하고 그에게 의지하는 것이 쉽기 때문에 비난, 거부, 상처를 미리 예상하여 방어적 태도를 보이게 된다. 이런 상황에서는 클라이언트의 자기노출은 어려워지고 더 이상의 변화는 기대할 수 없다(김익균 외, 2006: 114).

2) 클라이언트의 전이

전이(transference)는 클라이언트가 다른 사람과 과거 경험에서 비롯된 누군가에 대한 기대, 원망, 사랑, 두려움 등의 무의식적인 감정들을 사회복지사에게 보이는 것이다. 이런 감정들은 어린 시절에 그 뿌리를 두고 있기 때문에 스스로 인식하지 못하는 경우가 많다.

전이 반응은 상황에 맞지 않는 비현실적인 왜곡을 낳아 변화에 대한 강한 저항을 일으킨다. 분노, 원망, 증오 같은 부정적인 전이만이 저항으로서 작용하는 것만은 아니다. 긍정적인 감정도 마찬가지로 변화를 일으키지 못한다.

전이는 장시간 강한 감정을 불러일으키는 통찰지향적, 장기적 개입에서 주로 잘 일어나며, 사회복지사가 적극적인 역할을 수행하고 개입 시 과업과 역할이 뚜렷하여 투사를 일으키기 어려운 단기적 개입에서는 잘 일어나지 않는다. 그러나 사회복지사와 강한 정서적 관계를 맺은 클라이언트에게도 종종 나타난다.

3) 사회복지사의 역전이

사회복지사의 역전이(counter-transference)는 사회복지사가 클라이언트에게 느끼는 전이로 인한 무의식적 반응이다. 역전이는 사회복지사가 클라이언트를 마치 자신의 과거 시점의 어떤 인물이나 그와의 관계인 것처럼 느끼고 무의식적으로 그렇게 반응하는 것이다. 예로 어린 시절 자신의 형과 강한 경쟁의식을 가지고 자란 사회복지사가 또래의 남자 클라이언트에게 도전적이고 비판적이 되는 경우이다.

전이와 마찬가지로 역전이도 비현실적인 감정이기 때문에, 왜곡을 낳게 되고 클라이언트와의 관계를 악화시킨다.

4) 저항

(1) 개념

사회복지사와 클라이언트의 관계에서 변화를 방해하는 힘을 저항(resistance)이라고 한다. 저항은 개입목표와는 반대되는 클라이언트의 행동을 말하는데, 클라이언트가 이러한 행동을 인식하고 있는 경우도 있지만 대부분의 경우 의식하지 못하며 사회복지사의 눈에만 보이는 경우가 많다.

저항의 근원지는 인간의 양가감정에서 찾을 수 있다. 인간은 변화를 원하여 도움을 요청하나 동시에 새로운 것에 대한 두려움으로 변화에 대한 저항을 가지게 된다. 따라서 사회복지사는 양가감정이 매우 자연스러운 것임을 수용하면서 자유롭게 표현할 수 있도록 도와야 한다. 그렇게 함으로써 클라이언트는 자신의 양가감정을 인식하게 되고 저항을 줄일 수 있게 된다.

또 다른 저항의 근원지는 서비스와 개입에 대한 잘못된 이해를 가지고 있거나 혹은 익숙하지 못한 상황에 직면하는 것이 두려워 저항을 보일 수 있다. 이런 경우 서비스와 기관의 특성을 제대로 설명해 주고 익숙하지 않은 상황인 경우 사회복지사가 시범을 보여주거나 역할극을 통해 상황에 익숙해지도록 돕는다.

(2) 유형

사회복지실천 관계에서 가장 많이 보이는 저항의 유형은 다음과 같다.

첫째, 침묵하기이다. 초심자의 입장에서 가장 다루기 어려운 저항의 한 형태로, 갑자기 말을 하지 않거나, 할 말이 생각나지 않는다거나, 말하고 싶지 않다는 경우이다.

둘째, 핵심에서 벗어난 주제를 이야기하는 것이다. 쓸데없는 이야기를 장황하게 하다가 정작 중요한 부분은 그냥 뛰어넘어 버린다. 고통스러운 이야기에 대해서는 마치 못들은 것처럼 한다거나 딴짓을 하는 등의 행동을 하는 것이다.

셋째, 비관적이고 무력한 태도를 표현하는 것이다. "잘 되지 않을 거예요.", "전 아무것도 못해요." 등의 표현으로 비관적으로 미래를 내다보고, 자신의 무력감을 나타내며, 변화를 원하지 않는 것으로 오히려 사회복지사를 무력하게 만들기도 한다.

넷째, 문제의 축소 또는 마술적인 해법을 기대하는 것이다. 문제를 직면하지 않음으로써 변화에 대한 노력을 기울이지 않으려고 하는 것으로, "어떻게든 될 거예요.", "시간이 해결해 주겠죠." 등의 표현으로 문제에 직면하지 않음으로써 변화에 대한 노력을 기울이지 않으려고 하는 것이다.

다섯째, 저항 심리를 행동으로 표출하는 것이다. 지각하거나 결석하는 것, 면담 중 안절부절하며 산만하게 움직이며 주의집중하지 않기, 지루해하며 하품을 하는 행동 등으로 나타난다.

5) 변화를 방해하는 관계 다루기

(1) 저항 다루기

저항 다루기는 저항이 변화로의 진전을 심각하게 방해할 때만 사용하는 것이 좋다. 왜냐하면 저항은 클라이언트의 행동으로 나타나므로 저항을 다루기 위해 행동 하나하나를 일일이 끄집어내는 것은 불쾌할 수 있고 오히려 역효과를 가져올 수 있기 때문이다. 목표 달성을 심각하게 방해할 때 저항을 인식하고 부정적 감정을 표현함으로써 저항을 다루어 준다.

(2) 긍정적 재해석

재명명기법과 유사한 것으로 클라이언트의 부정적이고 바람직하지 못한 감정들에 사회복지사가 긍정적 의미를 부여하는 것이다. 이 기법의 목적은 클라이언트의 자기 방어를 줄이고 손상되기 쉬운 자존심을 보호하고자 하는 것이다.

(3) 문제를 성장의 기회로 재구성

문제를 성장의 기회로 재규정하는 것은 분명 변화되어야 하는 것임은 틀림이 없지만 지나치게 부정적으로만 볼 것이 아니라 이것을 성장과 도전의 기회로 인식하게 하는 것이다. 이 기법은 두려워하고 불안해하는 클라이언트에게 문제에 대한 낙관적인 관점을 제공해 주며, 아무리 어려운 상황도 생각하기 나름이라는 좀 더 확대된 시각을 제공해 준다.

(4) 직면

직면은 변화를 방해하는 부정적인 감정, 생각, 행동들을 클라이언트가 인식하도록 돕는 것으로 매우 직접적인 방법이다. 클라이언트가 자신의 행동, 감정, 생각 사이의 모순을 발견하지 못할 때 직면은 효과적이나 클라이언트가 받아들일 준비가 되어 있지 않은 상태에서 하게 되면 오히려 역효과가 나타나기 쉽다. 따라서 사회복지사는 모순된 양상에 대해 클라이언트가 스스로 생각해보도록 돕는 것이 필요하다.

(5) 전이와 역전이 다루기

① 전이

클라이언트의 반응이 비현실적임을 지적하고 현실적인 사회복지사의 관점을 갖도록 도와야 한다. 또한 사회복지사에 대한 감정을 과거에 다른 사람에게도 느낀 적이 있는지 알아보고 그 유래에 대해 클라이언트가 깨닫도록 도와준다.

② 역전이

사회복지사는 자신의 감정의 기원에 관심을 갖고 클라이언트와의 현실적 관계에 관점을 갖도록 노력해야 한다. 그러나 역전이로 인해 관계를 지속할 수 없을 경우에는 클라이언트에게 사회복지사 자신의 문제로 인해 관계를 지속할 수 없음을 알리고 다른 사회복지사에게 의뢰해야 한다.

요 약

1. 관계형성의 중요성

1) 관계의 개념 및 의의

사회복지사와 클라이언트 간의 감정과 태도의 역동적인 상호작용이다.

2) 전문적 관계의 특성

- 서로 합의된 의도적인 목적이 있다.
- 클라이언트와 구체적으로 한정된 기간을 갖고 관계를 맺는다.
- 클라이언트의 욕구 중심적이다.
- 사회복지사는 권위를 지닌다.
- 전문적 관계는 통제된 관계이다.

3) 전문적 관계의 기본적 요소

- 타인에 대한 관심

- 헌신과 의무
- 권위와 권한
- 진실성과 일치성
- 수용과 기대
- 감정이입

2. 관계형성의 구성요소

- 클라이언트의 욕구와 사회복지실천 관계의 7대 원칙(Biestek, 1957)

클라이언트의 욕구	관계의 원리
독특한 특성을 가진 한 개인으로 처우받기 바라는 욕구	개별화
자신의 감정을 자유롭게 표현하고자 하는 욕구	의도적인 감정 표현
문제에 대한 공감적 반응을 얻으려는 욕구	통제된 정서적 관여
가치 있는 인간으로 인정받고자 하는 욕구	수용
판단 받고 싶지 않은 욕구	비심판적 태도
자기 스스로 결정하고자 하는 욕구	클라이언트의 자기결정
자기 비밀을 간직하고 싶은 욕구	비밀보장

3. 관계형성의 장애요인

1) 클라이언트의 불신

클라이언트의 불신은 대부분 사회복지사와의 관계 이전의 중요한 다른 관계로부터 유래된다.

2) 전이

전이 반응은 상황에 맞지 않는 비현실적인 왜곡을 낳아 변화에 대한 강한 저항을 일으킨다.

3) 사회복지사의 역전이

사회복지사가 클라이언트에게 느끼는 전이로 인한 무의식적 반응이다.

4) 저항

사회복지사와 클라이언트의 관계에서 변화를 방해하는 힘이다.

- 저항의 유형: 침묵, 핵심에서 벗어난 주제의 서술, 무력함의 표현, 문제의 축소 및 마술적 해법 기대, 저항 심리의 행동으로의 표출

5) **변화를 방해하는 관계 다루기**

- 저항 다루기, 긍정적 재해석, 문제를 성장의 기회로 재구성, 직면, 전이와 역전이 다루기

토의문제

1_ 사회복지실천에서 사회복지사와 클라이언트의 관계형성이 중요한 이유에 대해 생각해 보시오.

2_ 사회복지사와 클라이언트와의 관계형성을 위해 지켜야 할 원리와 유의해야 할 점에 대해 토론하시오.

Theories of Social Work Practice

Chapter 08

사회복지실천을 위한 의사소통

학습목표

1. 의사소통의 정의 및 주요 개념에 관하여 학습하고 이해할 수 있다.
2. 언어적 의사소통과 비언어적 의사소통에 관하여 학습하고 이해할 수 있다.
3. 기본적인 의사소통기술 및 방법에 관하여 학습하고 이해할 수 있다.

학습목차

1. 의사소통의 기본 이해
2. 의사소통의 종류
3. 기본적인 의사소통기술

현대사회에서 인간은 사회를 벗어나서는 존재할 수 없으며 사회는 인간과 인간과의 접촉에 의해서 성립된다고 할 수 있다. 이 인간과 인간과의 접촉은 반드시 의사소통에 의하지 않고서는 이루어질 수가 없다. 인간의 일상이 의사소통으로 가능하다고 할 때 의사소통은 사회복지실천에서 중요한 몫을 차지한다. "말 한마디로 천 냥 빚을 갚는다"는 것은 곧 의사소통의 중요성을 의미한다. 사회복지사는 사회복지실천에서 클라이언트를 비롯하여 모든 참여자들과 의사소통을 통해 관계를 형성하고 실천과정을 이끌어 간다. 이런 과정에서 사회복지사는 사회복지실천의 실제 상황에서나 이의 준비과정에서 바람직한 의사소통을 지향해야 한다. 따라서 사회복지사는 상대에게 자신의 의사를 정확히 전달하고, 상대의 의사를 정확히 이해하기 위해 의도적인 노력을 기울여야 한다. 사회복지실천현장에서 효율적 의사소통은 사회복지사와 클라이언트가 전문적 관계를 형성하고 문제를 해결하는 과정에 중요한 도구인 의사소통기술과 면담기술로서 기능한다.

1. 의사소통의 기본 이해

1) 의사소통의 정의

Communis(共通, 共有)라는 라틴어에서 유래된 의사소통(意思疏通, communication)은 하나 또는 그 이상의 생물체가 다른 생물체들과 지식, 정보, 의견, 신념, 사상, 감정 등을 공유화하는 행동이나 그 과정을 의미한다. 서로 마주 대하며 직접 이야기하는 대화(對話, conversation, dialogue)도 의사소통과 동일한 의미로 사용된다. 의사소통의 목적은 일반적으로 ① 타인에 대한 영향력을 행사하고, ② 감정과 정서를 표현하며, ③ 정보를 교환하면서, ④ 공식적인 조직구조를 강화하는 데 있다(유수현 외, 2009: 28).

의사소통이란 용어는 영어의 커뮤니케이션(communication)을 의미하는데, 일반적으로 의사전달이라는 의미를 가지며, 본질적으로는 의사의 전달뿐만 아니라 의사의 상호 유통까지도 포함하는 것이다. 커뮤니케이션은 일방적인 의사전달만을 의미하는 것이 아니라 소통을 통하여 정보나 감정도 동시에 전달하는 것이다. 의사소통은 둘 또는 그 이상의 사람들 사이에 사실, 생각, 의견 또는 감정의 교환을 통하여 공통적인 이해를 이룩하고 수용자측의 의식이나 태도 또는 행동에 변화를 일으키는 행동이다. 모든 인간은 나면서부터 죽을 때까지 계속 의사소통을 한다. 모든 행위는 의사소통이고, 모든 의사소통은 행위에 영향을 미친다. 다시 말해서 의사소통이란 그것을 통하여 한 인간이 다른 인간들과 관계를 발전시킬 수 있는 본질적인 하나의 과정이라 할 수 있다. 의사소통의 과정에서는 송신자－메시지－수신자의 관계가 형성되며, 전달되는 메시지는 여러 가지 관련 요인에 따라서 다르게 받아들여지고 해석될 수 있다. 송신자와 수신자는 신뢰, 존경, 감정이입, 불안, 공포, 고통에 처한 특별한 상황에서 메시지를 해석하게 되며 가치와 태도, 기대에 의해서 메시지를 변경할 수 있게 된다(김수지 외, 2001: 119-120).

따라서 이러한 의사소통상의 문제를 최소화하고 원만한 의사소통을 유지하기 위해 효과적인 의사소통기술이 필요하다. 효과적인 의사소통은 인간관계를 맺는 사람들의 능력에 좌우된다. 효과적인 의사소통을 위한 조건은 대화 상대방의 느낌이나 감정을 자연스런 분위기에서 표현할 수 있도록 배려하고 사생활을 존중해야 하며 방해받지 않고 자유로우며 정직해야 하고 정확한 정보를 제공하는 것이다. 정직하지 않을 경우에는 신뢰 형성에 방해를 받게 되며 개방된 의사소통이 이루어지지 않는다.

모든 인간관계는 언어를 통한 관계라고 할 수 있다. 물론 여기에서 언어는 비언어적인 행동, 몸짓을 포함하는 말이다. 우리말에 "'아' 다르고 '어' 다르다"라는 말이 있다. 내 감정을 상대방에게 어떤 동작으로 어떤 어조로 어떤 말로 표현하는가에 따라 서로에게 받아들여지는 게 달라진다. 감정의 중요성을 포웰(Powell)은 "우리의 감정을 어떻게 다루느냐에 따라 삶의 승패가 달려 있다"라고 표현했다. 고든(Gordon)은 내가 만나는 모든 상대방의 행동을 내가 갖는 고유한 주관적 감정(느낌)의 창인 네모꼴 수용도식에 넣을 수 있다고 했다.

토머스 고든(Thomas Gordon)이 개발한 부모 역할 훈련(부모 효율성 훈련, Parent Effectiveness

Training; P.E.T)은 아동의 정서적 문제는 부모－자녀 간의 인간관계에서 발생한 것이며 양자의 관계를 개선시킬 수 있는 방법을 부모에게 교육하여야 한다는 생각에서 개발하게 되었으며, 자녀와의 관계에서 자녀의 말이나 행동을 보고 들으면서 부모는 수용이나 비수용 태도 중 하나를 선택하게 될 것이다. 만일 부모가 어떤 행동에 대해 거부 감정을 갖는다면 이것은 바로 부모의 문제이다. 반면에 부모가 수용할 수 있는 자녀의 어떤 행동들은 자녀들이 문제를 가졌다는 것을 의미할 수도 있다. 문제를 소유한 사람이 누구인가를 파악하는 것은 각각의 경우에 따라 적용되는 기술이 다르기 때문에 중요하다(이훈구 역, 2002: 48-52). 도식화하면 다음과 같다.

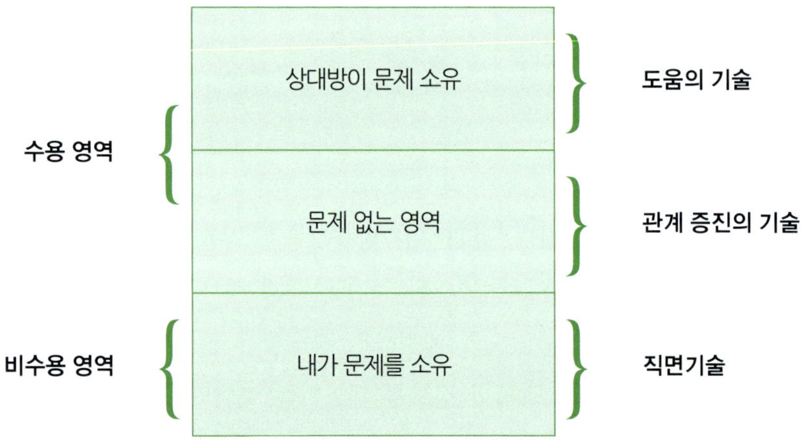

출처: Thomas Gordon 저 · 이훈구 역(2002: 49).

[그림 8-1] Gordon의 의사소통 수용－비수용 도식

그러므로 의사소통은 두 사람 사이에서 감정, 태도, 신념, 생각, 사실을 전달하는 과정이다. 언어는 의사소통의 기본 수단이지만 유일한 수단은 아니다. 비언어적인 의사소통은 얼굴표정, 침묵, 몸짓, 접촉, 그리고 그 밖의 비언어적인 상징과 신호를 포함한다. 간단히 말한다면, 의사소통이란 모든 방법을 동원하여 사람들이 서로 간에 영향을 주고 서로를 이해해 나가는 과정을 의미한다(Ellenson, 1988; 이근후 외 역, 1990: 112).

이와 같이 의사소통이란 서로 관계를 맺고 있는 둘이나 그 이상의 사람들 사이에서 음성, 부호, 상징, 행동 따위를 동시에 교환하는 사회과정을 의미한다. 또한 의사소통은 둘 또는 그 이상의 사람들 사이에 사실, 생각, 의견 또는 감정의 교환을 통하여 공통적 이해를 이룩하고 클라이언트의 의식이나 태도 또는 행동에 변화를 일으키게 하는 일련의 행동이다. 사회복지실천에서 의사소통, 특히 언어적 의사소통은 핵심적인 것이다. 그러므로 의사소통이론은 상대를 설득하거나 상대와 협상하는 데 필요한 기술을 뒷받침하고, 그래서 사회복지실천에서는 기초 이론으로 꼽힌다. 왜냐하면 사회복지실천에서 사회복지사는 클라이언트를 포함하여 접하는 이들을 이해시키는 데 중점을 두고 있고, 이 이해시키는 과업은 의사소통으로 이루어지기 때문이다.

좋은 의사소통의 기초가 되는 일반적인 태도로는 다음과 같은 것들이 있다.

첫째, 모든 인간은 독특하며 각자 다른 방법으로 사건을 인식하고 경험하기 때문에 의사소통의 어려움을 예상하고 문제를 줄여 나가려는 자세가 필요하다.

둘째, 타인이 이해하기 쉬운 방법으로 사고를 조직하고 메시지를 전달하려는 의지와 타인의 말을 주의 깊게 듣고, 이를 이해할 수 있도록 자신의 방어를 줄이려는 태도가 필요하다.

셋째, 자신의 말과 행동에 책임을 지려는 의지와 효과적인 의사소통에 필요한 시간을 가지려는 태도가 있어야 한다(Sheafor & Horejsi, 2003; 남기철 외 역, 2005: 194).

바람직한 의사소통을 위한 자세를 구체적으로 정리하면 다음과 같다.

첫째, 감정이입을 위해 노력함으로써 상대의 대화 내용을 듣는 데 그치지 않고 상대의 심정을 들을 수 있어야 한다.

둘째, 모든 의사소통에는 장애요인이 있음을 미리 알고 이들 장애를 피할 수 있도록 사전에 준비해야 한다.

셋째, 대화 중 서로 불확실한 부분은 체면이나 번거로움을 걱정하지 말고 상대로부터 피드백을 받는다. 이는 오해를 확인하지 못하고 나중에 엉뚱한 일이 벌어지는 것보다 지혜로운 대처가 되기 때문이다.

넷째, 상대의 말을 경청하고, 상대의 비언어적 행동을 숙지한다. 이는 건성으로는 상대의 의사를 온전히 이해할 수 없을 뿐만 아니라 의사소통은 언어 이외의 표정이나 몸짓으로도 이루어지기 때문이다.

다섯째, 권력과 조작에 의한 전달을 피한다. 서로의 지위에 따라 상대방에게 강압적으로 전하거나 진실이 축소나 과장되어서는 안 된다.

여섯째, 일대일로 대화한다. 진실한 대화는 서로 상대에게 집중하는 가운데 가능하므로 일 대 다자 대화는 피하는 것이 바람직하다.

일곱째, 상대의 됨됨이와 의견을 받아들이려고 노력한다. 상대의 인격적 처지에 따라 그의 견해를 왜곡하지 않고 있는 그대로를 인간적으로 수용해야 한다.

여덟째, 자신과 상대를 신뢰하는 입장에서 대화한다. 대화하는 중에 상대를 의심하거나 의심하게 해서는 안 된다.

아홉째, 상대에게 예의를 지킨다. 상대의 개인적 · 사회적 처지를 불문하고 오직 우리의 문화에 따라 상대의 모든 면을 존중하는 마음으로 대화해야 한다.

특히 사회복지사와 클라이언트의 관계에서는 사회복지사가 도움을 주는 사람이고 클라이언트는 도움을 받는 사람이므로 사회복지사는 클라이언트가 자신의 문제를 올바르게 인식하고 감정을 표현하며 행동에 변화를 일으킬 수 있도록 목표지향적 의사소통을 해야 한다. 사회복지현장에서 효율적 의사소통의 목적은 다음과 같다(Johnson, 1998).

① 원조의 과정에 필요한 정보 수집

② 사고, 감정, 욕구 충족, 그리고 문제 해결

③ 감정과 사고의 표현

④ 행동체계의 구조화 작업

⑤ 정보 제공, 충고, 격려, 그리고 방향 제시

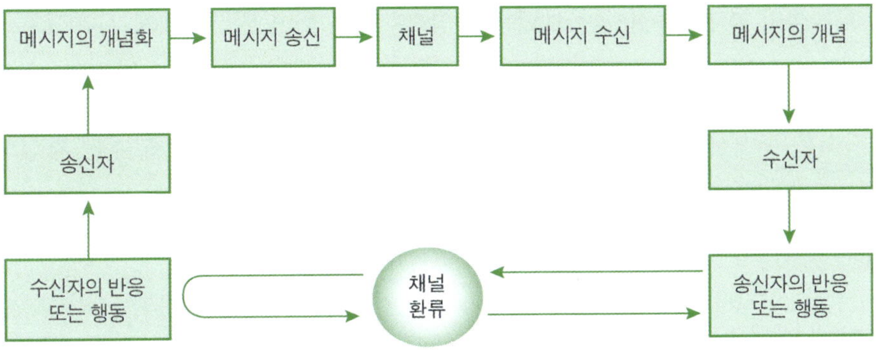

출처: Johnson(1998: 177).

[그림 8-2] 의사소통

효율적 의사소통의 중요한 요소는 주고받는 메시지이다. 효율적 의사소통을 하기 위한 메시지는 다음과 같다(Johnson, 1998).

① 언어적, 그리고 비언어적으로 일치된 메시지
② 단순하고, 이해가 가능한 메시지
③ 메시지를 보내는 송신자의 의미를 수신자가 이해할 수 있는 메시지
④ 동시에 주는 여러 가지 메시지가 있을 경우, 중요한 내용은 반복적 전달을 통해 충분히 이해할 수 있는 메시지

효율적 의사소통은 메시지를 보내는 송신자의 신뢰성, 정직성에 영향을 받는다. 수신자는 송신자를 얼마나 신뢰하느냐에 따라 메시지의 수용 정도가 달라질 수 있다. 효율적 의사소통은 감정에 민감해야 하고 의사소통을 하는 상황을 잘 이해하여야 한다. 비효율적 의사소통의 메시지는 다음과 같다(Johnson, 1998).

① **이중적 메시지**: 상반된 두 가지의 메시지가 동시에 전달되는 경우
② **모호한 메시지**: 수용자에게 의미가 없거나 추정이 가능한 여러 가지의 메시지
③ **선택적 주의와 해석**: 메시지의 왜곡과 의미의 혼란을 가져올 수 있음
④ **과잉 메시지**: 수신자가 해석하고 반응할 수 있는 양을 넘어선 경우
⑤ **의식적 또는 순서의 부조화**: 습관적 행동양식과 상식을 벗어난 메시지 전달과 순서의 왜곡

⑥ **호환성의 부재**: 송신자가 보내는 눈맞춤, 말씨 등이 수신자에게 사용되지 않거나 이해할 수 없어 상호 교환이 안 되는 경우

의사소통은 메시지 전달자와 수신자를 모두 포함한다. 메시지 전달자는 자신의 메시지가 쉽게 수신되고 오해받지 않는 방법으로 전달되도록 할 책임이 있다. 또한 수신자는 전달자가 의도한 대로 정확하게 메시지를 수신하고 왜곡하지 않을 책임이 있다. 듣는 입장에서 메시지를 수신할 때 지켜야 할 규칙은 다음과 같다(Sheafor & Horejsi, 2003; 남기철 외 역, 2005: 194).

① 말하는 것을 멈춘다. 말하는 동안에는 들을 수가 없다.
② 메시지 전달자를 편안하게 해 주고 전달자의 불안을 줄이기 위해 할 수 있는 노력을 기울인다. 문을 닫는 등 산만하게 하는 요인을 없앤다.
③ 말이나 행동으로 당신이 듣고 싶어 한다는 것을 보여야 한다. 즉, 주의를 집중한다.
④ 말하는 사람을 참을성 있게 대하고 말을 끊지 않는다.
⑤ 당신이 더 잘 이해하기 위해서 혹은 전달자가 자신의 메시지를 명확히 하도록 돕기 위해서라면 질문을 한다.
⑥ 감정을 통제한다. 더 이상의 의사소통에 장애를 일으킬 수 있으므로 비판하거나 논쟁하지 않는다.

2) 주요 개념

의사소통과 관련한 주요 개념은 많겠지만 본 단원에서는 사회복지사가 기초 지식으로 갖추어야 할 것을 중심으로 살펴보기로 한다.

(1) 의사소통모형 및 이론

① 의사소통의 원칙

- 우리는 항시 의사소통을 할 수밖에 없다.
- 의사소통은 언어와 비언어의 두 가지 형태로 이루어진다.

- 모든 의사소통에는 내용과 관계의 두 가지 측면이 있다.
- 모든 의사소통에는 기본적으로 관계형성의 종류에 따라 대칭적이거나 상보적인 두 가지 형태를 취한다.

② 의사소통의 원리

가. 원리 1 : 진솔한 마음 전하기(congruence)

상대와의 관계에서 자신이 체험하는 느낌과 생각들을 있는 그대로 인식하며, 자신이 체험하는 바를 충분히 인정한 후 상대와의 관계를 바람직하게 발전시키기 위하여 파괴적이지 않은 방식으로 표현하는 것을 말한다.

나. 원리 2 : 상대 모습 받아들이기(unconditional positive regard)

상대를 한 인간으로 존중하기 때문에 상대의 감정, 사고, 행동을 평가하거나 판단하지 않은 상태에서 상대의 감정, 사고, 행동을 있는 그대로 받아들이는 것을 말하며, 상대가 어떤 문제를 지니고 있건 어떤 죄악과 과오를 범하였건 상관없이 무조건적으로 하나의 인격체로서 존중하는 것을 의미한다.

다. 원리 3 : 상대 마음에 들어가기(empathy)

자신이 상대의 입장이 되어 상대의 세계를 이해하고 제3의 귀를 가지고 상대의 가슴에 있는 '소리 없는 소리', '마음의 소리'를 들으며 상대의 생각과 감정을 이해하는 것이다.

라. 원리 4 : 구체적으로 이해하기(concreteness)

애매모호한 표현이나 일반적이고 추상적인 말들을 최소한으로 줄이고 실제적이고 사실적인 내용을 중심으로 대화가 이루어지도록 질문하고 이야기하는 것으로서 심도 깊은 대화를 이끌기 위해 필요한 태도이다.

③ 의사소통모형

이런 원칙과 원리에 따른 대표적인 의사소통모형은 다음과 같이 나누어 볼 수 있다(김수지 외, 2001: 122-125).

가. 일방향모형

행위로서 인간의 의사소통을 관찰하는 것은 1차 개념의 전달이다. 그것은 한 방향의 현상, 즉 A가 B에게 말하는 의사소통이다.

나. 상호작용모형

이는 두 사람이 서로 영향을 미칠 때 그들은 각기 다른 일에 자신들을 몰입하는 것을 포함한다. 의사소통은 한 가지 길이 아니라 두 가지 길이다.

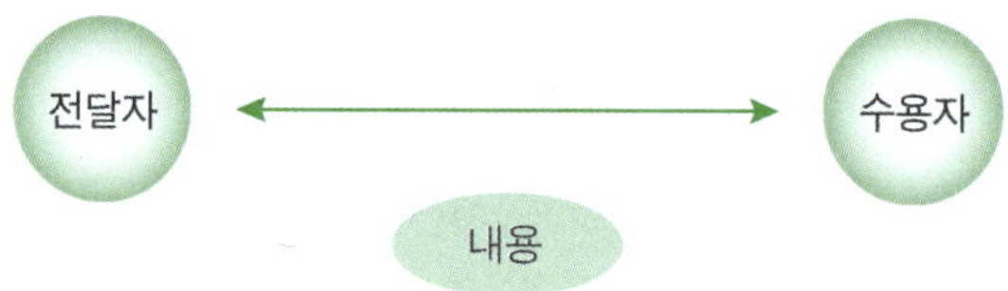

다. 신경언어학적 의사소통모형

신경언어학적 프로그래밍(Neuro Linguistic Programming)은 1970년 초에 리차드 밴들러(Richard Bandler)와 존 그린더(John Grinder)에 의해 개발된 의사소통모형이다. 인간에게는 정보가 처음 들어왔을 때 이를 사정하는 세 가지 기관, 즉 청각, 시각, 동적인 형태가 있는데 각각의 인간은 한 가지 형태를 좋아한다. 밴들러와 그린더는 다른 사람이 선호하는 감각 형태를 이용하는 것을 이론화하였다. 이는 인간관계 형성 능력도 증진시킬 수 있다. NLP이론에 의하면 가장 효과적인 의사소통 전문가는 3개의 표현기관을 모두 사용할 수 있어야 하며 하나의 표현기관에서 다른 것으로 쉽게 옮길 수 있어야 한다고 하였다(김수지 외, 2001: 122-125).

NLP이론은 인간의 심층구조를 합리적이고 과학적으로 밝히는 것으로 N(Neuro)은 신경을, L(Linguistic)은 언어를, P(Programming)는 프로그램화를 의미한다. 이 이론은 인간의 행동은 언어에 의해 유발되며 독특한 방식으로 프로그램화한 신경과정에 의해 작용한다고 강조한다. 이는 '말이 씨가 되듯' 사람은 말한 것을 곧 행동으로 이어 낸다는 논리에 초점을 두고 있다. 이 같은 논지의 타당함을 다음 사례를 통해 확인할 수 있다(최옥채, 2007: 149).

> "언어는 사람이 앞으로 나아가고자 하는 방향타와 같습니다. 그래서 부정적인 말을 계속하다 보면 자신도 모르는 사이에 실패라는 종착역에 내리게 되는 것입니다. 비록 그 어떠한 일이 비관적일지라도 긍정적인 말을 해야 합니다. 그래야만이 부정적이었던 일도 긍정적으로 바뀌는 것입니다. 이것이 바로 성공의 비밀인 것입니다."

라. 벤부르그와 빌모트 모형

벤부르그(J. R. Wenburg)와 빌모트(W. M. Wilmot)에 의해 개발된 이 모형은 의사소통 과정의 행동양상들과 의사소통에 영향을 미치는 내외적인 환경변수들을 중요시하고 있기 때문에 이 모형을 사용하여 의사소통과정을 탐색할 수 있고 의사소통에 적절한 요소들을 확인할 수 있다(김수지 외, 2001: 122-125).

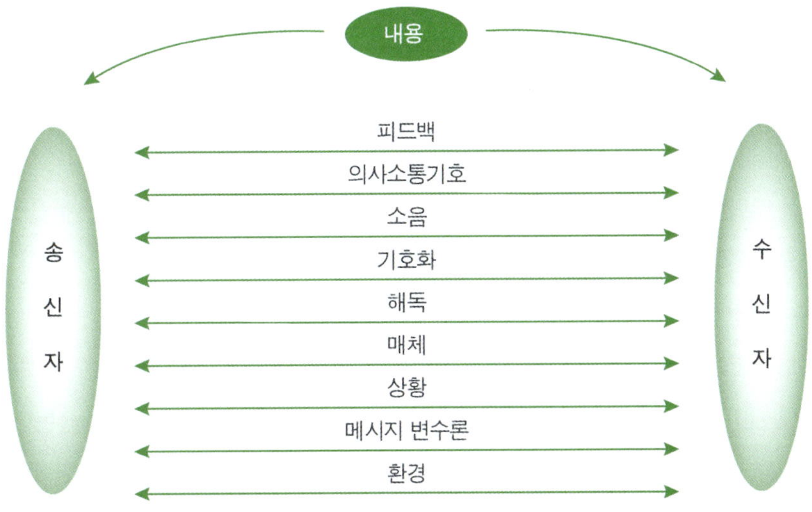

마. 대화이론

인간의 대화이론을 연구한 와츠라윅(Watzlawick)과 잭슨(Jackson)은 의사소통에 관하여 다음의 몇 가지를 강조하였다.

첫째, 인간은 대화를 하지 않을 수 없다.

둘째, 모든 대화에는 내용과 관계성이 나타난다.

셋째, 의사소통은 자기의 지각과 인식에 의한 주관적 강조에 의한 것이다.

넷째, 대화관계에는 대칭적인 것과 보완적인 것이 있다.

다섯째, 대화에는 디지털 대화와 아날로그 대화가 포함된다. 디지털 대화는 상황이나 대상을 단순히 있는 그대로 표현함을 의미하고, 아날로그 대화는 상황을 시청각 자료와 함께 다양한 방법으로 대상의 특성에 중점을 두어 표현함을 일컫는다.

여섯째, 모든 의사소통은 대화 내용의 전후 맥락 안에서 이해해야 한다.

바. 인지불협화이론

대부분의 사람들은 한번 '이렇다'하고 믿으면 이에 관한 정보를 계속 받아들이지만, 반대로 '그렇지 않다'고 불신하면 이에 관한 정보를 받아들이기를 꺼린다. 이를 인지불협화라 하는데 의사소통을 효과적으로 하기 위해 이 개념을 적용할 수 있다(최옥채, 2007: 149).

(2) 의사소통과정의 구성요소

의사소통과정에서 발생되는 문제 가운데 대부분은 의사소통이 양방적인 과정이라는 사실을 잊음으로써 빚어진다. 의사소통은 정보를 보내는 것과 받는 것을 모두 포함한다. 만약 정보를 보내기만 하고 받지는 않는다면 의사소통은 일방적인 것이고 소모적인 것일 뿐이다(Ellenson, 1988; 이근후 외 역, 1990: 112-113).

의사소통과정을 살펴보면 다음과 같이 구성된다. 우리의 의사소통은 정보를 보내는 과정일 뿐만 아니라 받는 과정이며, 두 가지 형태의 메시지를 주고받는다. 즉 내용과 관계의 메시지이다. 내용은 사용되는 단어를 의미하며, 관계는 저변에 있는 감정을 의미한다. 양방적인 의사소통은 내용과 관계의 정보를 주고받는 것이다(Ellenson, 1988; 이근후 외 역, 1990: 113).

어떤 면으로는, 의사소통이 비밀부호를 발신하는 상황과 유사하다고 생각할 수 있다. 비밀부호의 발사는 부호화와 해독과정 모두를 포함한다. 부호를 보내는 발신자는 보낼 메시지를 결정하고 그 정보를 이해할 수 있는 언어로 부호화해서 수신자에게 보내면 수신자는 그 부호를 해독한다. 발신자와 수신자 주변에 칸막이가 있어서 메시지가 이 칸막이를 통과하게 된다. 우리는 세계를 보는 우리의 사고의 틀을 통하여 정보를 선택적으로 "선발"하게 된다. 개인적인 독특한 경험, 욕구, 감정, 가치관, 신념에 따라 정보를 선택한다. 정보가 수신자에 의해 적절하게 해독되었는지를 알아보기 위해 피드백 과정을 검토해 보아야 한다(Ellenson, 1988; 이근후 외 역, 1990: 113-114).

다음에서 벤부르그와 빌모트에 의해 개발된 의사소통모형에서 제시하는 의사소통과정의 구성요소들을 중심으로 살펴보고자 한다(김수지 외, 2001: 124-125).

① 송신자

송신자(sender)는 전달과정을 시작하는 사람으로서 메시지를 부호화하는 사람이다. 메시지의 전달은 언어와 비언어적으로 이루어진다.

② 수신자

메시지를 수신하는 사람은 해독자이다. 부호화와 해독은 동시에 발생하고 송신자와 수신자 두 사람에게서 모두 일어나는 활동이다. 송신자와 수신자의 과거와 현재 경험은 상호 교류에 영향을 미친다.

③ 메시지

메시지는 수신된 정보의 단위, 즉 정보 내용인 것이다. 메시지는 다양한 언어적 또는 비언어적인 변수들로 구성되어 있다.

④ **메시지 변수**

메시지 변수들은 내외적 환경으로부터 선택된 언어와 비언어적 자극들로서 메시지의 형태와 방향 및 초점을 제시한다. 의사소통의 교류에 있어서 거의 35%는 언어적 의사소통이고, 그 나머지인 65%는 비언어적 의사소통에 의해서 표현된다.

⑤ **소음**

소음은 의사소통체계 내에서 정확한 전달을 방해하는 장애요소이다.

⑥ **의사소통기술**

전달의 의미를 관찰하고 듣고, 파악하고 확인하기 위해 메시지의 변수 등을 사용하는 송신자와 수신자의 능력이 포함된다.

⑦ **상황**

의사소통이 일어나는 시대적 및 지리적 상황을 뜻한다. 좁은 의미로는 의사소통이 일어나는 분위기, 장소, 시간, 수신자와의 관계 등을 말할 수도 있고 넓은 의미로는 사회적 및 정치적 체제, 세계 정세 등 사회적, 정치적 및 문화적 배경까지를 포함한다.

⑧ **매체**

듣고 보고 만지고 맛보고 냄새를 맡는 등의 메시지를 운반하는 감각기관의 채널이다.

⑨ **피드백**

메시지를 동시에 부호화, 해독하는 송신자와 수신자의 반응들을 계속해서 해석하는 것이다. 피드백(feedback)은 정보를 전달하고 우리가 이해한 것을 분명하게 해주는 과정이라고 할 수 있다. 피드백은 자동조절 렌즈가 있는 카메라의 조작에 비유할 수 있다. 즉, 카메라는 빛과 거리에 따라 렌즈가 조절되고 이에 따라 상이 명백해지고 초점이 맞추어진다. 피드백은 정보의 의미를 정정하거나 조정하며 정보 내용을 명확히 하고 초점을 맞추어 주는 과정이다(Ellenson, 1988; 이근후 외 역, 1990: 114-115).

다른 사람이 위협적인 정보를 우리에게 제공할 때, 우리는 방어적으로 되기 쉽다. 우리의 피드백이 아무리 정확하다 하더라도 만약 다른 사람이 잘 받아들이지 않거나 지나치게 방어적이라면 우리의 피드백은 왜곡되거나 쓸모가 없게 될 것이다(Ellenson, 1988; 이근후 외 역, 1990: 115-116).

⑩ **환경**

환경은 내적 환경과 외적 환경으로 구분이 되는데, 외적 환경의 요인들은 모두 같이 볼 수 있지만 서로 다르게 지각한다. 실내온도, 소음수준, 냄새와 조명은 외적 환경들의 예이다. 내적 환경 요인의 영향은 오직 그 개인만이 알 수 있기 때문에 그 외 다른 사람이 동일한 경험을 하지 않는다. 피로감, 위장의 불편감, 한기 등은 내적 환경요인의 예이다(김수지 외, 2001: 125).

2. 의사소통의 종류

의사소통의 유형은 분류 기준에 따라 여러 형태로 분류될 수 있으나 그 대표적 유형은 의사소통에 사용되는 메시지 기호의 종류에 따라 언어적 의사소통과 비언어적 의사소통으로 나누어 볼 수 있다. 언어적 의사소통은 다시 서면 의사소통(written language)과 구두 의사소통(oral language)으로 나누어 볼 수 있다. 또한 비언어적 의사소통도 그 기호의 종류에 따라서 신호, 몸짓, 촉감, 도형, 그림 그리기 등이 포함된다.

언어를 통한 의사소통은 사실적인 지식을 정확하게 효율적으로 전달할 수는 있으나 감정이나 의미의 뉘앙스를 전달하기에는 효과적인 수단이 되지 못하며 모든 인간의 의사소통 중에서 지극히 소량만을 나타내줄 뿐이다. 효과적으로 의사소통을 하고자 할 때는 구어에 내재하는 한계와 문제점을 간파하고 자신의 이해를 타당화하고 비언어적 단서의 지식도 포함시킴으로써 이러한 문제점들을 극복하려고 노력해야 한다(김수지 외, 2001: 121-122).

비언어적 의사소통(non-verbal communication)이란 언어나 문자가 아닌 행동과 느낌에 의해 의사소통하는 것을 말한다. 언어 이외의 모든 의사소통을 포함하게 되므로 실질적으로 아주 광범위한 의사소통을 포함하게 된다. 의미의 약 7%는 말에 의해 전달되며, 38%는 목소리와 같은 초언어적 자질에 의하여, 55%는 몸짓에 의하여 전달된다. 비언어적 의사소통은 다른 의사소통에 연계되어 여러 기능을 하고 있다. 즉, 구어를 보완, 대체, 강화, 반박, 강조한다. 비언어적 경로에는 얼굴표정, 손짓, 몸 움직임, 목소리의 간격, 고저, 속도, 성량, 감촉, 몸의 향기 등 다양하다(김수지 외, 2001: 122).

1) 언어적 의사소통

언어적 의사소통양식은 인간의 의사소통과정에서 중요한 요소이다. 인간이 언어적으로 의사소통할 때 그에게 소통된 많은 것은 그가 사용한 단어 외에도 정서와 인격이 포함된다. 따라서 언어적 의사소통에서는 두 가지의 과정을 이해해야 하는데, 첫째는 사용하는 언어의 이해이다. 의사소통과정에서 이해의 부족으로 인해 많은 문제가 일어날 수 있는데 이는 의미와 단어에 대한 오해인 경우가 많다. 단어는 많은 뜻을 내포한다. 그리고 사용하는 문구에 적당한 해석을 내리는 것이 단어 선택의 기본이 된다. 이러한 단어의 사용은 특히 문화, 지위, 환경이 다른 사람과 대화하는 경우에 더욱 중요하다. 또한 언어 사용에 있어서 존재하는 개인차를 인정해야 하며 의사전달 시 표현하는 어휘를 분명히 해야 한다. 둘째는 주고받는 메시지의 해석이다. 메시지를 효과적으로 전달하기 위해서는 다음과 같은 요소들을 고려해야 한다.

① 클라이언트가 너무 감정적일 때는 메시지를 충분히 전달하지 못한다. 메시지를 잘 전달하기 위해 충분한 생각과 준비가 필요하며 효과적 환경 조성이 필요하다.

② 클라이언트의 신체적 · 정신적 상태를 고려한다. 만약 클라이언트가 심하게 정신적 혼란을 경험하고 있거나 신체적 고통을 겪고 있다면 새로운 의미에 대해 토론하는 것은 바람직하지 못하다.

③ 장소와 시간의 선택은 의사소통에 있어서 결정적 요소가 된다.

④ 분위기에 대한 사회복지사의 영향이 중요하다. 협조적 분위기가 의사소통하는 데 많은 도움을 준다. 사회복지사의 분위기가 공격적인가, 불안한가, 방어적·수동적인가 하는 것 등을 스스로 자각해야 한다.

⑤ 목소리 억양과 어조의 관계를 주의한다. 말하는 사람의 목소리, 어조와 높이에서는 다른 사람을 편안히 해 주거나 걱정스럽게 하거나 두 가지 중의 하나이다. 따라서 자신의 목소리가 다른 목소리에 어떤 영향을 주는지 알 필요가 있다. 그리고 의사소통에 있어서 그의 어조, 그리고 목소리의 억양은 자신의 뜻을 말로 전달하는 데 중요한 요소가 된다(양정남 외, 2007: 150-151).

(1) 언어적 의사소통기술

언어적 의사소통의 기술에는 다음과 같은 요소들이 있다(Kirst-Ashman & Hull, Jr., 1999).

① **경청**(listening) : 클라이언트가 말하고자 하는 모든 메시지에 반응하는 매우 적극적인 과정이다. 사회복지사는 클라이언트의 말을 주의 깊게 들어주면서 침묵을 지킴으로써 클라이언트가 계속해서 말할 수 있도록 한다. 경청기술은 모든 유형의 대화에 있어서 기본적 기술이다. 경청의 요소에는 주의를 기울이기(attending)가 있다. 옆에 같이 있어 주면서 클라이언트가 말하는 것을 조용히 듣는 것인데 우선 클라이언트와 적절한 거리를 유지하면서 클라이언트의 눈을 바라보며 관심이 있음을 나타낸다. 사회복지사는 편안한 자세로 약간 클라이언트 쪽으로 기운 자세를 취하는 것이 좋고 클라이언트에게 동의 혹은 이해한다는 표시로 고개를 끄덕이는 등의 동작으로 관심과 지지를 나타내준다.

② **인도**(leading) : 말문을 열 수 있도록 인도하는 목적은 클라이언트가 개방적 대화를 할 수 있도록 격려하기 위함이다. 이것은 사회복지사와 클라이언트 관계의 모든 단계에서 필요한 것이지만 특히 관계를 처음 시작하는 단계에서 유용하다. 인도의 구체적 목적은 첫째, 클라이언트의 느낌을 표출하고 이미 표현된 느낌들을 보다 분명히 하도록 하며, 둘째, 클라이언트가 보다 자유롭게 감정을

표현하도록 하며, 셋째, 대화하는 동안 대화의 일차적 책임을 클라이언트에게 두며 적극적으로 대하도록 격려하는 데 있다.

③ **반영**(reflecting) : 사회복지사가 클라이언트의 입장에서 클라이언트에게 깊은 관심이 있음을 나타내는 한 방법으로 반영하는 데는 느낌, 경험, 내용의 세 가지 영역이 있다. 사회복지사가 반영기술을 이용하는 주요 목적은 클라이언트의 경험을 이해하기 위함이며 또한 클라이언트가 지각하는 대로의 세계를 이해하기 위함이다.

④ **직면**(confronting) : 클라이언트에게 정직하게, 직접적으로 문제를 지적해 주고 인식시켜 주는 것이다. 나타나는 효과는 도전, 노출, 또는 위협이다. 즉, 사회복지사에게서 피드백을 받은 후 도전적 불안을 느끼게 하거나 때로는 사회복지사의 직접적이고도 정직한 견해를 듣고 만족해하기도 한다. 직면을 사용하게 되면 클라이언트에게서 저항을 받게 되거나 또는 개방적 대화를 이끌게 되는 모험을 포함한다. 직면을 사용하는 시기는 클라이언트의 준비성 여부에 달려 있다.

⑤ **해석**(interpreting) : 클라이언트가 피하고 있거나 부분적 또는 전체적으로 깨닫지 못하고 있는 어떤 점에 직면하여 새로운 각도로 볼 수 있도록 도와주기 위해 사용된다. 주요 목표는 클라이언트 스스로 자신의 문제를 해석하고 직면할 수 있도록 가르치는 것이다. 해석은 클라이언트의 심각한 자존심 상실이나 다치기 쉬운 고통스러운 감정을 건드리지 않는 정도로만 주어야 한다.

⑥ **조언**(advising) : 클라이언트에게 조언을 하는 것은 사회복지사가 흔히 하는 정보제공 활동이다. 클라이언트에게 조언을 하는 것은 논쟁의 여지가 많은 방법이다. 조언은 남에게 어떤 행동을 하라고 일러줄 수도 있을 정도로 자신은 많은 것을 알고 있음을 반영하는 오만일 수도 있다. 또한 클라이언트를 사회복지사에게 계속 의존하게 만들 수도 있다.

⑦ **요약**(summarizing) : 요약하는 기술에는 클라이언트가 말하는 내용, 느낌, 말의 목적, 시기, 효과 등의 과정이 포함된다. 대개 클라이언트의 이야기에는 많은 사고와 느낌이 혼합되어 있다. 요약은 대화가 끝난 다음에 그동안 나눈 대화의

느낌과 사고들을 하나의 문장으로 정리해 주는 것이다.

⑧ **나 전달법**(The I-statement) : 나 전달법은 의사소통을 증진시킬 수 있는 메시지의 전달방식이다. 이 방법은 분명하고 직접적인 메시지를 보낼 수 있고 메시지를 받는 사람이 방어적이 되지 않도록 하는 방법이다. 예를 들면 "너는 나를 미치게 만들어"와 같은 '너 전달법'(You statement)과는 다르게 "그 일로 나는 당황했다."와 같이 다른 사람의 행동에 대해 비난적이지 않은 방법으로 의사소통을 하여 상대방 행동으로 인해 자신이 받은 영향을 표현하는 것이다.

'나 전달법'은 세 부분으로 구성된다. 첫째, 특정 행동에 대한 간결하지만 분명한 묘사, 둘째, 그 특정 행동으로 인해 경험된 자신의 감정, 셋째, 그 행동으로 인한 명백한 영향이다. 예를 들어, "당신이 약속시간을 지키지 않았을 때(구체적 행동) 나는 당황했다(감정). 왜냐하면 그 결과로 다른 스케줄이 어긋났기 때문에(명백한 영향)"로 표현한다. 즉 '나 전달법'은 비난하거나 책임을 묻는 대신에 "나는 당신이 자신의 행동에서 어떤 변화가 필요한지를 결정할 것으로 믿는다."는 것을 암묵적으로 전달한다. 이러한 '나 전달법'은 널리 적용할 수 있는 기본적 의사소통이다. 부모－자녀 또는 부부문제, 일반적 대인관계를 클라이언트가 다룰 수 있도록 원조하는 기법이며 사회복지실천현장에서 클라이언트에게 가르칠 수도 있는 방법이다(Sheafor & Horejsi, 2003; 남기철 외 역, 2005: 217-218).

(2) 의사소통을 방해하는 언어적 행동

언어적 의사소통을 방해하는 요소들은 다음과 같다(Hepworth et al., 2002).

① **도덕적 반응**: "당신은 아기를 낳기에는 너무 어리지 않습니까?" 등과 같은 도덕적이며 규범적인 반응은 클라이언트의 자기방어를 강화시킨다.

② **성급한 조언과 해결책 제시**: 성급한 조언과 지시는 클라이언트가 이를 자신에 대한 사회복지사의 몰이해와 권위적 개입으로 받아들이기 쉬워 원조관계를 실패하게 만든다.

③ **논리적 설득과 논쟁 및 지적 분석**: "우리 알코올중독에 대해 생각해 봅시다." 등

과 같은 이성적 분석과 판단을 요구하는 접근은 클라이언트로부터 자기방어의 강화와 논쟁을 유발시킨다. 이러한 접근은 흔히 '옳고 그름'에 치중하여 클라이언트의 느낌과 그의 관점을 무시하게 되는 경향이 있다.

④ **비판과 비난적 반응**: "가출한 것은 잘못된 행동이지요."와 같은 부정적 태도는 사회복지실천의 기본가치인 수용과 자기결정권에 위배되는 것으로 원조과정에 매우 치명적인 태도이다. 이러한 태도는 클라이언트의 저항과 공격을 유발시킨다.

⑤ **극적 해석과 명명**: 해석은 중요한 기술이지만 이것이 클라이언트의 인식수준을 넘거나 시점이 적절치 않으면 클라이언트의 저항을 유발시켜 실패하게 된다. 고착, 전이 등과 같은 전문적 용어를 사용한 명명(labeling)도 클라이언트를 당황시키거나 혹은 자신을 '병적'이라고 받아들이게 만든다. "당신은 수동적 공격성 성격장애(passive-aggressive personality disorder)군요."와 같은 반응이 이에 해당된다.

⑥ **겉치레적 확신, 동정, 위로**: "정말 안됐군요."와 같은 반응은 선별적이며 시기적절하다면 원조과정에 긍정적이지만 근거 없는 의례적 확신, 동정, 위로 등은 오히려 클라이언트의 절망, 자포자기, 무기력 등과 같은 감정을 외면하는 결과를 빚어 역기능적이다. 이보다는 클라이언트의 고통스런 감정을 밝혀내어 그에 대한 현실적 인식을 하도록 돕는 것이 바람직하다.

⑦ **지나친 풍자와 유머**: "우리가 같은 문제로 또 만났군요."와 같은 빈정거리는 듯한 태도는 클라이언트에게 적개심을 갖게 한다. 농담적 반응은 클라이언트의 긴장을 완화하는 데에는 효과적이지만 지나치면 문제에 피상적으로 접근하게 만든다.

⑧ **위협, 경고, 역공격적 반응**: "그렇게 안하면 후회하게 될 겁니다." 등의 태도는 클라이언트의 즉각적 저항, 공격, 적개심을 유발시켜 원조관계를 위협한다. 매우 숙련된 사회복지사의 경우에도 전문가로서의 권위, 능력, 동기 등을 위협받을 때 이러한 태도를 보이기 쉬운데 이를 통제하기 위해서는 부정적 감정을 표출하는 효과적 방법을 개발하는 것이 필요하다.

⑨ **부적절한 질문유형**: 폐쇄형 질문의 남용, 중첩형 질문, 유도형 질문 등은 효과

적 의사소통을 위해 삼가야 한다.

⑩ **시기적으로 부적절하거나 과도한 끼어들기**: 명백하여 초점 있는 대화를 위해 클라이언트가 말하는 중간에 사회복지사가 적절하게 개입하는 것은 필요하나 너무 자주 그리고 적절치 못한 시점에서 행해지면 클라이언트가 자신의 문제를 자유스럽게 표출하는 것을 방해하여 문제를 감추게 만드는 결과를 빚기도 한다.

⑪ **사회복지사의 지배적 태도**: 사회복지사의 전지전능적 · 권위적 태도에서 비롯되는 것으로 과도한 중간 개입, 클라이언트에 대한 설득과 지시, 압력 등의 언어적 반응을 의미한다. 이러한 태도는 클라이언트와의 관계형성, 문제 표출과 대화 등의 가능성을 차단한다.

⑫ **사교적 대화**: 날씨, 뉴스, 취미 등 주제가 가볍고 분산된 사교적 대화는 초점이 분명하고 전문적 의사소통을 필요로 하는 원조관계에 매우 유해하므로 삼가야 한다.

⑬ **사회복지사의 소극적 반응**: 사회복지사는 제한된 시간을 최대한 활용한 적극적 반영을 통해 원조의 목적을 달성할 책임을 진다. 사회복지사의 소극적 태도와 비활동성은 사회복지사에 대한 클라이언트의 신뢰감을 떨어트려 결과적으로 원조관계를 실패로 이끌게 된다.

⑭ **반복과 진부한 문구의 남용**: 사회복지사는 클라이언트가 말한 내용을 새로운 용어로 재구성하여 클라이언트의 이해와 상황인식력을 높이는 기술이 있어야 한다. 클라이언트로부터 "그건 내가 방금 한 말이지요."라는 반응이 나올 정도로 클라이언트의 말을 단순히 반복하는 것은 사회복지사에 대한 신뢰감을 추락시키는 행동이다. 그리고 반드시 필요치 않은 문구는 되도록 사용하지 말고 정확, 간결한 문장을 사용하는 것이 바람직하다.

⑮ **과거나 미래에의 집착**: 사회복지사는 클라이언트의 과거, 현재, 미래에 관해 의사소통을 하는 데 과거나 미래보다는 현재에 초점에 맞추어 대화를 진행하는 것이 바람직하다. 그것을 변화시킬 수 있는 것은 클라이언트의 현재 문제 상황, 행동, 기분이기 때문이다.

⑯ **사회복지사의 부적절한 자기노출**: 사회복지사가 지나치게 자신에 관해서만 이야

기를 진행하는 것은 클라이언트를 위한 대화가 아니다. 동시에 자신을 너무 드러내지 않아도 클라이언트의 신뢰감을 얻는 데는 실패하기 쉽다.

2) 비언어적 의사소통

비언어적 의사소통, 즉 언어를 사용하지 않는 의사소통은 한 사람에게서 다른 사람에게로 정보가 전달되는 가장 기본적이고 원시적인 형태이다. 그러나 비언어적 의사소통은 인간관계를 이해할 수 있는 중요한 의사소통의 한 방법이다. 보통 두 사람 사이의 의사소통에서 3분의 1만이 언어적 수준에서 전달되고, 3분의 2 정도는 비언어적 수준에서 이루어진다(장인협, 1991: 137).

시선 접촉(eye-contact) ▌ 의사소통의 중요한 수단이다. 눈은 우리의 감정상태, 이해와 민감성 등 많은 것을 알려 준다. 서구 문화권 대부분에서는 시선 접촉이 개방성의 지표이고 의사소통에 참여하겠다는 뜻의 표시이다. 반면 시선 접촉을 피하는 것은 불안하거나 진실성이 없다는 지표가 되기도 한다. 그러나 아시아와 같은 문화권에서는 직접적 시선 접촉이 위협이나 성적 공격성으로 받아들여지기도 한다. 특히 미혼의 남성과 여성이 사적으로 대화하는 것이 부적절한 것으로 인식되는 문화도 있다.

환영의 몸짓(gesture of greeting) ▌ 관계형성에 중요하다. 서구에서는 남성과 여성 모두에게 적절한 환영의 몸짓으로 악수를 한다. 그러나 사회복지사는 문화적 차이에 민감해야 한다. 예를 들어 정통 유대인이나 무슬림 여성과는 악수를 하면 안 된다. 중동 사람들에게는 힘 있는 악수가 공격성을 의미한다. 일본이나 태국, 인도 등에서는 머리 숙여 인사하는 것이 적절하다. 러시아나 중동, 남미에서는 남자들끼리 포옹하는 것이 공통된 환영법이다.

개인적 공간(personal space)의 차이 ▌ 사람 간의 의사소통에서 또 하나의 중요한 비언어적 요소이다. 비언어적 의사소통 가운데 침묵은 의사소통의 강력한 형태로 볼 수 있다. 일반적으로 사회적 대화에서 침묵이 있으면 불안해진다. 그러나 우리 자신과 클라이언트를 이해하기 위해서는 침묵 외에도 여러 형태의 비언어적 요소를 탐색해볼 필요가 있다. 예를 들어 목소리의 높낮이와 눈, 손, 자세에 주의를 기울이며 이러한 비언어적 요소가 암시하는 느낌에 관심을 기울이도록 한다. 또한 외모도 비언어적 표현의 중요한 요소이므로 몸 가꿈, 옷차림, 청결, 얼굴 표정, 일반적 건강 상태, 머리를 빗지 않거나 화장의 유무, 수염을 깎지 않는 상태 등을 관찰해야 한다.

사회복지사는 면담 시 이와 같은 클라이언트의 비언어적 요소에 대한 관찰뿐만 아니라 사회복지사 자신의 비언어적 요소에 대해서도 세심한 주의를 기울여야 한다. 다음의 〈표 8-1〉은 사회복지사와 클라이언트의 원조관계에 영향을 미칠 수 있는 요소들이다. 사회복지실천에서 사회복지사가 반응하는 효과적인 의사소통에 있어서 바람직한 태도와 바람직하지 않은 태도를 비교하여 본 것이다. 그리고 의사소통과정에서의 클라이언트의 방어적 태도의 예를 제시한 것이다.

〈표 8-1〉 사회복지사와 클라이언트의 언어적 · 비언어적 의사소통의 태도

구분	바람직한 태도	바람직하지 않은 태도
얼굴 표정	따뜻하고 배려하는 표정 다양하고 적절한 생기 있는 표정 자연스럽고 여유 있는 입 모양 간간이 적절하게 짓는 미소	눈썹 치켜뜨기 하품 입술을 깨물거나 꼭 다문 입 부적절한 희미한 미소 지나친 머리 끄덕임
자세	팔과 손을 자연스럽게 놓고 상황에 따라 적절한 자세 상대방을 향해 약간 기울어진 자세 관심을 보이는, 그러나 편안한 자세	팔짱 끼기 상대방으로부터 비껴 앉은 자세 계속해서 손을 움직이는 태도 의자에서 몸을 흔드는 태도 몸을 앞으로 수그리는 태도 입에 손이나 손가락을 대는 것 손가락으로 지적하는 행위
눈맞춤	직접적인 눈맞춤(문화를 고려한) 상대방과 같은 눈높이 적절한 시선 움직임	눈을 마주하기를 피하는 것 상대방보다 높거나 혹은 낮은 눈높이 시선을 한 곳에 고정하는 것

구분	바람직한 태도	바람직하지 않은 태도
어조	크지 않은 목소리 발음이 분명한 목소리 온화한 목소리 상대방의 느낌과 정서에 반응하는 어조 적절한 말 속도	우물대거나 너무 작은 목소리 주저하는 어조 너무 잦은 문법적 실수 너무 긴 침묵 들뜬 듯한 목소리 너무 높은 목소리 너무 빠르거나 느린 목소리 신경질적인 웃음 잦은 헛기침 큰소리로 말하기
신체적 거리	의자 사이는 1~2.5m	지나치게 가깝거나 먼 거리
옷차림과 외양	기관의 특성에 맞추어 상대방의 특성에 맞추어 보통 단정하고 점잖게	

의사소통과정에서의 클라이언트의 방어적 태도의 예	
종류	**예**
부정(denial)	우리에게는 문제가 없어요.
비난(blaming)	그것은 제 남편 탓이에요.
명명(labeling)	그 사람은 할 수 없어요. 원래 그런 사람이에요.
엄살(being fragile)	더 이상 스트레스가 오면 나는 미치고 말 거에요.
회피(avoidance)	남편은 오늘 올 수 없어요.
주의분산(distraction)	남편은 오늘 비서와 싸웠어요. 그것에 대해 얘기하도록 하죠.
비관(helplessness)	아무런 소용이 없을 거예요.
지나친 동조(being overly agreeable)	그럼요, 맞습니다. 지당한 말씀입니다.
침묵(silence)	……

출처: Hepworth et al.(2002: 173-174)를 토대로 첨부, 재구성.

3. 기본적인 의사소통기술

1) 의사소통기술

의사소통상의 문제를 최소화하고 원만한 의사소통 관계를 유지하기 위해서는 몇 가지의 기본적인 기술이 필요하다(한국청소년연맹, 2001: 46). 이제는 효과적인 의사소통을 위한 기본적인 기술을 익히는 훈련에 관하여 살펴보기로 한다. 의사소통은 둘 또는 그 이상의 사이에 사실, 생각, 의견 또는 감정의 교환을 통하여 공통적 이해를 이룩하고 수용자 측의 의식이나 태도 또는 행동에 변화를 일으키게 하는 일련의 행동이다. 의사소통의 훈련은 효과적인 나 전달법(I-Message)과 상대방에게 적절히 반응하는 방법을 훈련하는 것을 의미한다. 그러나 이 훈련은 단순히 말하고 듣는 기법을 훈련하는 것이 아니라 인간을 어떻게 보고 어떻게 대하는 것인가에 대한 하나의 관점이고 철학이다. 인간관계에서 의사소통을 하는 사람들 간의 전 과정은 끊임없는 상호작용을 통해 이루어지기 때문에 의사소통을 잘한다는 것은 자기 자신을 치료적인 도구로 사용하여 상대방의 세계로 들어가 상대방의 일그러진 부분들을 다시 재통합하도록 돕는 데 있어 필수적이다. 인간관계에서의 의사소통의 핵심은 분별력과 민감성을 갖고 상대방의 세계에 몰입한다는 것이다. 감정이입(empathy)을 통해 상대방의 인식과 감정의 세계에 함께 하면서 혼연일체감을 형성함으로써 서로에 대한 신뢰(rapport)를 창출해내는 것을 의미한다(유수현 외, 2009: 37).

따라서 사회복지사는 효과적인 의사소통을 위한 기술을 익힘으로써 의사소통의 걸림돌로 인하여 상대방이 혼자서는 해결하기 어려운 문제들을 해결 가능한 구체적 문제들로 바꾸어주는 일을 해 주어 상대방뿐만 아니라 자기 자신의 내적 치유와 내적 통합을 돕게 되는 것이다.

도움의 기술인 소극적 경청, 반영적 경청과 나 전달법(I-Message)을 설명하면 다음과 같다.

(1) 소극적 경청

의사소통의 걸림돌을 사용하지 않으면서 주로 의사소통의 시작 단계에서 사용할 수 있는 방법으로 첫째, 상대방의 이야기를 침묵으로 들어주는 것인데 이는 강력한 비언어적 메시지라고 할 수 있다. 둘째, 상대방과 이야기 도중 대화가 잠시 끊어질 때에는 잘 경청하고 있다는 것을 알리는 언어적, 비언어적 신호를 보내는 것이 필요하다. 즉 나의 의견이 포함되지 않은 "아!", "그렇군요.", "그래요.", "정말이세요?" 등의 인정하는 반응을 보이는 것이다. 그리고 마지막으로 상대방의 마음의 문을 여는데 도움을 주는 언어로서 "그것에 관해 이야기하고 싶으세요?", "당신의 생각을 알고 싶은데요.", "당신이 어떻게 느끼시는지 궁금한데요." 등이 있다.

(2) 반영적 경청

사람이 이성의 기능을 거의 잃고 극도로 감정이 고조된 상태에서는 올바른 판단을 할 수가 없고 심리적 균형을 이룰 수가 없다. 심리적 불균형 상태에서 심리적 균형에로의 이행(移行)을 도와주는 기술이 바로 반영적 경청이다. 상대방의 감정의 뿌리를 캐내어 거울에 비춰줌으로써 감정의 물꼬를 터주는 것이다. 우리가 감정의 물꼬를 터주면 이성과 감정이 균형을 이루어 상대방이 문제 해결의 통찰력을 가짐으로써 스스로 문제를 해결해 나가게 된다.

반영적 경청(active listening)이란 상대방이 말을 했을 때 그 말을 하게 된 밑마음을 읽어 우리 자신을 공명판으로 이용하여 그 밑마음 자체를 되돌려 보내주는 것을 의미한다. 이 과정을 통해 상대방은 스스로가 표현한 자신의 감정이 내포하고 있었던 밑마음의 뜻을 새로이 깨닫게 됨으로써 자신의 상태를 정확히 객관적으로 파악하게 되어 문제를 스스로 정리할 수 있게 된다. 그리고 계속적으로 자신의 감정을 언어화하는 작업을 통해 감정의 물꼬를 트게 됨으로써 자신의 내면세계에서 균형을 다시 회복하게 되어 내적 치유의 힘을 얻게 된다는 것도 의미한다(유수현 외, 2009: 38).

(3) 나 전달법

나 전달법(I-Message)은 개인의 감정을 밝히고, 피드백을 주고받으며, 행동의 변화를 유도하는 효과적인 의사소통의 기술은 "나"라고 하는 메시지를 전달하는 방법이다. 토머스 고든(Thomas Gordon)의 연구에 의하면 "나"라는 메시지는 신뢰관계가 돈독한 중요한 인간관계에서 가장 효과적이라고 한다. 다른 사람의 행동이 용납될 수 없거나 강한 불쾌감을 불러일으키거나 우리의 욕구가 좌절되거나 방해받을 때, 다른 사람에게 이러한 정보를 전달하는 것이 중요하다. 우리는 다른 사람이 우리가 어떻게 느끼고 있는지를 안다고 생각한다. 그러나 다른 사람들이 우리의 마음을 읽을 수 있는 것은 아니다. 우리의 감정과 그들의 행동에 대한 느낌, 그들의 행동을 변화시키려는 우리의 욕구를 그들에게 정확하게 전달해야 한다.

"나"의 메시지는 몇 가지 부분으로 이루어진다.

① 감정을 밝힘

② 감정의 원인에 대한 설명

③ 다른 사람에게 미치는 영향에 대한 설명

- 나는 ____을 할 때 그런 행동이 나를 _____ 만들기 때문에 나는 _____하다.

④ 때로는 행동의 변화를 제안하거나 요구하거나 주장하는 내용을 포함하는 네 번째 부분이 포함된다. 즉, "나는 네가 _____하는 것이 좋다."

"나"의 메시지는 매우 힘이 있고, 강력하며 또한 적절한 것이다.

간단한 "나"의 메시지(나는 ______이 일어날 때 _______하기 때문에 ______하다)를 보내고 싶을 때도 있겠지만 마지막에 당신의 주장(나는 _______이 더 좋다)을 첨가하고 싶을 때도 있을 것이다. 단정적인 "나"의 메시지는 다른 사람의 권리에 대한 침해 없이 당신의 권리를 주장하도록 해주고 공격적인 행동 대신에 긍정적인 대안을 제공해 줄 것이다. 나의 메시지는 다른 사람을 이해하고 감정을 분명히 하면서 협상할 수 있는 튼튼한 기초를 갖게 된다는 점을 알아야 한다(Ellenson, 1988; 이근후 외 역, 1990: 124-128).

2) 의사소통의 훈련

나 전달법, 반영적 경청을 포함하여 효과적인 의사소통을 위한 기본적인 기술을 훈련하기 위하여 구체적으로 활용할 수 있는 의사소통의 방법, 의사소통의 단계와 반응에 관하여 살펴보기로 한다. 그리고 효과적인 의사소통 기법을 제시하고자 한다(유수현 외, 2009: 39-43).

(1) 의사소통의 방법

① **문서**: 편지나 즉흥적으로 만든 쪽지
② **말**: 얼굴을 맞대고 하거나 전화상으로 하는 것 등
③ **비언어적 표현방식**: 얼굴 표정, 동작, 자세, 몸짓, 만지는 것, 목소리의 억양
④ **마음과 마음**: 영적으로 교류하는 것 등이다.

(2) 의사소통의 단계

의사소통의 단계는 ① 준비(계획), ② 시작(개시), ③ 진행 및 ④ 끝맺음으로 진행되며, 각 단계별 구체적인 지침은 다음과 같다.

① 준비(계획)단계

- 인간관계를 맺고자 하는 상대방을 만나러 가기 이전에 가급적 상대방을 알기 위해 필요한 자료를 수집한다.
- 열린 마음을 갖기 위한 시간을 가져 마음이 상대방에게 집중할 수 있도록 준비한다.

② 시작단계

- 자신의 소개로부터 대화를 시작하여 자연스럽게 이어가도록 한다. 이때 적절한 거리를 유지하고 자세는 다리를 가지런히 모으고 상체를 상대방 쪽으로 약간 기울인다. 눈높이가 상대방과 같도록 배려하고 항상 눈을 마주치도록 하며 기꺼이 시간을 보내겠다는 태도를 표명한다.

- 상대방과 대화를 시작한다. 상대방의 언어적, 비언어적 의사소통에 민감하게 반응해야 한다.
- 실내 환경에서 도와줄 것이 있는지 확인하여 먼저 배려한다.
- 주위 분위기를 가능한 한 안정된 분위기로 유지시켜 상대방이 자신의 감정과 생각을 쉽게 표출할 수 있는 환경을 조성한다. 손으로 이것저것 만지거나 껌을 씹는 등의 산만한 태도를 보여서는 안 된다.
- 상대방을 만나기 이전에 정서적으로 힘든 일이 있었더라도 마음을 변화시켜 상대방에게 집중할 수 있어야 한다.
- 상대방과 깊은 정서적인 경험을 함께 하게 되면 상호 신뢰감(rapport)이 형성된다.

③ **진행단계**

- 긍정적으로 수용적이며 온화한 태도로 대한다. 진정한 사랑에서 우러나온 깊은 관심을 표명하며 이에 적절한 몸짓(고개를 끄떡임, 손잡기 등)을 표현한다.
- 솔직한 태도로 임한다. 거짓으로 하는 말이나 태도를 취해서는 안 된다.
- 상대방의 있는 그대로의 상태를 정확히 이해하고 상대방에 맞는 공동의 목표를 세우고 진행하여 이에 도달할 수 있도록 사려 깊고 신중하게 돕는다.
- 상대방이 계속 이해되고 용납되고 또 존중되고 있음을 느끼도록 배려한다.
- 의사소통 중 상대방이 능동적으로 참여하고 있다는 느낌을 스스로 갖게 하여 자신이 중요한 사람이라고 느끼게 돕는다.
- 영적인 민감성을 갖고 상대방의 요구를 파악하여 이를 가능한 한 충족시키며 공감(empathy)을 표현한다.
- 무엇을 말할 것인가를 미리 준비할 필요는 없다. 바로 그 순간, 그 현장에서 스스로 느끼는 것을 솔직하게 표현하면 된다. 상대방이 스스로 문제에 대해 이야기를 꺼낼 때까지 기다린다.
- 상대방이 희망을 갖도록 돕는 것은 삶을 통합할 수 있도록 도울 수 있으므로 바람직하다.

- 때때로 유머가 필요하다. 이는 상대방의 마음을 이완시켜준다.
- 이야기를 강요하지 않는다. 조용히 상대방이 반응할 수 있는 시간들을 허용하고 기다린다.
- 이야기를 거부한다고 해서 곧 자리를 떠나서는 안 된다. 가까운 곳에 조용히 앉아 있거나 쓰다듬어 줌으로써 도움을 줄 수 있다.
- 언어적 표현과 비언어적 표현이 일치하는지 관찰하고 상징적 언어, 자주 반복되는 동작, 회피하는 태도 등에 대해 예리하게 관찰한다.
- 감정 표현(감정의 언어화 작업)이 충분히 이루어질 수 있도록 도와 마음의 평정을 얻을 수 있도록 돕는다. 때때로 대답하기 어려운 질문을 할 경우 대개의 경우에는 감정적인 수용을 원하는 경우가 많다.
- 충고, 판단, 비난, 비판하지 않는다. 더욱이 우리 자신의 욕구에 맞추어 강요하거나 상대방이 행동해 주기를 기대해서는 안 된다.
- 상투적인 말로 대응하거나 상대방의 경험을 경시하는 일이 없어야 한다.
- 이유를 대어야 하는 부담감이 큰 질문은 피하며 여러 가지 질문을 동시에 하지 않는다. 질문은 되도록 간접 개방형으로 한다.
- 말을 중간에서 끊지 않으며 끝까지 주의 깊게 경청한다.
- 일반적인 것에서 구체적인 것으로 묻는다.
- 상대방이 이해할 수 있는 용어로 질문하고 중성적인 어조로 묻는다.
- 상대방이 말하는 것보다 비언어적 의사소통을 통해 더 많은 것을 전달하고 있으므로 이를 주시해야 한다.
- 상대방이 침묵하는 경우에는 말할 때까지 조용히 기다린다.
- 상대방이 지루해 하거나 부담스럽게 느끼게 하지 않도록 훈련해야 한다.
- 상대방이 소외된 느낌을 갖지 않도록 주의한다. 따라서 상대방이 볼 수는 있으나 들을 수 없는 거리에서 다른 사람과 이야기하는 것은 금해야 한다.

④ **끝맺음단계**

- 끝맺기 몇 분 전쯤에 미리 몇 분 후에 종료할 예정임을 밝힌다.
- 함께 해준 것에 대한 감사의 뜻을 표현한다.
- 다음 약속을 정하되 시간을 정확히 약속할 수 없는 경우는 여유 있게 시간을 정한다.
- 종료 후에는 자신의 부담감, 슬픔, 무력감을 표출할 수 있는 출구를 마련하여 마음을 평화롭게 유지한다.

(3) 의사소통에서 사용할 수 있는 반응과 그 예

① **침묵**: 생각할 시간이나 감정을 정리할 시간을 제공한다.

② **재진술**: 상대방이 자신의 말의 중요성을 느끼면서 계속 자신의 생각을 표현하도록 돕는 기술이다.

예 상대방: "많이 아파요."
나: "많이 아프지요?"

③ **의미의 명료화**: 표현한 말의 내용을 분명하게 한다.

예 상대방: "묘한 기분이 들어요."
나: "묘한 기분이 든다는 것은 즉 _____하다는 것인가요?"

④ **요약**: 많은 이야기를 한 경우 이를 정리하여 현재까지 무슨 이야기를 어디까지 진행하였는지 정리할 수 있다.

예 "지금까지 우리가 한 이야기는 _____입니다."

⑤ **초점 맞추기**: 여러 내용 중 어떤 내용에 대하여 이야기를 하도록 유도하는 방법이다.

예 "특히 _____에 대해 더 구체적으로 이야기해 주겠어요?"

⑥ **반영**: 느낌, 경험, 내용 반영이 있으며, 상대방에 대해 파악한 것을 되받아 알려주는 기술이다.

예 상대방: "일을 하지 않겠어요. 일하는 데 정말 지쳤단 말이에요."
나: "정말 오늘은 지쳐 보이는군요."

⑦ **지적**(직면): 상대방의 행위를 지적함으로써 상대방이 전혀 깨닫지 못하고 있거

나 혹은 희미하게 인식하고 있던 사실에 주의를 기울이게 하는 기술이다. 단, 이 기술은 상대방과의 신뢰관계가 형성된 후에 사용해야 하고 상대방이 준비가 된 경우에 사용할 수 있다. 언어적 표현과 비언어적 표현이 일치하지 않을 때 사용할 수 있다.

예 (상대방이 기분이 괜찮다고 이야기하지만 얼굴에 화가 가득한 것이 역력할 때)
"많이 화가 나 있는 것처럼 보이는군요."

(4) 효과적인 의사소통 기법

다음과 같은 의사소통의 기법들을 연습하여 사회복지실천에서 효과적인 의사소통의 방법으로 활용할 수 있어야 할 것이다(유수현 외, 2009: 43-45).

① **관심 기울이기**: 상대방이 이야기를 할 때 몸짓, 얼굴 표정, 시선, 혹은 간단한 말이나 동작으로 상대방의 얘기에 관심을 갖고 있음을 나타낸다.

② **경청하기**: 상대방의 이야기를 잘 듣고 그 말의 뜻을 정확하게 파악한다.

③ **반영하기**: 상대방이 전달하고자 하는 의사의 본뜻을 스스로 볼 수 있게 반사, 혹은 반영해준다.

④ **명료화하기**: 어떤 문제에 대해 갖고 있는 혼돈된 느낌을 분명하게 가려내어서 이해할 수 있게 도와준다.

⑤ **요약하기**: 요약의 기술을 이용하여 의사소통과정의 진행을 돕는다.

⑥ **해석하기**: 상대방의 행동이나 징후에 대하여 간접적으로 해석해 준다.

⑦ **질문하기**: 적절할 때 적절한 질문으로 상대방의 느낌을 유도 내지 지난 경험을 상기시킨다.

⑧ **연결짓기**: 한 사람의 말과 행동을 다른 사람의 관심에 관련지어 줌으로써 인간관계를 맺는 사람들 간의 상호작용을 증진시킨다.

⑨ **맞닥뜨리기**: 상대방이 부적절한 행동을 할 때에 이를 솔직하게 지적해 줌으로써 고쳐 나가게 한다.

⑩ **마음으로 지지해 주기**: 상대방이 위기에 직면해 있거나, 미지의 행동을 모험적

으로 감행하려 할 때, 바람직하지 못한 행동을 고치려고 노력할 때 이를 지지해 준다.

⑪ **행동을 제한하기**: 상대방의 바람직하지 못한 행동을 제한한다.

⑫ **촉진하기**: 다양한 방법을 동원하여 의사소통과정을 촉진해 나간다.

⑬ **피드백 주고받기**: 바람직한 방법으로 피드백을 주고받을 수 있도록, 즉 타인의 행동에 대한 자신의 생각을 상호 간에 솔직히 이야기해 줌으로써 행동에 변화가 오도록 도와준다.

⑭ **자기 노출하기**: 상대방이 유사성과 친근감을 느낄 수 있도록 우리 자신에 관한 정보를 적절히 노출시킨다.

⑮ **강화해주기**: 상대방의 말과 행동에 적극적인 피드백을 주어 그 특정 행동을 강화·조장해 나간다.

⑯ **저항의 처리**: 의사소통과정에서 나타내는 상대방의 여러 가지 저항행동을 적절히 처리한다.

⑰ **전이의 취급**: 상대방으로 하여금 그 자신의 과거가 현재의 행동에 어떤 영향을 미치고 있는가를 이해할 수 있도록 도와주고, 과거의 경험 때문에 타당치 않은 행동을 보일 경우, 이를 잘 극복할 수 있도록 도와준다.

⑱ **역전이 현상의 취급**: 우리 자신이 상대방에 대해 느끼는 의식적, 무의식적 감정을 솔직히 상대방에게 이야기함으로써 자신의 감정 때문에 의사소통과정을 그르치는 일이 없도록 한다.

⑲ **적시성에 유의하기**: 우리는 적절한 시기에 적절한 기술을 사용할 수 있는 시간 감각이 있어야 한다.

요 약

본 장에서는 사회복지실천을 위한 의사소통에 관하여 살펴보았다.

첫 번째로 의사소통의 기본 이해로 의사소통의 정의 및 주요 개념에 관해 살펴보았다. 서로 관계를 맺고 있는 둘이나 그 이상의 사람들 사이에서 음성, 부호, 상징, 행동 따위를 동시에 교환하는 사회과정을 의미하는 의사소통의 정의에 관해 살펴보았다.

의사소통과 관련하는 주요 개념으로 사회복지사가 기초 지식으로 갖추어야 할 것을 중심으로 살펴보았다.

의사소통의 원칙과 원리에 따른 의사소통모형 및 이론에 관해 구체적으로 살펴보았다.

그리고 의사소통과정의 구성 요소들을 중심으로 살펴보았다.

두 번째로 의사소통의 종류로 언어적 의사소통과 비언어적 의사소통에 관해 살펴보았다.

인간의 의사소통과정에서 중요한 요소인 언어적 의사소통에 관해 살펴보았다.

언어적 의사소통기술의 요소들로 경청, 인도, 반영, 직면, 해석, 조언, 요약, 나 전달법에 관해 살펴보았다.

언어적 의사소통을 방해하는 요소들에 관해서도 살펴보았다.

비언어적 의사소통은 언어를 사용하지 않는 의사소통으로서 시선 접촉, 환영의 몸짓, 개인적 공간의 차이, 침묵, 목소리의 높낮이와 눈, 손, 자세, 외모 등에 관해 살펴보았다.

사회복지사와 클라이언트의 원조관계에 영향을 미칠 수 있는 요소들로 의사소통에 있어서 바람직한 태도와 바람직하지 않은 태도를 비교하여 보았으며, 의사소통과정에서의 클라이언트의 방어적 태도도 살펴보았다.

세 번째로 기본적인 의사소통기술에 관해 살펴보았다.

기본적인 의사소통기술로서 소극적 경청, 반영적 경청과 나 전달법에 관하여 살펴보았다.

나 전달법, 반영적 경청을 포함한 효과적인 의사소통을 위한 기본적인 기술을 훈련하기 위하여 구체적으로 활용할 수 있는 의사소통의 방법, 의사소통의 단계와 반응, 그리고 효과적인 의사소통 기법에 관해 살펴보았다.

토의문제

1_ 당신이 알고 있는 비언어적 의사소통방식을 소집단에서 기술하고 토론해 보시오. 그리고 각 비언어적 의사소통방식이 미치는 영향에 관하여 서로 토론하여 보시오.

2_ 소집단에서 당신이 의사소통상의 문제로 어려움을 겪었던 상황을 기술하시오. 그리고 반영적 경청과 나 전달법을 적용하여 효과적인 의사소통을 할 수 있는 상황으로 바꿀 수 있는 구체적인 예를 들어 토론하시오.

Chapter 09

사회복지실천을 위한 면접

학습목표

1. 면접의 특성, 목적, 조건, 종류에 관하여 학습하고 이해할 수 있다.
2. 기본적인 면접의 기술에 관하여 학습하고 이해할 수 있다.
3. 면접기록에 관하여 학습하고 이해할 수 있다.

학습목차

1. 면접의 기본 이해
2. 사회복지면접의 기술
3. 면접기록

1. 면접의 기본 이해

사회복지실천기술은 사회복지사의 역할을 수행할 수 있는 체계화된 도구이다. 그러므로 이 도구들은 사회복지실천현장에서 사회복지사의 경험을 통한 검증을 거쳐 활용되어야 하고, 이들은 클라이언트를 비롯한 주변 환경의 변화에 따라 적절히 보완되어야 한다(최옥채, 2007: 155). 면접은 사회복지실천에서 대단히 중요한 역할을 한다. 사회복지사는 면접을 통하여 의사소통을 촉진하고 가능케 하고 문제를 사정하고 계획을 세우고 개입하고 서비스를 제공하게 된다. 사회복지사의 면접기술은 의사소통기술과 함께 클라이언트를 직접 만나 서비스를 제공할 때 이용될 뿐만 아니라 다른 전문가, 가족성원, 이웃과 일반 대중들과 의사소통을 잘할 수 있게 한다.

1) 면접의 개념

면접은 사회복지사가 사회복지실천현장에서 사용하는 기본적 도구이다. 면접은 사회복지사와 클라이언트의 전문적 관계에서 일어나는 상호작용을 의미하며 이를 통해 정보 수집, 과업 수행, 문제 해결 등과 같은 목적을 수행한다. 면접은 사회적 상호작용과 의사소통과정이며 인지, 정서, 행동의 변화를 목적으로 한 언어적 행동으로서 문제 해결을 위한 개입이라고 할 수 있다(Kirst-Ashman & Hull, Jr., 1999). 따라서 면접은 치료적 개입의 기초이다.

또한 면접은 목적이 있고 목표지향적 특성을 지닌 전문적 대화 혹은 의사소통과정이라고 정의할 수 있다. 면접은 전문적 기술이지만 사회복지사의 창의적 방법이 통합되는 예술이라고 말할 수 있다. 모든 면접은 목적을 가지고 있고 분야에 따라 구체적 기술이 적용된다. 따라서 모든 사회복지사는 자신에게 적절한 스타일의 면접기술을 발달시켜야 한다. 다음 사항들은 효과적 면접에 영향을 미치는 것들이다(Brown et al., 1992).

① 사회복지사의 자기인식 정도

② 주고받는 심리에 대한 고유한 역동성을 이해하는 것

③ 원조관계를 발전시킬 수 있는 사회복지사의 능력
④ 클라이언트를 존중하며 클라이언트로 하여금 의사소통 과정에 적극적으로 관여하도록 하는 사회복지사의 능력
⑤ 클라이언트에게 기술적으로 말을 하고 질문하는 사회복지사의 능력
⑥ 면접의 목적
⑦ 면접이 행해지는 분위기와 장소
⑧ 비밀보장의 정도
⑨ 전이와 역전이 등과 같은 면접과정에서 유발되는 역동성에 대한 사회복지사의 인식

(1) 사회복지면접의 특성

사회복지실천에 있어서 면접은 개입의 주요한 도구이다. 사회복지실천과정에서 사회복지사는 클라이언트와 함께 특정한 원조 목적을 결정하고, 계약한 후 그 목적을 달성하기 위해 의사소통하는 모든 것을 말한다. 콤프톤과 갤러웨이는 사회복지실천 면접의 특성을 다음과 같이 밝혔다(Compton & Galaway, 1999: 274).

① **맥락과 장**: 클라이언트에게 서비스를 제공하는 특정한 기관이 있고, 클라이언트의 문제 해결이라는 특정 상황에 국한되어 있다.
② **목적과 방향이 있음**: 개입 목적에 관련된 내용들로 의사소통이 제한된다는 점을 말한다.
③ **계약에 의함**: 클라이언트가 목적 달성을 위해 함께 활동해야 한다는 점을 지적한 것이다.
④ **관련자들 간의 특정한 역할관계가 규정됨**: 특수한 역할관계를 지닌다는 것은 면접에서 사회복지사와 클라이언트의 역할이 서로 다르다는 점을 나타내는 것이다.

면접은 최소한 두 사람 이상이 특정한 목적을 가지고 함께 나누는 이야기를 의미한다(이상균 외 역, 2000: 19). 이 같은 정의를 바탕으로 하는 면접기술은 클라이언트에

관한 정보 수집에서 클라이언트의 변화 단계까지 여러 수준에서 요구되는 사회복지 실천기술이다. 아울러 사회복지사는 자신의 면접기술이 클라이언트와의 관계 유형은 물론 클라이언트의 변화에 영향을 미치므로 이 기술은 기초적이면서도 응용성이 강한 특성을 지닌다(최옥채, 2007: 155).

(2) 면접의 목적

사회복지면접은 대개 문제 상황에 처한 클라이언트에 대한 정보를 수집하고 도움을 제공하는 것이 목적이다. 사회복지면접의 목적은 해결되어야 할 문제를 가지고 고통을 겪고 있는 사람과 그 상황에 대하여 충분히 이해함으로써 그 문제를 효과적으로 해결하는 데 있다(김연옥 외 역, 1995: 37). 사회복지면접은 사회복지의 기능에 따라 결정된다. 헵워스(Hepworth) 등은 면접의 목적을 삶의 질적 향상과 성장을 목적으로 문제를 해결하고 이에 필요한 전략이나 행동을 모색하기 위해 정보를 주고받는 것이라고 했다(Hepworth et al., 2002). 브라운(Brown) 등은 면담의 목적을 ① 자료수집, ② 치료관계의 확립과 유지, ③ 클라이언트에게 정보 제공, ④ 원조과정에서 장애를 파악하고 제거하는 것, ⑤ 목표 달성을 향한 활동을 파악하고 이행하는 것, ⑥ 원조과정을 촉진하는 것 등으로 제시하였다(Brown et al., 1992). 즉 사회복지면접의 궁극적인 목적은 문제를 파악하고 문제 상황에 처한 개인과 그 상황을 이해함으로써 문제를 효과적으로 해결하려는 데 있다.

면접은 서로의 전문적인 대화로서 상대에 관한 정보 수집과 상대를 돕는 것을 목적으로 관찰과 경청, 질문과 응답으로 이루어진다. 대체로 사회복지사는 면접을 주도하고 클라이언트는 면접에 응하는 형태를 취한다. 사회복지사는 면접을 통해 클라이언트와 교감하며 나아가 클라이언트의 욕구나 문제를 파악한다. 그러므로 사회복지실천은 면접에서 시작하여 면접으로 마무리된다.

면접은 결코 간단한 기술이 아니다. 앞서 정리한 바와 같이 면접을 통해 사회복지사는 클라이언트에 관한 기초 정보를 수집하고 나아가 클라이언트의 내적 변화를 꾀할 수 있기 때문에 면접기술의 수준은 매우 다양하다. 그러므로 면접기술을 익히는 일은 사회복지사에게 막중한 과제라 할 수 있고 이를 올바르게 익히기 위해 다음과 같은 사항에 유의해야 한다.

첫째, 인간 심리 및 인간 행동의 모든 이론에 관한 이해가 있어야 한다. 면접은 곧 신뢰하는 인간관계를 토대로 하는 상담이다. 아울러 전문 상담은 정신분석이론, 행동주의이론, 인본주의이론 등과 같은 인간 심리 및 행동이론을 바탕으로 이루어진다. 따라서 고급 면접기술을 익히기 위해 사회복지사는 기초에 충실하여 이들 이론과 관련 이론 및 개념을 충분히 이해해야 한다.

둘째, 인간 심리 및 행동이론을 이해하는 과정에서 사회복지사는 반드시 자신에 관한 이해가 있어야 한다. 사회복지사는 클라이언트를 이해하고 나아가 도움을 주기에 앞서 자신에 관한 이해가 있어야 한다.

셋째, 사회복지사는 인간 심리 및 행동이론을 섭렵하면서 자신의 성향에 맞는 특정 이론을 선택하여 이를 집중적으로 공부하는 것이 바람직하다. 인간 심리 및 행동이론은 인간에 관한 이해의 관점에 따라 서로 달라지기 때문에 사회복지사 자신이 인간을 이해하는 관점과 동일한 이론을 활용하는 것이 당연하다.

면접은 대체로 곤경에 처해 있는 클라이언트와의 관계에서 이루어지므로 면접기술을 활용하는 과정에서 사회복지사가 지켜야 할 원칙을 강조하지 않을 수 없다.

첫째, 사회복지사는 자신의 호기심을 해소하기 위해 클라이언트의 개인적인 상황에 초점을 두지 않는다.

둘째, 면접은 클라이언트의 문제 상황에 따라 단계적으로 이루어져야 한다. 클라이언트의 마음이 자연스럽게 완전히 열렸을 때 효과적인 면접이 가능하다. 따라서 사회복지사는 성급히 면접을 이끌어가지 않고 클라이언트의 심리사회적 상태의 흐름에 맞추어 진행해야 한다.

셋째, 사회복지사는 면접과정에서 클라이언트의 심리 상황에 충분히 공감해야 한다. 사회복지사는 클라이언트를 인간으로서 존중해야 함은 물론 면접의 매 순간 클라이언트의 지각적 · 인지적 · 감정적 · 행동적 상태를 수용하고 함께 나눌 수 있어야 한다(최옥채, 2007: 159-160).

2) 면접의 조건

면접을 준비하기 위해서는 면접의 계약, 면접의 내용, 클라이언트와 사회복지사의 상호 이해에 대한 노력 등의 과업이 요구된다. 이러한 준비는 클라이언트를 만나기 전에 이루어져야 한다. 먼저 사회복지사는 면접실의 물리적 환경을 고려해야 하며, 만약 면접이 사무실에서 이루어진다면 상호 협조적 분위기가 되도록 준비한다.

예를 들어, 책상을 가운데 둔 의자의 배치는 사회복지사와 클라이언트 관계의 장벽을 의미할 수도 있다. 사무실의 분위기는 너무 산만하지 않도록 준비하며 전화소리, 노크소리 등으로 면접이 방해받지 않도록 노력한다. 만약 사회복지사가 메모를 하거나 녹음을 하기로 결정을 하였다면 클라이언트의 동의를 받은 다음 미리 준비하여야 한다. 면접의 시간은 사회복지사나 클라이언트에게 충분하여야 하지만 너무 긴 시간은 피한다. 만약 면접이 사무실 밖에서 이루어진다면 클라이언트가 가장 편한 시간을 배려해야 한다. 예를 들어, 자녀가 있는 주부를 가정에서 면접한다면 자녀들이 학교에 가 있는 시간이 유리할 것이다.

면접을 위한 사회복지사의 적절한 복장은 클라이언트가 사회복지사에 대해 좋은 인상을 갖게 하는 장점으로 작용한다. 면접 시 사회복지사의 복장에 대한 규정은 '약간 보수적'이라고 할 수 있으나 이는 개인의 해석에 따라 달라질 수 있다. 또한 기관의 성격이나 사회복지 분야에 따라 많은 차이가 있다.

예를 들어, 비행청소년을 위한 교정복지 분야에 근무하는 젊은 여성 사회복지사가 굽이 높은 구두와 짧은 미니스커트를 입고 면접을 한다면 적절치 않다고 말할 수 있다. 또한 빈민지역 복지관에 근무하는 사회복지사가 값비싼 정장을 입고 가정방문을 나간다면 불편할 것이다. 대부분의 경우 사회복지사가 적절한 공식적 복장을 한다면 자신의 전문성을 나타내고 클라이언트들은 이들을 존경할 것이다. 만약 청바지에 티

셔츠를 입을 경우 반대의 결과를 가져올 수도 있다.

면접의 내용을 준비할 때는 서비스의 목표와 목적을 상기하고 현재 면접의 목적을 설정한다. 사회복지사가 달성해야 할 과업에 대해 정보수집을 한다면 지난 회기 면접의 기록을 참고할 수도 있다. 면접의 구조와 질문의 내용도 고려한다. 이러한 준비과정은 면접의 형식과 초점을 분명하게 한다.

면접의 과정에서 사회복지사는 클라이언트의 감정과 욕구를 배려한다. 그리고 사회복지사 자신의 감정도 관찰하여 효율적 의사소통이 이루어지도록 한다. 면접에 대한 사회복지사의 준비는 클라이언트와 상호 협조적 분위기를 조성하는 데 필수적이고 효율적인 면접을 가능하게 한다(양정남 외, 2007: 165-166).

(1) 물리적 조건

① 면접실이 갖추어야 할 요건

- 적절한 채광과 조명: 간접 조명이 좋다.
- 적절한 온도
- 적당한 공간
- 어울리는 가구와 실내장식
- 등을 편안히 받쳐주는 의자: 안락의자에서 낮은 탁자를 사이에 두고 마주 앉거나 책상이나 테이블이라면 서로 90도 정도의 각도로 앉을 수 있는 자리 배치가 부담을 덜어줄 수 있다.
- 비밀을 이야기할 수 있을 정도의 독립적 공간
- 방해를 받지 않는 분위기
- 참여자들 사이의 개방적 공간(Hepworth et al., 2002: 35).

② 면접시간

40~50분 정도가 적당하다. 클라이언트의 주의집중 능력, 의사소통 능력에 따라 조정되어야 한다.

면접의 물리적 조건은 참여자들의 태도, 감정, 반응 등에 중요한 영향을 미친다. 면접시간은 면접의 목적에 따라 다를 수 있지만 일반적으로 40~50분 정도가 적당하다. 더 길어질 경우 지루해하고 집중력이 떨어져 효과가 낮아지기 때문이다.

(2) 라포 형성

효과적인 면접을 위해 라포 형성이 전제가 되어야 한다. 사회복지실천과정에서 라포(rapport)는 클라이언트와 사회복지사 사이의 상호 이해와 도움관계의 수립을 가능하게 하는 조화, 공감, 화합의 상태이다(Barker, 1987: 135; 양옥경 외, 2006: 155 재인용).

면접 초기과정에서 라포가 잘 형성되어야 클라이언트가 자신의 감정을 개방적으로 드러내고 방어 없이 표현하게 된다. 라포를 형성하는 것은 클라이언트의 존엄성, 수용, 자기결정 등을 실천할 수 있는 기초를 제공한다(이준우 외, 2004: 158).

사회복지사는 면접을 잘 이끌어가기 위해 면접을 구성하는 요소와 면접의 진행을 위한 주변 요인에 관한 이해가 있어야 한다. 이들 주요 요소를 다음과 같이 정리할 수 있다(최옥채, 2007: 156-158).

① 바람직한 의사소통

가렛(Garrett)은 면접의 구성요소로 관찰, 경청, 질문, 이야기, 사적 질문에 관한 응답, 통솔과 지도, 해석을 꼽고 있다. 이를 면접의 구성요소로 강조하는 것은 결국 면접은 면접자와 피면접자 간의 생산적인 의사소통으로 이루어져야 함을 의미하는 것이다. 따라서 면접을 위해 사회복지사는 바람직한 의사소통에 필요한 지식과 경험을 쌓아야 한다. 특히 사회복지사는 기본적으로 클라이언트의 수준에 맞는 언어를 사용할 수 있어야 한다.

② 바람직한 장소

훌륭한 면접기술을 갖춘 사회복지사는 면접의 성격에 따라 이에 합당한 면접 장소를 필요로 한다. 적당한 밝기, 가구, 공간과 외부로부터 방해를 받지 않는 조용하고 편안한 장소가 효과적인 면접을 가능하게 한다. 장소는 면접의 중요한 외적 구성 요소라 할 수 있으므로 클라이언트의 상황을 반영한 분위기라야 한다. 예컨대 정신적으로 어려움에 처한 클라이언트와 면접할 때는 지나치게 넓거나 좁지 않고 적당한 크기와 차분한 분위기를 낼 수 있는 장식을 겸한 곳이면 면접의 효과를 한층 높일 수 있다.

③ 분명한 목표

면접이 일정한 행로를 따라 진행되기 위해 사회복지사는 면접이 이루어지기 전에 실시하려는 면접의 목표를 분명히 해야 한다. 이 목표를 클라이언트도 알고 있어야 하고 그렇지 않다면 사회복지사는 클라이언트가 면접의 목표를 명확히 주지할 수 있도록 배려해야 한다.

④ 합당한 과정

면접은 정해진 일정에 따라 이루어져야 한다. 이는 면접의 과정이라 할 수 있는데 면접일, 면접 시간, 면접 내용, 사회복지사와 클라이언트의 역할 등을 분명히 하고 진행해야 한다. 이와 같은 사항들은 사회복지사와 클라이언트 사이의 문서 계약이나 묵시적인 합의에 의해 정해진다.

⑤ 대화의 법칙

사회복지사는 면접을 효과적으로 이끌어가기 위해 미국의 명사회자 래리 킹(Larry King)이 강조하는 다음과 같은 몇 가지 대화의 법칙을 적용할 필요가 있다.

첫째, '예, 아니요'로 답할 수 있는 질문은 피한다. "이렇게 무더운 날은 정말 짜증 나죠?"라고 질문하는 것보다 "이렇게 날씨가 뜨거운 것을 보면 무언가 지구 온난화 현상과 관련이 있다는 생각이 들어요. 당신 생각은 어떠세요?"라고 함으로써 풍부한 대답을 유도할 수 있다.

둘째, 상대와 시선을 일치한다. 대화를 시작하거나 마무리할 때뿐만 아니라 말을 하거나 듣는 동안 상대와 눈을 맞추면 어떤 경우에서나 상대가 누구든 대화를 성공적으로 이끌어 갈 수 있다. 상대의 눈을 계속 뚫어지게 볼 필요는 없고, 상대가 말을 하거나 자신이 질문을 할 때 눈맞춤을 하면 된다.

셋째, 가능하면 대화 초기에 상대에 관하여 많은 것을 파악한다. 관심 있는 분야를 자신의 스타일로 말한다. 자신이 위트가 있고 농담을 좋아한다면 상대도 그런지 확인한다. 자신이 진지한 대화를 좋아한다면 상대도 그런지 살펴보아야 한다. 자신이 정치, 스포츠, 영화 따위를 좋아한다면 상대도 그런지 확인해 보아야 한다.

넷째, 상대가 접하는 전문 분야 이외에는 아무것도 모르거나 관심을 두지 않는다고 판단하지 않는다. 영화계나 스포츠계에도 많은 사람들이 다양한 분야에 관심을 두고 활동하며, 지적이고 교육받은 박식한 사람들도 많다. 그런데 이들은 오로지 연기나 스포츠에 관한 질문만 받는다. 만일 상대의 직업이 아닌 과외적인 흥미에 대해 물어본다면 그는 자신의 직업에 대해 말할 때보다 훨씬 더 자유롭게 말한다는 사실을 발견할 수 있다.

다섯째, 익숙한 주제라도 새로운 시각에서 사물을 다른 관점에서 바라보고 폭넓은 시야로 일상의 다양한 논점과 경험에 관해 생각하고 말한다(강서일 역, 2001).

3) 사회복지면접의 종류

사회복지면접의 종류는 정보수집 면접, 사정 면접, 치료적 면접의 세 형태로 나눌 수 있다. 재스트로우는 사회복지면접을 사회력과 사회조사를 위한 정보수집 면접, 진단을 위한 사정 면접, 클라이언트의 변화를 위한 치료적 면접으로 구분하였다(Zastrow, 1995: 106-107). 그러나 이러한 세 종류의 면접은 명확히 구별하기가 어렵고 서로 중복될 수도 있다.

(1) 정보수집 면접

정보수집을 목적으로 하는 면접을 사회조사(social study)라고 하기도 한다. 사회조사는 클라이언트의 개인적, 사회적 문제와 관련된 인구사회학적 배경(나이, 성별, 학력, 결혼상태, 경제상태, 거주지 등)과 개인 성장 발달사(영유아기, 아동기, 청소년기, 성인기

등)에 관한 정보를 수집한다. 이것은 클라이언트의 배경을 앎으로써, 문제를 좀 더 잘 이해하기 위해서이다.

정보수집면담은 클라이언트의 유형, 문제 영역, 기관의 성격에 따라 초점이 달라질 수 있다. 정보를 수집할 때 파악해야 할 항목은 다음과 같다(Zastrow, 1995: 106).

첫째, 일반적 사항: 나이, 성별, 학력, 결혼상태, 주소 등

둘째, 현재 문제: 현재 문제 상황, 현재 문제와 관련된 과거력 등

셋째, 가족력: 클라이언트의 원가족과의 관계, 부모형제관계, 부부관계, 자녀관계 등

넷째, 개인력: 아동기 성장과정, 발달단계상의 문제, 학교생활, 교우관계, 직장생활, 결혼생활 등

다섯째, 사회적·직업적 기능: 클라이언트의 사회적·직업적 기능 정도 등

정보수집을 위한 대상은 클라이언트뿐만 아니라 부모, 친구, 친척, 관련 기관 등을 포함하며 기관의 특성에 따라 사회력에서 요구하는 특정한 정보는 차이가 있다. 사회력에 포함되는 내용은 기관의 특성에 맞게 조정된다. 일반적으로 이름, 나이, 성별, 직업 등의 조사와 문제의 특성, 아동기의 발달단계, 경험, 가족 배경, 결혼력, 직업력, 접촉했던 사회복지기관, 일반적 인상 등이 포함된다.

(2) 사정 면접

사정을 위한 면접은 구체적 서비스에 대한 의사결정을 하기 위한 것으로 정보를 얻기보다는 면접 자체의 서비스를 위한 평가와 적격요인을 결정하기 위한 목적지향적 활동으로 앞의 정보수집을 위한 면접보다 훨씬 더 목적지향적이다. 즉, 사정면접은 자료를 해석하고 클라이언트의 문제 상황, 개입목표, 개입방법을 선택하기 위해 필요한 결정을 내리는 데 도움이 될 만한 정보를 얻는 것이다.

다음은 클라이언트에게 정보를 이끌어낼 수 있는 면접기술이다(Hepworth et al., 2002).

첫째, 정보 노출을 이끌어내는 반응: 클라이언트의 말을 주의 깊게 듣고 클라이언트가 계속해서 말할 수 있도록 격려하는 것으로서 고개를 끄덕이거나 '그렇군요', '그

래서요' 등의 반응이 포함된다.

둘째, 말을 바꿔서 하는 기법: 클라이언트의 말을 새로운 단어를 사용하여 재진술하는 것으로서 클라이언트가 감정에 사로잡혀 핵심을 잡지 못할 때 인지적 측면에 초점을 두어 재진술한다.

셋째, 개방적·폐쇄적 질문하기: 구체적인 정보를 이끌어내기 위해서 적절히 사용해야 한다. 폐쇄적 질문은 클라이언트의 반응을 '예', '아니요'로 제한하는 질문방법이며, 개방적 질문에는 주제를 제한하여 질문하는 구조화된 질문과 주제의 선택을 클라이언트에게 맡기는 비구조화된 질문 방법이 있다.

넷째, 구체적 표현을 추구하는 기법: 생각하기에 따라 다양하게 해석될 수 있는 클라이언트의 표현에 대해, 오해나 실수를 최소화하기 위해 구체적으로 표현해줄 것을 요청하는 기법으로서, 사회복지사의 표현도 구체적으로 이루어져야 한다.

다섯째, 요약하기: 한 주제에서 다른 주제로 넘어갈 때, 한 세션이 끝날 때 그 세션에서 다루었던 내용을 정리함으로써 문제에 대해 명확한 관점을 가질 수 있도록 돕는 기법이다.

여섯째, 초점 제공과 유지하기: 제한된 시간 내에 최대의 효과를 추구해야 하는 전문적 관계에서 불필요한 방황과 시간 낭비를 막아주는 효과적인 기법이다.

(3) 치료적 면접

치료적 면접은 클라이언트가 변할 수 있도록 돕기 위한 면접이다. 환경을 바꿀 목적으로 면접하는 경우도 있다. 치료적 면접의 목적에는 클라이언트의 변화를 돕기 위한 것과 클라이언트의 더 나은 사회 적응을 위해 환경을 변화시키는 것이 있다.

① **클라이언트의 변화**: 클라이언트의 자신감과 자기효율성 강화, 필요한 기술훈련, 문제해결능력 증가 등을 목적으로 한다.

② **환경 변화**: 클라이언트와 관련된 중요한 사람들과 이루어지기도 하고, 혹은 클라이언트의 권리와 이익을 옹호, 대변하기 위해 사회복지기관, 지역사회, 공공기관, 관련 공무원들과 이루어지기도 한다.

치료적 면접은 가장 보편적인 것으로 클라이언트 자신의 변화를 돕거나 클라이언트가 더 나은 사회적 기능을 수행할 수 있도록 환경의 변화를 돕는 것을 말한다. 치료적 면접의 목적은 사회적 환경 속에 있는 힘의 균형을 클라이언트의 이익을 위해 변화시키는 것에 있다. 따라서 계획된 면접은 클라이언트를 위한 명백한 치료적인 목적을 갖는다.

면접의 유형을 조사면접과 상담면접으로 구분할 수 있는데, 조사면접은 대체로 클라이언트(체계)의 욕구나 문제를 파악하기 위해 제 정보를 수집하는 데 중점을 둔다면, 상담면접은 클라이언트의 문제 해결을 위한 심리적 서비스에 중점을 둔다고 할 수 있다. 특히 사회복지실천에서 강조하는 상담면접의 특성을 다음과 같이 요약할 수 있다(Hudson, 1983: 1-4).

첫째, 상담면접은 논의가 아니다. 이는 상담면접이 논리를 바탕으로 정연하게 묻고 답하는 논의가 아님을 의미한다.

둘째, 상담면접은 언론의 측면에서 이루어지는 것이 아니다. 이는 상담면접이 어떤 사실을 알아내어 세상에 알리는 것이 아님을 강조하는 것이다.

셋째, 상담면접은 심문이 아니다. 이는 상담면접이 사실의 진실과 허위를 밝히는 데 초점을 두지 않음을 일컫는다.

넷째, 상담면접은 면접자에 의한 강연이 아니다. 이는 상담면접이 사회복지사가 일방적으로 이끌어가는 것이 아님을 강조하는 것이다.

다섯째, 상담면접은 고백이 아니다. 이는 상담면접이 클라이언트가 사회복지사에게 애걸하는 식으로 이루어지지 않음을 의미한다.

여섯째, 상담면접은 진단을 위한 조사가 아니다. 이는 상담면접이 클라이언트의 문제 상황을 조사하기 위해 정보를 수집하는 데 그쳐서는 안 됨을 강조하는 것이다.

이와 같은 상담면접의 특성은 사회복지실천에서의 면접기술이 곧 클라이언트의 문제 해결에까지 관여함으로써 매우 중요한 기술임을 밝히고 있다.

4) 면접의 과정

모든 면접은 시작단계, 중간단계, 종결단계가 있다. 그리고 면접의 각 단계는 각각 다른 목적과 목표를 가지고 있다. 새로운 클라이언트를 처음 면접하는 경우 라포 형성과 평가에 초점을 맞추어야 하고, 평가면접의 경우 유용한 정보를 얻는 것이 일차적인 목표이며 치료의 마지막 면접은 종결에 초점을 맞추어야 한다. 그러나 모든 면접은 클라이언트의 문제해결능력 향상과 감정의 표현을 통한 행동의 변화를 가져올 수 있도록 해야 한다(양정남 외, 2007: 166-167).

(1) 시작단계

면접의 시작은 사회복지사가 클라이언트의 이름을 호명하면서 시작되며, 가능한 한 클라이언트가 편안하도록 배려한다. 사회복지사는 클라이언트가 면접에 적극적으로 참여할 수 있도록 원조하고 긴장과 적개심이 감소되도록 노력한다. 이러한 과정은 사회복지사가 지난 회기 면접 이후 중요한 변화에 대해 질문을 함으로써 시작하며 이를 통해 클라이언트의 상태와 관심사를 이해할 수 있다. 면접의 초기에 사회복지사는 면접의 목적을 상기시키고 클라이언트가 가지고 있는 욕구나 문제에 대해 표현하도록 격려한다. 그리고 클라이언트에 대한 관심과 공감을 보여줌으로써 신뢰관계를 형성하고 현재 상황을 평가한다. 만약 초기 면접이라면 치료적 관계를 형성하는 것과 평가를 위해 시간을 할애한다.

모든 면접 시 사회복지사는 클라이언트에 대한 존중과 문제의 다양성, 그리고 개인의 독특성을 인정한다. 면접 시 사회복지사가 클라이언트의 행동의 변화를 위해 다음 면접의 목적과 계획에 대해 질문을 하는 것도 좋은 방법이다. 사회복지사는 클라이언트가 중간단계로 나갈 준비가 되었다고 평가되면 면접의 초점을 바꾼다.

(2) 중간단계

중간단계의 면접은 주어진 과업에 따라 달라질 수 있으며, 치료계획의 수정, 활동

계획, 장애물 제거 등이 될 수 있다. 사회복지사는 클라이언트의 말을 경청하고, 반응을 관찰하며, 면접의 목적을 달성하기 위해 다양한 기술을 활용한다. 사회복지사는 전문적 가치와 기술을 중심으로 클라이언트의 문제 해결과정을 돕고 점검한다. 면접의 속도를 조정하고 적절한 시간 조절, 과업에 대한 초점 정리 등을 유지한다. 또한 의사소통의 효율성 정도를 매회 점검한다.

(3) 종결단계

면접의 목적이 달성되었거나 시간이 마감되었을 때 사회복지사는 면접을 종결하기 위해 준비하여야 한다. 면접 종결 시 사회복지사나 클라이언트 모두가 불편해질 수 있다. 예를 들어 클라이언트가 면접 종결 5분 전에 갑자기 중요한 문제점에 대해 대화를 시작하거나, 면접을 지속하기를 강력하게 요청할 수도 있다. 사회복지사는 클라이언트가 면접의 종결을 수용할 수 있도록 종결 15분 전에 정확히 남은 시간을 알려주는 것이 좋다.

성공적 면접의 종결을 위해 사회복지사는 첫째, 클라이언트에게 면접 종결에 대한 느낌을 나누도록 격려하고, 둘째, 사회복지사가 클라이언트에 대한 긍정적 감정을 표현하며, 셋째, 클라이언트에게 면접의 내용을 요약한다. 면접을 요약하는 것은 개입과정에 대한 초점을 유지하게 하고 그 내용이 서비스와 일치하는지 점검하는 데 도움이 된다. 다음 단계로 클라이언트와 사회복지사는 추후 면접을 계획한다. 만약 마지막 면접이거나 단회 면접이라면 클라이언트에게 작별 인사를 할 수 있는 기회를 주고, 새로운 문제가 발생하거나 어려움이 있을 때 언제든지 방문할 수 있다는 가능성을 제시한다.

종결은 클라이언트의 전체적 면접에 대한 인상을 결정하기 때문에 중요하다. 따라서 종결은 서두르는 느낌을 갖지 않도록 충분히 시간 배정을 한다. 만약 사회복지사가 매회 성공적으로 면접을 종결했다면 전체적 서비스 종결도 잘 될 수 있을 것이다. 그러나 사회복지사가 철저히 준비를 했다고 하더라도 종결이 어려운 클라이언트가 있을 수 있다(양정남 외, 2007: 167-168).

2. 사회복지면접의 기술

사회복지실천을 위한 기본적인 기술 중의 하나가 바로 면접기술(interviewing skills)이다. 면접은 클라이언트와의 대화 그 이상의 것이다. 면접은 문제가 있는 클라이언트를 돕기 위해 사용되는 목표지향적 활동이다. 사회복지사에게는 클라이언트와 의사소통하는 동안 면접의 전문적인 목적을 유지시키는 책임이 있다. 일반적으로 그 목적은 클라이언트의 욕구를 충족시키거나 문제를 풀기 위한 작업에 필요한 정보를 습득하는 것이다.

사회복지실천기술을 활용함에 있어 가장 중요한 것은 '어떻게 클라이언트를 대해야 하는가?'이다. 즉, '클라이언트를 대하는 면접의 원리'이다. 사회복지실천에서 다루는 클라이언트와의 면접의 원리는 서비스를 주는 사람의 입장이 아닌 '서비스를 받는 사람 중심 시각'에 기초한 '함께 문제 해결의 과정을 밟아가는 면접'으로 말할 수 있다(이준우 외, 2004: 126).

사회복지사는 면접에 대한 준비를 해야 한다. 먼저 물리적 상황을 고려해야 한다. 그리고 면접의 내용을 계획할 때 사회복지사는 서비스의 목적을 염두에 두고 질문의 구조를 미리 계획한다. 사회복지사는 또한 효과적인 의사소통을 방해할지도 모를 자신의 감정과 태도를 잘 인식하고 있어야 한다. 자기인식(self-awareness)이 있어야 객관적인 면접을 진행할 수 있다.

면접을 사전에 잘 준비해야 '클라이언트가 중요한 존재'라는 점과 '함께 작업하는 것이 중요하다'는 점을 클라이언트에게 전달할 수 있다. 면접을 시작할 때는 클라이언트를 편하게 맞이하여 긴장이 없도록 한다. 사회복지사는 면접의 목적을 규정하고 지난 회합에서 있었던 논의사항을 회상시킨다. 면접을 종결할 때는 면접 동안 논의된 사항을 요약하고 다음 회합 때까지 수행해야 할 과제를 내준다(조휘일 외, 2000: 145-146).

사회복지사는 분명한 역할 경계, 시간과 영역을 고려하여 일단 이러한 요인들을 꼼꼼하게 살펴보아야 한다. 이때 도움을 구하는 사람과 라포를 형성하고 관계를 확립하기 위하여 가능한 한 자연스럽고 편안하며 개방된 자세로 임하는 것이 중요하다. 사회복지사가 면접을 계획하고 준비하는 데 있어 모든 클라이언트는 각기 독특하고 상호작용이 다르다는 사실들을 반드시 인식해야 한다.

클라이언트가 면접을 차갑고 보호받지 못하며 비인간적인 것으로 경험한다면 이후 면접은 진행되지 못할 수도 있다. 비록 기관의 정책과 자원이 클라이언트가 이용할 만큼 충분하지 않고 제한적일지라도 개인의 욕구에 대한 융통성과 적합성으로 반응하는 것이 면접을 성공적으로 이끌 수 있다. 면접에 대한 클라이언트의 기대와 기관 정책으로 제공할 수 있는 것의 차이는 사회복지실천에서 계속되고 있는 문제이다. 따라서 사회복지사는 세심한 계획과 준비를 함으로써 새로운 가능성으로 나아갈 수 있을 것이다. 사회복지사는 면접 계획과 준비에 있어서 자신에게 더욱 초점을 두어야 하지만 더 광범위한 자원들에 대한 정보를 알아내는 것과 보다 나은 서비스를 제공하기 위해 필요한 정부 방침과 법적 제도에 대한 자원을 활용하는 것도 필요하다(전재일 외, 2003: 103-104).

면접이 효과적으로 되기 위해서는 의사소통기술이 필수적이다. 그리고 면접기술로 관찰기술, 경청기술, 질문하는 기술, 초점 제공 · 유지 및 해석하는 기술, 반영 · 명료화 · 직면기술, 말을 바꿔서 설명하는 기술, 요약기술, 정보 제공하기 · 조언 기술 등이 필요하다. 사회복지사는 자기 나름대로의 면접기술을 개발시켜 나갈 수 있다.

1) 관찰기술

(1) 관찰

관찰기술은 클라이언트가 말하고 행동하는 것에 주의를 기울여 그를 이해하는 것이다.

① **초기면접 이전**: 클라이언트가 대기실에서 기다리고 있는 상황에서부터 시작된다.

② **면접 중**: 클라이언트의 언어적 표현뿐만 아니라 비언어적 표현에도 민감해야 한다.

관찰은 단순히 보는 것이 아니다. 클라이언트가 이야기하는 것과 동시에 이야기하지 않는 것, 그리고 이야기의 숨겨진 의미도 해석해 보아야 한다. 그 외에도 신체적인 표현, 몸의 긴장, 얼굴 변화, 땀 흘리는 것, 떠는 것, 흥분하는 모습, 낙담하는 모습도 보아야 한다.

관찰은 무엇을 볼 것인가를 선택하는 것도 포함한다. 즉, 관찰은 항상 목표지향적이어야 한다. 또한 관찰자의 참여가 관찰되는 사람에게 큰 영향을 미치고 있다는 사실도 알아야 한다. 결국 이러한 관찰을 통하여 조사, 진단 및 치료의 과정을 과학화할 수 있다.

클라이언트의 비언어적 표현들에는 어떤 것들이 있고, 그 표현들이 가지는 의미는 무엇인지 살펴보기로 한다.

① **눈맞춤**: 문화에 따라 차이가 있기는 하지만, 상대방에게 적절히 눈을 맞추면서 이야기하는 것이 좋은 것으로 이해되고 있다. 클라이언트가 지루해하거나, 관심이 없으면 눈을 잘 맞추지 않을 수 있고, 두려워하거나 불안할 경우, 또는 솔직하지 못한 의사소통을 할 때에는 적극적으로 눈 맞추기를 피하는 것을 볼 수 있다.

② **표정**: 표정은 말로 전달하고자 하는 내용을 더욱 분명하게 해 준다. 예를 들면, 눈썹을 치켜 올리거나, 눈을 크게 뜨는 것은 뜻밖이거나 놀랐다는 의미이다.

③ **자세와 몸동작**: 몸가짐이나 손이나 팔, 다리 등의 동작도 많은 의미를 전달한다. 예를 들면, 팔짱을 끼고 있으면 방어적이라는 인상을 주고, 다리를 떨고 있으면 불안하다는 인상을 준다. 손으로 손수건이나 옷 가장자리를 비틀고 있으면 긴장하고 있음을 의미하며, 주먹을 불끈 쥐고 있으면 분노했음을 의미한다. 높은 의자에 앉아 클라이언트를 내려다보거나, 책상 뒤에 앉아 클라이언트를 책상 앞에 서게 하는 자세는 매우 권위적임을 보여준다. 클라이언트에게서 멀리 떨어져 앉는 것은 무관심이나 열성의 부족을 의미한다.

(2) 관심 집중

① 관심 집중의 의미와 효과

누군가와 같이 있어주는 것, 그 사람에게 주의를 집중하는 것, 그리고 그가 하는

말을 열심히 듣는 것이 큰 힘을 발휘하는 경우가 많다. 누군가를 도우려면 그를 위해 무엇인가 하기 전에 그가 나에게 원하는 것이 무엇인지 정성껏 주의를 기울여서 들어야 한다.

② 클라이언트에게 관심을 집중시키는 몇 가지 기술

- 클라이언트를 향해 앉는다.
- 개방적인 몸자세를 취한다.
- 때때로 상대방을 향해 몸을 기울여 앉는다.
- 시선을 통한 접촉을 적절히 한다.
- 긴장을 푼다.

면접하는 사회복지사가 신체 일부분을 불안하게 움직이거나 딱딱한 표정을 짓지 않도록 주의해야 한다. 사회복지사는 자신의 신체를 의사소통의 도구로 표현방식의 일부로 사용한다는 점에서 편안한 마음을 가져야 한다.

③ 사회복지사의 비언어적 의사소통

클라이언트의 비언어적 행동을 관찰하는 것도 중요하지만, 사회복지사가 보내는 비언어적 신호도 중요하다.

- **눈맞춤**: 눈높이를 맞추어 서로 쳐다보는 것이다. 적절히 시선을 맞추는 것이 좋으며, 뚫어지게 계속 쳐다보는 것은 좋지 않다.
- **자세와 거리**: 상대를 받아들이겠다는 표현의 열린 자세가 좋다. 책상 같은 인위적인 장애물 없이 적당한 거리를 유지하는 것이 좋다.
- **얼굴 표정**: 중립적이면서 관심을 보이는 표정이 좋다. 물론, 슬픔이나 유머 같은 표정을 적절히 표현하는 것도 좋다.
- **목소리와 언어**: 사회복지사의 목소리는 사람의 마음을 진정시킬 수 있어야 한다. 너무 크거나 너무 속삭이듯 작아서도 안 된다. 사람을 무시하거나 건방진 언어도 좋지 않으며 은어, 속어, 방언을 써서도 안 된다.

- **침묵의 활용**: 원조관계에서 침묵도 중요한 의사소통의 수단이 된다. 침묵을 이해하고 해석하는 것은 적극적 청취, 효과적인 인터뷰, 그리고 클라이언트의 경험을 이해하는 데 중요하다.
- **접촉**: 신체적 접촉은 매우 중요하고 상징적이다. 그러나 허락이나 동의를 구하지 않고 접촉하는 것은 매우 위협적인 것이다. 접촉이 적절하게 활용된다면 클라이언트에게 안정감을 줄 수 있다(이윤로 외 역, 2003: 111-116).

2) 경청기술

경청기술은 면접에서 가장 중요한 기술이다. 클라이언트가 무엇을 말하는지, 면접자의 질문에 어떻게 반응하는지를 듣는 것이다. 이때 사회복지사가 클라이언트의 말을 주의 깊게 듣고 클라이언트가 계속해서 말할 수 있도록 격려하는 것이 있다. 즉 고개를 끄덕이거나, "그래서요", "그렇군요" 등의 반응이 포함된다.

초보 사회복지사가 하기 쉬운 실수는 급하게 여러 가지 충고와 제안하기, 클라이언트의 말이 끝나기도 전에 다른 주제로 바꾸어 질문하기 등이 있다.

감정이 격해 있거나 부정적인 감정을 표현하여 해소하고자 하는 클라이언트에게 경청은 그 자체가 변화를 위한 적극적인 개입일 수 있다(Cournoyer, 2000; 김인숙 외 역, 2002: 127-128).

경청에서 주의해야 할 것은 침묵을 다루는 방법이다. 면접이 서툰 사람일수록 침묵을 부담스러워한다. 그래서 사회복지사 편에서 서두르는 경향이 있다. 면접에서 침묵은 몇 가지 의미가 있다.

① 클라이언트가 자기 생각을 정리하여 표현하기 위하여 침묵하는 것
② 말을 하는 도중 감정이 격해져서 이를 다스리기 위해 잠시 침묵하는 것
③ 정말 할 말이 없어서 침묵할 수 있다.

이러한 경우에는 침묵하며 기다려 보는 것이 효과적이다. 각각의 경우에 따라 반

응은 달라야 할 것이다. 이를 분별하기 위해서는 침착하고 개방적인 마음으로 클라이언트의 말을 주의 깊게 경청하는 것이다.

경청의 20가지 기술은 다음과 같다.

① 가능한 개방적이고 직관력이 풍부하며 감정이입을 하고 자각하고 있을 것
② 시선을 잘 맞출 것
③ 개방적이고 집중하는 자세를 취할 것
④ 비언어적 의사소통 유형과 그 의미에 주의를 기울일 것
⑤ 의사소통의 한 형태로 침묵을 용납하고 활용할 것
⑥ 적절한 물리적 간격을 유지할 것
⑦ 단서를 포착하고 따라갈 것
⑧ 주제를 벗어나는 자신의 산만한 버릇이나 행동을 알고 있을 것
⑨ 모호하고 불분명하거나 양면성을 갖는 발언을 피할 것
⑩ 상대방이 충분히 시간을 갖고 원하는 때에 자신의 언어로 말하게 배려할 것
⑪ 면접 장소의 물리적 환경의 중요성을 기억할 것
⑫ 끼어들거나 주제에서 벗어나지 않도록 노력할 것
⑬ 의사소통되지 않는 것을 포함해서 면접의 전반적인 분위기에 민감할 것
⑭ 면접의 정서적인 내용을 경청하고 질문들을 적당하게 변용시킬 것
⑮ 가능하고 필요할 때는 언제나 환류를 이끌어내고 검토할 것
⑯ 강한 감정이 수반되는 경우에 특히 적절한 시간 포착의 중요성을 숙지할 것
⑰ 예민하고 고통스러운 문제를 다룰 때 특이 어조의 중요성을 기억할 것
⑱ 선입견, 고정관념, 낙인의 위협을 피하고 섣부른 판단이나 평가를 내리지 말 것
⑲ 이론에 대해 언급하는 것이 상대방의 이해 증진에 도움이 될 때는 상대가 이해할 수 있는 용어로 설명해 줄 것
⑳ 가능한 자연스럽고 유연한 태도를 취할 것

경청의 확인은 다음과 같이 한다.

① **적절한 고개의 끄덕임**: 시기적절할 때(상대방이 중요한 이야기를 금방 마쳤을 때, 상대방이 말을 하면서 내가 자기를 이해하고 있는지 궁금해할 때 등) 고개를 끄덕이고 있는지, 혹은 시도 때도 없이 고개를 끄덕이고 있는지 검토한다.

② **단순한 음성반응**: "음, 아, 예, 응, 그랬구나, 오..." 등의 단순음성반응은 클라이언트의 반응에 영향을 주어서 그것의 발생확률을 변화시킬 수도 있는 매우 강력한 힘을 갖고 있으며, 그것의 적절한 사용은 면담의 과정을 더욱 효과적이게 한다. 이러한 반응은 상대방에게 '경청받는다, 이해받는다, 공감받는다'는 느낌을 준다.

③ **관심 어린 질문**: 사실, 사건, 정보에 관한 질문들이 때로는 효과적일 수 있다. 즉, 이를 어떻게 사용하느냐에 따라 상담과정의 효율적인 진행에 큰 공헌을 할 수 있다. 사실, 사건, 정보에 관한 질문은 자신의 감정이나 느낌을 말로 표현하기 어려워하는 클라이언트에게 특히 효과적일 수 있다. 어떤 사람의 경우 자신의 감정을 알아차리는 데 매우 둔감하거나 이를 말로 표현하는 데 매우 어려움을 겪기도 한다.

④ **클라이언트 말의 반복 · 요약 · 환언**

- **반복**(클라이언트 말의 일부)**하는 것**: 클라이언트에게 그의 말을 경청한다, 이해한다, 계속하라는 메시지를 준다.
- **요약**: 클라이언트가 한 말을 요약해서 정리해주는 기술이다. 요약을 잘하면 클라이언트에게 이해한다, 경청한다는 메시지 외에도 클라이언트로 하여금 자신의 말과 심정을 간단명료하게 이해할 수 있도록 돕는 결과를 낳을 수 있다. 시기적절한 사용이 중요하다.
- **환언**: 상대방이 말한 내용을 바꾸어서 말하는 것이다. 그것은 개인이 사용한 말과 닮은 말을 하면서도 주요한 생각을 선택적으로 다시 말하는 것이다. 주요 목적은 사회복지사가 의사소통하고 있는 것의 감각과 의미를 파악했는가를 확인하는 것이다. 예를 들면 다음과 같다.

예 C't : 직장에서 내 상사는 정말 바보 같아요. 그가 사람을 어떻게 다루는지 압니까? 거기 갈 때면 어린애가 되는 것처럼 느껴져요.
W'er : 직장 상사가 사람들을 성인으로 대우하지 않는다는 말로 들리는군요.

3) 질문기술

질문을 하여 대답을 유도함으로써 상호작용을 돕고 클라이언트에 대한 이해와 문제 해결에 필요한 정보를 효과적으로 얻어낼 수 있다.

초심자의 경우 실수하는 예들을 보면, 슈퍼바이저에게 지도받을 내용에 지나치게 집착하여 자신의 궁금증부터 질문하는 경우가 있다. 그리고 클라이언트의 말이 지루하거나 꼭 필요한 정보가 아니라고 판단될 때 핵심적인 주제로 갑자기 바꾸어 질문할 수 있다.

(1) 질문 유형

폐쇄형 질문과 개방형 질문을 적절히 사용하는 것이 좋다.

① 폐쇄형 질문

클라이언트의 반응을 한두 개의 단어나, '예', '아니요'로 제한하는 것이다. 폐쇄형 질문은 보통 '예', '아니요'라고 대답할 수 있는 질문, 혹은 이름이나 주소, 나이 등 몇 마디로 대답할 수 있는 질문이다. 이런 형태의 질문은 특히 제한된 시간 내에 사실에 관한 정보를 얻어내야 할 때 유용하다. 필요한 구체적 정보에 대한 질문을 하는 것으로 대답의 선택이 한정되어 있다.

사회복지사가 구체적인 정보를 필요로 하거나 클라이언트가 너무 당황하고 혼란스러워서 방향과 초점을 유지하기 위하여 특정한 구조가 필요할 경우에 적절하기도 하다. 또한 면접의 초점을 유지하고, 새로운 영역으로 들어갈 때, 면접의 방향을 변경할 때, 민감하거나 감정적인 주제를 피하거나 다루고자 할 때, 면접의 속도를 늦추거나 간과한 세부사항을 보충하고자 할 때에도 도움이 된다.

예 기초정보 수집

- W'er : 이름과 주소를 말해 주시겠어요?
- C't : 예, 김○○입니다. 주소는 서울시...입니다.
- W'er : 고맙습니다. 생년월일은 어떻게 되지요?
- C't : 20○○년 ○월 ○일입니다.

② 개방형 질문

클라이언트가 주관적으로 자유롭게 대답할 수 있도록 질문하는 것이다. 개방형 질문은 클라이언트들에게 이야기 선택의 자유를 주고 자기가 원하는 방식과 자기 자신의 말로 생각과 느낌을 표현할 수 있도록 고안된 질문 형태이다. 여기서는 자기가 원하는 관심사를 취사선택할 수 있다.

최초의 면접이나 첫 만남에서 개방형 질문을 주로 사용하는 것이 좋다. 그러나 공개된 장소에서 자신의 느낌이나 생각을 말로 표현하는 데 익숙하지 못한 클라이언트에게는 이런 형태의 질문이 위협적이고 자신을 압도하는 것으로 느껴질 수 있다.

개방형 질문의 예_

- ~라는 사실에 대해서 어떻게 생각하세요?
- 가장 큰 장애물은 무엇이라고 생각하세요?
- 어떻게 반응하셨어요?
- 그녀에게 무엇을 말할 것인지 생각해 보셨어요?
- 예를 든다면?
- 그것이 당신에게 어떤 영향을 주었나요?
- 이제 어떻게 하실 건가요?
- 지금은 상황이 어떻게 보이세요?

③ 생략(deletion)에 대처한 질문

일반적으로 치료의 효과는 클라이언트의 말에서 생략되었던 부분(정신분석적으로 "억압된 부분")을 되살릴 수 있는 치료자의 능력과 관련이 있다. 따라서 이런 능력을 습득하기 위해서는 클라이언트의 말에서 생략된 부분을 찾아내는 방법, 특히 문장구조상 발생한 생략부분을 알아내는 방법을 배우는 것이 그 첫 단계일 것이다. 즉, 빠진 부분을 물어보기, 상담자의 경험과 직관에 의해 생각해내기(단, 이때는 틀릴 수 있음을 잊어서는 안 된다.) 등이다.

예 C't : 나는 무서워요.
W'er : 무엇이 무서우세요?(누가 무서우세요?)

(2) 피해야 할 질문 유형

① **"왜"로 시작되는 질문**(why question) : 힐난하는 것 같은 뉘앙스를 주기 때문에 클라이언트는 자기 행동을 정당화시키려고 방어적 태도를 취하게 된다.

② **유도형 질문**(leading question) : 사회복지사가 클라이언트의 응답을 어느 한 방향으로 이끌어가려는 것도 잘못된 질문의 형식이다.

③ **중첩형 질문**(stacking question) : 너무 여러 가지 질문을 한꺼번에 묻는 질문 형식이다. 질문의 초점이 흐려져서 클라이언트들이 피상적으로 대답하거나 또는 중요한 정보를 빠뜨리게 된다.

④ **모호한 질문** : 클라이언트가 질문의 방향을 분명하게 이해하지 못하거나 받아들이지 못하는 형태의 질문이다. 이러한 경우 사회복지사는 클라이언트가 그의 관심사나 상황을 더 구체적으로 묘사하도록 돕기 위해서 초점을 좁히는 기술을 사용할 수 있다(Hepworth et al., 2002; 엄명용 외, 2009: 247 재인용).

(3) 사회복지면접에서 사회복지사를 당황하게 하는 것

클라이언트가 사회복지사에게 사적인 질문을 하는 것이다. 예를 들면, "선생님은 약물을 사용해 보신 적이 있습니까? 사용해 보신 적도 없으면서, 어떻게 저희들을 이해할 수가 있으시죠?" 등이다. 클라이언트의 질문에 대한 사회복지사의 답은 간결하고 솔직한 것이면 된다. 클라이언트가 질문을 하는 이유는 정말 궁금해서일 수도 있지만, 자기가 의논하고 싶은 문제를 꺼내는 방법일 수도 있다.

개방형 질문 연습_

※ 다음의 폐쇄질문을 개방질문으로 바꾸어 본다.

① 부모님이 안 도와줘요? ______________________

② 늘 다투세요? ______________________

4) 초점 제공·유지 및 해석기술

(1) 초점 제공과 유지하기

제한된 시간에 최대의 효과를 가져와야 하는 전문적 관계에서 불필요한 방황과 시간 낭비를 막아주는 효과적인 기법이다. 클라이언트의 산만한 사고와 감정을 정리하여 중심이 되는 문제를 좀 더 깊이 탐색하고 원하는 변화를 이끌어낼 수 있도록 도와준다.

초점 제공과 유지하기로 핵심에 도달하는 기술은 다음과 같다.

① 핵심과 목적에 초점두기

사회복지사가 면접의 핵심과 목적에 충실한 것은 그것이 클라이언트가 보다 적절하지 못한 이슈에서 벗어나게 하는 실천기술에 달려 있다. 이러한 기술은 사회복지사와 클라이언트 간의 라포나 신뢰를 방해 받지 않고 면접의 목적에 충실할 수 있게 하는 것이다. 사회복지사가 이런 방식으로 중재하는 데 여러 가지 이유들이 있다.

- 다른 이슈들을 제외하고 한 가지 이슈에 지나치게 초점을 두게 될 때
- 다룰 내용이 없어지고 의사소통이 반복되고 있을 때
- 토의가 주변적이거나 부적절한 이슈로 바뀔 때
- 다시 생각해 보기 위해 어려운 이슈나 욕구에서 벗어날 때
- 토론이 정서적으로 부담을 가지게 되어 침착함과 균형을 필요로 할 때

② 고취시키기

고취시키기는 면접을 시작하거나 면접을 받는 사람을 격려하는 데 사용된다. 이것

은 더 많은 대화를 격려하기 위하여 어떤 이야기와 다른 이야기를 연결시켜 주거나 미완성한 문장이나 설명으로 직접 암시를 하여 더 많은 설명을 끌어내는 것과 같은 여러 가지 형태를 취할 수 있다. 사회복지사는 가끔 어떤 정보를 왜 필요로 하는가를 명백히 함으로써 고취시켜야 할 필요성이 감소될 수 있다. 만약 사람이 정보가 어디에 이용될 것인가에 관한 불안 때문에 과묵하다면 정보를 기록하여 어디에 보관하고 누가 기록을 이용하고 서비스 이용자들이 그들의 기록을 얼마나 이용할 수 있는가라는 점에서 개방적으로 이야기하는 것이 필요하다.

③ **검증하기**

검증하기는 보다 구체적인 부가적 정보가 필요하거나 처음의 대답이 불충분하고 부적당하고 불분명하고 이전의 정보와 일치하지 않을 경우에 하는 질문이다. 이것은 클라이언트들로부터 더욱 상세하고 구체적인 정보를 끌어내는 데 사용되며 잘못된 의사소통의 형태를 취하는 경향이 있는 개인으로부터 정보를 수집할 때 유용한 기술이 될 수 있다. 이것은 사회복지사가 사정을 하는 데 있어서도 중심이 되는 기술이다. 검증하기는 여러 가지 형태의 질문, 설명 또는 감탄의 형태를 취할 수 있으나 사람의 경험에 관한 감각을 이해하거나 전체 상황을 보다 잘 알 수 있도록 정보를 제공하는 데는 의미가 없을 수 있다(전재일 외, 2003: 100-101).

(2) 해석

해석이란 클라이언트가 겪고 있는 문제에 대한 가설을 말해주는 것이다. 클라이언트의 말을 근거로 상담자가 만드는 것이다. 클라이언트의 말 속에 담긴 다른 의미를 클라이언트에게 전달해 주는 것이다. 해석은 클라이언트의 말의 겉으로 드러난 내용을 뛰어넘는 개입으로 사건, 행동, 감정, 태도, 생각에 대해 달리 볼 수 있도록 한다.

해석은 클라이언트가 깨닫지 못하고 있는 자신의 문제 상황 및 원인들에 대하여, 클라이언트가 표현하고 행동하는 것들에서 단서를 발견하고, 그 단서들에서 결정적 요인들을 이해하여, 클라이언트가 깨달을 수 있도록 도와주는 것이다. 예를 들면, 남편이 자상하지 못한 것에 불만을 표현하는 여성의 경우, 그 말과 행동에서 단서를 발견하여 깨닫도록 해석해 준다.

해석에는 두 단계가 있다.

첫째, 클라이언트 말 속의 숨은 내용을 파악하는 것

둘째, 숨은 메시지를 다른 관점으로 제시하는 것, 즉 해석이 정확했는지 점검하고, 클라이언트와 함께 해석한 것에 대하여 함께 논의한다.

해석의 예_

- C't : (담배를 끊으려고 몇 주 동안 직장인 건강증진 프로그램 간호사를 만나온 남성인데 계획한 일 중 어느 하나도 해내지 못했다.) 시간이 없어 기록하라고 한 것을 제대로 못했는데 어떡하죠. 생각은 했는데, 기록카드를 구할 수 없었어요.
- W'er : 지금까지 진행상황을 보니까 정말 담배를 끊겠다는 준비가 아직 안 된 것 같아요. 끊을까 말까 생각 중인 단계에 있으신 것 같아요.

가렛(Garrett)은 면접기술론에서 다음 사항을 지적하고 있다. 사회복지사의 첫 번째 목적은 클라이언트의 문제를 가능한 한 완벽히 이해하는 것이다. 이를 위해 사회복지사는 클라이언트의 행동과 대화를 통해 제시된 다양한 실마리를 가지고 해석을 해야 한다. 종종 클라이언트는 자신의 어려움에 대해 제대로 알지 못하거나 그 어려움의 요인에 대해 직접적인 정보를 주지 못하는 경우가 있다. 사회복지사는 클라이언트의 문제의 근원을 발견하기 위해 지속적으로 다양한 가설을 구성하고 재구성해야 한다. 사회복지사는 초기 가설은 될 수 있는 대로 자신만이 알고 있어야 한다. 성급하게 클라이언트에게 그 가설을 노출하는 것은 사회복지사와 클라이언트의 관계에 매우 해롭다. 그러나 상당한 자료를 수집한 후에, 사회복지사가 클라이언트의 문제에 깔려 있는 요인들을 파악해낸 후, 사회복지사는 신중하게 질문과 코멘트를 통하여 클라이언트가 이를 깨닫게 도울 수 있다(Donner & Sessions, 1995).

일반적으로 다음과 같은 점들을 유의해서 해석해야 한다.

① 우호적인 관계가 형성되었을 경우에 한다.

② 임시적 표현으로 한다. 단정적이고 확정적인 표현은 쓰지 않는다.

③ 내용을 긍정적으로 표현하고 클라이언트에게 변명거리를 주는 말은 피한다.

④ 상담자의 개인적 편견과 가치관이 들어가지 않도록 한다. 클라이언트의 부정적 혹은 감정적 반응을 예상해야 한다.

해석의 연습_

- C't : 막 불치병에 걸린 것으로 진단 받은 노인이 밤에 왜 잠을 못 자는지 의아해하고 있다.
- W'er : ______________________________
  ____

5) 반영, 명료화, 직면기술

(1) 반영

반영(reflecting)은 클라이언트의 말과 행동에서 표현된 기본적인 감정 · 생각 및 태도, 상담자에게 전달하는 메시지의 내용 등을 사회복지사가 듣고 이를 다시 다른 말로 표현해 주는 것이다. "당신은 ~에 대해서 ~하게 느끼고 있군요."의 형식으로 반영해 준다. 예를 들면, 직장에서 상사와의 어려움을 호소하는 클라이언트에 대하여, "당신은 직장 상사의 꾸중을 듣는 것에 대해서 힘들게 느끼고 있군요."와 같이 부연하여 반영해 준다.

① 감정 반영

감정 반영은 클라이언트의 감정, 느낌 등을 사회복지사가 듣고 음성 · 비음성적 언어로 표현해 주는 기술이다.

〈표 9-1〉 감정 표현을 증가시킬 수 있도록 하는 단어들

감정	관련 용어들
즐거운	흥미진진한, 대담한, 자극적인, 쾌활한, 명랑한, 밝은, 아주 기뻐하는, 정력적인, 자극적인, 창조적인, 엉뚱한
강인한	당당한, 기운찬, 존경받는, 만족해하는, 인정받는, 귀중한, 희망 있는, 가치 있는, 중요한, 지적인, 충실한, 확신 있는
평온한	흡족한, 사색에 잠긴, 심사숙고하는, 편안한, 친밀한, 반응적인, 사랑하는, 평화스런, 신뢰하는, 우수에 젖은, 감사하는, 양육하는
슬픈	죄책감의, 수줍어하는, 부끄러워하는, 어리석은, 우울한, 애처로운, 외로운, 열등한, 지루한, 부적절한, 졸린, 불쌍한
격한/맹렬한	비판적인, 의심 많은, 미운, 짜증스런, 격분된, 화가 치미는, 성난, 좌절된, 적의에 찬, 이기적인, 상처를 주는, 질투심이 많은
두려운	거절당하는, 당황해하는, 혼란한, 의기소침한, 무력한, 무의미한, 순종적인, 나약한, 불완전한, 바보스런, 불안한, 당혹스러운

출처: 이윤로 외 역(2003: 58-59).

감정 반영을 적용할 때 활용하는 문장들(이윤로 외 역, 2003: 87) _

- 선생님은 마치 ~처럼 보인다.
- 마치 ~인 것 같다.
- ~라고 말하는 것 같다.
- ~하는 것은 꽤 어렵죠.
- 제가 느끼기에는 …
- 저는 선생님이 … 느끼고 계신다고 생각합니다.
- 그래서 선생님 입장에서는 …

감정을 반영하는 방법 _

- 감정 파악 : 클라이언트의 이야기의 정서적 부분에 주의를 기울인다. 행동에 주의를 기울인다. 감정을 적절히 표현하기 위한 광범위한 단어를 사용한다. 내담자의 감정 전부를 파악한다.
- 감정 반영 : 클라이언트가 느끼는 듯한 감정을 명확하고 간결하게 요약한다. 뒤섞여 있는 감정을 반영해준다. 클라이언트의 말을 그대로 되풀이하지 않는다. 현재

시제를 사용하면서 현재 감정에 초점을 둔다. 폭넓은 표현 방식을 사용한다.

- 감정 반영을 통해 클라이언트는 자신이 느끼는 것을 깨닫게 된다. 클라이언트는 자신의 감정을 받아들이고 살펴보게 된다. 클라이언트가 경험하고 있는 것을 상담자가 이해한다는 것을 보여주게 된다. 상담자와 클라이언트 사이에 탄탄한 관계형성이 이루어진다.

감정 반영의 예_

- C't : 저는 제가 아내를 심하게 대한 것에 대해 매우 부끄러운 느낌이 듭니다. 그녀와 어떻게 화해해야 할지 모르겠어요.
- W'er : 당신은 부인에 대해 죄책감을 느끼고 의기소침한 것 같군요.

감정 반영의 연습_

- C't : 아버지가 지긋지긋해요. 늘 이거 해라 저거 해라 명령하시거든요.
- W'er: ____
  ____

② 내용 반영

클라이언트의 문제, 환경이나 그들의 삶의 다른 면들에 대한 표현을 이해하고 있음을 전달하는 것이다. 사회복지사는 대부분 클라이언트에게 문제와 상황에 대해 말하도록 요청하는 것으로 시작한다. 클라이언트가 어느 정도 말을 하고 난 후, 사회복지사가 그 메시지를 정확하게 다시 말하는 것은 그 내용에 대해 이해하고 있음을 반영하는 것이다.

내용 반영의 예_

- C't : 난 이런 일이 내게 일어날 줄 몰랐어요. 내 처가 가방을 꾸려서 말 없이 떠나버렸어요. 난 그녀로부터 2주 전에 이혼신청 통지를 받았지요.
- W'er : 당신 부인이 말 없이 떠나버렸고, 지금은 그녀가 헤어지기를 원한다는 말씀이군요. (메시지의 내용에 대해 반영)

내용 반영의 연습_

- C't : 나는 내 가족 때문에 정말 미치겠어요. 그들은 내가 학교에서 완전히 A학

점을 받고 집안일을 돕고 아르바이트도 하기를 원해요.

• W'er: ____

____

(2) 명료화

클라이언트의 말 속에 내포되어 있는 것을 클라이언트에게 명확하게 해주는 것을 의미한다. 예를 들면, 사회복지사가 이해한 것을 확인할 때 "나는 당신이 ~~~를 말하고 있다고 생각하는데, 제가 생각한 것이 맞나요?", 모호하거나 익숙하지 않은 용어의 의미를 명료화할 때 "당신이 가족들과의 관계에서 상당히 고통스러웠던 것 같네요. 고통스럽다는 것이 구체적으로 어떤 것을 의미하는지 말해주시겠어요?" 등이다.

명료화하기는 주로 클라이언트가 보다 더 명확하게 말하도록 격려하도록 클라이언트가 말한 것에 대해 사회복지사가 이해했음을 입증하기 위해 질문하는 것이다. 그러한 질문은 "당신이 말하기를……"로 시작하기도 한다. 그러나 명료화하기는 면담의 흐름을 방해할 수 있는 '바꾸어 설명하기'와 같이 어떤 사람은 쉽게 기분이 나빠질 수도 있다. 자신들의 의사소통을 잘못하는 것을 의미하거나 은근한 비난으로 여기기 때문이다(전재일 외, 2003: 71).

(3) 직면

클라이언트가 자신의 문제를 유지하거나 그에 영향을 미치는 사고, 감정, 행동과 대면하는 것을 말한다. 직면은 클라이언트가 자신의 사고, 믿음, 감정과 행동에서 모순과 불일치의 맹점을 알고, 역기능적 행동을 생산하거나 영속화하려는 경향이 있을 때 사용하는 것이 좋다. 그러나 직면기술은 분별력 있게 사용해야 한다. 시기적으로 부적절하고 과도한 직면은 클라이언트에게 심리적으로 손상을 입힐 수 있다(허남순 외, 2004: 443).

직면은 클라이언트에게 말과 행동 사이에 불일치나 모순을 직접적으로 지적하는 것을 말한다. 언어적 메시지와 비언어적 메시지가 일치하지 않을 때, 말의 앞뒤가 맞지 않을 때, 서로 모순되는 행동방식을 보일 때, 클라이언트가 방어 전략을 사용할 때, 클라이언트가 비현실적인 목표를 세울 때 한다.

직면은 상대방을 공격하거나 비평할 때 쓰는 것이 아니라는 것을 명심해야 한다. 직면은 클라이언트가 어떻게 모순점을 파악하고 해소해 가는지를 클라이언트에게 알려주기 위해 하는 것이다.

직면하기의 방법은 다음과 같다.

① 모순점을 파악하고, 관찰된 불일치에 초점을 둔다. 클라이언트의 약점뿐만 아니라 강점과 연관된 모순점에도 초점을 둔다.

② 직면할 때: 클라이언트 말 속의 모순적 요소를 짚고, 그런 모순점을 살펴볼 수 있게 이끈다. 감정을 살펴볼 준비를 한다. 직면하는 말 속에 비난, 판단 혹은 문제 해결책을 포함시키면 안 된다.

직면하기의 예_

○○야, 네가 좋은 성적을 받기를 원한다고 하면서도 공부를 하는 데 시간은 거의 보내지 않는 것 같구나. 공부를 하는 데 시간을 보내지 않으면서, 좋은 성적을 받으려고 하는 네 행동을 이해하기 어렵구나.

직면 연습_

- C't : (고개 숙인 채 낮고 단조롭고 무기력한 목소리로) 전 진짜 아주 행복하거든요. 왜 여기 앉아 있어야 되는지 모르겠어요. 모든 게 너무 잘 돌아가고 있는데 말이에요.
- W'er: ______________________________

____

6) 말을 바꿔서 설명하는 기법(부연기법)

클라이언트의 말을 새로운 단어를 사용해서 재진술하는 것이다. 이는 주로 클라이언트의 감정보다는 인지적 측면(상황이나 생각, 목표, 사람 등을 강조)에서 초점을 두어 재진술하는 것이다.

예를 들면 다음과 같다.

- C't : 난 내가 스스로 아무 선택도 결정도 할 수 없는 상황에서 더 이상 살고 싶지 않아요.
- W'er : 그래서 당신에게는 독립이 매우 중요한 문제군요.

바꾸어 설명하기는 사람이 말한 본질을 정확하게 반복하지는 않지만 다시 말하는 것이다. 그것은 개인이 사용한 말과 닮은 말을 사용하면서 주요한 생각을 선택적으로 다시 말하는 것이지만 똑같이 말하는 것은 아니다. 그 주요 목적은 사회복지사가 의사소통하고 있는 것의 감각과 의미를 파악했는가를 확인하는 것이다. 이것을 아는 것을 유일하게 확인하는 방법은 사회복지사 자신의 생각과 인상을 알기 쉽게 말로 설명하는 것이다.

바꾸어 설명하기는 모방, 반복이나 흉내를 내는 것과는 달리, 굴욕적이거나 피하고 싶은 것으로 경험될 수 있다. 바꾸어 설명하기는 다른 위험을 초래할 수 있다. 이미 그 사람이 말한 것을 지적하여 다시 말하는 것은 그 사람으로 하여금 자신의 말이 부적절하거나 분명하지 않는 것으로 느끼게 한다. 또 다른 위험은 말하는 것의 의미를 다르게 바꿀 수 있다는 점이다(전재일 외, 2003: 109-110).

7) 요약하기

한 주제에서 다른 주제로 넘어가기 전에 그동안 논의된 바를 간단히 요약하여 핵심을 잡아주거나 지나치게 긴 클라이언트의 말을 정리하여 장황한 주제가 어떻게 연결되는지를 간략히 설명해 주는 것이다. 그리고 한 세션이 끝날 때 그날 세션에서 다루었던 내용을 정리함으로써, 그 내용이 다음 세션으로 연속될 수 있도록 도와준다. 면접과정에서 나온 주요 내용들을 연결하여 요약해주는 것이다.

면접 중간 중간 이야기된 내용을 요약하고 강조할 필요가 있다. 요약을 통해 면담 동안 진전된 사항을 파악할 수 있고, 중요한 이슈나 요점을 다시 한 번 생각할 수 있는 기회를 가질 수 있다.

또한 면담 내용이 정확한지를 확인하는 기회를 제공한다. 즉, 클라이언트가 전달하려는 바가 분명치 않을 때, 클라이언트가 여러 가지의 주제, 내용, 상황, 사건 등을 한꺼번에 말하고자 할 때, 클라이언트가 무슨 말을 하고 있는지 혼돈에 빠졌을 때, 상담자 역시 클라이언트를 충분히, 확실히 이해하고 있는지 의심스러울 때 등이다. 이 외에도 클라이언트가 너무 오래 말할 때, 요약하기는 좋은 기술이다(이장호 외, 1996: 93-94).

요약하기의 예_

독립적인 생활을 준비하는 한 청년이 있다. 이에 관하여 사회복지사와 이 청년은 앞으로 다룰 문제들에 대해서 이야기한다.

- W'er : 지금까지 이야기한 것을 한 번 봅시다. 당신은 보호시설에서의 경험, 위탁부모와 학교생활에 대해서 이야기했습니다. 내가 빠뜨린 것이 있나요? 앞으로 남은 시간 동안 우리가 살펴보아야 할 사항은 보호시설을 떠나면 어디서 살 것인가 하는 문제입니다. 맞습니까? 자, 어디부터 시작할까요? 계획을 갖고 있나요?

8) 정보 제공하기 및 조언

(1) 정보 제공하기

정보 제공이란 사람, 활동, 행사, 자원, 대안, 결과나 절차에 관한 자료 또는 사실을 말로 전달해 주는 것을 의미한다. 정보 제공은 상담과정에 클라이언트를 준비시키고, 설명이나 지침을 주고, 대안적 관점을 제시하기 위해 한다(Evans, 1998; 성숙진 역, 2000: 211).

① 정보 제공 시

- 클라이언트의 욕구에 적절한 자료나 사실을 알려준다.
- 클라이언트가 정보를 잘 받아들이고 있는지 확인한다.
- 직접적이고 명확하고 구체적이고 간결하고 실질적이어야 한다.
- 클라이언트가 활용할 수 있도록 정보를 부분으로 나눈다.

② **정보 제공 후**

왜곡이 있었는지 평가하고 그것을 바로잡기 위해 다른 상담기술을 사용한다.

정보 제공의 예_

- C't : 여기 올 때는 돈 문제에 도움을 주실 것으로 생각했는데 말씀을 들어보니 첫 번째 목표가 회사 안의 다른 일자리를 찾아주는 것이군요. 제 능력과 흥미를 평가하는 것이 중요하다는 것은 알겠는데, 거기에 맞는 일자리가 없을 때는 어떻게 되는데요?
- W'er : 만약 그런 일이 생기면 본인 능력과 흥미에 가까운 직업과 다른 계열사에 있는 직업 사이에서 선택을 해야 할 것입니다.

(2) 조언

어떤 상담이나 심리치료에 조언은 포함되기 마련이다. 다만 기억해 두어야 할 문제는 조언을 언제, 어떻게 주느냐 하는 점이다.

① **조언이 필요한 경우**

짧은 시간에 중요한 문제를 결정해야 할 때 특히 유용하다. 이때에 사회복지사는 줄 수 있는 가능한 정보를 클라이언트에게 제공해주어 클라이언트가 가장 바람직한 의사결정을 내릴 수 있도록 도와주어야 할 것이다.

조언은 또한 클라이언트가 심한 갈등과 긴장을 경험하고 있으며 일상생활을 효과적으로 처리해 나갈 수 없게 된 위기적 상황에 당면해 있을 때 필요하다. 갑작스런 가족의 사망, 이혼, 입원, 구속, 실직 등으로 인해서 야기된 위기적 상황에서는 언어적이고 심리적인 도움뿐만이 아니라 환경에서 지원이나 여러 가지 필요한 조력자를 찾을 수 있도록 중간자의 입장에서 도움을 줄 필요가 우선적일 경우도 있다. 그러나 조언이나 도움을 지나치게 많이 줄 경우 클라이언트의 반발과 의존심을 키울 가능성이 있으므로 사회복지사는 언제나 민감해야 할 것이다.

② **조언이 비효과적인 경우**

간혹 사회복지사는 자기가 궁지에 몰렸을 때 클라이언트에게 지시 · 조언 · 충고를 준다. 예를 들면, 클라이언트가 상담과정에 잘 순응하지 않을 때, 조언을 하는 경우가 있다. 상담심리학 용어로는 클라이언트가 저항(resistance)을 나타낼 때 상담자는 그것을 자기에 대한 공격으로 느끼고 방어책의 수단으로 지시나 조언을 하기도 한다는 말이다. 또 다른 경우, 자기의 모든 크고 작은 고민들에 대해서 사회복지사에게 조언과 충고를 요구하는 클라이언트들에게 계속적으로 조언을 하는 경우 이것은 대체로 효과를 보기 어렵다. 즉, 클라이언트의 반복적인 조언의 요구로 사회복지사는 "조종당하고 있다"는 느낌을 느낄 수도 있다.

3. 면접기록

기록은 사회복지실천현장에서 필요한 중요한 기술 가운데 하나이다. 클라이언트가 말하는 내용을 즉시 기록하는 것이 일반적이지만, 목적에 따라 여러 가지 방법을 사용할 수도 있다. 기록은 면담의 부수적 요소이다. 따라서 기록이 면담의 흐름에 장애가 되지 않도록 하고 기록하는 것에 대해 사회복지사 자신이 편안해야 한다. 특히 면담 시 기록을 하는 동안 눈맞춤이 안 되는 등 주의집중에 대한 장애가 되지 않도록 주의한다(양정남 외, 2007: 168-169).

카두신(Kadushin)은 효율적 기록을 위해서는 면담을 할 때마다 점검과 평가를 하는 것이 유용하다고 제안한다(Kadushin, 1983; 문인숙 외 역, 1995: 348). 만약 클라이언트가 면담 중 기록에 대해 신경을 쓰거나 주저함을 보이면 사회복지사는 반드시 클라이언트와 의사소통을 해야 하고 면담의 장애로 판단되면 기록을 중단해야 한다.

기록은 사회복지실천과 서비스 전달에 중요한 역할을 해왔다. 사회복지사들은 클라이언트에 대해 기록을 해야 하고 서비스의 목적, 과정, 영향에 대해서도 기록을 해야 한다. 즉, 클라이언트의 상황을 측정한 내용을 기록해야 하며 서비스의 목적과 과정을 서술해야 하며 활동의 결과와 진전 내용도 평가해야 한다. 기록은 사례에 대해 알 필요가 있는 사람에게 언제든지 정보를 줄 수 있도록 하기 위해 정보를 보존하고, 서비스 전달을 촉진하며, 기관 내외의 전문가들과의 의사소통을 가능하게 하며, 실천가들을 교육 및 감독하고, 서비스의 질을 높이며, 조사연구를 돕는 데 사용된다. 무엇보다도 기록의 주요 목적은 책임성(accountability)이다. 사회사업 실천가들은 자신의 서비스를 기록하고 설명하고 평가함으로써 클라이언트, 기관, 지역사회에 대한 법적·윤리적 책임을 져야 하는 것이다(Kagle, 1995).

1) 기록의 형태

기록의 종류에는 노트, 편지, 클라이언트나 클라이언트집단에게 주어진 서비스에 관한 기록 자료가 있다. 기록형태는 녹음기를 사용한 면담, 마이크로필름, 비디오테이프, 컴퓨터에 입력된 자료, 메모 등이 있다. 여기서의 메모와 녹음, 녹화에 대해 살펴보기로 한다(양정남 외, 2007: 169).

(1) 메모하기

메모(note taking)는 면접의 통합적 부분이다. 메모는 사회복지사의 지난 면접에 대한 기억을 상기시키고 클라이언트가 한 계약이나 사회력에 관한 정보, 전문적인 중요 사항 교환, 해결되었거나 미결로 남아 있는 사항에 대한 정리 등을 기록하기 위해서 필요하다. 그러나 면접의 목적이 메모하는 것보다 우선시되어야 하고 면접 전 클라이언트의 동의를 받아야 한다.

기록을 위하여 사회복지사는 간단히 메모할 수 있다. 메모가 필요한 경우, 좀 더 나은 이해와 면접에 대한 평가 때문에, 혹은 지도 감독을 받기 위해 메모를 하겠다고 미리 클라이언트에게 양해를 구하는 것이 좋다.

메모의 장점은 첫째, 면담 중에 메모를 많이 할수록 종결 후에는 기록을 작성하기가 편리하다. 둘째, 클라이언트가 요구하는 서비스나 중요한 사건에 대해서 통보하거나 주의를 환기시킬 때 사용될 수 있다는 것이다. 메모의 단점은 면접의 상호작용에서 주의를 산만하게 할 가능성이 있으며 시선을 종이 위에다 둘 경우 중요한 비언어적 정보를 잃을 수도 있다는 것이다. 또한 클라이언트로 하여금 어떤 내용에 대해 선택적으로 집중하도록 할 위험이 있고 클라이언트의 방어심리를 조장할 수도 있다. 따라서 메모의 작성요령은 클라이언트에게서 시선을 돌리거나 종이를 보지 않고 신중히 메모하는 것이다. 또한 면접의 단편적 내용을 적절하게 기억할 수 있도록 주요 어구나 낱말을 적는다(양정남 외, 2007: 169-170).

(2) 녹음, 녹화하기

녹음이나 녹화는 면접의 전 과정을 기록해 주기 때문에 메모를 하는 것에 비해 훨씬 더 효과적으로 활용될 수 있다. 녹음이나 녹화 역시 메모와 마찬가지로 클라이언트에게 사전 동의를 구하여야 한다. 녹음과 녹화(tape recording & video taping)는 메모하는 것보다 모든 대화의 내용을 기록하여 제공하기 때문에 효과가 있으나 녹음은 채록하는 데 많은 시간과 노력을 요구한다. 녹화는 최근 들어 상담과 면담의 기술을 향상시키기 위한 방법으로 많이 쓰이고 있다.

(3) 시청각 자료의 이용

비디오나 오디오를 통한 촬영과 녹음 등은 클라이언트에게 유익한 피드백을 제공할 수 있다. 왜냐하면 클라이언트 자신의 상호작용을 있는 그대로의 생생한 그림으로 보여주기 때문이다. 예를 들어, 클라이언트가 자신의 목소리를 듣게 되었을 때 자신이 분명하게, 알아들을 수 있을 만큼 큰 소리로 말하지 않는다는 것을 알 수 있을 것이다. 시청각 자료 이용 시 유의사항은 다음과 같다.

① 반드시 클라이언트의 허락을 받아야 한다. 클라이언트는 녹화 초기에 불편해할 수도 있지만 몰입하면 녹화한다는 사실을 잊게 된다. 특히 첫 녹화 이후에는 의식하는 정도가 현저히 줄어들 수 있다. 슈퍼바이저가 한쪽에서만 볼 수

있는 일방경(one way mirror)을 통해서 상담장면을 관찰하면서 피드백을 주는 경우에도 클라이언트에게 허락을 받아야 한다.

② 녹화된 회기(session)를 요약하여 기록하여야 한다.

③ 슈퍼바이저와 함께 테이프의 요약기록을 검토하여야 한다.

④ 슈퍼바이저와의 토론을 통하여 배운 것을 업무에 적용하고, 기관이 사용하는 양식대로 보고서를 작성하여야 한다(양정남 외, 2007: 174-175).

2) 기록의 활용

(1) 기록의 내용(Kirst-Ashman & Hull, Jr., 1999)

① 의뢰와 방문이유

② 문제의 본질

③ 기관에 대한 클라이언트의 기대

④ 클라이언트의 동기 및 기관의 서비스를 활용할 능력

⑤ 클라이언트의 사회적 자료(생년월일, 종교, 직업, 몸무게, 주소, 연락처, 발달단계, 교육과 직업력, 건강, 가족력 등)

⑥ 클라이언트 상황에 대한 사정

⑦ 목표

⑧ 계약

⑨ 개입전략

⑩ 클라이언트와 사회복지사의 상호작용 정도, 진전 상황, 목표 달성의 잠재적 혹은 실제적 장애

⑪ 추후 관리 계획

(2) 기록의 활용

캐글(Kagle)에 따르면, 문서화된 기록의 활용도는 다음과 같다(Kagle, 1995; 홍순혜 외

역, 1997: 18-22).

① 클라이언트의 욕구 확인: 기록된 내용을 통해 클라이언트가 어떤 심리적, 사회적, 환경적 욕구가 있는지를 알 수 있다.

② 서비스 내용의 보고: 어떤 서비스가 제공되었는지 기록을 근거로 보고한다.

③ 사례의 지속성 유지

④ 전문가 간 의사소통의 원활화: 기록된 내용을 서로 공유함으로써, 클라이언트의 문제 해결을 위한 개입의 방향에 관하여 전문가들 간의 의사소통 원활

⑤ 클라이언트와 기록 공유

⑥ 지도감독, 자문, 동료 검토의 원활화

⑦ 서비스의 과정과 효과의 점검

⑧ 학생과 다른 전문가들에 대한 교육

⑨ 행정적 과업을 위한 자료 제공

⑩ 조사를 위한 자료 제공

3) 기록의 유형

기록의 유형에는 현재 다양한 기록체계가 존재하지만 여기서는 최소기본기록, 요약기록, 이야기체기록, 구조적 기록으로 과정기록, 문제중심기록, 목표중심기록에 대해서 알아보고자 한다(Epstein, 1985).

(1) 최소기본기록

최소기본기록(minimum basic recording)은 단순하고 경제적인 기록 양식이다. 이 기록 유형은 먼저 기본적인 신상정보, 즉 클라이언트의 이름, 주소, 전화번호, 직업과 수입, 그리고 가족이나 친척의 주소와 전화번호를 포함한다. 그리고 면접 날짜와 주요한 클라이언트 문제, 목적, 개입계획, 클라이언트의 반응, 탐색이 필요한 영역, 필요한 자원, 클라이언트를 위해 필요한 행동, 종결 상태를 기록한다(조휘일 외, 2000: 152).

(2) 요약기록

요약기록(summary recording)은 일반적으로 사회복지기관에서 가장 많이 사용되는 기록형태로 시간의 흐름에 따라 변화된 상황, 개입활동, 중요한 정보 등을 요약하여 기록하는 것이다. 요약기록은 날짜와 클라이언트의 기본적인 사항을 적은 뒤 개입 내용과 변화 상황을 간단히 요약하면 된다.

1회의 면접에서 파악한 것을 전체적으로 요점을 정리하여 기술한 방식이며, 압축기록이라고도 부른다. 요약기록을 정리하는 요령은 다음과 같다. 첫째, 면접할 동안 사회복지사와 클라이언트가 한 말을 반복하지 않는다. 둘째, 주된 관점은 클라이언트이며 사회복지사는 진단적 요약, 사회복지사가 받은 인상 또는 사정과 같은 특정 문제와 관찰이나 감정과 분석적 사고를 기록한다. 셋째, 요약기록은 결과를 서술하는 것이지만 보통 사회복지사가 그 결과를 얻기 위해 취한 모든 단계를 서술하지는 않는다(양정남 외, 2007: 172-173).

〈표 9-2〉 요약기록의 예

OOOO년/OO월/OO일 OO 대학병원의 의료사회복지사인 신OO 씨가 어제 아이를 출산한 미혼모 김OO 학생을 아동복지기관인 본 기관에 의뢰했다. 김OO 학생은 17세로 고등학생이다. 부모 중 어머니만 이 사실을 알고 있고 미혼부인 아빠도 18세의 고등학생이다. 어머니는 아이 아빠의 부모를 만났는데 아버지는 외아들이 낳은 아이니 키우겠다고 하나 어머니가 반대하고 있어서 당장 집에서 키울 수 없는 실정이다. 또한 김OO의 어머니는 남편이 이 사실을 알면 난리가 난다고 도와달라고 한다. 아이를 일단 키울 곳이 필요하다며 도와달라고 하여 입소절차를 밟기로 하였다.

출처: 이준우 외(2004: 164)를 토대로 재구성.

(3) 이야기체기록

이야기체기록(narrative recording)은 기본적으로 시간대별로 할 수 있고 또한 요약해서 할 수 있다. 시간대별 서술은 일지 형식과 비슷하다. 사건이 있을 때마다 기록을 해 두는 것이다. 그러므로 서비스의 연속성과 전문가 간의 의사소통 면에서 매우 유용하다. 사건 후 한참이 지나서 재구성하는 서술은 정확도와 신뢰도가 떨어지므로 사건 후 바로 기록하는 것이 바람직하다.

이야기체 요약기록(narrative summary recording)은 일정기간별로 서술되는 형태인데 일지 기록을 바탕으로 작성된다. 요약기록을 언제 할지는 세팅에 따라 다양하다. 사례가 종결될 때 단 한 번 만들어지기도 하지만 사례가 한 달 이상 지속된다면, 일지의 양은 너무 많아질 것이고 이때 요약 서술은 매우 유용할 것이다. 시간이 허락된다면 단계별로 요약을 해 두는 것이 좋다. 첫 번째 요약은 문제가 규정되고, 목적이 설정되고, 계획이 성립되었을 때 하는 것이 좋다. 그 다음 개입과정 동안에 한두 번 요약을 해야 하고 종료 상태에서 마무리 요약을 해야 한다. 개입 전반에 관한 이야기체 요약기록의 가이드라인을 아래 〈표 9-3〉에 제시한다. 요약은 모든 접촉 날짜를 기록해야 하고 누구와 어디서 접촉이 이루어졌는지 기록해야 한다. 기록 날짜와 본인의 서명을 남겨야 한다.

한편 구조화된 이야기체기록(the structured narrative record)이 있다. 이 유형은 미리 정해진 기록 양식을 사용한다. 이 기록 유형은 서비스 전달에 가장 핵심이 되는 내용을 포함하는 '기록틀'을 활용하는 것이라고 말할 수 있다. 물론 이 기록틀은 기관에 따라, 실천 분야에 따라 다르게 만들어진다. 구조화된 기록 유형의 주요 이점은 가장 타당하고 유용한 정보만을 간결하게 기록하고 진부한 내용은 최소화하며 초점을 분명히 한다는 것이다(조휘일 외, 2000: 152).

〈표 9-3〉 요약기록의 가이드라인

1. 면접(날짜, 대상, 장소)

2. 문제 탐색

① 처음에 제시된 문제

- 클라이언트에 의해 제시된 문제
- 중요한 타자들에 의해 제시된 문제

- 사회복지사의 판단

② 측정 정보

- 사회적 맥락
- 건강, 정신적 상태
- 성격적 특성
- 문제 상황
- 측정 요약

3. 표적문제, 계약, 개입

① 개입에 대한 소개

- 클라이언트에게 소개
- 클라이언트의 반응
- 클라이언트의 노력에 대한 사회복지사의 판단

② 보충적 또는 재측정된 정보 : 사회적 맥락, 건강, 정신상태, 성격, 문제 상황

③ 개입 전략 요약

④ 계약 조건

- 클라이언트의 표적문제 우선순위
- 우선순위가 설정된 방식

⑤ 계약

- 표적문제
- 계약 날짜
- 회합 스케줄
- 기간
- 목적(일반적 과제)
- 개입 계획

4. 개 입

① 클라이언트 수행

- 할당된 과업
- 성취 정도
- 장애물
- 장애물의 해결 : 계획 및 수행된 개입 그 결과
- 새로이 할당된 과업 : 그 이유

② 표적문제의 상태

- 처음과 비교해서 변화된 정도
- 전체적인 문제 상황의 상태

③ 사회복지사의 수행 점검

5. 종결

① 문제 상태 ② 남아 있는 문제에 대한 계획 ③ 추후 지도 계획

6. 기타 필요한 정보

출처: 조휘일 외(2000: 153-154).

(4) 과정기록

과정기록(process recording)은 사회복지사와 클라이언트가 면접하는 동안 일어난 모든 것들을 대화형태 그대로 기록하는 것이다. 이러한 기록은 교육 및 지도감독 시에 매우 유용하게 사용되나 시간과 비용이 많이 소모된다는 한계를 가지고 있다. 과정기록은 사회복지사와 클라이언트의 상담전개과정을 시간적 흐름에 따라 기술하는 방식으로 클라이언트가 말한 내용, 행동한 것, 사회복지사가 말한 내용과 느낌을 포함한다. 즉, 기록의 정리방식이 연극의 대본과도 유사하다.

〈표 9-4〉 과정기록의 예

면담 내용	사회복지사의 코멘트
• 사회복지사 : 이렇게 오시기가 쉽지 않으셨을 텐데, 어떤 점이 달라지고 도움이 되시면 여기 오기를 잘했다고 하실 것 같으신가요?	클라이언트 가족의 문제와 욕구를 탐색하기 위한 질문 시도
• 남편 : 저는 뭐 이렇게까지 할 것까지는 없다고 생각하는데 애들 엄마가 꼭 한 번만 같이 가달라고 해서…….	가족의 문제로 다른 사람의 도움을 받는 데 대한 양가감정의 표출
• 사회복지사 : 아, 그러세요? 그럼 선생님은 부인의 의견을 존중해서 부인의 부탁을 들어주시려고 하신 거네요?	남편의 양가감정 해소를 위해 문제를 부인의 의견으로 긍정적 재구조화
• 남편 : 아, 뭐, 그렇다고 할 수도 있고요, 아내가 워낙 아이들 문제에 관심이 많아서, 좀 지나치다 싶거든요. 그냥 내버려 두어도 될 것 같은데…….	부부 사이의 부모 역할에 대한 의견 차이 표출
• 사회복지사 : 네, 두 분이 모두 자녀에게 관심이 많으신가 봐요, 그런데 기르는 방법에 대해서는 다른 생각을 가지고 계신 것 같은데요.	내담자의 의견을 지지하고 숨겨진 감정의 표출을 도움
• 남편 : 그러…….	
• 아내 : (남편의 말을 가로채면서) 이 사람은요. 아이들에게 전혀 관심이 없어요. 요즘에 얼마나 부모가 열심히 해줘도 잘 안 되는 세상인데 도대체 집안일에는 관심도 없다고요.	내담자 부부의 관계 유형과 의사소통 유형을 엿볼 수 있음. 조금 더 탐색할 필요가 있음.
(이하 생략)	

출처: 양정남 외(2007: 172).

원조과정이나 클라이언트와 사회복지사의 상호작용 과정을 있는 그대로 기록하는 방법인 과정기록의 장점은 사회복지사가 스스로 자신이 수행한 사회복지실천과정과 결정한 내용들을 분석하고 그 내용을 개념화하고 조직할 수 있다는 점이다. 그래서 개입의 목적을 명확하게 하고 기술능력을 향상하는 데 도움이 된다. 반면, 기록에 시간이 너무 많이 소요되고, 실제 내용을 간접적이고 불완전하게 왜곡하여 기록할 수도 있다. 주로 실습생이나 수련생의 교육목적으로, 자신의 발전에 필요한 사례를 선택하여 사용한다. 과정기록 방법은 면담 내용을 대화체로 참석자가 한 말을 그대로 옮겨 기록한다. 그리고 옆 칸에는 사회복지사가 관찰한 클라이언트의 행동과 그 때 사회복지사가 느낀 감정 등을 기록한다.

(5) 문제중심기록

문제중심기록(problem-oriented record; POR)은 더욱 정교하고 진일보한 기록 방법으로 단순히 기록 차원을 넘어 문제 해결 접근방법을 반영한다. 이 방식은 원래 병원에서 의료 기록을 표준화하고 이에 대한 일치 정도를 점검하기 위한 방법에서 유래되었다. 이 방법은 1960년대에 병원에 소개되었고 그로부터 약 10년 후 정신의료 분야에도 소개되었다. 부분적으로 다양한 서비스 분야에도 보급되었다.

문제중심기록(POR)은 주로 의료 분야와 같은 다학문적 접근을 하는 세팅에서 사용된다. 보건 및 정신보건 세팅에서 광범위하게 사용하는 형식이며 다음과 같은 네 가지 주요 부분으로 나눈다.

① **데이터베이스**(data base) **구축**: 수집된 자료와 정보

② **문제목록**: 자료수집 과정 동안 정의된 모든 문제의 목록 작성

③ **초기 계획**: 서비스 제공자들은 목록으로 작성된 문제들의 각각에 대한 계획 수립

④ **진행노트**: 계획이 세워지고 실행된 이후에 진행과 변화는 문제번호와 제목에 따라 메모하여 개입 시작부터 클라이언트의 조건이 어떤지 분명하게 보여주고, 계획을 기록하며, 무엇이 수행되고, 클라이언트가 어떻게 반응하는지를 서술하

며, 마지막으로 종료 단계에서 클라이언트의 상황을 서술하게 되는 이 방법은 초점을 극대화하고 효율성을 향상시킨다.

문제중심기록은 다양한 구조를 갖고 있다. 문제중심기록 체계를 창출하는 한 방식은 틀을 따라 서술하는 것이다. 또 하나의 방식은 극도로 구조화시키는 것으로서 자료수집, 문제 규정, 계획, 점검을 위한 일련의 체크리스트와 측정 도구를 포함시키는 것이다. 기본적으로 문제중심기록은 측정 도구와 코멘트를 조합하는 기록 양식이라고 하겠다.

POR처럼 구조화된 기록의 단점은 너무 기계적이라는 것이다. 클라이언트를 총체적으로 보는 점이 부족하고 문제를 단순화시킨다는 것이다. POR은 간결한 정보 서술이 장점이지만 같은 것을 지속적으로 체크하고 코멘트함으로 인해 반복적이라는 지적이 있다(조휘일 외, 2000: 156).

이러한 기록의 방법에는 SOAP 방식이 있다. 일반적으로 SOAP는 POR(문제중심기록)에서 나왔으나 POR체계와는 독립적으로 사용될 수 있다. 서로 다른 전문직 간에 의사소통 역할을 해줌으로써 협조체계를 더 공고하게 한다는 장점이 있다. 그리고 문서화된 문제를 중심으로 계획을 진행하고 추후 점검할 수 있어 책임감을 높여준다. 단점은 문제에 초점을 두기 때문에 클라이언트의 장점이나 자원은 간과할 수 있다는 점이다. 또 개인과 환경의 상호작용을 문제를 중심으로 단순화할 가능성이 있다.

SOAP 기록방식은 다음과 같은 특징이 있다.

① S(Subject Information: 주관적 정보) : 클라이언트와 가족들이 주관적으로 기술하는 정보

② O(Object Information: 객관적 정보) : 사회복지사가 관찰한 클라이언트에 대한 객관적인 정보

③ A(Assessment: 사정) : 견해, 해석, 사정을 포함

④ P(Plan: 계획) : 문제 해결을 위한 계획

〈표 9-5〉 SOAP 기록

1. **주관적 정보**(Subjective Information : S) : 환자 또는 직계가족이 자기보고하는 것으로서 주소, 증상, 병력 등을 기재한다. 즉, 주관적 정보는 클라이언트가 상황을 어떻게 인식하고 느끼는지를 나타낸다. 여기에 기록될 수 있는 내용은 다음과 같다.
   ① 환자의 병력
   ② 환자의 생활양식이나 가정생활
   ③ 환자의 정서나 태도
   ④ 환자의 목표
   ⑤ 환자의 치료에 대한 반응
   ⑥ 환자의 사례나 현 상태에 관련된 다른 정보
2. **객관적 정보**(Objective Information : O) : 전문가의 직접적 관찰, 임상적 실험, 체계적 자료수집 등에 의해 얻어지며, 주관적 정보와 비교해 볼 때 이러한 자료는 독립적으로 검증될 수 있다. 여기에 기록될 수 있는 내용은 다음과 같다.
   ① 의료기록지에서 나온 환자의 병력이나 현 문제와 관련된 환자의 병력
   ② 객관적 검사 또는 측정이나 관찰의 결과인 정보
   ③ 이미 환자에게 제공되는 치료
3. **분석평가**(Assessment : A) : 위의 두 가지 정보를 토대로 한 판단, 진단 및 예후에 대한 전망, 평가를 분석 · 정리하고 그 결과에 의하여 클라이언트의 문제에 대한 자신의 생각을 설명한다. 즉, 치료진의 견해(impression), 해석(interpretation), 사정(assessment) 등이 포함된다. 여기에 기록될 수 있는 내용은 다음과 같다.
   ① S정보와 O정보 사이의 관계
   ② 단기목표 혹은 치료계획에 대한 정당화
   ③ 환자의 주요 문제들에 대한 명확화
   ④ 치료에 있어서 환자의 진전(혹은 비진전)에 대한 토의
   ⑤ 환자의 재활 가능성과 이유에 대한 토의
4. **계획**(Plan : P) : 앞으로의 진단과 치료에 대한 계획, 클라이언트나 가족에 대한 교육계획 및 추적계획이 포함된다. 즉, 전문가가 특정한 문제를 제기하거나 해결하는 방법을 나타낸 것이다. 이러한 계획은 행동으로 도울 수 있는 것이어야 한다. 일반적으로 여기에 기록될 수 있는 내용은 다음과 같다.
   ① 하루 혹은 일주일에 환자가 치료받아야 할 횟수

② 치료의 장소
③ 치료의 진전
④ 평가나 재평가에 대한 계획들
⑤ 퇴원계획
⑥ 타 기관에의 의뢰

출처: 양정남 외(2007: 176).

〈표 9-6〉 SOAP 기록의 예

- S : 미희 씨는 첫 남편에게서 남매를 두었고 다른 남자와의 관계를 통해서 현재 5달인 진철이를 낳았다. 지금은 20대 후반의 청년과 동거 중인데 출산을 앞두고 있다. 자신의 운명은 왜 이렇게 한 남자에게 정착하지 못하고 사랑받지 못하는 운명이냐며 하소연한다. 그리고 지금 동거 중인 청년의 직장에 가서 동료 여직원에게 미소를 보였다며 폭행을 해서 경찰서에 불려가기도 했고 동거하는 청년에게는 면허증을 빼앗아 운전을 못하게 한다고 한다.
- O : 순탄치 않은 결혼생활로 남자에 대한 불신이 강하다. 동거남에게서 독점적인 사랑을 받고자 한다.
- A : 불우하게 성장한 미희 씨는 원치 않는 결혼으로 남매를 낳았고 자신이 정말 사랑하는 사람을 만나고자 다른 남자를 만나 교제하다가 임신을 했으나 버림받았다. 그 이후 연하의 청년을 만나 동거 중인데 그 청년이 자신을 떠날까봐 두려워하고 있고 의부증 증세가 심해지고 있다.
- P : 1. 동거남과의 면담 : 동거남의 의중 파악
  2. 커플상담 : 동거남의 의견을 토대로 신뢰관계 형성
  3. 미희씨 면담 : 동거남에 대한 신뢰관계 진전사항 파악
  4. 커플상담 : 동거남과의 지속적인 신뢰관계 향상방안 모색

출처: 이준우 외(2004: 166).

(6) 목표중심기록

목표중심기록(Goal-Oriented Record; GOR)은 1970년대에 개발되었다. 목표중심기록은 과제중심모델이나 목표성취척도(goal-attainment scaling)로부터 발전을 보게 되었다. 목표중심기록의 특징은 목표의 구체화이다. 클라이언트의 목표 성취를 돕기 위한 과

업이나 활동의 기록도 또한 특징이다.

두 가지 강조점이 있는데 문제에 대한 구체적 기록과 목적에 관해 구체적으로 기록하는 것이다. 목표를 성취하기 위한 과제가 점검된다(조휘일 외, 2000: 156).

4) 기록의 관리

면접기록은 클라이언트 개인에게는 대단히 소중한 내용일 수 있다. 클라이언트 자신만이 간직하고 싶은 이야기를 사회복지사와의 대화 속에 노출하기도 하기 때문에 클라이언트와 면접하는 사회복지사는 기록의 관리를 철저히 해야만 한다. 기록된 파일을 책상 위에 놓고 자리를 비우거나 기록이 컴퓨터 화면에 노출되어 있는 상태에서 자리를 비우는 일 등은 사회복지사로서 자질을 의심케 하는 사례가 될 수 있다. 어떠한 형태의 기록이든 사회복지사는 신중하고 철저하게 관리함으로써 클라이언트의 비밀을 보장해야 할 의무와 책임이 따른다(이준우 외, 2004: 166-167).

요 약

본 장에서는 사회복지실천을 위한 면접에 관하여 살펴보았다.

첫 번째로 면접의 기본 이해로 사회복지면접의 특성, 목적, 조건, 종류, 그리고 면접의 과정에 관해 살펴보았다.

맥락과 장, 목적과 방향, 계약, 특정한 역할 관계 등의 면접의 특성에 관하여 살펴보았다.

클라이언트의 문제를 파악하고 문제 상황에 처한 개인과 그 상황을 이해함으로써 문제를 효과적으로 해결하고자 하는 면접의 목적이 있다.

물리적 조건, 면접시간, 라포 형성 등을 포함하는 면접의 조건에 관해 살펴보았다.

사회복지면접의 종류에는 정보수집 면접, 사정 면접, 치료적 면접이 있다.

면접의 과정은 시작단계, 중간단계, 종결단계를 거쳐 진행된다.

두 번째로 사회복지면접의 기술을 다음과 같이 설명하였다.

관찰기술, 경청기술, 질문기술, 초점 제공과 유지 및 해석기술, 반영과 명료화 및 직면기술, 부연기법, 요약, 정보 제공 및 조언 등에 대하여 구체적으로 살펴보았다.

세 번째로 사회복지면접의 기록에 대하여 살펴보았다.

기록의 형태로 메모, 녹음, 녹화 등을 이용하여 기록을 남긴다.

기록의 내용과 문서화된 기록의 활용도를 살펴보았다.

다음으로 기록의 유형에 관하여 살펴보았다.

최소기본기록, 요약기록, 이야기체기록, 과정기록, 문제중심기록, 목표중심기록 등을 간략하게 살펴보았다.

그리고 기록의 관리에 대하여 살펴보았다.

토의문제

1_ 사회복지면접의 조건에 관하여 소집단에서 기술하고 토론해 보시오. 그리고 라포(rapport) 형성이 미치는 영향에 관하여 서로 토론하여 보시오.

2_ 소집단에서 당신이 생활상의 문제로 어려움을 겪었던 상황을 구체적인 예를 들어 기술하시오. 그리고 사회복지면접의 기술을 어떻게 적용하여 도움을 받을 수 있는지 토론하시오.

3_ 각 사회복지면접기록 유형의 차이점에 관하여 소집단에서 기술하고 토론해 보시오.

Theories of Social Work Practice

Chapter 10

사회복지실천의 과정: 초기단계

▌학습목표▐

1. 사회복지실천과정의 초기단계에서의 접수에 관하여 학습하고 이해할 수 있다.
2. 사회복지실천과정의 초기단계에서의 자료수집에 관하여 학습하고 이해할 수 있다.
3. 사회복지실천과정의 초기단계에서의 문제 사정에 관하여 학습하고 이해할 수 있다.

▌학습목차▐

1. 접수 및 자료수집
2. 문제 사정

1. 접수 및 자료수집

1) 사회복지실천의 5단계

사회복지를 실천하는 과정은 다양하고 복합적인 욕구를 가진 클라이언트들이 스스로의 힘으로는 그 욕구를 해결할 능력이 없어 전문적인 지식과 기술을 갖춘 사회복지사의 도움을 필요로 하는 개인, 가족, 집단에 대해 계획된 원조를 단계적으로 제공하여 문제 해결을 돕는 실천과정이다. 사회복지실천과정은 일정한 과정 또는 단계를 거치게 되며 각 과정에 따라 사회복지사가 수행하게 되는 실천 내용이 구체적으로 요구된다. 사회복지실천과정은 사회복지사가 클라이언트와 클라이언트를 둘러싼 다양한 환경 내의 체계들을 변화시키기 위해 사회복지사의 전문적인 지식과 기술에 기초하여 사례관리의 목적들을 실천하고 달성하기 위해 개입하는 일련의 과정이다. 사회복지실천과정은 많은 학자들이 다양하게 분류하고 명칭도 다르게 사용하며, 이론을 전개하는 입장에 따라 약간의 차이를 보이고 있다. 핀커스와 미나한(Pincus & Minahan, 1973)은 사회복지실천과정을 문제의 사정, 자료수집, 초기 접촉, 현상적 계약, 행동체계, 영향력 행사, 변화노력의 종결과정으로 구분하고 있다. 쉐퍼(Sheafor et al., 1997) 등은 접수와 관계형성, 자료수집과 사정, 계획과 계약, 개입과 모니터링, 그리고 평가와 종결로 구분하고 있다. 헵워스와 라센(Hepworth & Lasen, 1993)은 탐색과 사정 및 기획의 단계, 변화지향단계, 종결과 평가의 3단계로 나누고 있다. 콤프톤과 갤러웨이(Compton & Galaway, 1999)는 자료수집과 사정, 업무 동의, 개입, 평가, 종결의 과정으로 구분하고 있다. 이와 같이 사회복지실천과정은 일반적으로 크게 초기단계, 중기단계, 종결단계로 3단계나 5단계 혹은 7단계로 구분하기도 하는데 각 과정은 서로 겹치거나 순환되기도 한다. 일반적인 실천적 과정 순서를 따라 사회복지실천과정은 ① 접수 및 자료수집 ② 사정 ③ 계획 ④ 개입 ⑤ 종결 및 평가의 단계로 이루어진다고 할 수 있겠다.

커스트-애쉬맨과 헐(Kirst-Ashman & Hull, 1999)은 사회복지실천 전 과정과 계속적인 과정을 다음과 같이 나타내었다.

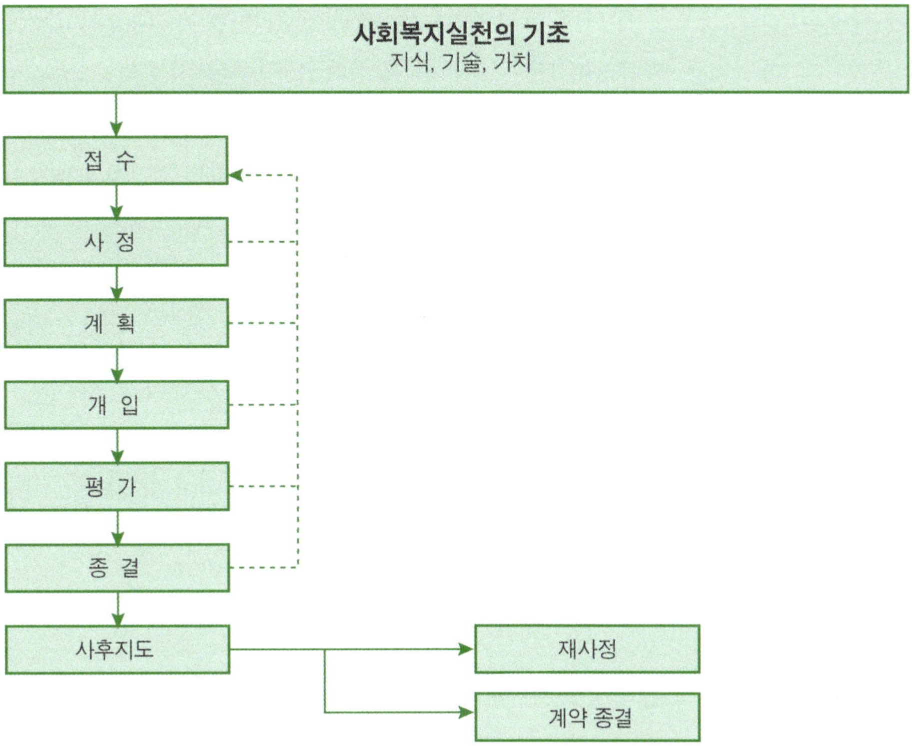

출처: Kirst-Ashman, K. K., & Hull, Jr. G. H(1999).

[그림 10-1] 사회복지실천 전 과정과 계속적 과정으로서의 사정

2) 접수의 개념 및 단계

접수(intake)란 어려움을 가진 사람이 사회복지기관을 찾아왔을 때 사회복지사가 그들의 문제와 욕구를 확인하여 그것이 기관의 정책과 서비스에 부합되는지의 여부를 판단하는 과정이다(양옥경 외, 2005). 접수를 인테이크(intake)라고도 한다. 서비스 수급 적격 여부 심사에는 신청자의 성별과 이름, 연령, 가족관계, 소득수준, 당면한 문제와 기대하고 있는 해결의 방향 등이 고려된다. 기관에서 서비스를 제공할 수 있다고 판단되면 기관을 찾아온 사람은 비로소 클라이언트가 되며 적합한 서비스를 받을 수 있게 된다.

이 단계의 주된 목표는 잠재적 클라이언트의 욕구가 기관의 목적과 서비스 내용에 적합한지 아닌지를 판단하여 접수 여부를 결정하고 접수된 사례의 개입과정에 클라이언트가 최대한 참여하도록 유도하는 것이다.

접수를 통해 그 기관에서 적합한 서비스를 줄 수 있다고 판단될 때, 사회복지사를 찾아온 클라이언트가 되어 그 다음 실천과정인 자료수집, 사정의 단계를 거쳐 적절한 서비스를 받게 되는 것이다.

접수는 원조과정의 최초 단계이며 기관의 서비스 수급 여부를 결정하는 중요한 과정이므로 기관에 따라서는 경험과 지식이 풍부한 접수만을 담당하는 사회복지사를 인테이크 사회복지사(intake worker)라고 한다. 우리나라는 사회복지기관의 인력수급 사정상 인테이크만 담당하는 사회복지사를 채용하는 것이 어려워(양옥경 외, 2005) 일부 전문화된 사회복지기관에서만 접수만을 담당하는 사회복지사를 따로 두기도 한다(김혜영 외, 2010).

3) 접수단계에서 사회복지사의 과업 : 접수 시 사회복지사는 무엇을 해야 하나?

접수단계에서의 사회복지사의 과업은 무엇인가? 접수 시 사회복지사가 실행해야 하는 주요 과업(task)은 문제 확인하기, 의뢰 결정하기, 관계형성하기, 양가감정 수용과 저항감 해소하기, 동기화하기 등이다. 이 과제들은 밀접히 관련되어 있다. 이 책에서는 접수단계에서의 사회복지사가 수행해야 할 주요 과업을 클라이언트의 문제 확인, 의뢰여부 결정, 관계형성, 양가감정 수용과 저항감 해소로 보고 구체적인 과정 및 그에 따른 개입기술들은 다음과 같다.

(1) 클라이언트의 문제 확인

접수 시 문제 확인이란, 내담자의 문제, 즉 잠재적 클라이언트의 문제와 욕구, 기관에 기대하는 바가 무엇인지 확인하는 것이다. 문제의 확인은 현재 클라이언트가 호소하는 문제와 이와 관련해서 클라이언트가 드러내는 감정에서부터 시작한다.

그 문제의 성격이 어떤 것인지, 그리고 그 문제가 클라이언트에게 얼마나 중요한 것인지, 무엇 때문에 이런 문제가 발생했는지 그 원인에 대한 탐색을 하게 된다. 클라이언트가 호소하는 문제가 때로는 근본적인 문제가 아닐 때도 있고 같은 문제에 주어진 의미가 클라이언트마다 다르게 나타날 수 있다.

사회복지사는 접수를 통해 클라이언트의 문제와 욕구, 개입을 통해 기대하는 바를 명확히 파악하여 클라이언트의 욕구가 기관의 자원과 정책에 부합되는지 여부를 판단하여야 한다. 동시에 사회복지사는 클라이언트에게 기관의 목적과 사회복지사의 역할, 그리고 기관에서 제공할 수 있는 서비스에 대해 명확히 설명해 주어 클라이언트의 원조 신청에 도움이 되도록 하여야 한다.

(2) 의뢰 여부 결정

의뢰(referral)는 잠재적 클라이언트인 신청자가 원하는 서비스를 해당 기관의 서비스 범위를 벗어나는 일이거나 더 적합한 기관이 있을 경우, 클라이언트에게 그 의뢰 기관을 소개하여 서비스를 연결시켜 주는 일이다. 의뢰서비스는 접수의 또 다른 과업이다. 이때 사회복지사는 클라이언트가 요구하거나 기대하는 바가 해당 기관의 기능과 정책에 맞지 않는다면 서비스를 제공할 수 없는 이유를 충분히 설명하고, 그 서비스를 받을 수 있는 기관에 의뢰한다.

성공적인 의뢰를 위한 지침은 다음과 같은 특성을 지닌다.

- 클라이언트의 동의를 얻은 후 의뢰를 결정한다.
- 클라이언트를 단순히 다른 기관으로 가도록 하는 것이 아닌 그 이상의 것을 제공함을 의미한다. 기관의 위치, 기관의 전화번호, 서비스 내용, 찾아가는 방법과 접촉할 담당자 등 서비스에 대한 구체적인 정보를 제공하고 그 기관과 접촉할 수 있도록 도와주어야 한다.
- 클라이언트가 있는 자리에서 의뢰하는 기관의 담당자와 전화를 하고, 가능하면 클라이언트와 담당자가 직접 통화할 기회를 제공한다.
- 클라이언트가 다른 기관에 의뢰되는 것에 대해 거부감, 두려움을 느끼지 않도

록 정서적 지지를 해 주어야 한다.

- 사후 의뢰된 기관에서 클라이언트가 서비스를 적절히 받고 있는지에 대한 사후 확인도 필요하다.

따라서 사회복지사는 클라이언트에게 기관의 서비스에 대해 정확한 정보를 제공하고 그 기관의 담당자와 접촉할 수 있도록 지원해야 한다. 뿐만 아니라 의뢰한 후 클라이언트가 그 기관에서 적절한 서비스를 받고 있는지 반드시 확인한다(양옥경 외, 2005).

(3) 관계형성(=라포 형성)

접수단계에서 클라이언트는 기관과 사회복지사에 대한 첫인상을 갖게 되고 이 첫인상이 클라이언트의 앞으로의 사회복지실천과정의 참여에 영향을 주게 된다. 일반적으로 사회복지기관에 찾아오는 클라이언트는 개인적 차원의 문제 해결과정에서 이미 낳은 실패를 경험하고 도움을 요청하러 오는 경우가 많기 때문에 이들의 저항, 양가감정, 회의감, 무력감, 수치감, 절망감 등과 같은 감정에 잘 대응할 수 있도록 준비해야 한다.

따라서 사회복지사는 클라이언트가 초기에 경험할 수 있는 두려움, 불안, 양가감정, 저항감 등을 해소하기 위해 서로에게 호의적이고 긍정적인 경험이 될 수 있도록 상호 긍정적 친화관계를 형성하도록 노력해야 한다. 이를 관계형성 혹은 라포(rapport) 형성이라고 한다. 라포를 통해 클라이언트는 사회복지사가 자신을 이해하고 자신의 복지에 진심으로 관심을 가지고 있다고 느끼는 것이다(Hepworth & Larsen, 1997: 26). 라포의 성립이 성공적이면 이를 통해 앞으로 클라이언트가 개입과정에 보다 적극적으로 참여하도록 유도할 수 있게 된다.

클라이언트의 참여는 성공적인 개입의 필수적인 조건인데 사회복지실천현장에는 자발적인 클라이언트도 있지만, 사회복지 관련 기관의 전문적인 서비스를 받도록 강요받은 사람인 비자발적인 클라이언트도 많기 때문에 라포의 성립을 통해 참여를 유도하는 것은 사회복지사의 매우 중요한 능력이다.

비자발적인 클라이언트의 참여를 유도하게 하기 위해서는 클라이언트가 기관에 참여해야 하는 이유에 대해 사실적 정보를 제공하는 것이 필요하며, 클라이언트와의 관계형성, 동기화, 저항감 해소와 양가감정의 수용과 같은 과업이 요구된다.

사회복지실천과정에 참여하게 되는 클라이언트는 사회복지사와의 관계가 중요하다. 관계형성을 통해 클라이언트는 자신의 문제를 솔직하게 표현하고 개입과정에 적극적으로 참여하게 된다.

관계는 기본적으로 다음과 같은 특성을 지닌다(Sheafor et al., 1991; Kirst-Ashman & Hull, 1993 : 49-53 ; 김융일 외, 1995 : 184-185).

① **감정이입**(empathy) : 감정이입이란 다른 사람의 경험과 기분을 이해하는 능력이다.

② **인정**(positive regard) : 인정이란 외향이나 행동, 그들이 처한 환경과 무관하게 모든 클라이언트들을 가치 있는 존엄한 존재로 믿는 것을 의미한다.

③ **온정**(warmth) : 클라이언트가 안정감을 느끼고 자신이 수용되며 이해되고 있음을 알 수 있도록 만드는 사회복지사의 태도를 의미한다.

④ **진실성**(genuineness) : 진실성이란 자기 자신의 있는 모습 그대로의 거짓 없고, 방어적이지 않으며, 일관되고 솔직하게 드러내는 태도이다.

(4) 양가감정 수용과 저항감 해소

① 양가감정 수용

양가감정(ambivalence)이란 '변화를 원하는 마음과 변화를 원하지 않는 마음이 동시에 공존하는 마음 상태'를 의미한다. 클라이언트의 변화에 앞서 누구나 양가감정을 가질 수 있고 이런 마음을 갖는 것이 자연스러운 것임을 알려주어 클라이언트가 이를 표현할 수 있도록 한다.

② 저항감 해소

변화에 대한 저항감(resistance to chance)이란 '변화를 하지 않으려는 마음' 혹은 '도움을 수용하기 꺼리는 마음'을 의미한다. 저항감은 변화에 대한 두려움과 변화가 불가능하리라는 생각에서 비롯되며 개입과정에서 비협조적인 태도나 행동 등으로 표현된다. 사회복지사가 클라이언트의 양가감정을 수용해주면 클라이언트의 저항감이 해소될 수 있다. 클라이언트들의 저항감 해소를 위한 지침은 다음과 같다.

- **변형된 오류 수정하기**: 내담자가 잘못 이해하고 있는 부분을 해결한다(정보, 한계, 논리적 오류 수정하기).
- **친숙해지기**: 내담자와의 라포 형성에 집중한다.
  사회복지사는 클라이언트를 이해하고 있음을 알리고, 클라이언트와 함께 문제를 풀어나갈 의도를 갖고 있는 공동체 느낌이 있다면 친숙해진다. 사회복지사는 가능한 한 빠르게 내담자의 강점에 역점을 두고 상담을 한다.
- **은유 사용하기**: 저항적인 내담자에게 의사소통의 장치로서 이야기나 일화 등을 사용하여 우회적으로 문제를 파악한다. 마음 내켜 하지 않고 저항적인 클라이언트에게 의사소통의 장치로서 이야기나 일화 등을 사용할 수 있다. 이야기 경험은 내담자의 문제를 그대로 대신할 수 있는데 그러한 이야기에는 시, 소설, 동화, 신화, 우화, 비유, 영화 등을 들 수 있다.
- **대결하기**: 클라이언트의 직접적인 문제점을 파악한다.
  클라이언트를 달래고 공격하기 전략으로 구체적인 행위를 지적해야 하는데, 노련한 솜씨로 공격하고 유머와 과장은 이러한 장면을 완화하기 위해 사용된다.

4) 접수 시 확인할 내용 및 유의사항

접수 내용을 기록하는 양식을 초기면접지(intake sheet)라고 하며 사회복지사가 본격적인 개입을 준비할 때 필요한 정보를 제공해 준다. 초기면접지 자료들을 정확하게 잘 파악하는 것은 사회복지사의 과업이며 초기면접지를 통해 클라이언트에 대한 이해와 일차적인 수준의 개입계획을 그려볼 수 있다. 숙련된 사회복지사는 초기면접지의 자료만으로도 많은 정보를 유추해낼 수 있다.

초기면접지에는 클라이언트의 기본 정보, 가족사항, 도움 요청 사항, 면접자의 평가 등을 기록하게 된다. 초기면접지 작성하는 방법, 즉 접수 시 확인할 내용과 접수 시 유의사항은 다음과 같다.

(1) 접수 시 확인할 내용

① **클라이언트에 대한 기본 정보**: 이름, 성별, 나이, 결혼관계, 주소, 전화번호, 직업, 교육 정도 등

② **가족관계**: 동거 중인 가족을 중심으로 가족원의 이름, 나이, 직업, 교육 정도, 종교, 관계(정서적) 등

③ **주요 문제**: 클라이언트가 사회복지사의 도움을 청하게 된 문제, 현재 겪고 있는 어려움이 언제부터 어떤 과정으로 지속되었는지에 관한 내용 등

④ **기관에 오게 된 동기 및 경로**: 누구의 권유 혹은 소개로 오게 되었는지 등

⑤ **의뢰 이유**: 타 기관 혹은 가족으로부터의 의뢰된 경우일 경우, 의뢰한 이유

⑥ **이전의 사회복지서비스 경험**: 과거 어떤 사회복지기관에서 어떤 서비스를 받은 경험이 있는지에 대한 내용

(2) 접수 시 유의사항

클라이언트에 관한 자료수집 및 사정과정에서 사회복지사가 명심해야 할 원칙은 다음과 같다(Kirst-Ashman & Hull, 1993; 김융일 외, 2000 재인용).

① 자료수집 및 사정과정에서 클라이언트의 참여가 절대적으로 필요하다. 성공적인 원조를 위해서는 클라이언트의 문제를 정의하는 것에서부터 우선순위를 결정하기까지 클라이언트의 참여가 중요하다.

② 클라이언트의 강점을 평가한다. 자칫하면 클라이언트의 문제에만 관심을 갖기 쉬우므로 클라이언트의 강점을 확인하여 문제 해결방안을 모색하는 것도 중요한 과제가 된다.

③ 한 가지 문제만 갖고 있는 클라이언트는 거의 없기 때문에 클라이언트의 문제를 다양하게 규정할 수 있어야 하며, 문제의 심각성에 따라 우선순위를 정해야 한다.

〈표 10-1〉 초기면접 상담기록지 양식

초기면접 상담기록지

○ 접수번호: ○ 접수 일시: 20 년 월 일

<table>
<tr><td>클라이언트</td><td></td><td>연령</td><td></td><td>성별</td><td></td></tr>
<tr><td>연락처</td><td></td><td>주소</td><td colspan="3"></td></tr>
<tr><td>가족 구성원</td><td colspan="5"></td></tr>
<tr><td>의뢰(참여) 경위</td><td colspan="5"></td></tr>
<tr><td>주호소문제</td><td colspan="5"></td></tr>
<tr><td>사회복지사 소견</td><td colspan="5"></td></tr>
<tr><td rowspan="2">상담 결과</td><td colspan="5">서비스 계획
• 주서비스 내용:
• 담당 직원:</td></tr>
<tr><td colspan="5">타 기관 의뢰
• 의뢰 기관:
• 의뢰 사유:</td></tr>
<tr><td colspan="6">• 사회복지사: (인) / • Supervisor: (인)</td></tr>
</table>

그 외에도 클라이언트에 관한 자료수집 및 사정과정에서 사회복지사가 명심해야 할 유의사항은 잠재적 클라이언트에게 기관의 목적과 사회복지사의 역할, 기관에서 제공 가능한 서비스의 종류와 내용에 대해 정확하게 설명한다. 그 이유는 서비스를 기대했다가 막상 받지 못하면 실망하고 참여 동기가 약화될 수 있으며, 기관 및 사회복지사를 불신하기 때문이다. 또한 접수 시 클라이언트를 개별화한다. 특정 문제를 가진 사람으로 유형화해서는 안 된다.

5) 자료수집

(1) 자료수집의 개념: 자료수집이란 무엇인가?

접수단계에서 자료수집은 클라이언트의 문제를 이해하고 분석하며 문제를 해결하는 데 필요한 자료를 모으는 활동이다. 즉, 자료수집 및 사정이란 클라이언트의 문제에 개입하기 위하여 상황에 관한 개인과 그의 환경에 관한 객관적 자료를 확보하려는 활동이다. 이를 기초로 하여 클라이언트의 문제를 면밀하게 이해하는 과정이기 때문에 문제 해결을 하기 위해서는 좀 더 자세한 자료가 필요하며 이는 필수 불가결한 과정이다.

(2) 자료수집의 특성

자료수집은 사회복지실천 개입의 전 과정에서 이루어지나 특히 접수단계에서 가장 집중적인 실천활동이다. 또한 자료수집은 사정을 위해 먼저 수행되기도 하지만 자료수집과 사정은 거의 동시에 순환적・반복적으로 이루어진다. 클라이언트를 만나는 순간부터 종결하는 순간까지 사회복지사는 클라이언트로부터 끊임없이 자료를 수집한다. 자료수집단계에서 수집한 자료를 바탕으로 사정이 진행되기 때문이다. 사정(assessment)은 잠정적인 결론에 도달하기 위해 수집된 정보로부터 사회복지사가 추론하는 사고과정이다(Sheafor & Horejsi, 2008). 즉, 객관적이고 사실적인 자료를 해석하고 의미를 부여하고 실천적 개입을 위한 함의를 도출해 나가는 활동이라 할 수 있다. 자료수집과 사정과정에서 클라이언트의 문제를 좀 더 잘 이해하고 실천적 개입을 위한 함의를 도출해 나가려면 클라이언트 문제의 심각성과 영향력에 대해 현실적인 인지 정도와 문제가 일상생활에 미치는 정도는 어떠한지 이해하기 위해서는 좀 더 다양하고 자세한 정보가 필요하고 필요한 자료를 수집 및 보완해 나간다. 이러한 특성으로 인해 자료수집을 사정의 하위 활동으로 포함시키기도 한다(Hepworth et al., 2010).

(3) 자료수집단계의 사회복지사의 과업

자료수집단계에서 사회복지사의 과제는 개입 가능성을 판단하고 개입에 도움을 될 수 있는 자료를 모으는 것이다. 도움을 받으러 온 클라이언트를 도와주기 위해서는 먼저 클라이언트가 어떤 상태에 있는지를 파악해 나가는 과정이 필요하다. 특히 클라이언트의 해결능력은 어떠한지에 대한 정보 수집이 필요한데 클라이언트를 아무리 도와주고 싶어도 그 사람이 처한 개인적·사회적 상황과 여러 가지 사실들을 파악하지 않고는 어떠한 개입도 함부로 하기 힘들기 때문이다. 이러한 정보 수집과 측정 노력을 통해 사회복지사는 클라이언트의 문제를 사정하게 된다. 따라서 사회복지사는 자료를 수집하면서 문제를 분석하고 또한 분석과정에서 필요한 정보를 수집하게 된다.

(4) 자료수집의 내용 : 무엇에 대해 자료를 수집할 것인가?

- **클라이언트에 대한 기본적인 정보**
- **문제에 관한 정보**: 클라이언트의 문제와 욕구, 문제에 영향을 미친 요인 등 자료수집에서는 문제에 영향을 미친 요인과 문제를 지속시키거나 악화시키는 요인에 대한 정보
- **클라이언트의 개인력**: 개인력은 클라이언트가 살아온 역사이다. 영유아기, 학령기, 청소년기, 성인기, 노년기 등 생애주기에 따른 인간관계, 생활사건, 클라이언트 감정 등에 대한 정보
- **클라이언트의 가족력**: 현재의 가족 상황 및 가족관계, 현재의 가족 구성 및 가족관계 등

- **클라이언트의 기능 수준**: 지적 기능, 정서적 기능, 신체적 기능, 행동적 기능, 대인관계 기능, 업무능력, 문제해결능력 등 클라이언트의 전반적인 기능 수준에 관한 정보
- **클라이언트의 환경**: 사람 및 문제를 둘러싸고 있는 환경에 대한 정보, 클라이언트를 둘러싼 환경 특성에 관한 자료이다. 클라이언트가 현재 이용하고 있는 서비스, 활용 가능한 자원, 친밀한 이웃과 지역사회에 대한 정보, 사회적 관계망, 차별 및 소외 경험, 클라이언트를 둘러싼 환경 속에 있는 한계 등이 포함
- **클라이언트의 강점과 한계**: 문제를 해결하는 데 있어 활용할 수 있는 클라이언트 개인 혹은 클라이언트를 둘러싼 환경 속에 있는 한계, 강점, 동기 등에 관한 정보

(5) 자료수집에 사용되는 정보의 출처

정보를 얻기 위한 자료의 출처는 매우 다양하다. 일반적으로 많이 사용하는 정보의 출처로는 클라이언트가 작성한 양식, 클라이언트의 이야기, 비언어적 행동을 관찰한 내용, 부부 및 가족 간 상호작용을 관찰한 내용, 친척이나 친구 등 주변 사람들로부터 수집한 정보, 심리검사나 평가도구 결과, 의료기록, 클라이언트와의 상호작용을 통한 사회복지사의 경험 등이 해당된다(Hepworth et al., 2010: 181-184). 자료를 수집하는 데 필요한 기술은 우선 자료 출처를 다양하게 파악하여 구성하는 것과 이를 위해 사회복지사와 클라이언트 간의 신뢰관계의 성립이다. 한 가지 자료만 갖고는 클라이언트를 제대로 이해하는 데 한계가 있다. 각 자료들은 장단점을 가지고 있으므로 자료수집을 위한 출처로 다양한 방법을 활용하여 수집하는 것이 필요하다.

① 클라이언트가 직접 이야기한 내용

클라이언트가 직접 말로 한 이야기는 가장 중요한 일차적인 정보이자 정보 제공자로서 가장 중요한 출처이다. 그러나 클라이언트의 진술은 주관적으로 판단하고 말하는 경향이 있어 본인의 편견이나 감정에 의한 왜곡이 있는지 주의하여야 하며 필요시 상담 후 확인과정이 필요하기도 하다.

② 사회복지사가 관찰한 내용 및 클라이언트와의 상호작용한 경험

일반적으로 클라이언트는 평소에 사람들과 상호작용 방식을 그대로 사회복지사에게 나타낸다. 클라이언트가 일상적인 생활에서 이야기를 나누는 방식, 행동양식 등이 사회복지사와의 상호작용에도 드러나게 되고 이는 클라이언트가 제3자와의 상호작용을 짐작하게 할 수 있다. 클라이언트와 상호작용하면서 관찰한 내용, 면담 전의 비언어적 행동, 클라이언트는 진술뿐만 아니라 비언어적 행동을 통해서도 감정과 생각을 표현하므로 클라이언트의 얼굴 표정, 목소리 크기나 고저, 제스처, 계절에 맞는 옷차림과 위생상태, 정서 표현의 적절성 등에 주목하여 정보를 획득할 수 있다.

③ 클라이언트가 작성한 양식

클라이언트가 기관을 방문하여 접수면접을 하기 전에 자신과 주요 문제에 대해 직접 작성한 초기 면접지나 접수면접지와 같은 양식을 기록하게 되는데 이와 같은 서류도 클라이언트에 대한 자료로 활용된다. 초기면접지에 작성하는 클라이언트 개인적 인적 상황, 가족에 대한 내용, 교육 및 경제상황, 주소 및 연락처와 같은 기본적 정보도 클라이언트를 이해하는 데 중요하다. 초기면접지와 같은 양식 외에 클라이언트가 자기 자신에 대해 스스로 모니터링한 내용도 정보로 사용되기도 한다. 예를 들어 어떤 증상이 좋아지거나 나빠지는 등의 변화에 대한 기록, 감정이나 특정 생각에 대한 기록 등이 이에 해당된다(Kopp, 1989). 클라이언트가 직접 이야기한 내용 자료는 보다 객관적인 자료로 사용된다.

④ 관련 있는 사람들로부터 수집한 정보

클라이언트 외의 가족이나 이웃, 친구, 친척, 교사, 직장 동료나 상사 등으로부터 들은 이야기 자료를 이용할 때에는 클라이언트의 동의를 얻어야 하며, 주변인으로부터 얻어진 정보들이 일관성이 있는지에 주목할 필요가 있다.

⑤ **심리검사나 평가도구의 결과**

심리검사는 필요하다고 생각될 경우 의뢰하여 성격과 지능 등에 관한 정보로 사용할 수 있다. 그 외 신체검사, 학교생활기록부, 의무기록, 성격검사, 자아존중감검사, 우울증검사(BDI), 알코올중독선별검사(CAGE) 등과 같은 검사 결과에 대한 표준화된 기준을 제공해 주지만 역시 클라이언트와의 면접 결과에 대한 부수적 자료의 의미를 가진다.

⑥ **그 밖의 자료**

클라이언트 사례와 관련된 신문자료, 투서, 소문 등의 자료도 클라이언트에 관한 정보로 사용할 수 있다.

사회복지실천의 초기단계에서의 접수와 자료수집의 과정에서 요구되는 기술은 사회복지사 자신과 관련된 것이다. 사회복지실천의 가장 기본적 도구는 사회복지사 자신이다. 또한 초기단계에서 사회복지사가 클라이언트와 긍정적인 관계를 형성하는 것이 중요하다. 따라서 사회복지사는 클라이언트를 이해하려고 노력하는 자세와 클라이언트와의 관계에서 자신의 감정을 검토하고 클라이언트가 원조활동을 긍정적으로 받아들일 수 있도록 하는 개입을 동시에 준비하여야 한다. 사회복지사의 따뜻하고 인간적이며 전문적인 자세와 상대방에게 도움이 되고자 하는 진심 어린 태도가 클라이언트와 사회복지사 관계의 기본이 되어야 한다.

2. 문제 사정

1) 사정의 개념 및 정의 : 사정이란 무엇인가?

자료수집이 끝나면 수집된 자료에 기초하여 사정(assessment)을 하게 된다.

사정(assessment)에 대한 정의는 다양하다. 바커(Barker)에 의하면, 사정은 "문제가 무엇인지, 그 원인이 무엇인지, 그리고 이를 최소화하거나 해결하기 위해서 무엇을 변화시켜야 하는지에 대한 획득"이다(Barker, 2003: Kirst-Ashman & Hull, 2009: 150 재인용). 사정을 조사, 진단, 치료를 포함하는 복합적 과정으로 정의하기도 한다(Johnson & Yanca, 2001).

사정(assessment)이란 접수(intake)과정의 문제 확인, 관계형성, 의뢰 이후 클라이언트의 문제를 이해, 분석, 해결하는 데 필요한 자료를 모으는 자료수집 과정을 거쳐 수집된 자료를 바탕으로 분석, 종합하는 과정을 말한다. 사회복지실천과정의 가장 핵심적인 단계이다. 과거 전통적 사회사업에서는 '진단'(diagnosis)이라고도 했으나 진단이라는 용어는 의료모델에서 나온 것으로 개인이나 가족, 집단에게 역기능적인 문제가 있는 것으로 보고 주로 '무엇이 잘못 되었는가'에 주로 초점을 두는 것이다. 그러나 사회복지실천과정에서는 '무엇이 잘못 되었는가'에만 초점을 맞추기보다는 그들의 동기, 장점, 능력 등을 모두 보기 때문에 '진단'보다는 '사정'이라는 용어를 더 많이 사용하고 이에 많은 학자와 실무자들이 동의하고 있다(양옥경 외, 2005: 178-179).

사정이라는 용어는 60년대 이후 상황 속의 인간(person-in-situation)의 개념으로 사회사업의 전체를 정의하여 심리와 사회적 시각을 통합하고 또한 체계이론의 영향으로 환경과 개인을 상호 순환적인 관계로 파악하기 시작하면서 사정이라는 용어가 선호되기 시작하였다.

궁극적으로 사정(assessment)은 의료모델에서 나온 용어가 아니라 사회복지실천 분야에서 사용하는 용어이다. 진단(diagnosis)은 개인이나 가족, 집단에게 질병이나 역기능적인 문제가 있다고 보고 무엇이 문제인가, 즉 문제에 초점을 두는 것이다. 사정은 문제뿐만 아니라 클라이언트의 강점과 자원, 동기 및 잠재된 능력 등도 파악한다는 점에서 진단과 차이가 있다.

결론적으로, 사정(assessment)은 수집된 정보에 근거하여 클라이언트의 문제 및 욕구의 성격과 원인을 규명하고 클라이언트의 유형, 실무자의 임상적 방향, 기관의 사명을 반영하여 클라이언트의 문제에 대해 전문적인 평가를 내리는 실천활동이다.

2) 사정의 특성

사정은 자료를 수집하여 분석하고 종합하는 과정으로 개입과정 전체의 가장 핵심적인 부분이라 할 수 있다. 여기에서는 주어진 자료들을 연결하여 무엇이 문제인지 판단하여 그에 대한 개입을 계획하게 한다. 그동안 사정의 특성들이 규명되어 오면서 최근 강점관점과 임파워먼트가 중요시되면서 클라이언트의 참여, 강점관점 중심의 사정과 같은 특성들이 보다 강조되고 있음을 주목할 만하다(Johnson, 1986: Johnson & Yanca, 2007; Kirst-Ashman & Hull, 2002, 2009). 존슨은 사정의 특성을 다음과 같이 11가지로 정리하였다(Johnson, 1989: 272-274; 양옥경 외, 2005: 179-181 재인용).

① **사정은 계속적인 과정이다** : 지속성

사정은 돕는 과정 내내 계속되는 과정이다. 물론 초기사정이 제일 중요하지만 돕는 과정이 진행되는 동안 새로운 정보가 발견되기도 하고 새로운 이해가 생기기도 하므로 사정은 항상 계속되는 작업이다.

② **사정은 이중초점을 갖는다** : 이중초점

사정은 초기과정에서 수집된 정보를 바탕으로 상황 속의 클라이언트를 이해하고 계획의 근거를 마련해야 하는 이중초점을 갖는다.

③ **사정은 클라이언트와 사회복지사의 상호과정이다** : 상호성

사정의 기본이 되는 자료수집이 사회복지사와 클라이언트 상호과정에서 이루어지므로 사정은 상호작용 속에서 클라이언트의 반응을 이해하며 진행되는 것이다.

④ **사정에는 사고의 전개과정이 있다** : 사고의 전개과정

사정은 계속적으로 필요한 정보를 수집하고 수집된 정보들을 이용하여 클라이언트 상황을 이해하며 부분적인 이해를 모아 전체적인 맥락에서 통합하여 사고하는 전개과정이 있다.

⑤ **수평적 · 수직적 탐색 모두가 중요하다**: 수평적 탐색과 수직적 탐색

초기과정에서는 우선 수평적인 정보, 즉 현재의 관계, 능력, 기능 등을 중심으로 클라이언트의 욕구를 발견하고 점차 시간이 지나면서 수직적인 탐색으로 문제 해결에 필요한 정보를 수집한다. 사회복지사는 상황과 필요에 따라 수평적 · 수직적 탐색을 적절히 사용하는 기술이 요구된다.

⑥ **클라이언트를 이해하는 데는 지식적 근거가 필요하다**: 지식 기반

클라이언트의 상황을 이해하는 수단으로 전문적 지식을 사용하여야 한다. 이때 사용되는 지식은 인간행동에 대한 이해와 인간의 다양성, 가족관계, 집단 및 지역사회, 정책, 행정 등이고 사례에 따라 그에 맞는 지식이 필요할 수도 있다. 즉, 정신장애를 이해하기 위해서는 정신의학과 심리학에 대한 이해가 필요할 것이다.

⑦ **사정은 생활상황 속에서 욕구를 발견하고 문제를 정의하며 그 의미와 유형을 설명한다**: 욕구 발견과 문제 정의

사정은 욕구를 발견하고 욕구 충족을 방해하는 것이 무엇인지를 생활상황과 관련하여 명확하게 하기 위한 과정이다.

⑧ **사정은 클라이언트의 강점과 생태체계환경의 강점 발견이다**: 강점 발견

모든 개인은 다 독특하고 강점 또한 많이 가지고 있으므로 클라이언트의 문제 해결에 중요한 자원으로 사용될 수 있는 강점을 사정한다. 사정은 개입과정 동안 강화할 수 있는 클라이언트의 강점과 클라이언트를 둘러싼 생태체계환경의 강점을 밝혀내는 것이다.

⑨ **사정은 개별적이다**: 개별화

인간의 상황은 복잡하여 어느 것도 같은 것은 없다. 사정은 각 클라이언트의 독특한 상황과 관련되어 있으므로 모두 다 다를 수밖에 없다.

⑩ **판단이 중요하다** : 판단

사정에는 여러 가지 결정이 있어야 한다. 무엇을 고려하고, 어떤 내용에 어떤 지식을 응용할 것인지 그리고 어떤 부분을 고려할 것인지, 그것을 클라이언트와 어떻게 연결시킬 것인지, 어떻게 문제 정의를 할 것인지 결정한다. 이런 종류의 결정들은 사정의 내용과 해석에 상당한 영향을 미친다. 사회복지사가 중요하지 않다고 판단된 것이 클라이언트에게는 매우 중요할 수도 있으며, 그 반대일 수도 있다.

⑪ **클라이언트를 완전히 이해하는 데는 항상 한계가 있다** : 한계성

클라이언트와 클라이언트를 둘러싼 상황에 대해 환벽하게 이해하는 데는 한계가 있으므로 어떠한 사정도 완벽할 수는 없고 바람직하지도 않다. 클라이언트와 클라이언트를 둘러싼 상황을 이해하는 데에는 시간이 필요하다. 따라서 사회복지사는 한계를 인정하고 불확실성을 받아들여야 한다.

3) 사정의 과업 : 사정단계에서 사회복지사는 무엇을 해야 하나?

사정단계에서 사회복지사가 수행해야 할 주요 과업은 클라이언트의 문제를 규정하는 것인데 문제 규정은 그동안 수집한 정보들을 분석하여 전문가적 평가를 내리는 것이다(Johnson & Yanca, 2007). 사정은 사회복지사에게 있어 핵심적인 기술 중 하나로서 훈련을 통해 개발되어야 한다. 자료수집이 클라이언트와 그의 문제를 이해하는데 도움이 될 만한 많은 자료를 모으는 것이라면 사정은 수집하여 정리된 자료를 분석하고 심사숙고하여 문제를 규명해 내는 작업이다. 문제가 규명되면 문제의 중요성과 변화의 시급성을 기준으로 표적 문제(target problems)를 찾아내어 개입의 목표를 정한다(엄명용 외, 2006 : 269).

(1) 문제의 발견

사정의 첫 번째 작업은 문제를 발견하는(defining of problem) 것이다. 클라이언트가 제시한 문제(presenting problem)에 초점을 두고 시작하여 제반 문제에 대해 탐색한다.

제반 문제를 정의할 때는 클라이언트 중심으로 그의 고유한 가치, 상황 속에서 정의되는 것이므로 사회복지사는 클라이언트의 문제에 대한 이해를 존중하고 그가 문제 정의를 잘하도록 도와주어야 한다. 또한 접수과정에서 이미 클라이언트가 문제를 제시했지만 그것은 본질적인 문제가 아닐 수도 있다. 그러므로 제시된 문제는 섣불리 '문제'라고 단정하지 말고 사회복지사가 좀 더 깊이 탐색해야 한다.

(2) 정보의 발견

브라운과 레빗(Brown & Levitt, 1979: 408-415)은 사정 시 정보를 수집하는 유용한 지침으로 다음의 12가지 질문을 제시했다(양옥경 외, 2005 : 182-188).

① **누가 문제체계에 관련되어 있는가?** 클라이언트가 제시한 문제에 누가 관여되어 있는가를 찾는 것이다.

② **참여자들은 어떻게 관여하고 있는가?** 클라이언트가 제시한 문제에 관여된 사람들이 어떻게 서로 상호작용하고, 서로 상대방의 행동을 생각하느냐에 따라 문제행동을 촉진시키고 있는가를 찾는 것이다.

③ **클라이언트가 문제에 어떤 의미를 부여하는가?** 클라이언트가 문제에 대한 사고가 행동을 동기화하기 때문에 클라이언트가 문제에 어떤 의미를 부여하는지를 찾는 것이 필요하다.

④ **문제행동이 어디서 일어나는가?** 문제행동이 일어나는 장소에 대해 아는 것은 문제행동을 촉진시킨 상황적 요인을 발견하는 데 도움이 된다.

⑤ **언제 문제행동이 일어나는가?** 문제행동이 일어나는 시간에 대해 아는 것은 문제행동을 촉진시킨 시간적 요인을 발견하는 데 도움이 된다.

⑥ **문제행동이 일어나는 빈도는 어느 정도인가?** 문제행동이 얼마나 클라이언트의 전반적인 삶에 폭넓게 영향을 미치는지를 이해하는 데 도움이 된다.

⑦ **문제행동이 언제부터 있어 왔는가?** 문제행동의 역사를 알아보는 것이다. 즉, 문제행동이 언제 발생하여 어떤 과정을 거쳐 진행되었는가 하는 것이다. 제일 처

음 문제행동이 발생했던 상황에 대한 깊이 있는 탐색은 초기의 유발요인을 발견하는 데 도움이 된다.

⑧ **문제와 관련하여 채워지지 않는 욕구는 무엇인가?** 클라이언트는 자신의 원하는 바를 피상적으로 이야기하기 쉽기 때문에, 사회복지사의 뛰어난 공감력으로 클라이언트의 욕구를 발견해야 하는 부분이다.

⑨ **문제에 대한 클라이언트의 정서적 반응은 어떠한가?** 감정이 지나칠 경우 오히려 문제가 더 악화될 수 있고, 경우에 따라 행동보다 감정이 더 문제가 되어 감정을 일으킨 선행 문제행동의 중요성이 가려지기도 하기 때문에 매우 중요하다.

⑩ **클라이언트는 문제에 그동안 어떻게 대처하여 왔으며 그것을 해결하는 데 어떤 기술이 필요한가?** 클라이언트가 스트레스를 감당하는 수준과 그의 문제 해결 및 대처기술 정도를 파악하는 데 많은 도움을 준다. 또한 과거 이와 유사한 어려움에 어떻게 대처해 왔는지, 그리고 지금은 무엇때문에 전과 같은 대처를 하지 못하는지에 대한 실마리를 제공해 준다.

⑪ **클라이언트가 어떤 장점과 기술을 가지고 있는가?** 클라이언트의 문제를 해결하기 위해 활용 가능한 자원이 무엇인지를 발견할 수 있게 해 준다. 장점과 잠재력을 적극 활용함으로써 클라이언트가 상실된 힘을 회복하고 자기 비난과 자신에 대한 부정적인 평가에서 벗어나도록 도울 수 있다(박미은, 1996). 이러한 방법은 클라이언트가 자신에 대한 긍정적 시각을 가짐으로써 스스로 문제 해결의 주체가 되고 변화에 대한 강한 동기를 가질 수 있어 효과적이다. 따라서 사회복지사는 클라이언트가 스스로 보지 못하고 있는 장점을 볼 수 있도록 돕고 그가 가지고 있는 문제 해결에 필요한 기술이 무엇인지를 적극적으로 찾아내어 활용하도록 해야 한다.

⑫ **필요로 하는 외적 자원은 무엇인가?** 사회복지사는 클라이언트가 필요로 하는 자원을 얻을 수 있는 자격과 과정에 대한 정보를 제공하여 자원과 클라이언트를

연결해주는 매개자의 역할을 할 수 있다. 또한 사례관리자로서 클라이언트에게 적절한 서비스가 적절한 시기에 주어질 수 있도록 지역사회의 자원에 대한 정보를 가지고 있어야 한다.

(3) 문제 형성(=문제 규정, 문제 정의)

사정의 세 번째 영역은 클라이언트가 호소하는 문제와 욕구 그리고 욕구 충족을 방해하는 요인들을 고려하여 문제를 형성하고 그것을 통해 목표 설정과 개입계획을 세우는 것이다. 따라서 문제 형성(formulation of problem)은 그동안 얻어낸 정보들을 분석하여 사회복지사가 전문적 소견으로 판단하는 것이다(양옥경 외, 2005: 188).

문제 형성은 무엇보다도 클라이언트가 호소한 문제와 충족되지 못한 욕구, 욕구 충족을 방해하는 요인들을 찾아내고, 이를 충족되지 못한 욕구로 바꾸어 재진술해야 한다.

(4) 사정 내용 : 사정 시 활용되는 질문들

① 문제에 대한 질문

- 클라이언트의 문제는 무엇인가?
- 클라이언트의 문제는 어디서, 얼마나, 언제부터 발생했는가?
- 주로 언제 그런 일이 생기는가?
- 문제는 얼마나 심각한가?
- 누가 이 문제에 관여되어 있는가?
- 그런 일이 생길 때 주로 어떻게 했는가?
- 그 일로 가장 큰 영향을 받는 사람은 누구인가?

② 클라이언트에 대한 질문

- 클라이언트는 어떤 사람인가?
- 클라이언트는 자신의 문제를 무엇이라고 생각하는가?
- 클라이언트는 문제에 어떤 의미를 부여하는가?

- 클라이언트의 반응은 어떠한가?
- 클라이언트는 자신의 문제에 대해 어떤 노력을 해 왔으며 효과는 있었는가?
- 클라이언트의 욕구는 무엇인가?
- 클라이언트의 강점과 약점은 무엇인가?

③ **자원에 대한 질문**

- 문제를 해결하는 데 필요하거나 클라이언트가 보유하고 있는 동원 가능한 자원은 무엇인가?

4) 사정 도구

(1) 가계도

가계도(genogram)는 2~3대에 걸친 가족관계를 도표로 제시함으로써 현재 제시된 문제의 근원을 찾는 것으로 항상 사회복지사와 클라이언트가 함께 작성해야 하는 것이다(Zastrow, 1995: 227). 가계도를 통해 클라이언트 가족의 구조를 한눈에 알아볼 수 있는 장점이 있다. 가계도는 가족 간의 갈등과 가족의 정서적 관계를 비롯하여 가족의 변화된 상태를 살펴볼 수 있어 가족의 구조를 분석할 수 있는 효과적인 도구라고 할 수 있다. 가계도를 작성할 때는 클라이언트가 혼자 작성하는 것이 아니라 클라이언트의 가족과 함께 그려야 하고, 가계도를 그릴 때에는 약속된 기호를 사용하여 정확히 그리는 것이 중요하다. 가계도(genogram)를 작성하는 방법은 다음과 같다(한국사례관리학회, 2012).

① 초기면접에서 작성되는 것으로 클라이언트체계가 편안한 분위기에서 시작하며 사회복지사와 클라이언트체계가 공동으로 작업한다.
② 가족 구조를 우선 구성한다.
③ 가족 구성원에 대한 정보(출생, 사망, 직업, 결혼 등)를 표기한다.
④ 가족관계를 표현한다.

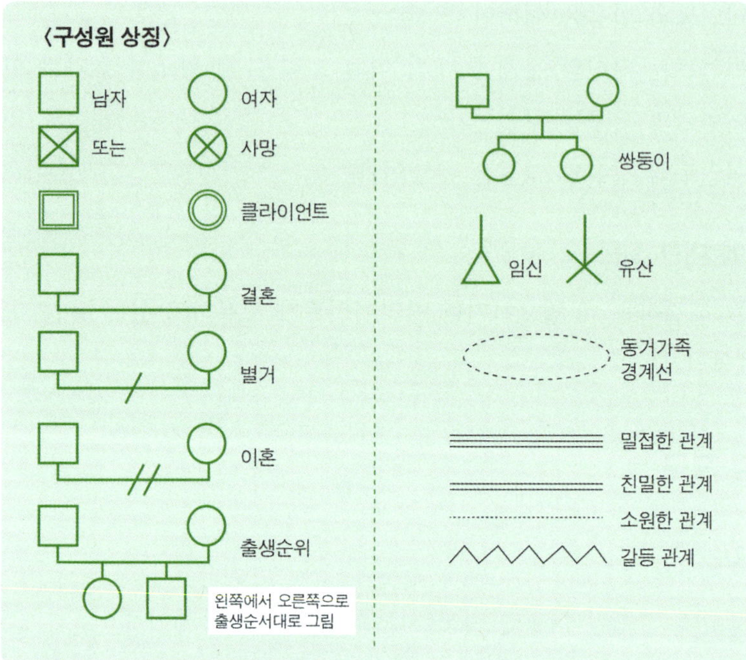

[그림 10-2] 가계도 작성 시 사용되는 기호

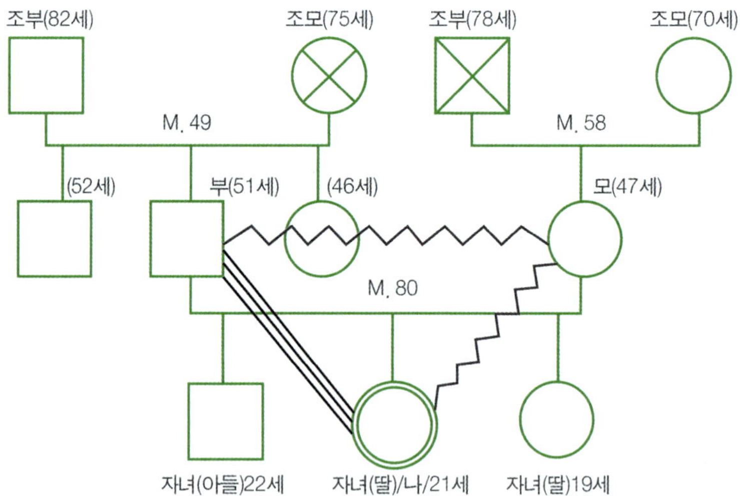

출처: 국가직무능력표준(2015: 33).

[그림 10-3] 가계도 작성의 예

(2) 생태도

생태도(eco-map)는 클라이언트의 상황에서 의미 있는 체계들과의 관계를 그림으로 표현함으로써 특정 문제와 그에 대한 개입계획을 세우는 데 매우 유용한 도구이다. 이는 가계도와 마찬가지로 클라이언트와 사회복지사가 함께 그리는 것이다(Zastrow, 1995: 226). 사례관리 실천과정에서 클라이언트에 대한 정보를 수집하는 방법에는 클라이언트 개인과 그의 가족들에 대한 정보를 수집하는 데 활용하는 가계도와 함께, 클라이언트 그리고 그 외 가족들이 다양한 외부 환경들과 어떤 관계를 형성하고 영향을 주고받는지에 대해 알 수 있는 것이 생태도이다. 생태도(eco-map)를 작성하는 방법은 다음과 같다(한국사례관리학회, 2012).

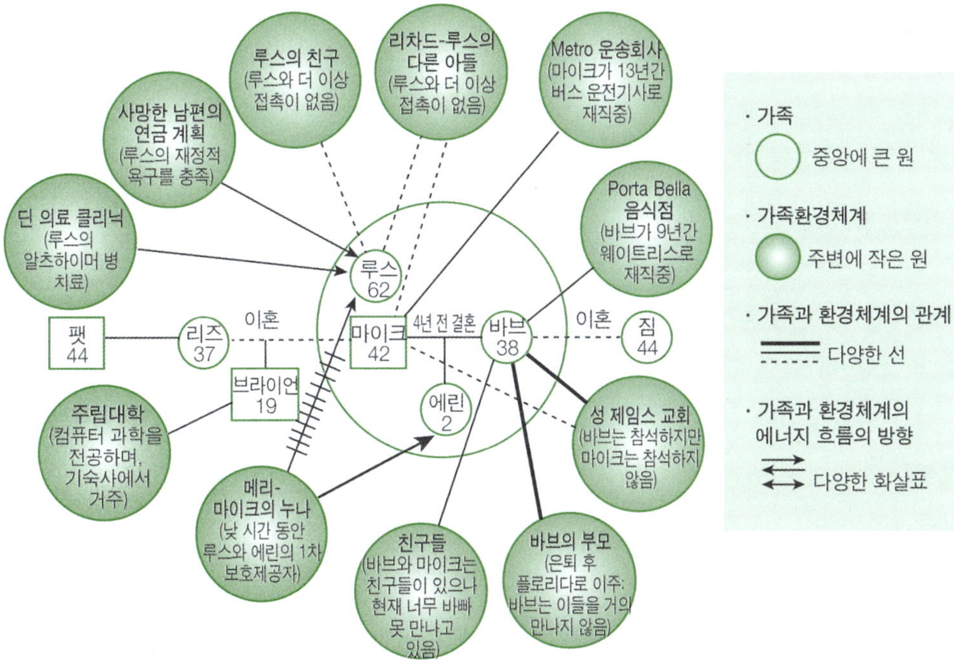

출처: 김규수 외(2002).

[그림 10-4] 생태도의 예

① 중앙에 있는 원을 중심으로 클라이언트 환경 속의 사람을 원으로 그린다. 이때 클라이언트 원을 중심으로 한 크기 및 거리를 조절한다.
② 그 환경 속에 있는 인물 혹은 체계 등에 대해 전반적으로 대화한다.
③ 각 체계에 대한 클라이언트의 경험에 대해 대화한다. 이때 관계의 종류를 부호화한다.
④ 완성된 그림을 확인한다.
⑤ 클라이언트로 하여금 전체적인 인상에 대해 평가하고 차후 노력할 부분을 논의한다.

(3) 사회도

소시오그램(sociogram)이라고도 하는 사회도는 집단에서 나타나는 하위집단과 집단 구성원들의 동맹관계를 알아보는 집단사정도구로서 집단원들 간의 사회정서적 유대를 보여준다(Hardford, 1971). 사회도 작성을 통해 집단 내 소외자, 하위집단 형성 여부, 집단구성원 간 선호도와 무관심, 배척하는 정도와 유형을 파악할 수 있으며 구성원 간 친화력과 반감의 복잡한 유형과 쌍방향인지 일방향인지의 여부 등을 알 수 있다(Toseland & Rivas, 2001). 사회도의 사정 방법은 학교, 직장, 커뮤니티 등 많은 분야에서 집단 사정 방법으로 활용된다. 사회도 역시 생태도처럼 개입과정에서 변화를 측정할 때 여러 번 그려서 비교해 봄으로써 집단의 특징적 상호작용과 대인관계 유형의 변화를 파악할 수 있다. 그러나 소시오그램은 집단 내의 비공식적인 구조 내에서의 개인적 지위는 파악할 수 있지만 성원의 실제 행동을 나타낼 수 없다는 점과 집단과정의 어느 특정 순간만을 포착하고 있어 관찰 및 사정의 수단으로 편리한 반면, 그 현상의 이유를 설명하는 데는 한계가 있기 때문에 치료나 개입을 결정할 때는 적당하지 않다(남세진 외, 1997; 엄명용 외, 2006).

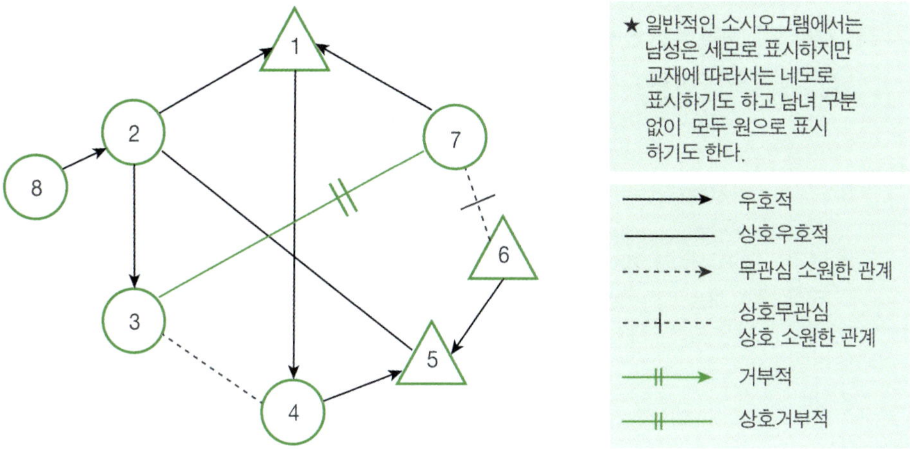

출처: 사회복지교육연구센터 편저(2010).

[그림 10-5] 사회도 예

(4) 사회적 관계망 그리드

사회적 관계망 그리드(social support network grid)는 트레이시와 휘태커(Tracy & Whittaker, 1990)에 의해 개발된 클라이언트의 사회적 망을 사정하는 도구이다. 사회적 관계의 지지 정도와 질, 지지의 방향, 지지 기간 등을 보여준다. 사회적 관계망 그리드는 다음과 같이 작성한다(이원숙, 2008).

① 가족, 친척, 직장/학교, 조직(클럽, 종교집단 등), 친구, 이웃, 전문가 등 7개 영역에서 사회망 구성원을 규명한다.

② 개인과 사회망 구성원들 간의 관계에 대해 질문한다. 여기에는 물질적 지지, 정서적 지지, 정보 및 조언, 비판, 도움 방향, 친밀도, 접촉빈도, 알고 지낸 기간 등을 기록한다.

성명		생활 영역	물질 지지	정서 지지	정보·조언	비판	도움 방향	친밀도	접촉 빈도	알고 지낸 기간
		1. 가족 2. 친척 3. 직장/학교 4. 조직 5. 친구 6. 이웃 7. 전문가 8. 기타	1. 가끔 제공 2. 자주 제공 3. 항상 제공	1. 가끔 제공 2. 자주 제공 3. 항상 제공	1. 가끔 제공 2. 자주 제공 3. 항상 제공	1. 가끔 제공 2. 자주 제공 3. 항상 제공	1. 양방향 2. 내가 그에게 3. 그가 나에게	1. 양방향 2. 내가 그에게 3. 그가 나에게	0. 보지 못함 1. 1년 몇 번 2. 1달 한 번 3. 1주일 한 번 4. 매일	1. 1년 미만 2. 1~5년 3. 5년 이상
1										
2										
3										
4										
5										

출처: 이원숙(2008: 292); Tracy & Whittaker(1990) 재편집.

[그림 10-6] 사회적 관계망 그리드 예

요 약

사회복지실천과정은 사회복지사가 클라이언트와 클라이언트를 둘러싼 다양한 환경 내의 체계들을 변화시키기 위해 사회복지사의 전문직 가치와 지식에 기초하여 개입하는 과정이다. 도움이 필요한 클라이언트, 즉 개인, 가족 그리고 집단을 대상으로 사회복지사의 전문적인 지식과 기술을 이용하여 자료를 수집하고 분석하여 문제를 확인하고 그 확인된 문제의 해결을 돕기 위해 계획을 세워 실행하고 실행된 과정 및 결과에 대한 평가를 거치는 일련의 과정을 갖는다. 따라서 사회복지실천과정은 접수 및 자료수집, 사정, 계획, 개입, 종결 및 평가의 단계로 이루어진다고 할 수 있겠다.

본 장에서는 이러한 과정에서 초기단계에서의 접수, 자료수집, 문제 사정을 살펴보았다. 접수와 자료수집 단계에서는 클라이언트가 되는 자격요건에 대한 확인, 의뢰, 관계형성 등에 대한 이해와 기술 등을 살펴보았고 문제 사정 단계에서는 접수(intake)과정의 클라이언트의 문제 확인, 의뢰 여부 결정, 관계형성, 양가감정 수용과 저항감 해소 과정을 거쳐 수집된 자료를 바탕으로 분석, 종합하는 과정으로 개입과정 전체에서 가장 핵심적인 부분이며 문제를 판단하고 개입계획을 세우는 중요한 과정에 대한 이해와 틀에 대해서 살펴보았다.

토의문제

1_ 사회복지실천은 어떠한 과정으로 이루어져 있는지, 각 단계별 내용에 대해 토의해 보시오.

2_ 실천현장마다 사용되어야 할 초기면접지 및 필요한 기타 양식지에 대해 논의해 보시오.

3_ 우리 가족의 가계도를 그려 보고 가족관계를 분석해 보시오.

Theories of Social Work Practice

Chapter 11

사회복지실천의 과정: 중기단계

▌학습목표▐

1. 계획 수립에서 목표 설정의 지침을 학습하고 이해할 수 있다.
2. 계약의 의의를 학습하고 이해할 수 있다.
3. 계약의 종류를 학습하고 이해할 수 있다.
4. 직접적 개입활동의 내용을 학습하고 이해할 수 있다.
5. 직접적 개입방법을 학습하고 이해할 수 있다.
6. 간접적 개입활동을 학습하고 이해할 수 있다.

▌학습목차▐

1. 계획 수립
2. 개입

1. 계획 수립

계획 수립(planning)은 사정(assessment)을 마친 후 수집된 자료를 근거로 사회복지사와 클라이언트가 상호 합의 하에 목표를 구체화시키고 이를 달성하기 위한 계획을 세우는 과정이다. 클라이언트의 자기결정이라는 사회복지의 원칙에 따라 클라이언트는 자신의 생활에 영향을 줄 수 있는 개입을 위한 활동들에 충분한 알 권리를 가진다. 이때 사회복지사의 사회복지실천활동은 클라이언트의 권리를 존중하여 행해진다(Sheafor, Horejsi, & Horejsi, 1997).

이 단계에서 사회복지사가 알아야 할 목표 설정과 계약에 대해 알아보고자 한다.

1) 목표 설정

목적(goals)과 목표(objectives)는 일반적으로 다음과 같이 구분한다. 목적은 광범위하고 일반적인 용어로 진술되며, 목표는 구체적이며 행동적인 용어로 서술된다. 목적은 측정 가능하지 않을 수도 있으나, 목표는 클라이언트가 자신의 행동이나 상황에서 바라는 구체적인 변화를 명시적으로 진술한다.

버그와 밀러(Berg & Miller, 1992)는 해결중심치료의 목표를 어떻게 명확하게 만드는가를 통해 목표 설정의 지침을 제시하였다(Boyle & Hull, 2006 재인용).

① 목표는 클라이언트에게 중요한 것을 선정한다. 클라이언트가 달성하고 싶어하는 목표를 선정하고, 그 목표는 클라이언트의 언어로 표현되어야 한다.

② 목표는 작게 설정한다. 작은 목표는 큰 목표보다 쉽게 성취할 수 있으며, 이러한 성취를 통해 클라이언트가 좀 더 자신감을 가질 수 있게 한다.

③ 목표는 실현 가능하고, 구체적이고, 행동화할 수 있도록 한다. 이는 사회복지사와 클라이언트가 사회복지실천과정이 진행되는 동안 관찰할 수 있도록 하기 위함이다.

➔ 실현 가능하고, 구체적이고, 행동 가능한 목표

- 목표: 체중 줄이기
  일주일에 4번 저녁에 1시간씩 운동하여 두 달 후 체중을 2kg 줄인다.

위와 같은 목표에서 만약 클라이언트에게 한 달 후에 체중을 10kg 줄이기로 한다면 실현 불가능하며, 만약 '체중 줄이기'만을 제시한다면 구체적이지 못할 것이다.

④ 목표는 부정적인 용어보다는 긍정적인 용어로 진술한다. 예를 들면, 클라이언트에게 문제행동을 제거하기보다는 해야 할 것에 관하여 긍정적인 용어로 목표 설정을 했을 때 그 성과를 확인하기가 쉽다(양정남 외, 2007). 예를 들면 '더 이상 낙심하지 않기'보다는 '산책하기'로 정한다.

➔ 긍정적 용어로 목표 설정

- 긍정적인 용어 사용: 자녀에게 날마다 칭찬한다. (○)
- 부정적인 용어 사용: 자녀를 때리지 않는다. (×)

⑤ 초기에 가진 목표를 발전시킬 수 있어야 한다. 예를 들면, 초기단계에 '이번 여름에 나의 배우자와 즐거운 휴가 준비하기'라면, 종결단계에 이를 더 발전시켜서 '행복한 결혼생활하기'라고 할 수 있다. 초기과정에서의 규정된 목표는 클라이언트가 바람직한 결과를 얻을 수 있도록 하기 위한 첫 번째 단계를 개념화하도록 돕는 것이다.

⑥ 목표는 실현 가능한 것을 선택하고, 클라이언트가 그들의 생활 속에서 달성할 수 있는 것으로 해야 한다.

⑦ 목표는 클라이언트가 열심히 해야만 된다는 것을 자각하도록 해야 한다. 클라이언트는 바람직한 목표를 달성하기 위해 열심히 해야 된다는 것에 동기부여가 될 수 있다.

또한 사회복지사가 클라이언트와 함께 목표를 세우는 데 있어서 SMART 형식을 사용할 수 있는데, SMART가 의미하는 바는 다음과 같다(Boyle & Hull, 2006).

① 구체성(Specific)
② 측정가능성(Measurable)
③ 성취가능성(Achievable)
④ 현실성(Realistic)
⑤ 시기적절성(Timely)

이와 같이 사회복지사는 클라이언트와 목표 수립을 할 때 클라이언트에게 중요한 것을 선정하는 것이 중요하며, 목표가 구체적이고 실현 가능하며, 시의적절한 것이어야 한다.

2) 계약

(1) 의의

계약(contracts)은 클라이언트가 자신의 삶의 질을 향상시키기 위해 스스로 노력할 수 있도록 돕는 것이다. 계약의 체결은 클라이언트에게 향후 주요 개입단계에 대한 내용과 변화하고자 하는 목표에 대한 개입을 자연스럽게 소개할 수 있는 좋은 기회가 된다. 이를 통해 클라이언트는 달성해야 할 목표를 명확히 하고, 클라이언트의 역할을 설명함으로써 사회복지사와 클라이언트가 정해진 목적을 달성하기 위한 공동의 노력을 하겠다는 약속이다.

(2) 종류

계약의 종류는 서면계약, 구두계약, 묵시적 계약 등으로 구분할 수 있다(류종훈, 2004).

① 서면계약

서면계약은 가장 공식적인 형태로서 사회복지사, 클라이언트, 그 외에 관련이 있는 사람들이 동의한 사실을 서면으로 작성한다. 계약서에 포함할 내용은 목표, 누가, 무엇을, 언제 할 것인지 등을 명시한다. 클라이언트는 서면계약을 하면서 의지를 더 강하게 할 수 있고 필요한 경우 언제라도 계약 내용을 검토할 수 있다는 장점이 있다. 따라서 오해 가능성을 최대한 줄일 수 있다.

② 구두계약

구두계약은 서면계약과 근본적으로 같지만 구두로 계약한다는 점에서 차이가 있다. 서면계약과 비교할 때 신속하고 쉬우며, 특히 클라이언트가 불신하거나 저항할 경우 유용하다. 그러나 합의 내용을 잊거나 부정할 수 있기 때문에 간단한 내용은 기록해 두는 것이 좋다.

③ 묵시적 계약

묵시적 계약이란 암묵적으로 합의하는 것을 말한다. 그러나 상호 오해 가능성이 있다는 점에서 주의해야 한다.

(3) 계약서 내용

계약서에 포함되어야 할 내용은 계약 당사자에 대한 사항, 문제, 목표, 계획, 클라이언트나 사회복지사의 역할, 서명 날인 등으로 구성할 수 있다(김경호, 2005; 이종복 외, 2006).

〈표 11-1〉 사회복지실천 계약서 내용

사회복지실천 계약서

1. 계약 당사자(사례번호)
   • 클라이언트 이름, 주소
   • 사회복지사 이름, 기관명
2. 문제 목록과 최종 목표
3. 개입 계획
4. 개입의 구조(기간, 시간, 장소)
5. 클라이언트의 역할과 과업
6. 사회복지사의 역할과 과업

년 월 일

클라이언트 O O O (서명)
사회복지사 O O O (서명)

2. 개입

사회복지사와 클라이언트가 계약에 동의하면 개입(intervention)의 단계로 접어든다. 이 개입과정은 클라이언트가 실제로 변화를 일으키는 단계이다. 개입단계는 직접적인 실천과 간접적인 실천으로 나눈다.

이때 사회복지사의 역할은 중개자, 조력자, 교사, 중재자, 옹호자의 역할을 한다(Compton & Calaway, 1989; 이원숙, 2008 재인용).

- 중개자의 역할은 클라이언트에게 필요한 자원을 연계시키는 역할을 한다.
- 조력자의 역할은 클라이언트가 보다 쉽고 성공적으로 과제를 완수하거나 문제를 해결해 나갈 수 있도록 지지, 격려 및 제안을 제공하는 역할이다.
- 교사의 역할은 클라이언트에게 문제에 대처하는 새로운 정보를 제공하거나 새로운 행동 또는 기술을 연습해 보도록 돕고, 모델링을 통해 클라이언트에게 대안적 행동패턴을 가르치는 것이다.
- 중재자의 역할은 클라이언트가 다른 사람들이나 조직과 갈등관계에 있을 때 이를 조정하여 공동의 합의점을 찾아내는 역할이다.
- 옹호자의 역할은 사회복지사가 클라이언트의 입장을 대변하고 변호하는 역할을 말한다.

1) 직접적 개입

직접적인 개입은 개인, 가족, 소집단 등과 함께 하는 활동을 포함하는 것으로서, 클라이언트의 심리적·내적 측면의 욕구나 문제 등에 초점을 두며, 개입을 통해 클라이언트가 일상생활에서 필요한 문제해결능력과 대처능력을 향상하는 데 목적을 둔다.

개인에 대한 개입활동이 필요한 경우는 욕구가 무엇이냐에 달려 있는데 대개 다음과 같은 경우이다(이종복 외, 2007).

- 문제가 주로 클라이언트의 내적·주관적 원인에서 비롯된 경우
- 대인관계에 문제가 있는 경우
- 문제의 초점이 애매하여 문제 해결에 어려움이 있는 경우
- 위기상황에 처하여 감정이 복잡하고 갈등을 겪고 있는 경우
- 자원을 이용할 수 있는 클라이언트의 능력이 손상된 경우

(1) 개입활동 내용

직접적 개입에 대한 개입활동은 다음과 같다.

- 클라이언트의 사회적 기능을 지원하는 활동
- 클라이언트와 다른 사람의 사회적 기능을 조정하기 위한 활동
- 관계를 발전시키기 위한 활동
- 상황 속의 개인에 대한 이해를 가능하게 하기 위한 활동
- 문제 상황을 분석하고 대안을 창안할 수 있게 하는 활동
- 계획과정에 필요한 활동
- 클라이언트로 하여금 가능한 자원을 인식하고 이용할 수 있게 해주는 활동
- 위기상황에서 필요한 활동

(2) 개입 방법

직접적 개입 방법은 학자들에 따라서 다양하지만 다음과 같은 내용을 중심으로 설명하고자 한다.

① 지지기술

지지(support or sustainment)는 클라이언트를 격려하고 고무하며 인정하는 것을 의미한다. 지지는 격려와 칭찬 또는 인정을 함으로써 클라이언트 스스로 환경에 적응하도록 돕는 기술이다. 자신감이 부족한 클라이언트에게 유용하며, 근거 없는 지지보다는 사실에 기반을 둔 지지를 하여야 한다(최해경, 2009).

가. 격려

격려(encouragement)는 사회복지사가 클라이언트의 가능성에 확신을 표현해주는 진술 형태로서, 클라이언트가 바람직한 행동을 취할 수 있도록 도움을 준다(엄명용 외, 2008).

사 례

➔ 클라이언트가 14세인 자녀와의 갈등관계를 개선하려고 노력하는 경우

- 사회복지사 : 제가 당신이 지난 2개월 동안 자녀에게 하는 행동을 본 결과, 당신이 자녀를 이해하고 칭찬하려고 노력하는 모습이 보였어요. 나는 당신이 좋은 엄마가 될 수 있다고 믿어요.

나. 재보증

재보증(reassurance)은 사실상 합리적이고 현실적인 생각과 결정에 대해 클라이언트가 의심을 하는 경우에 사용함으로써, 클라이언트에게 희망과 지지를 줄 수 있다. 사회복지사가 클라이언트에게 지나칠 정도로 재보증을 하게 되면 클라이언트는 자신의 문제행동에 관한 이유를 밝히려 하지 않을 것이다.

사 례

➔ 실직 후 1년 만에 식품회사 재취업 도전을 한 후 합격통지서를 받은 40대 남성이 직장생활을 제대로 하지 못할까봐 전전긍긍하며 하소연하는 경우

- 사회복지사 : 직장생활을 오랜만에 다시 시작하려니까 염려가 많으시지요? 처음에는 두렵지만 며칠 지나면 금방 적응할 수 있을 거예요.

다. 일반화

일반화(generalization)는 클라이언트의 생각, 감정, 행동 등이 다른 사람들과 비슷하다는 것을 설명한다(Sheafor & Horejsi, 2006).

사 례

➔ 치매에 걸린 부모를 요양원에 보내고 죄책감으로 괴로워하는 클라이언트의 경우

- 사회복지사: 많은 사람들이 부모님을 요양원으로 보낸 후 그분들도 당신과 똑같이 말씀하셨습니다.

② 환기

환기(ventilation)는 클라이언트가 억압된 감정, 즉 분노, 증오, 슬픔, 죄의식, 불안 등으로 인해 문제 해결을 하지 못하는 경우, 이를 표출하도록 함으로써 이러한 감정에서 벗어날 수 있도록 하는 것을 말한다(엄명용 외, 2008). 사회복지사는 '지금-여기에'의 상황에 초점을 두고 억압된 감정이 해소됨으로써 문제해결능력과 대처능력이 향상되도록 도와야 한다.

사 례

➔ 어린 시절 엄격한 아버지한테 폭력을 많이 당했던 경험으로 인해 30대가 된 현재에도 직장 상사를 보면 주눅이 들어서 자기 의견을 제대로 표현하지 못하는 클라이언트의 경우

- 사회복지사: 어린 시절의 당신을 때렸던 아버지를 만나서 이제는 당당히 "왜 그렇게 저를 때리셨어요!"라고 항의를 해보세요.
- 클라이언트: 아버지. 저는 항상 아버지가 무서웠어요. 어린 내가 잘못을 했다면 얼마나 했다고 그렇게 때리셨어요. (울음).

③ 직면

직면(confrontation)은 클라이언트의 감정, 경험, 또는 행동 중에 왜곡이나 불일치된 부분을 지적하는 것이다(Compton et al., 2005). 예를 들면 클라이언트가 자신의 문제가 중요하지 않은 것처럼 말하고 있지만, 그의 태도와 행동에서 그 문제의 중요성이 나타난다면 직면을 시도할 수 있다. 따라서 클라이언트의 언어적·비언어적 의사소통의 불일치를 직면시키면서 문제에 대한 통찰력을 갖게 하거나 자신을 개방하도록 돕는다(최해경, 2009).

직면은 사회복지사가 클라이언트와의 관계에서 신뢰관계가 충분히 형성된 후에 실시해야 한다.

사 례

➔ **클라이언트가 매번 상담 약속 시간보다 30분이나 늦게 오는 경우**

- 사회복지사 : 당신은 10시에 상담하러 오시기로 약속해 놓고, 매번 30분씩 늦게 오셨어요. 그런데 당신은 '나는 약속을 잘 지키는 사람이다'라고 말씀하셨거든요. 당신의 행동과 말이 서로 달라요.

④ 조언

조언(advice)은 사회복지사가 클라이언트에게 추천하는 제언을 말한다(Sheafor & Horejsi, 2006; 최해경, 2009 재인용). 사회복지사는 클라이언트가 실제 원하는 것이 무엇인지, 그리고 현실적인 상황이 어떠한지를 명확히 파악한 후 클라이언트의 능력에 맞춰 조언을 해야 한다. 조언은 클라이언트의 사회복지사에 대한 의존성을 높일 수 있으며, 클라이언트의 자기결정권을 침해할 수 있는 소지가 있을 수 있다.

사 례

➔ **남편의 알코올중독과 폭력을 피해 자녀 2명과 함께 상담을 요청한 40대 여성이 다시 집에 돌아가겠다고 말하는 경우**

- 사회복지사 : 당신이 다시 집에 돌아가면, 언제 다시 폭력이 재발할지 모르니까, 당신과 자녀가 위험해질 수 있습니다. 우선 쉼터에서 생활하면서 상담소를 통해 남편과 당신이 모두 상담을 받으시고, 남편이 알코올중독 치료를 받을 수 있도록 하는 것이 좋겠습니다.

⑤ 강화

강화(reinforcement)란 표적행동이 과거보다 더 빈번하게 일어날 수 있도록 하는 사건이나 행동을 말한다(Sheafor et al., 1997; 서울대사회복지실천연구회 역, 2001 재인용). 강화에는 정적 강화(positive reinforcement)와 부적 강화(negative reinforcement)가 있다. 정적 강화는 바람직한 행동을 함으로써 좋은 것을 얻게 되고, 부적 강화는 바람직한 행동을 하여 싫은 것을 피하게 됨으로써, 표적 행동의 빈도를 높인다.

가. 정적 강화

클라이언트의 표적 행동을 증가시킬 수 있는 어떤 것을 증가시키거나 제시하거나 주는 것을 말한다. 즉, 어떤 행동이 일어난 직후 클라이언트가 기분이 좋아지는 것을 주어서 그 행동의 빈도를 높이는 것을 말한다. 음식물, 물, 따뜻함, 돈, 새 옷, 칭찬, 관심, 안아주기 등이 정적 강화물이다.

사 례

클라이언트가 동생과 1시간 놀아주면 잘했다고 칭찬해주고, 안아준다.

나. 부적 강화

클라이언트에게 불유쾌하거나 혐오적인 조건을 제거하거나 감소시켜서 표적 행동이 증가되는 효과를 보는 것을 말한다.

사 례

클라이언트가 동생과 1시간 놀아주면 방 청소를 안 해도 된다고 말한다.

⑥ 역할 연습

역할 연습(role play)은 행동주의치료에서 도출된 기법으로, 클라이언트가 미숙하다고 생각하는 대인관계기술을 보호된 환경 안에서 실패에 대한 위험 없이 새로운 행동을 미리 시도해 보는 기회를 제공한다.

사 례

→ 장애인자립지원센터에서 운영하는 카페에서 종업원으로 근무하기 위해 장애인을 훈련시키는 경우

사회복지사 2명 중 1명은 카페 주인, 1명은 취업하러 온 장애인 역할을 맡는다.

- 카페 주인: 오늘 우리 카페에 취업을 하러 오셨는데, 간단히 자기 소개를 해 주십시오.
- 취업 응시생: 안녕하세요. 저는 ○○○입니다. 제가 이 카페에서 서빙을 하고 싶어서 오늘 이 자리에 왔습니다. 저는 이런 카페에서 일해본 경험은 없으나, 저한테 주어진 일은 무엇이든지 열심히 하는 사람입니다. 이곳에서 꼭 일하고 싶습니다.

위와 같이 시범을 보인 후 장애인들이 한 사람씩 연습을 하도록 한다.

⑦ 역할 바꾸기

역할 바꾸기(role reversal)는 클라이언트가 다른 사람의 역할을 맡아서 다른 사람의 관점에서 생각해 볼 수 있도록 할 때 사용하는 기법이다(Sheafor et al., 1997; 서울대사회복지실천연구회 역, 2001 재인용).

이 기법은 가족상담에서 특히 유용하다.

사 례

→ 10대 중학생 딸이 부모에게 반항하고 학교에 자주 가지 않는다고 상담을 하러 온 경우

빈 의자를 2개 놓고 한쪽 의자에는 어머니를 앉게 하고, 반대편 의자는 빈 의자로 둔다.

- 사회복지사 : 앞에 있는 빈 의자에 중학생 딸이 앉아 있다고 생각하고 딸한테 하고 싶은 말을 해 보세요.
- 어머니 : 딸아. 나는 네가 학교도 잘 안가고, 내가 너한테 말을 걸어도 대꾸도 안하고 방문을 휙 닫고 들어가 버려서 속상하다.

(어머니가 딸한테 하고 싶은 말을 다하고 난 후)

- 사회복지사 : 어머니께서 이제는 반대편 의자에 앉아서 딸의 입장이 되어서 말씀해 보세요.

⑧ 자기주장기술

자기주장기술(assertiveness skills)은 자신과 타인의 권리를 동등하게 존중하면서 자신의 사고, 감정, 원하는 것, 성취하고자 하는 것 등을 단호하게 요구하거나 표현하는 것을 말한다. 클라이언트가 자기주장을 분명하게 표현하지 못할 경우 다른 사람의 의견을 따라가면서도 내적인 심리상태는 분노나 공격성과 같은 부정적인 감정을 가질 수 있다. 또한 클라이언트의 수동적인 태도로 인해 새로운 해결방안을 모색하거나 변화에 대한 기대를 할 수 없게 된다. 따라서 사회복지사는 클라이언트에게 자기주장을 할 수 있는 기술을 교육한다.

자기주장의 행동유형이나 반응은 다음과 같이 분류할 수 있다(엄명용 외, 2008).

- 요청을 거부하기
- 분위기와 어울리지 않는 의견을 표현하기
- 자신의 약점을 인정하기

- 칭찬을 수용하기
- 긍정적인 감정을 표현하기
- 행동의 변화를 요구하기
- 대화를 주도하고 유지하기

⑨ 사회기술훈련

사회기술훈련(social skills training)은 자신의 감정과 욕구를 상대방에게 정확히 전달하여 대인관계에서 달성하고자 하는 목표를 성취하도록 도움을 주는 것이다(김철권 외, 2000). 사회기술훈련은 예방 및 치료 목적으로 활용할 수 있다. 예방 목적의 사회기술훈련은 미래에 대한 부적응, 잠재능력 개발의 실패, 생산성 상실 등에 대한 가능성을 감소하기 위한 대처기술을 배워 사회적 역기능을 예방하려는 노력이다. 치료 목적의 사회기술훈련은 클라이언트의 문제가 무엇이냐에 따라 다양해질 수 있으나 양육기술, 자기주장, 경청하기, 메시지 명확하게 보내기, 부탁하기, 친구 만들기, 분노 관리하기, 문제 해결하기 등이 있다(Hepworth et al., 1997).

⑩ 옹호

옹호(advocacy)는 사회복지사가 클라이언트를 대신해서 말하고 논쟁하며, 조종하고, 흥정하며, 협상한다. 클라이언트에 대한 옹호를 할 경우 다음과 같은 지침에 따른다(Hepworth et al., 1997).

- 당신의 클라이언트는 당신이 자신의 옹호자가 되는 것을 원하는지를 확인한다.
- 옹호를 함으로써, 당신의 인간관계와 다른 기관이나 전문가와의 관계가 손상될 수 있다는 것을 명심한다.
- 당신의 클라이언트에 대한 옹호 역할이 클라이언트를 돕고자 하는 순수한 동기인지 확인한다.
- 옹호에 성공하기 위해서는 대인관계기술과 감정이입을 잘해야 한다.
- 당신과 맞서야 하는 기관이나 조직의 대표와 이야기하기 전에 당신이 말하고자

하는 것과 질문하고자 하는 것을 미리 써본다.

- 서비스 원조를 호소하는 과정을 추진할 때, 클라이언트의 욕구와 필요한 서비스를 획득하기 위해서 단계별로 시도했던 일에 대한 상세한 서류를 준비한다.

⑪ 역량강화

역량강화(empowerment)는 클라이언트가 자신의 삶과 상황에 대해 좀 더 많은 통제력을 가질 수 있도록 하기 위해 의미 있는 선택을 할 수 있도록 돕는 것을 의미한다. 클라이언트에 초점을 둔 개인적인 것부터 사회정치적인 활동을 나타낸다(Gutiérrez et al., 1998).

역량강화활동을 위한 주요 개입활동은 다음과 같다.

가. 1차원

사회복지사와 클라이언트와의 관계형성을 하며, 클라이언트의 욕구와 자원에 대한 사정을 한다.

사 례

➔ 취업을 원하는 한부모여성의 경우

- 1차원 개입 : 사회복지사가 클라이언트와의 면담을 통해 신뢰성 증진을 하고, 욕구가 무엇인지 사정한다.

나. 2차원

클라이언트의 삶의 전환, 발달적 문제, 혹은 좀 더 구체적인 조건들과 같이 규명된 문제를 해결하는 데 필요한 지식과 기술을 제공한다.

사 례

➔ 취업을 원하는 한부모여성의 경우

- 2차원 개입 : 한부모여성을 위한 교육 및 훈련프로그램을 실시한다.

다. 3차원

3차원 개입의 초점은 당면한 환경에서의 변화 혹은 중재에 집중한다. 이 차원은 종종 클라이언트와 사회복지사가 환경이 개인적 문제에 미치는 영향을 지속적으로 탐색하는 의식과정으로부터 진행된다.

사 례

➔ 취업을 원하는 한부모여성의 경우

- 3차원 개입 : 한부모여성을 위한 직업 개발을 하고, 구직활동 과정에서 성차별이 있는지 탐색한다.

라. 4차원

클라이언트의 문제에 대해 정치적 측면의 개입을 한다. 이 차원의 지식 기반은 전국적 사회행동집단과 학술기관에 근거를 둔다.

사 례

➔ 취업을 원하는 한부모여성의 경우

- 4차원 개입 : 한부모여성이 사회적 불이익을 당하지 않도록 하기 위해 여성조직단체(한국여성단체협의회 등)에 참여하여 사회행동을 위한 정보를 얻는다.

2) 간접적 개입

간접적인 실천은 사회복지사가 클라이언트를 돕기 위해 클라이언트 이외의 사람들에게 하는 활동이다. 이러한 활동은 개인, 소집단, 기관 또는 지역사회 공동체 단위로 이루어질 것이다. 사회복지사는 클라이언트의 변화를 일으키기 위하여 증거 제공, 홍보, 교섭, 조직, 시위활동, 합법적 행동, 정책기술 등을 사용한다(이종복 외, 2007).

사 례

➔ 남편의 폭력으로 학대받는 여성과 초등학생 자녀를 위한 개입

- 사회복지사 : 학대받는 여성과 자녀가 함께 가정폭력피해자보호소에서 일시적인 보호받을 수 있도록 연결해주고, 초등학생은 인근 초등학교에 다닐 수 있도록 연결한다.

클라이언트의 변화를 위해 사회복지사가 행하는 환경에 대한 개입활동은 다음과 같은 내용으로 나눌 수 있다(이종복 외, 2007).

첫째, 서비스 조정에 관련된 활동

둘째, 프로그램 계획과 개발을 위한 활동

셋째, 환경 조작(environment manipulation)

넷째, 옹호(advocacy)

이처럼 간접적 실천을 위한 활동들은 다양하며, 다음과 같이 구분해 볼 수 있다(Sheafor et al., 1997).

(1) 이사회 또는 자문회의

이사회나 자문회의는 구성원 모두 자발적으로 시간과 능력을 기관에 헌신하는 사람들이며, 다른 사람을 돕고자 하고, 지역사회에 유익한 일을 위해 자신의 지식을 사용하는 사람들이다.

이사회는 정책 결정, 기획, 기금 조성, 인사, 시설, 지역사회와의 연계, 평가 등을 통해 기관에 조언을 제공하는 중요한 임무를 수행한다. 자문회의는 기관의 정책과 실천을 권고하며, 의사결정 과정에서 반영된다.

(2) 집단 옹호

집단 옹호(class advocacy)는 전체 집단 또는 계층의 사람을 대신하는 행동을 말한다. 옹호의 목적이 변화를 유도하는 것이기 때문에 저항, 대립, 갈등 등이 수반되기 마련이다(Sheafor et al., 1997). 집단 옹호를 위해서는 다른 사람 또는 조직과 연계를 할 때 성공할 가능성이 높다.

(3) 의사결정자에게 영향력 행사하기

시·군·구의회의 입법자들과 지역사회 의사결정자들에게 자신의 신념을 알리기 위해 직접 방문하거나, 편지나 이메일을 쓰거나, 공개토론회에 참여하여 의견을 전달하는 방법을 사용한다.

3) 점검

점검(monitoring)은 개입활동 초기단계에서 설정된 목표가 올바른 것인지의 여부를 확인하는 과정이다. 개입의 초기단계에서 맺은 계약은 문제의 우선순위, 목표, 사회복지사와 클라이언트의 개입활동 등이 구체적으로 포함되어 있다. 그러나 이러한 계약의 내용은 개입이 진전되는 과정에서 클라이언트 자신이나 주변 환경의 변화에 따라 달라질 수 있는데, 이러한 변화를 적절히 대처하기 위해서는 진행과정에 대한 계속적인 점검과 평가가 필요하다(이종복 외, 2007).

요 약

이 장은 사회복지실천과정 중 중기단계로 계획 수립과 개입에 대해 살펴보았다.

계획 수립(planning)은 사정(assessment)을 마친 후 수집된 자료를 근거로 사회복지사와 클라이언트가 상호 합의 하에 목표를 구체화시키고 이를 달성하기 위한 계획을 세우는 과정이다. 목표는 클라이언트가 자신의 행동이나 상황에서 바라는 구체적인 변화를 명시적으로 진술한다. 즉, 목표 설정을 하기 위해서는 구체적이고, 측정 가능하고, 성취 가능하며, 현실적이고, 시기적절한 것이어야 한다.

계약(contracts)은 클라이언트가 자신의 삶의 질을 향상시키기 위해 스스로가 노력할 수 있도록 돕는 것이다. 이를 통해 클라이언트는 달성해야 할 목표를 명확히 하고, 클라이언트의 역할을 설명함으로써 사회복지사와 클라이언트가 정해진 목적을 달성하기 위한 공동의 노력을 하겠다는 약속이다.

계약의 종류에는 서면계약, 구두계약, 묵시적 계약 등으로 구분할 수 있다. 계약서에 포함되어야 할 내용은 계약 당사자에 대한 사항, 문제, 목표, 계획, 클라이언트나 사회복지사의 역할, 서명 날인 등으로 구성할 수 있다

개입과정은 클라이언트가 실제로 변화를 일으키는 단계이다. 개입단계는 직접적인 실천과 간접적인 실천으로 나눈다. 이때 사회복지사의 역할은 중개자, 조력자, 교사, 중재자, 옹호자이다.

직접적인 개입은 개인, 가족, 소집단 등과 함께 하는 활동을 포함하는 것으로서, 클라이언

트의 심리적, 내적 측면의 욕구나 문제 등에 초점을 두며, 개입을 통해 클라이언트가 일상생활에서 필요한 문제해결능력과 대처능력을 향상하는 데 목적을 둔다.

직접적 개입방법은 지지기술, 환기, 직면, 조언, 강화, 역할 연습, 역할 바꾸기, 자기주장기술, 사회기술훈련, 옹호, 역량강화 등이 있다.

간접적 개입은 사회복지사가 클라이언트를 돕기 위해 증거 제공, 홍보, 교섭, 조직, 시위활동, 합법적 행동, 정책기술 등을 사용한다. 클라이언트의 변화를 위해 사회복지사가 행하는 환경에 대한 개입활동은 서비스 조정에 관련된 활동, 프로그램 계획과 개발을 위한 활동, 환경 조작, 옹호 등이다.

간접적 개입활동은 이사회 또는 자문회의, 집단 옹호, 의사결정자에게 영향력 행사하기 등이 있다.

점검(monitoring)은 개입활동 초기단계에서 설정된 목표가 올바른 것인지 여부를 확인하는 과정이다. 개입의 초기단계에서 맺은 계약은 문제의 우선순위, 목표, 사회복지사와 클라이언트의 개입활동 등이 구체적으로 포함되어 있다.

토의문제

1_ 당신이 복지관의 사회복지사라고 생각하고, 한부모가정 자녀인 초등학생을 위한 자기성장 향상 프로그램 진행을 위한 서면계약서를 작성해 보시오.

2_ 직접적 개입방법 중 '재보증' 기술을 사례로 적용해 보시오.

3_ 2명씩 짝을 지어 '환기' 기술을 실습해 보시오.

4_ 2명씩 짝을 지어 반항하는 아들과 어머니의 역할을 '역할 바꾸기'로 해 보시오.

5_ 2명씩 짝을 지어 '친구가 권하는 술'을 거절하는 연습, 즉 자기주장기술훈련을 해 보시오.

Chapter 12

사회복지실천의 과정: 종결과 평가단계

▌학습목표▌

1. 종결의 유형과 구성요소를 학습하고 이해할 수 있다.
2. 평가의 개념과 유형을 학습하고 이해할 수 있다.
3. 단일사례설계의 단계와 유형을 학습하고 이해할 수 있다.
4. 과제달성척도, 목표달성척도, 만족도 조사를 학습하고 이해할 수 있다.

▌학습목차▌

1. 종결
2. 평가

1. 종결

종결은 클라이언트에 대한 사회복지사의 개입활동을 마무리하는 단계이다. 이는 목적을 성취한 클라이언트의 경우, 사회복지사와의 활동을 통해 어려운 문제가 해결되었다는 것을 의미하며, 앞으로는 클라이언트가 스스로 문제를 대처해 나가야 한다는 것을 의미한다. 따라서 클라이언트는 독립적으로 일을 해결해야 한다는 불안과 긴장을 느낄 수도 있고, 동시에 새로운 시작을 한다는 설렘을 가질 수가 있어서 양가감정을 경험하게 된다. 개입을 성공적으로 마무리하려면 클라이언트가 긍정적인 성과를 얻게 한 후, 돕는 관계가 원활하고 만족스럽게 끝나도록 해야 하는데, 여기에는 상당한 기술과 신중한 계획이 필요하다.

종결이 적합한지의 여부를 결정할 때는 다음과 같은 기준을 고려해야 한다(Sheafor & Horejsi, 2006). 이와 같이 종결은 목표의 달성 정도에 영향을 받을 수 있으나, 그 밖의 다양한 요소에 의해 영향을 받을 수 있다.

- 개입목표가 달성되었는가?
- 서비스 제공이 합의된 시간 내 달성되었는가?
- 클라이언트의 문제가 만족스러운 수준으로 해결되었는가?
- 사회복지사와 기관이 만족할 만한 성과가 없이 시간과 에너지, 기술을 투입하고 있는가?
- 사회복지사와 클라이언트가 향후 개입에서 이득을 기대할 수 없다고 결론을 내렸는가?
- 클라이언트가 사회복지사나 기관에 너무 의존적인가?
- 클라이언트를 다른 기관이나 다른 전문가에 의뢰하는 것이 더 적합한가?

1) 종결의 유형

종결은 실천과정에서 언제든지 일어날 수 있다. 사회복지사와 클라이언트가 설정된 목표에 도달하여 클라이언트가 사회복지사의 도움 없이 목표를 수행할 수 있을 때 종결을 하는 것이 가장 바람직하다. 그러나 실제로 종결은 예상하지 못한 경우에 일어날 수 있어 다음과 같이 구분할 수 있다(Hepworth & Larsen, 1993; 이종복 외, 2007; 최해경, 2009 재인용).

(1) 목표 달성으로 인한 종결

클라이언트와 사회복지사가 목표가 달성되었고 충분한 진전이 이루어졌다고 믿거나, 제시된 상황이나 문제에서 벗어났을 때 종결이 된 경우이다. 종결이 가까워지면 클라이언트와의 접촉빈도를 조금씩 줄이는 것이 바람직하다. 이러한 경우 클라이언트의 정서적 반응을 다루는 것이 중요하다.

(2) 클라이언트에 의한 일방적인 종결

클라이언트에 의한 일방적인 종결은 서비스가 개입되고 있는 동안 클라이언트가 약속시간에 나타나지 않거나, 여러 가지 사소한 이유를 제시하면서 문제를 더 이상 논의하지 않으려 할 때 종결하게 되는 것을 말한다. 이는 종종 클라이언트의 사회복지사에 대한 저항의 표현일 때가 있기 때문에 종결 전에 저항감을 반드시 해소하는 것이 필요하다. 어떤 클라이언트들은 그들의 종결 결정을 다른 요인들의 탓으로 돌려 더 이상 원조를 필요로 하지 않는다는 등의 이유로 종결을 요구한다. 그러나 사회복지사는 그들의 문제가 예상 기간보다 일찍 종결된 이후에 오히려 악화될 수도 있다는 것을 인식해야 한다.

(3) 시간 제약에 의한 계획된 종결

시간 제약에 의해 정해진 기간만 제공되는 계획된 종결은 학기 중에만 서비스를 제공하는 학교 프로그램, 입원기간에만 제공되는 병원서비스, 실습기간에만 사례를 다루는 실습생 등의 경우이다. 이러한 종결은 미리 알려진 것이므로 클라이언트 입장에서는 갑작스럽게 종결을 맞는 것보다 충격이 적고 그에 대한 대비를 할 수 있어 종결에 따른 감정을 해소할 충분한 시간을 갖게 된다. 종결일을 미리 아는 것은 이별에 대한 감정을 해결할 수 있는 충분한 시간을 줄 수 있지만, 기관 기능에 의한 시간 제한으로 결정된 종결은 클라이언트의 문제가 정해진 시기에 적절하게 해결되지 않을 수도 있다.

(4) 시간을 정해 놓은 서비스의 계획된 종결

시간을 정해 놓은 서비스의 계획된 종결은 초기부터 사회복지사와 클라이언트가 개입의 시간을 미리 정하고 시작하는 것이다. 사회복지사와 클라이언트가 처음부터 종결시간을 안다는 것은 정서적 집착과 의존성의 정도를 줄일 수 있어서 종결에 따른 클라이언트의 상실감을 줄여준다. 시간을 정해 놓은 서비스의 종결은 일반적으로 이별에 대한 정서적 반응이 시간 제한이 없는 종결보다 훨씬 덜하지만, 여기서도 애착 형성과 상실 경험이 있기 때문에 사회복지사는 종결에 대한 반응에 민감해야 한다.

(5) 시간을 정하지 않은 서비스의 계획된 종결

시간을 정하지 않은 서비스에서의 계획된 종결은 언제 종결할 것인가를 결정하는 것이 중요하다. 일반적으로 사회복지사와의 만남을 통해 클라이언트가 목표 달성에 어느 정도 도달했다고 만족한다면, 사회복지사는 클라이언트가 가까운 장래에 종결을 할 준비가 되어 있다는 사실을 인정하고 클라이언트와 함께 종결 계획을 수립한다.

이 유형의 종결은 이별에 관한 정서적 반응을 다루는 것이 특히 중요하다. 사회복지사가 장기간에 걸쳐 클라이언트의 삶에서 중요한 역할을 수행해 왔기 때문에 클라이언트는 종결에 대해 상당히 상실감을 받을 수 있고, 더욱 사회복지사에게 의존적으로 될 수도 있다. 또한 클라이언트의 문제가 재발할 수도 있고, 새로운 문제를 제기할 수도 있다.

(6) 사회복지사의 이동에 의한 종결

사회복지사의 이동에 의한 종결은 사회복지사가 새로운 직장이나 부서로 옮겨 가게 된 경우, 해당 클라이언트의 사례를 자신이 다루기 힘든 경우, 사회복지사의 개인적인 사정(입원, 이사 등) 등에 의해 종결된 경우이다. 이러한 종결은 사회복지사나 클라이언트 모두에게 힘들다. 특히 과거에 부모나 중요한 사람들로부터 거부되거나 버려진 적이 있는 클라이언트는 상처를 받기 쉽고 자존심에 손상을 입는 경험을 할 수 있다.

사회복지사가 이동함으로써 서비스가 종결된 경우, 시간이 허락하는 한도 내에서 클라이언트로 하여금 그들의 정서를 극복해내도록 원조하고, 다른 사회복지사에게 의뢰되는 것에 대해 수용할 수 있도록 준비시킨다.

2) 종결의 구성요소

종결의 구성요소는 분리, 변화의 안정화, 평가 등으로 제시하였는데(Johnson & Yanca, 2004; 한인영 외 역, 2006 재인용), 이는 핀커스와 미나한의 구성요소에 근거를 둔다.

(1) 분리

이 단계에서 사회복지사는 클라이언트가 종결로 인한 자신의 감정, 즉 두려움, 불안 등의 원인이 되는 과거 경험을 검토해 보도록 돕는 것이 중요하다. 이러한 과정을 통해 클라이언트는 슬픔의 과정에서 헤어날 수 있고 관계로부터 분리될 수 있다.

분리를 다루는 방법은 클라이언트가 사회복지사와 함께 일했던 것을 되돌아보거나 추억해보는 것이다. 이는 클라이언트가 사회복지사와 함께 한 일에 대해 긍정적 측면을 볼 수 있도록 돕고, 성장 자체가 고통을 갖고 있음을 이해할 수 있도록 한다.

① 사회복지사는 클라이언트와의 관계에서 분리를 위한 기술을 개발해야 한다. 이는 클라이언트의 감정과 욕구에 민감하고, 신중하여야 한다는 것이다. 분리의 기법은 클라이언트가 감정을 다루고 종결 작업이 완성된 것으로 생각함으로써 개입을 끝내도록 하는 것이다. 사회복지사는 클라이언트와의 약속 날짜를 점차 멀리 잡고 클라이언트 스스로 할 수 있는 것을 강조한다.

② 사회복지사는 분리와 상실 반응에 대한 자기인식을 가져야 한다. 만약 사회복지사가 이러한 과제를 다루기가 어렵다면 분리의 문제를 가진 클라이언트를 돕는 것이 쉽지 않다. 사회복지사가 클라이언트의 종결에 대한 감정을 적절히 격려하지 못하고 함께 다루지 못했다면 그것은 클라이언트가 삶의 과업을 다루는 감정에 대한 관리를 학습할 수 있도록 돕지 못한 것이다. 따라서 분리의 작업은 즉각적인 사회복지 상황뿐만 아니라 클라이언트와 사회복지사의 과거, 미래의 상실과 관련되어 있다. 클라이언트의 분리를 돕는다는 면에서 사회복지사는 과거의 상실을 다루도록 돕고 상실과 관련된 해결되지 않은 감정을 다루도록 한다. 또한 클라이언트는 미래의 상실을 다루기 위한 대처기제를 필요로 한다.

(2) 변화의 안정화

클라이언트가 원조과정에서 성취한 변화를 종결 이후 다른 환경 속에서도 계속 유지할 수 있도록 돕는다.

① 사회복지사와 클라이언트는 개입기간에 해결했던 문제와 비슷한 상황을 다룰 수 있도록 한다.

② 사회복지사는 클라이언트가 앞으로 감당해야 할 문제에 대해 압도당할 정도로 힘들어하면 다시 기관으로 올 수 있는 기회를 제공한다. 만약에 사회복지사가 더 이상 도움을 줄 수 없더라도 기관의 다른 누군가가 도움을 줄 수 있음을 클라이언트에게 알려주어야 한다. 특히 사회복지사의 충고에도 불구하고 클라이언트가 종결을 결정한 경우에 중요하다.

③ 사회복지사와 클라이언트는 성장에 활용할 수 있는 자원과 미래의 성장을 위한 가능한 목적을 논의함으로써 변화의 안정화를 촉진할 수 있다. 이는 사회복지사와 클라이언트가 함께 작업할 때 어떻게 변화가 발생하는지를 조사하는 것이다.

변화의 안정화 과정을 통해 사회복지사는 클라이언트가 성취감과 자신감을 얻을 수 있도록 돕는다. 클라이언트의 두려움을 인정하고 조사를 통해 이를 다룰 수 있는 방법을 제안해야 할 것이다.

(3) 평가

사회복지사와 클라이언트는 종결과정에서 목표가 제대로 달성되었는가를 알아보고, 만약 목표는 달성되었지만 욕구가 남았다면 목표가 적절하지 않았거나 다른 목표가 더 이루어질 수 있도록 해야 한다. 사회복지사는 종결과정에서 클라이언트가 개입을 통해 발전, 성장되었는지를 평가하며, 얼마나 만족하는지를 평가한다.

사회복지사는 종결 평가로 인해 자신의 실수와 한계가 드러날 수 있기 때문에 어느 정도 부담을 갖게 된다. 클라이언트는 종결과 관련된 부정적 감정을 표현하는 한 방법으로 지나치게 부정적이거나 부적절한 불만을 표시할 수 있다. 이때 사회복지사는 방어적으로 대처하지 말고 클라이언트의 감정을 잘 수용하고 클라이언트와 함께 부정적인 감정을 신중하게 검토해야 한다(최해경, 2009).

사회복지사가 종결과정을 적절하게 이끄는 능력은 클라이언트의 만족감을 높일 수 있는 중요한 요인이다.

2. 평가

1) 평가의 개념

평가는 문제해결과정이다. 따라서 사회복지실천의 주요 목적은 바람직한 결과를 달성하는 것인 반면에, 평가의 주요 목적은 결과가 사실대로 달성되었는지를 사정하는 것이다(Zastrow, 2003). 평가는 사회복지사의 개입과정이 효과적이며, 효율적인지를 사정하는 것이다(Sheafor et al., 1997; 서울대사회복지실천연구회 역, 2001).

효과(effectiveness)는 바라던 목적을 얼마나 달성하였는가의 여부를 측정하는 것이고, 효율성(efficiency)은 자원의 사용(input)과 결과(output)와의 비율로 측정하며, 적은 자원을 투입하고, 많은 결과를 얻었을 경우 효율적이라고 한다. 따라서 효과적이면서 효율적이기는 어렵다.

2) 평가의 유형

평가는 평가의 내용에 따라 다음과 같이 나눌 수 있다.

(1) 총괄 평가

총괄 평가(summative evaluation)는 개입의 결과, 즉 전반적 효과성 및 효율성에 대한 것으로서, 계획된 변화과정의 시작시점에서 기대하였던 결과가 성취되었는지 여부를 알아보는 데 목적이 있다. 따라서 변화과정이 종결된 시점에 이루어지며, 이미 발생한 것을 총괄하는 데 목적이 있다.

(2) 형성 평가

형성 평가(formative evaluation)는 실천과정을 평가하는 것으로써, 서비스의 다양한 단계 동안 진행한 일들이 최종 결과에 어떤 영향을 주었는지를 살펴보는 것이다. 형성 평가는 계획된 변화과정이 진행 중인 상태에서 이루어지는 것이며, 프로그램의 목적, 수행되어야 할 활동, 이들 활동을 성취하는 시간 및 순서, 각 목표별 책임자 등을 적어놓은 도표를 만든다. 따라서 언제든지 도표만 보면 누가, 무엇을, 어떻게, 언제 하는지를 알 수 있다.

3) 프로그램 평가

프로그램 평가는 프로그램이 의도된 결과를 달성하고 측정 가능한 영향을 성취할 수 있는 정도를 사정하는 것이다(Kettner et al., 저 · 정무성 역, 2001). 프로그램 평가를 다음과 같이 구분할 수 있다.

(1) 단일사례설계

단일사례설계(single subject design)는 단일체계설계(single system design)라는 말로도 사용되며, 1970년대에 도입되어 가장 널리 알려진 사회복지실천 평가방법이다. 단일사례설계는 한 명의 클라이언트에 대해 개입 전, 개입 중간, 개입 후에 반복적으로 측정하여 개입으로 인한 변화를 평가한다(Zastrow, 2003). 개입 전에 클라이언트의 기능 수행에 대한 기초선을 측정하며, 빈도, 강도, 지속기간 등 비교적 측정이 용이한 구체적 행동이나 변화에 개입의 초점을 둘 때 적용한다. 개입이 끝난 후 마지막 측정은 목표가 성취된 정도를 결정할 수 있다. 이러한 방법을 통해 개입의 성과물이나 측정 가능한 결과를 얻을 수 있다. 단일사례설계는 개입 결과를 그래프로 그려 평가 결과를 시각적으로 쉽게 이해할 수 있다.

단일사례설계의 측정에서 주의할 점은 타당도와 내적 신뢰도를 높이기 위해 일관된 측정을 해야 한다. 일관성 유지를 위해 사회복지사가 동일한 개입을 같은 클라이언트에게 같은 장소에서 같은 시간에 같은 도구를 사용해서 측정해야 한다.

단일사례설계의 장점은 목표와 산출에 초점을 맞추고, 측정된 산출 결과에 대한 방법론을 제공한다는 점이다.

단일사례설계의 단점은 적용 범위가 매우 제한되어 있다는 점이다. 왜냐하면 사회복지실천의 개입 중 행동적인 부분 안에서만 기법이 유용하기 때문이다. 또한 개입 과정 중과 개입 후에 측정할 때 변화가 유지될 수 있을지에 의문을 가질 수 있다(Johnson & Yanca, 2004; 한인영 외, 2006 재인용). 즉, 개입으로 인한 변화인지 아니면 개입과정 중 다른 요인들, 예를 들면 환경적 요인이나 다른 치료적 요인에 의한 것인지를 구분하기가 어렵다.

사회복지사의 단일사례설계평가의 단계는 다음과 같이 7단계로 정리할 수 있다(Zastrow, 2003).

① **1단계**: 목표를 구체화한다. 목표는 사회복지사정에서 얻어진 정보를 기초로 해서 정하며, 종결에서 무엇이 변화되었는지를 알 수 있도록 측정 가능한 용어로

진술한다.

② 2**단계**: 적합한 측정방법을 선정한다. 평가는 바람직한 결과가 실현 가능한 방법으로 측정될 수 있어야 하며, 이 측정은 결과를 계량화할 수 있어야 한다는 것을 의미한다.

③ 3**단계**: 기초선 자료를 기록한다. 기초선 조사의 목적은 개입기간 중 또는 개입기간 후 자료와 비교하기 위한 기초를 마련하는 데 있다. 기초선 조사는 최소한 3일 이상 일주일 정도의 자료를 수집하는 것이 좋다.

④ 4**단계**: 개입을 선정한다.

⑤ 5**단계**: 개입을 실행하고 지속적인 모니터링을 실시한다.

⑥ 6**단계**: 변화를 사정한다. 개입기간 동안 어떤 실제적인 결과의 변화가 있었는지를 확인한다.

⑦ 7**단계**: 효과성을 추론한다. 개입에 효과성을 추정하기 위해서 측정하고자 하는 모든 행동을 사전에 미리 결정하여 조작적 정의를 한다(김충식 외, 2009).

단일사례평가의 유형은 다음과 같이 분류할 수 있다.

① AB설계

AB설계는 개입 이전의 기초선을 알아보기 위해 사전 측정을 여러 번 한 후 개입기간 동안 연속적으로 측정을 하는 것으로서 A는 기초선(baseline), B는 개입(intervention)을 의미한다. 기초선의 형태와 개입 후의 형태에 변화가 보이면 개입이 효과가 있다고 본다.

AB설계는 통계집단 후 비교설계의 논리로서 A단계의 자료수집은 통제집단의 역할을 하고, B단계의 자료수집은 실험집단의 의미를 갖는다.

[단점]

개입 전(A)에 개입이 없이 단순히 표적행동빈도만 관찰한다면 연구의 타당성을 입증할 수 있는 많은 요인들을 통제하기 어렵기 때문에 개입 효과성이나 인과관계의 추정이 어렵다.

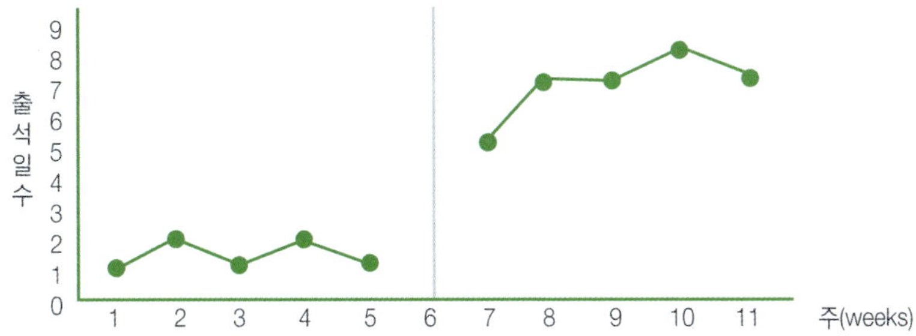

[그림 12-1] AB설계의 예

② **ABA설계**

이 설계는 AB설계에 개입 이후에 또 하나의 기초선(A)을 추가한 설계를 말한다. AB설계에 개입을 일정기간 실시하고, 개입을 중단한 후 표적행동을 관찰하는 설계이다.

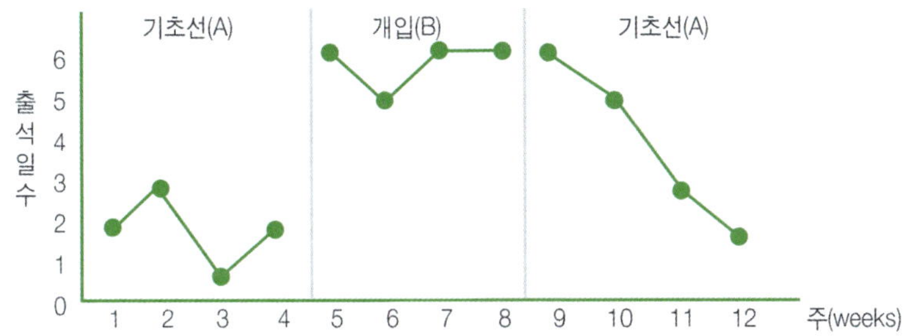

[그림 12-2] ABA설계의 예

③ **ABAB설계**

이 설계는 외생변수를 효과적으로 통제하기 위해 기초선 A와 개입 B를 추가하는 설계이다. 이 설계에서는 개입하지 않는 상태와 개입을 한 상태를 두 번 관찰함으로써 개입으로 인한 변화의 효과성을 확신할 수 있다.

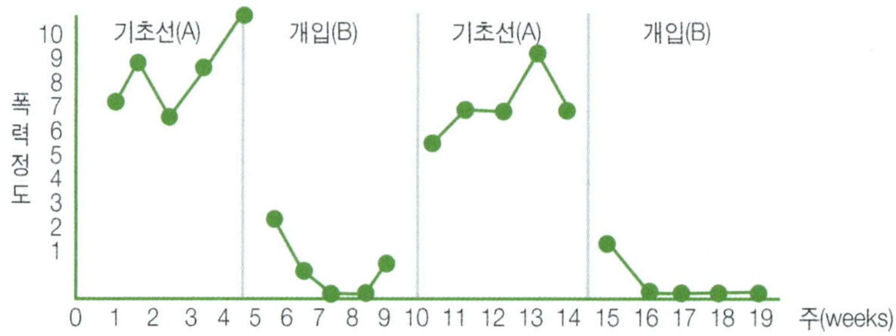

[그림 12-3] ABAB설계의 예

ABA의 개입을 중단한 후 다시 개입 B를 추가한 것이라서 반전(reversal) 설계 또는 철회(withdrawal) 설계라고도 한다.

④ **BAB설계**

이 설계는 기초선 측정 없이 바로 개입할 때 사용한다. 클라이언트가 위기에 처해 있거나, 기초선을 측정할 수 없는 상황에서 곧장 개입하는 설계이다. 이 설계의 장점은 위급한 사회복지현장에서 기초선 조사를 할 여유가 없는 상황에서 개입할 때 사용하기가 좋다.

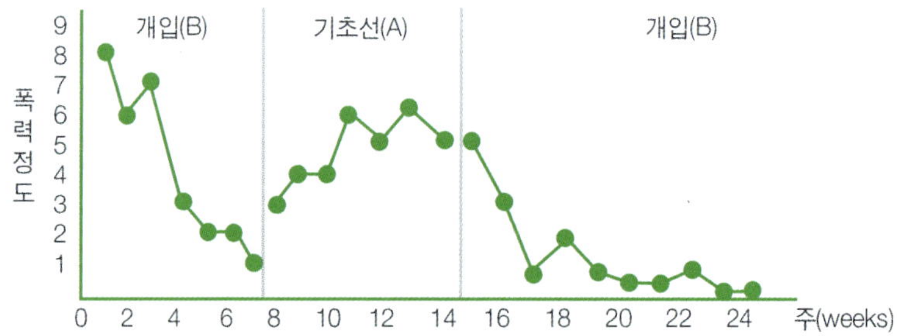

[그림 12-4] BAB설계의 예

⑤ **ABCD설계**

이 설계는 다중요소설계라고도 한다. 기초선 자료에 여러 개의 각기 다른 개입방법을 연속적으로 도입해 보는 방식이다. 즉 기초선 실시 후 B, C, D의 각기 다른 개입을 순차적으로 적용하는 방법이다.

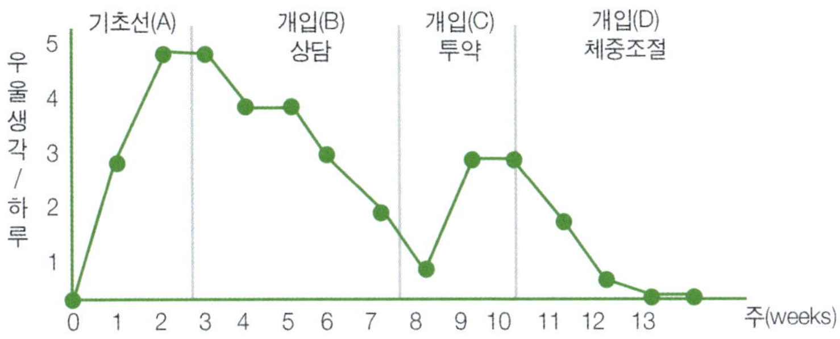

[그림 12-5] ABCD설계의 예

⑥ **복수 기초선 설계**

이 설계는 AB설계로 구성되며, 동일한 개입방법을 각기 다른 사례에 반복적으로 적용하는 것이다.

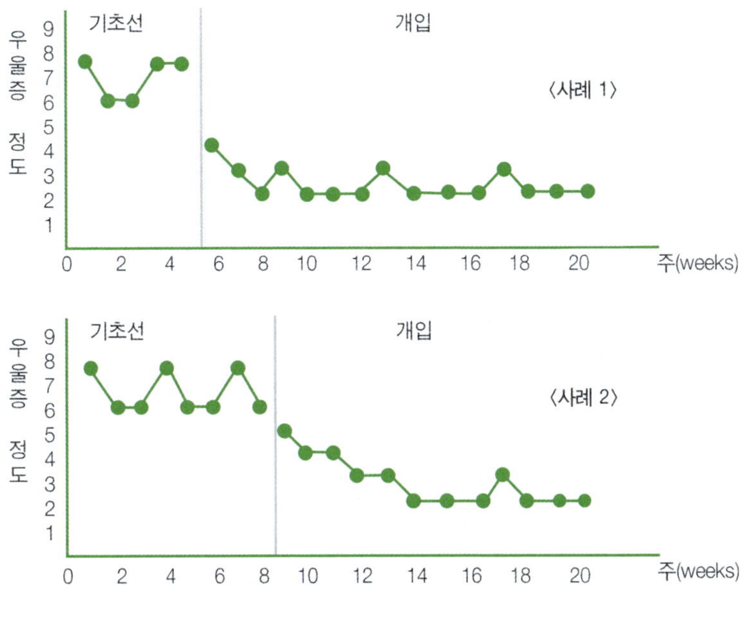

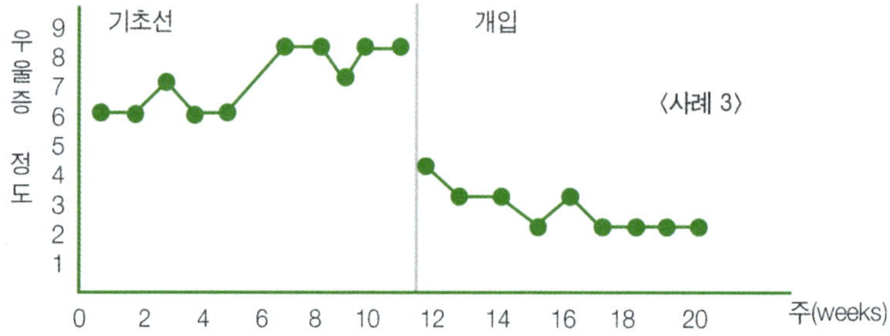

[그림 12-6] 복수 기초선 설계의 예

(2) 과제달성척도

과제달성척도(task achievement scaling)는 단순하고 유연한 평가도구로서, 기초선의 설정이나 단일사례설계의 적용이 어려운 경우와 클라이언트와 사회복지사가 1~2회밖에 만나지 않는 단기서비스에서 사용될 수 있다.

과제달성척도는 합의된 과제가 실제로 달성된 정도를 측정한다. 측정은 보통 4점 척도나 5점 척도를 이용한다(Johnson & Yanca, 2004; 한인영 외 역, 2006 재인용).

- (4점) 완전히 달성
- (3점) 상당히 달성
- (2점) 부분적으로 달성
- (1점) 최소한의 달성
- (0점) 진전이 없음

과제달성척도는 시간과 자료가 부족하여 더 정확한 절차를 사용할 수 없을 때, 즉 다른 도구를 이용할 수 없을 때 사용하면 좋다.

과제달성척도에 대한 사례는 다음과 같다.

〈표 12-1〉 과제달성척도의 예

사회복지사의 과제	달성 정도	달성척도
퇴원날짜와 시간에 대해 환자에게 알리기	환자가 사회복지사업실에 도착할 때 알려 주었다.	5
클라이언트에게 외래환자 지지집단에 대한 정보 마련해주기	클라이언트에게 만나는 날짜와 시간을 프린트해서 주었다.	5
클라이언트와 함께 약속날짜 확인하기	약속날짜를 잡았다.	3
클라이언트의 과제 달성 합계(13) / 총 달성 점수(15) = 86.7% 척도: 5=완전성취, 4=대부분 성취, 3=부분 성취, 2=성취되지 않음, 1=전혀 성취되지 않음		

(3) 목표달성척도

목표달성척도(goal attainment scaling)는 개인 또는 가족에 대한 개입으로 인한 목표 달성정도를 측정한다.

목표달성척도의 과정은 다음과 같다(Boyle & Hull, 2006).

- 1**단계**: 클라이언트의 문제를 확인한다.
- 2**단계**: 개입할 클라이언트의 문제를 선정한다.
- 3**단계**: 표적행동의 척도를 확인한다.
- 4**단계**: 목표달성척도를 위한 표를 완성한다.
- 5**단계**: 결과를 평가한다.
- 6**단계**: 전반적인 목표달성척도 점수와 다른 척도의 점수를 산출한다.

부모와 갈등관계에 있는 청소년에 대한 목표달성척도의 사례를 정리하면 다음과 같다(Boyle & Hull, 2006). 사회복지사는 클라이언트와 3~4개의 목표, 즉 분노 폭발 중단하기, 심부름 잘하기, 가족과 함께하는 모임에 참석하기 등 세 가지 목표를 세웠다. 각 목표에 대해 가중치를 주고, 클라이언트의 개입 전 상태는 √로 하고, 변화한 결과에 대해 ○으로 표시하였다. 가중치가 반영된 변화점수를 계산한 후 최고 변화점수와 비교하여 목표달성비율을 계산한다.

목표달성척도는 여러 가지 목표를 그래프를 이용하여 보여줄 수 있으며, 클라이언트에게 상대적으로 더 중요한 것이 무엇인지를 알 수 있게 한다.

단일사례평가가 행동 또는 태도의 변화에 초점을 둔 것이라면, 목표달성척도는 클라이언트의 목표에 관심을 가짐으로써 클라이언트를 역량강화하는 데 도움을 주며, 자신의 목표를 달성하기 위해 책임을 질 수 있도록 한다.

목표달성척도의 단점은 상대적 가중치를 정확하게 파악하기 어렵다는 점이며, 목표가 쉽게 척도화할 수 없는 경우가 있다는 점이다.

〈표 12-2〉 목표달성척도 평가지의 예

구분	목표		
달성 수준	분노 폭발 중단하기	심부름 잘하기	가족과 함께 하는 모임에 참석하기
(0)가장 바람직하지 않은 결과	분노 폭발을 매우 자주 함 (하루 2번 이상) (√)	심부름을 전혀 하지 않음 (√)	가족모임에 전혀 참석하지 않음(√)
(1)기대 이하의 성공	분노 폭발을 덜 자주 함 (하루 1번)	계속적으로 요청할 때만 심부름을 함	가족모임에 아주 가끔 참석함 (○)
(2)기대한 성공	분노 폭발을 적게 함 (일주일 1번) (○)	한 번 더 요청하면 심부름을 함	적어도 일주일에 한 번은 가족모임에 참석함
(3)기대 이상의 성공	분노 폭발을 거의 하지 않음(한 달 1번)	요청하지 않아도 심부름을 함 (○)	가족모임에 와달라고 요청할 때만 참석함
(4)가장 바람직한 결과	분노 폭발을 더 이상 하지 않음	다른 심부름할 것이 있는지 물어봄	요청하지 않아도 가족모임에 참석함
가중치	40	30	30
변화점수	2	3	1
가중치가 반영된 변화점수	80	90	30
최고 변화점수	160	120	120
목표달성비율(%)	50	75	25
가중치가 반영된 변화 점수 합계(200)/가능한 가중치가 반영된 점수(400)=50%			

(4) 클라이언트 만족도 조사

만족도 조사는 사회복지사가 클라이언트로부터 환류(feedback)를 받을 수 있는 방법이다(Boyle & Hull, 2006).

만족도 조사는 주로 폐쇄질문으로 이루어지며, 클라이언트에게 사회복지사의 개입과정에서의 주요한 행동에 대한 질문을 한다.

만족도 조사의 장점은 사용이 간편하고 쉬우며, 비용이 적게 든다는 점이다. 그러나 이 평가의 단점은 클라이언트의 인식만 파악한다는 점이다.

클라이언트 만족도에 대한 사례는 다음과 같다.

〈표 12-3〉 클라이언트 만족도 조사의 예

- 다음 각 문항에 5점 척도로 응답해 주십시오.
  1=매우 반대, 2=반대, 3=보통, 4=동의, 5=매우 동의

1. 사회복지사는 신속하게 나의 의뢰에 대해 도움을 주었다. ___
2. 사회복지사는 나에게 충분하게 절차에 대해 설명하였다. ___
3. 사회복지사는 나의 말을 잘 들어주었다. ___
4. 사회복지사는 나의 질문에 잘 답변해 주었다. ___
5. 사회복지사는 나의 관심거리를 잘 이해해 주었다. ___
6. 사회복지사는 나를 존중해 주었다. ___
7. 나는 이 사회복지사를 내 친구나 가족에게 추천할 것이다. ___
8. 전반적으로 나는 나에게 제공한 서비스에 대해 만족한다. ___

요 약

이 장은 사회복지실천과정 중 종결과 평가단계에 대해 살펴보았다.

종결은 클라이언트에 대한 사회복지사의 개입활동을 마무리하는 단계이다. 이는 목적을 성취한 클라이언트의 경우, 사회복지사와의 활동을 통해 어려운 문제가 해결되었다는 것을 의미하며, 앞으로는 클라이언트가 스스로 문제를 대처해 나가야 한다는 것을 의미한다.

종결은 사회복지사와 클라이언트가 설정된 목표에 도달하여 클라이언트가 사회복지사의 도움 없이 목표를 수행할 수 있을 때 종결을 하는 것이 가장 바람직하다. 그러나 실제로 종결은 예상하지 못한 경우에 일어날 수 있어서 다음과 같이 구분할 수 있다. 이는 클라이언트에 의한 일방적인 종결, 시간 제약에 의한 계획된 종결, 시간을 정해 놓은 서비스의 계획된 종결, 시간을 정하지 않은 서비스의 계획된 종결, 사회복지사의 이동에 의한 종결 등이다.

종결의 구성요소는 분리, 변화의 안정화, 평가 등 3가지로 구분할 수 있다. 분리단계에서는 사회복지사가 클라이언트의 종결로 인한 감정을 돕도록 하는 것이 중요하다. 변화의 안정화단계에서는 클라이언트가 원조과정에서 성취한 변화를 종결 이후 다른 환경 속에서도 계속 유지할 수 있도록 돕는다. 평가단계에서는 목표가 제대로 달성되었는가를 알아보고, 만약 목표는 달성되었지만 욕구가 남았다면 목표가 적절하지 않았거나 다른 목표가 더 이루어질 수 있도록 한다.

평가는 사회복지사의 개입과정이 효과적이며, 효율적인지를 사정하는 것이다.

평가의 유형은 총괄 평가와 형성 평가로 나눈다. 총괄 평가는 계획된 변화과정의 시작시점에서 기대하였던 결과가 성취되었는지 알아보는 데 목적이 있다. 형성 평가는 실천과정을 평가하는 것으로서, 서비스의 다양한 단계 동안 진행한 일들이 최종 결과에 어떤 영향을 주었는지를 살펴보는 것이다.

프로그램 평가는 단일사례설계, 과제달성척도, 목표달성척도, 클라이언트 만족도 조사 등으로 구분한다.

단일사례설계는 한 명의 클라이언트에 대해 개입 전, 개입 중간, 개입 후에 반복적으로 측정하여 개입으로 인한 변화를 평가한다. 개입 전에 클라이언트의 기능 수행에 대한 기초선을 측정하며, 빈도, 강도, 지속기간 등 비교적 측정이 용이한 구체적 행동이나 변화에 개입의 초점을 둘 때 적용한다. 개입이 끝난 후 마지막 측정은 목표가 성취된 정도를 결정할 수 있다.

단일사례설계의 유형은 AB설계, ABA설계, ABAB설계, BAB설계, ABCD설계, 복수 기초선 설계 등으로 구분한다.

AB설계는 개입 이전의 기초선을 알아보기 위해 사전 측정을 여러 번 한 후 개입기간 동안 연속적으로 측정을 하는 것으로서 A는 기초선(baseline), B는 개입(intervention)을 의미한다. 기초선의 형태와 개입 후의 형태에 변화가 보이면 개입이 효과가 있다고 본다.

ABA설계는 AB설계에 개입 이후에 또 하나의 기초선(A)을 추가한 설계를 말한다. AB설계에 개입을 일정기간 실시하고, 개입을 중단한 후 표적행동을 관찰하는 설계이다.

ABAB설계는 외생변수를 효과적으로 통제하기 위해 기초선 A와 개입 B를 추가하는 설계이다. 이 설계에서는 개입하지 않는 상태와 개입을 한 상태를 두 번 관찰함으로써 개입으로 인한 변화의 효과성을 확신할 수 있다.

BAB설계는 기초선 측정 없이 바로 개입할 때 사용한다. 클라이언트가 위기에 처해 있거나, 기초선을 측정할 수 없는 상황에서 곧장 개입하는 설계이다.

ABCD설계는 다중요소설계라고도 한다. 기초선 자료에 여러 개의 각기 다른 개입방법을 연속적으로 도입해 보는 방식이다. 즉 기초선 실시 후 B, C, D의 각기 다른 개입을 순차적으로 적용하는 방법이다.

복수 기초선 설계는 AB설계로 구성되며, 동일한 개입방법을 각기 다른 사례에 반복적으로 적용하는 것이다.

과제달성척도(task achievement scaling)는 단순하고 유연한 평가도구로서, 합의된 과제가 실제로 달성된 정도를 측정한다. 측정은 보통 4점 척도나 5점 척도를 이용한다.

목표달성척도(goal attainment scaling)는 개인 또는 가족에 대한 개입으로 인한 목표달성 정도를 측정한다.

만족도 조사는 사회복지사가 클라이언트로부터 환류(feedback)를 받을 수 있는 방법이다. 이는 주로 폐쇄질문으로 이루어지며, 클라이언트에게 사회복지사의 개입과정에서의 주요한 행동에 대한 질문을 한다. 만족도 조사의 장점은 사용이 간편하고 쉬우며, 비용이 적게 든다는 점이다. 그러나 이 평가의 단점은 클라이언트의 인식만 파악한다는 점이다.

토의문제

1_ 종결과정에서 클라이언트가 사회복지사와 분리됨으로써 느낄 수 있는 감정들을 두 명씩 짝을 지어서 역할 연습하여 보시오.

2_ 단일사례설계의 유형 중 가장 기본적인 AB설계를 적용해 볼 수 있는 자신의 '행동' 목록을 기록해 보시오.

Theories of Social Work Practice

Chapter 13

사회복지실천의 사례관리

학습목표

1. 사례관리의 등장배경과 필요성을 학습하고 이해할 수 있다.
2. 사례관리의 개념과 특징을 학습하고 이해할 수 있다.
3. 사례관리의 목적과 원칙을 학습하고 이해할 수 있다.
4. 사례관리의 구성요소를 학습하고 이해할 수 있다.
5. 사례관리의 역할을 학습하고 이해할 수 있다.
6. 사례관리자의 주요 실천모델을 학습하고 이해할 수 있다.
7. 사례관리의 과정을 학습하고 이해할 수 있다.

학습목차

1. 사례관리의 등장배경
2. 사례관리의 개념과 특징
3. 사례관리의 목적과 원칙
4. 사례관리의 구성요소
5. 사례관리자의 역할
6. 사례관리의 실천모델
7. 사례관리의 과정

1. 사례관리의 등장배경

사 례

➔ 부모 정신장애 불구, 기초생활수급 못 받아 하루 한 끼, 한 달 1주일은 굶어...냉장고 텅 비어

주말인 지난 18일 오전 영세민 부부 김모(39. 노동. 대구시 동구)씨 집 장롱에서 영양실조로 숨진 채 발견된 5세 어린이 사망 사건은 우리 사회가 조금만 관심을 가졌어도 막을 수 있었던 안타까운 사건으로 드러나고 있다.

특히 김씨 가족은 관할 관청은 물론 수년간 같은 마을에서 생활해 온 이웃들로부터 관심을 받지 못하고 방치된 채 생활해 오다 이 같은 사태를 맞은 것으로 밝혀져 세밑 우리 사회의 어두운 한 단면을 보여주고 있다.

19일 대구 동부경찰서에 따르면 김씨 가족은 김씨가 노동을 통해 어렵게 생활했음에도 기초생활수급 대상자로 선정되지 못해 아무런 혜택을 받지 못했다.

정신지체장애 3급으로 알려진 김군의 어머니(39)는 온전치 못한 정신인데도 그동안 의료기관의 정신장애에 대한 정식 진단을 한 번도 받지 않았고 이에 따라 장애인 등록을 하지도 못했던 것으로 확인됐다.

특히 미숙아로 태어나 평소에도 건강이 좋지 않았던 숨진 김군은 누군가가 밥을 떠먹여 주지 않으면 식사를 못할 정도였으며 김군의 시신은 발견된 당시 말 그대로 '피골이 상접한' 상태였던 것으로 알려져 주위를 더욱 안타깝게 하고 있다.

또 김씨 부부가 아들이 숨지기 1주일 전쯤 주소지 동사무소를 찾아가 아들을 장애인을 위한 어린이집과 같은 시설로 보내기 위해 '발달장애아동 등록'을 문의했을 때 동사무소에서 필요 서류에 대해 설명만 한 것으로 알려져 동사무소 관계자가 현장조사만 나갔어도 충분히 막을 수 있었을 것이라는 아쉬움을 남기고 있다.

경찰조사 결과 김씨 부부는 아들이 지난 16일 경기(驚氣)를 계속하고 밥을 먹지 못했지만 돈이 없어 병원으로 옮기지 못하고 집 안에서 수지침을 뜨는 등 응급조치만 하다 아들이 숨을 쉬지 않자 장롱 속에 넣은 것으로 밝혀졌다.

출처: 연합뉴스(2004. 12).

2004년 12월 대구에서 발생한 장애어린이 사망 사건은 우리 사회에 큰 충격을 안겨 주었다. 이 사건을 계기로 2005년 2월 대통령 주재 국무회의에서 빈부격차차별

시정위원회, 행정자치부, 보건복지부, 기획예산처가 함께 '사회복지전달체계 개선 방안'을 보고하였으며, 지역주민을 대상으로 한 통합서비스 공급체계에 대한 논의가 활발하게 진행되었다(성은미 외, 2009). '소 잃고 외양간 고치는 격'이 되었지만 이러한 사례를 보면서 사례관리가 등장하게 된 배경과 필요성을 절감하게 된다.

사례관리의 기원은 초기 사회복지실천에서 그 기원을 찾아볼 수 있다. 1863년 메사추세츠 자선위원회는 처음으로 공공복지서비스를 조정하기 위한 노력을 시도하였고, 1880년대 후반 자선조직협회와 인보관에서 개발된 자선활동을 통합하는 사례조정은 사회복지실천의 중요한 구성요소가 되었다(Heffernan et al., 1997).

사회복지의 전문적인 실천방법으로서 사례관리는 1970년대 미국에서 정신장애인의 지역사회보호를 추진하면서부터 시작되었다. 미국으로부터 사례관리를 받아들인 영국은 1990년 국민보건서비스 및 지역사회보호법(National Health Service and Community Care Act)이 통과되면서 지방자치단체의 Social Service부에서 사례관리 실시가 제도화되었다.

미국과 영국의 동향에 영향을 받은 일본 역시 2000년 초고령화사회의 극복 대안으로 실시된 개호보험 안에서 사례관리는 법정 서비스로 제도화되었다(박정란, 2016). 사례관리의 등장배경을 정리하면 다음과 같다(김만두 편역, 1993).

〈표 13-1〉 외국의 사례관리의 등장배경

등장배경	내용
탈시설화의 영향	• 탈시설화와 재가복지중심의 지역사회보호로의 정책적 전환 • 서비스가 단편화되고 분산되고, 클라이언트의 욕구에 포괄적으로 대응할 수 있는 체계 부재 • 기관이나 단체의 경계를 넘는 서비스 패키지 장치 요구
서비스 전달의 지방분권화	• 사회복지서비스의 공급주체가 중앙정부에서 지방정부로 이동 • 지방 분권화 과정에서 서비스의 통합 또는 조정을 위한 장치 부재 • 분산되고 단편화된 지역사회서비스 이용의 어려움 발생

등장배경	내용
복합적인 욕구를 가진 인구의 증가	• 정신지체나 정신질환, 혹은 신체장애를 가진 사람이나 노인이 증가하면서 소득, 주택, 사회화, 재활, 의료 등에서 2개 이상의 서비스를 필요하는 클라이언트 증가 • 복합적인 욕구를 가진 클라이언트를 지원해 줄 체계 미확립
기존 서비스의 단편성	• 복합적인 욕구로 인해서 두 개 이상 기관의 서비스가 필요할 때, 조정이나 연계를 통한 통합적인 서비스 미흡 • 대인서비스가 통합되지 못하고 서비스가 단편적으로 제공
사회적 지원체계와 지원망의 중요성에 대한 인식 증가	• 복지국가 위기론과 혼합복지 또는 복지다원주의론이 등장 • 공식적 서비스를 비공식적 서비스로 대체하고자 하는 움직임 등장 • 가족, 친족, 친구, 이웃 등 비공식적 체계와 사회적 지원망의 중요성 재인식
대인복지서비스 비용효과에 대한 인식 증가	• 복지국가의 위기라는 분위기 속에서 서비스의 효율성과 효과성 문제 제기 • 서비스의 중복 문제를 점검하고 서비스의 계획을 관리하고, 효과성을 최대화하며, 특히 치솟는 의료비에 대한 대응책 필요

우리나라에서 사례관리는 1990년대 사회복지학, 간호학 분야에서 관심을 받기 시작하였다(장인협 · 우국희, 2001; 정순둘, 2005: 21 재인용). 1990년대는 우리나라 사회복지의 방향이 지역사회복지 중심으로 전환되고, 재가복지서비스에 대한 확장이 이루어졌던 시기로서 사례관리가 재가복지서비스의 제공을 위한 중요한 방법으로 관심을 받기 시작하였다. 또한 정신보건영역에서도 사례관리의 중요성이 인식되어 1995년 제정된 정신보건법에서 사례관리가 필수사업의 하나로 지정되었다(정순둘, 2005). 우리나라의 대표적인 사회복지실천현장인 종합사회복지관에서도 부설기관인 재가복지봉사센터의 범위를 넘어서서 사회복지관 수준에서 사례관리를 도입하고자 하는 노력이 이어짐으로써 전문적인 실천방법으로서 사례관리가 보편화되기 시작하였다. 그러나 사례관리에 대한 인식과 전문성의 부족, 네트워크에 대한 인식의 부족, 사례관리를 위한 공적 전달 체계의 미비, 사례관리실천을 위한 지역적 토양의 미성숙 등으로 인해서 사례관리가 전문화되고 새로운 접근방법으로 자리를 잡는 데에는 한계가 있었다(김상곤, 2008).

이후 2005년도에 사회복지사업법의 개정으로 시 · 군 · 구청장의 책임 하에 보호대상자별 보호계획을 수립하도록 하면서 사례관리의 현실화 기반이 마련되었다. 2010년에는 경기도의 무한돌봄센터에서 사례관리가 도 차원에서 실시되기 시작하였고, 2012년에는 공공사례관리가 전국의 시 · 군 · 구에 전면 도입되고, 2016년부터는 읍 · 면 · 동 단위에도 사례관리가 시행되고 있는 등 우리나라에서 사례관리의 방법은 가장 보편적인 사회복지서비스 전달방법으로 자리매김하고 있다(엄명용 외, 2016).

우리나라의 공공과 민간 부문의 서비스 전달 체계와 전달방식에서 사례관리가 사회적 이슈로 등장하는 데에는 다음과 같은 이유들이 자리 잡고 있다.

〈표 13-2〉 우리나라 사례관리의 재조명 이슈

등장배경	내용
사회복지서비스에 대한 지역주민들의 낮은 체감도	• 중앙정부와 지방정부에서 보건복지예산의 증가 • 복지에 대한 국민들의 낮은 체감도 • 전달 체계 개편과 서비스 전달방식의 개선 필요
복합적이고 만성적인 문제를 가진 인구집단의 증가	• 장애 또는 정신장애인, 빈곤가정, 아동학대, 노인인구집단 등의 증가 • 사회적 양극화로 인한 빈곤계층의 문제 심화
사회복지전문직의 전문성에 대한 사회적 도전	• 복합적인 문제를 가진 클라이언트의 삶의 질 개선을 위한 사회복지사의 전문성에 대한 사회적 도전 • 사회복지사의 문제해결력과 전문성 강화를 위한 방안 필요
사회복지전문직의 정체성에 대한 도전	• 다른 전문직과 차별성을 드러낼 수 있는 역할과 정체성 필요 • 통합적인 관점에 기반한 사례관리 접근방법 대두

2. 사례관리의 개념과 특징

사례관리는 사회복지실천에 있어서 새로운 개념은 아니다. 사례관리는 19세기 이래 존재해 왔으나 지난 반세기 동안 더 많은 주목을 받아오고 있다(미국사회복지사협회, 1992). 새로운 개념은 아닐지라도 1970년대 이후 미국에서 새로운 서비스 전달 방식으로 주목받고 있는 사례관리는 시대적인 흐름에 따라서 개념이 변화하고 있다.

1970년대 정신보건서비스 전달에 있어서 사례관리란 서비스 전달의 구성요소였다. 왜냐하면 복합적인 욕구를 가진 클라이언트들이 다차원적인 서비스를 필요로 했기 때문이다. 사례관리란 욕구 사정을 시작으로 지속적인 개입을 통해 서비스에 클라이언트를 연결시키는 과정이었다(Woodside & McClam, 2006).

1980년대에는 사례관리의 초점에 이동이 있었다. 많은 전문가들과 클라이언트들은 관리라는 용어를 사용하는 것을 반대했다. 왜냐하면 사례관리란 통제하는 것이 아니었기 때문이다. 또한 관리라는 용어는 클라이언트의 관여나 임파워먼트를 반영하지 못했다. 그래서 새롭게 등장한 용어가 서비스 조정(service coordination) 또는 보호조정(care coordination)이었다. 잭슨 등(Jackson et al., 1992)은 반복적으로 입원치료가 필요한 영아와 아동을 보호하는 Continuity 프로젝트를 수행하는 동안 보호 조정이라는 용어를 개발하였다. 많은 사람들이 서비스 조정이 사례관리과정의 주요한 과업인 서비스 연결, 점검과정을 더 정확하게 반영한다고 믿었다(Woodside & McClam, 2006).

1990년대 후반과 2000년대 초반에 있어서 보다 폭넓은 관점이 도입된다. 많은 사례관리자들은 두 가지의 역할, 다시 말하면 서비스의 연결 및 점검, 직접적인 서비스 제공의 역할을 제시하였다. 사례관리자들은 클라이언트들이 자신의 삶을 관리해 나갈 수 있도록 도우며, 전문가가 필요하거나 위기가 발생했을 때 그들을 돕는 것을 목적으로 하고 있다. 따라서 사례관리자들은 클라이언트를 돕는 데 필요한 정보를 수집하고, 사정하고, 점검한다. 그리고 다른 전문가들과 함께 활동하고, 다른 기관의 서비스를 조정하며, 클라이언트를 옹호한다.

사례관리란 개개인의 욕구에 대응해 여러 가지 서비스를 짝맞추어 주는 과정이다. 짝을 맞추어 준다는 말의 원어는 tailoring이다. tailor란 재단사를 말하는데, 기성품을 판매하는 것이 아니라 한 사람 한 사람의 체형을 고려해 그 체형에 맞는 양복을 만드는 재단사를 의미한다. 사례관리서비스를 필요로 하는 사람들의 욕구도 각 사람에 따라 다르기 때문에 서비스를 개별적으로 맞추어내는 것을 의미한다. 지금까지의 서비스가 기성품이었다면 사례관리는 그것을 맞춤형 서비스(order made service)로 전환하려는 데 의의가 있다(김만두, 2009).

목슬레이(Moxley, 1989)는 사례관리란 "복합적인 욕구를 가진 사람들의 기능화와 복지를 위해 공식적 · 비공식적 지원과 활동의 네트워크를 조직 · 조정 · 유지하는 것"이라고 정의하였다. 이러한 활동을 통해서 서비스와 자원들을 이용하고 접근하는 데 있어서 가능한 한 클라이언트의 생활기술을 증진시키도록 도우며, 사회적 지원망과 관련된 서비스 제공자들의 능력을 발전시키도록 해야 한다. 또한 가능한 한 가장 효율적인 방법으로 서비스와 지원이 전달되도록 하고 서비스의 효과성을 증진시키도록 해야 한다.

베이커와 인타글리아타(Baker & Intagliata, 1992)는 "사례관리는 통합적이고 효과적이며 효율적인 방식으로, 필요한 서비스를 제공받도록 보장하는 과정으로 다양한 기관과 직원들이 제공하는 서비스를 클라이언트를 대신하여 계획(planning)하고, 찾고(searching), 점검(monitoring)하게 된다. 이 과정에서는 일반적으로 한 기관이 클라이언트에 대한 책임을 지고 클라이언트를 위해 서비스를 조정하고, 클라이언트를 대변하고, 자원을 통제하고, 서비스를 구입하는 사례관리자를 선정하게 된다"라고 하였다(권진숙 외, 2009: 29-30 재인용).

미국사회복지사협회(1992)의 사례관리 표준에 의하면, 사례관리란 "전문적인 사회복지사가 클라이언트와 그들의 가족 욕구를 사정하고, 클라이언트의 복합적인 욕구를 충족시키기 위해 복합적인 서비스의 패키지를 제공하기 위한 서비스의 배열, 조정, 점검, 평가 그리고 옹호 등을 실천하는 서비스 전달 제공방법이다. 사례관리는 본질적으로 미시적인 접근과 거시적인 접근을 포함한다. 따라서 사례관리실천에서 개입은 클라이언트 수준뿐만 아니라 체계 수준까지 개입하게 된다.

멀레히와 젠슨(Mullahy & Jensen, 2004)에 의하면, 사례관리란 "도움을 받는 클라이언트의 최적의 사회적 기능을 강화하는 것을 목적으로 하는 사정기술, 자문, 교육, 모델링, 옹호 등을 포함하는 창조적이고 협력적인 과정"이다(Mullahy & Jensen, 2004; Vanderplasschen et al., 2004).

한편 권진숙과 박지영(2009)은 사례관리를 "생태체계적 관점을 기반으로 만성적이고 복합적인 문제를 가진 개인 및 가족과 함께 일하면서 그들과 자원 제공자들의 기능을 향상시키고자 하는 것이며, 이를 통해 환경 속에서 자신에게 필요한 서비스와 자원을 스스로 획득하고 사회적 기능을 원활하게 수행할 수 있도록 돕는 통합적인 접근방법"이라고 정의하고 있다.

〈표 13-3〉 사례관리의 주요개념

주요 학자	사례관리 정의
Moxley (1989)	복합적인 욕구를 가진 사람들의 기능화와 복지를 위해 공식적, 비공식적 지원과 활동의 네트워크를 조직, 조정, 유지하는 것
Baker & Intagliata (1992)	통합적이고 효과적이며 효율적인 방식으로 필요한 서비스를 제공받도록 보장하는 과정
미국사회복지사협회 (NASW, 1992)	전문적인 사회복지사가 클라이언트와 그들의 가족 욕구를 사정하고, 클라이언트의 복합적인 욕구를 충족시키기 위해 복합적인 서비스의 패키지를 제공하기 위한 서비스의 배열, 조정, 점검, 평가 그리고 옹호 등을 실천하는 서비스 전달 제공방법
Mullahy & Jensen (2004)	도움을 받는 클라이언트의 최적의 사회적 기능을 강화하는 것을 목적으로 하는 사정기술, 자문, 교육, 모델링, 옹호 등을 포함하는 창조적이고 협력적인 과정
권진숙 · 박지영 (2009)	생태체계적 관점을 기반으로 만성적이고 복합적인 문제를 가진 개인 및 가족과 함께 일하면서 그들과 자원 제공자들의 기능을 향상시키고자 하는 것이며, 이를 통해 환경 속에서 자신에게 필요한 서비스와 자원을 스스로 획득하고 사회적 기능을 원활하게 수행할 수 있도록 돕는 통합적인 접근방법

이러한 정의를 종합해 볼 때, 사례관리란 "만성적이고 복합적인 문제를 가지고 있는 클라이언트를 대상으로 사회적 기능과 복지 증진을 도모하기 위하여 공식적 · 비공식적 자원을 조직 · 조정 · 유지함으로써 클라이언트의 문제와 욕구에 부합하는 맞춤형 포괄적 서비스를 제공하는 통합적 접근방법"이라고 정의할 수 있다. 사례관리의 정의 속에 담겨져 있는 특징을 살펴보면 다음과 같다.

첫째, 통합적 접근방법이며, 체계적이고 전문적인 과정이다.

둘째, 적극적인 방법으로서 사회복지서비스 전달의 책임성을 강조한다.

셋째, 클라이언트의 욕구와 선호에 대응하는 맞춤형 포괄적 서비스를 제공한다.

넷째, 서비스 연결과 조정 등의 간접적 서비스와 직접적 서비스를 포함한다.

다섯째, 클라이언트의 관여와 자기결정 그리고 임파워먼트를 강조한다.

여섯째, 창조적이고 협력적인 과정이다.

일곱째, 자원 연계를 통한 서비스의 효율성과 효과성을 강조한다.

3. 사례관리의 목적과 원칙

1) 사례관리의 목적

인타글리아타(Intagliata, 1982)는 보호의 연속성 제공, 서비스 제공의 보장, 서비스에 대한 접근성 강화, 서비스의 중복 방지 등을 목적으로 제시하고 있다. 미국사회복지사협회(NASW, 1992)에 의하면, 사례관리의 주요한 목적은 다양하고 복합적인 욕구를 가진 클라이언트에게 가장 효과적이고 효율적인 양질의 서비스를 제공함으로써 클라이언트의 기능을 최적화하는 것이다. 그리고 사례관리의 목적에 클라이언트의 발달적 능력, 문제해결능력 그리고 대처능력의 강화를 포함하고 있다. 목슬레이(Moxley, 1989)와 커스트-애쉬맨과 헐(Kirst-Ashman & Hull, 2002)은 사례관리의 목적을 다음과 같이 제시하고 있다.

- 사회적 서비스와 사회적 지원을 활용하는 데 있어서 클라이언트의 기술과 능력을 증진
- 클라이언트의 기능을 강화하기 위해 사회적 지지망과 관련된 서비스의 능력 개발
- 효과적이고 효율적인 서비스 전달을 증진

이러한 사례관리의 목적을 종합해 볼 때 크게 두 가지로 구분해 볼 수 있다. 첫째

는 클라이언트의 사회적 기능 강화와 삶의 질을 향상시키는 것이고, 둘째는 포괄적이고 연속적인 서비스 제공을 통한 효과적이고 효율적인 통합적 서비스의 전달이다.

2) 사례관리의 원칙

사례관리는 사회복지실천의 일반적인 원칙을 따르면서도 차별적인 원칙을 강조하고 있다. 사례관리의 원칙을 제시하면 다음과 같다(Kirst-Ashman & Hull, 2002).

- **서비스의 개별화**(individualization of services) : 클라이언트에게 제공될 서비스는 클라이언트의 확인된 욕구를 충족시키기 위해 특별하게 개발, 설계된다.
- **서비스의 포괄성**(comprehensiveness of services) : 클라이언트에게 제공되는 서비스의 범주는 주택, 레크리에이션, 고용, 사회적 · 재정적 · 의료적 보호, 정신건강서비스 등 클라이언트의 삶의 모든 영역을 포함한다.
- **서비스 중복 방지와 비용의 효율성**(parsimonious services) : 클라이언트에게 제공되는 서비스의 중복을 방지하고 서비스 제공에 드는 비용을 통제해야 한다. 서비스 제공 기관 간에 조정이 이루어지지 않을 경우, 어떤 욕구의 경우에는 서비스가 중복적으로 제공될 수 있으며, 다른 욕구는 충족되지 못하는 결과를 가져올 수 있다.
- **클라이언트의 자율성 육성**(fostering autonomy) : 사례관리의 주요 초점은 가능하면 자급자족할 수 있도록 클라이언트를 돕는 것이다. 뿐만 아니라 클라이언트의 자기결정권을 최대한 보장함으로써 클라이언트가 자기 자신을 보호하는 데 내려지는 결정에 최대한 많이 관여하도록 하는 것이다.
- **보호의 연속성**(continuity of care) : 클라이언트가 경험하는 문제와 욕구는 복합적이므로 클라이언트의 삶의 전반에 도움을 필요로 한다. 또한 그들이 경험하는 문제는 만성적이어서 순식간에 회복되기 쉽지 않다. 따라서 사례관리서비스는 클라이언트의 욕구에 대한 지속적인 점검을 통해서 보호의 연속성이 보장될 수 있어야 한다. 보호의 연속성은 두 가지의 중요한 의미를 지닌다. 첫 번째 의미

는 클라이언트가 처음 접촉한 다음부터 종결 사후관리까지 서비스가 중단되지 않고 클라이언트에게 제공되는 것을 의미한다. 두 번째 의미는 제공되는 서비스의 포괄성을 의미한다.

한편 우드사이드와 맥클램(Woodside & McClam, 2006)은 커스트-애쉬맨과 헐(Kirst-Ashman & Hull, 2002)이 제시한 원칙 이외에 다음과 같은 원칙을 제시하였다.

- **서비스에 접근할 수 있는 공평성**(equal assess to services): 도움이 필요한 모든 사람은 민족, 인종, 종교, 성적인 지향, 사회경제적인 지위 또는 장애와 상관없이 사례관리서비스에 접근하고, 요청하고 활용할 수 있는 동일한 기회를 가져야 한다는 것이다. 사례관리서비스 제공자들은 클라이언트의 접근성을 높이기 위해 이용료 면제, 이동수단 제공, 아웃리치 노력 등의 방법을 개발해야 한다.
- **양질의 보호서비스**(quality care): 사례관리실천에서 모든 클라이언트에게 양질의 서비스를 제공해야 한다. 품질 보장은 사례관리의 중요한 구성요소이다.
- **클라이언트의 임파워먼트**(client empowerment): 사례관리실천에 있어서 임파워먼트는 클라이언트를 개인으로서 존중하고, 그들이 가지고 있는 강점과 관심을 구축하며, 그들에게 동반자 역할을 부여하고, 그들이 자급자족할 수 있는 방향으로 움직여나갈 수 있도록 하는 것을 의미한다.
- **평가**(evaluation): 사례관리실천에서 평가는 과정에 대한 사정, 성과 평가, 과정의 질 평가 등 사례관리의 전 과정을 통해서 이루어진다. 클라이언트와 관련한 평가의 초점은 클라이언트의 변화 만족, 서비스의 통합, 서비스의 질, 성과 등이다. 평가의 전 과정에 전문가와 클라이언트가 함께 한다.

4. 사례관리의 구성요소

사례관리의 본질적인 의미와 목적에 부합하기 위해서 사회복지실천현장에서 갖추어야 하는 제반 조건이 사례관리의 구성요소에 해당한다. 앞에서 제시한 사례관리의 정의와 목적으로부터 사례관리의 구성요소는 크게 다섯 가지로 구분될 수 있는데, 권진숙 등(2009)이 제시한 사례관리의 구성요소를 통해 구체적으로 설명하면 다음과 같다.

1) 클라이언트

클라이언트는 대부분 복합적인 욕구를 가지고 있어 하나 이상의 사회 자원을 필요로 하지만 자원의 소재와 이용방법에 대해 잘 모르는 사람을 말한다. 현재 사회복지기관을 중심으로 지역의 저소득층 가족, 아동, 청소년, 노인 등 신체적 · 정신적 · 경제적 · 사회적 문제 등 복합적 문제를 가진 다양한 클라이언트가 대상이 된다. 중요한 것은 클라이언트의 범주에 대한 행정적인 기준을 정해 놓는 것이다. 다시 말하면, 사례관리 대상자의 자격 조건과 선정 기준, 사례관리 대상자의 규모, 사례관리 대상자의 유형 등과 같은 사항을 규정하는 것이 필요하다. 이러한 사항에 대한 행정적인 기준을 마련함으로써 클라이언트의 상황과 특성에 맞는 관리가 가능해질 수 있을 것이다.

2) 사회적 자원

사회 자원은 인적 · 물적 서비스를 제공하고 지원하는 다양한 차원의 공급주체를 말한다. 가족, 친척, 동료, 이웃, 자원봉사자 등의 비공식적인 자원과 행정가, 행정기관, 공공복지시설, 법인 등의 공식적 자원이 클라이언트의 문제를 해결하기 위해 조정 · 통합되어 필요한 서비스로 제공된다. 사례관리자는 자원 활용의 효율성을 높이기 위하여 자원을 조직화하고 자원 목록을 작성하도록 한다.

3) 사례관리자

사례관리자는 앞에서 언급한 두 가지의 구성요소를 효과적이고 체계적인 방법으로 연계하는 역할을 수행한다. 여러 가지 서비스 공급주체에 의한 사회 자원을 클라이언트가 활용하여 욕구를 충족해 갈 수 있도록 촉진하고, 조정하고, 연결시켜 나감으로써 클라이언트 자신의 능력을 향상시키고 서비스 공급주체들의 능력 또한 발전시키는 것이 사례관리자의 역할이다.

4) 사례관리과정

사례관리를 시간적으로 전개해 가는 요소로 사례관리과정을 들 수 있다. 이 과정은 보통 접수, 사정, 개입계획, 서비스 조정, 점검과 재사정, 평가와 종결, 사후관리 등으로 진행된다. 구체적인 사례관리의 과정은 사례관리의 실천과정에서 자세하게 다루기로 한다.

5) 사례관리 운영체계

사례관리는 클라이언트에게 필요한 통합적 서비스를 전달하는 작동체계이기 때문에 효율적인 운영체계의 구축이 필요하다. 사례관리 운영체계는 기관 내부 운영체계와 외부 운영체계로 구분할 수 있다. 기관 내부 운영체계는 사례관리 전담팀을 구성하고 프로그램과 서비스 제공팀, 자원 개발 및 주민 조직화팀을 구축하고 팀 또는 기관 사례회의를 통해서 상호 협력해 나간다. 기관 외부 운영체계는 지역사회 내에서 클라이언트의 삶과 밀접한 관련이 있는 공공과 민간의 서비스 제공 기관들로 구성된 통합사례관리팀을 구축하고, 클라이언트를 돕는 데 협력할 수 있는 다양한 기관들이 함께 하는 통합사례회의를 통해 협력을 강화하도록 해야 한다. 이러한 운영체계 이외에도 슈퍼비전 체계, 솔루션위원회 등과 같은 지원체계가 필요하며, 공공부문과 민간부문이 함께 하는 사례관리 전달 체계의 구축이 필요하다.

5. 사례관리자의 역할

사례관리자의 역할과 직무는 기관, 클라이언트의 문제, 유용한 자원, 실천현장에 따라 달라질 수 있으나 대부분 사례관리자의 일곱 가지 역할에 초점을 두고 있다(Maguire, 2002; 배태순 외 역, 2007).

1) 자원 조정자(resource coordinator)

자원 조정자는 클라이언트에게 필요한 도움과 서비스를 연결하고 결합시킴으로써 중요하고 필요한 지원을 제공한다. 일차적으로 강점을 실행할 수 있는 기획과 자원의 활용 가능성을 확인함으로써 결핍된 모든 욕구를 서비스의 중복이나 반복 없이 충족할 수 있도록 한다. 그런 다음 사례관리자는 다양한 시스템 간의 연결과 상호작용을 강화시킴으로써 효과적이고 효율적으로 필요한 모든 욕구를 충족시킨다. 만약 적절한 조정이 이루어지지 않는다면, 서비스의 중복은 물론 서비스를 훼손하는 결과를 가져올 수도 있다. 조정은 원조체계 내에서 개별 단위를 보완하고 강화함으로써 모든 체계가 공동의 목적을 성취하기 위해 함께 일하도록 돕는다.

2) 직접적인 서비스 제공자(direct-service provider)

사례관리자는 치료자, 상담자, 원조자 또는 클라이언트에게 필요한 서비스를 제공하는 일차적인 기관으로서 클라이언트에게 개입한다. 사례관리자가 치료, 현금, 또는 정보를 제공한다하더라도 서비스는 사례관리자에 의해 직접적으로 제공된다. 직접적인 서비스가 제공되는 정도에 따라서 모델이 달라질 수 있지만 대부분의 사례관리자들은 지지, 정보 또는 물리적 원조와 같은 자원뿐만 아니라 직접적인 서비스를 제공한다.

사례관리자는 직접적 서비스 제공자 역할을 수행하면서 클라이언트의 자기지향성(self-direction)이 강화되도록 해야 한다. 클라이언트의 자기지향이란 클라이언트가 가지고 있는 잠재 역량에 초점을 두고 클라이언트 자신이 자기의 욕구를 충족시킬 수 있는 능력, 기술, 자원을 획득하거나 자원을 활용함으로써 자신의 상황을 변화시킬 수 있도록 하는 것을 말한다. 사례관리 초기에는 사례관리자의 자기지향성이 높게 발휘되지만 시간이 지나면서는 클라이언트의 자기지향성이 강화될 수 있도록 해야 한다(김만두 편역, 1992; 권진숙 외, 2009).

3) 계획자(planner)

사례관리자는 클라이언트와 함께 일하면서 클라이언트가 자신들의 강점과 표현된 문제를 사정하도록 돕는다. 그리고 관련된 목적을 충족시킬 수 있는 전략을 개발하고, 이러한 목적을 성취하기 위해 클라이언트가 수행해야 할 과업을 설계한다. 변화를 위해 계획을 세우는 것은 어느 정도 객관적인 전문성을 필요로 한다. 사례관리자는 이전의 습관적이고 부정적인 행동 패턴을 실제적으로 확인해야 하므로 클라이언트로 하여금 새로운 행동과 미래를 위한 계획에 대한 통찰력을 통합하도록 도와야 한다. 새로운 전략을 탐색하는 과정에서 목적 성취를 가로막는 장애물에 대해 철저하게 토론함으로써 새로운 전략들이 성공적으로 실행될 것이며, 새로운 대체 행동으로 통합될 수 있을 것이다.

4) 점검자(monitor)

사례관리자는 목적 달성에서의 진전사항 또는 부족, 욕구 충족, 관련된 과업의 완수, 자원 제공 그리고 성과의 달성 여부를 사정한다.

5) 지지자(supporter)

사례관리자는 욕구를 충족하고 자원을 개발하기 위해 설계된 행동과 과업 성취를 이룰 수 있도록 클라이언트를 격려하고 강화한다. 새로운 행동이 시도되는 초기단계에 클라이언트에게 지지와 격려를 제공해야 한다. 평생을 수동적으로 원망을 하면서도 학대와 차별을 허용하며 살았던 클라이언트는 처음 몇 번은 스스로 개인적인 권리를 옹호할 수 있도록 도와야 한다. 자기주장은 학습된 행동이므로 클라이언트에게 초기의 시도는 효과가 없거나 심지어는 당황스러운 것일 수 있다. 변화의 과정에서 지속적으로 자기주장이 이루어지도록 하기 위해서 클라이언트에게 지지를 제공해야 한다. 때때로 나타나는 좌절이나 실패를 예상해야 한다. 이러한 문제가 발생했을 때, 클라이언트와 사례관리자는 행동이나 일련의 상황을 검토하고, 그것으로부터 배우고, 새로운 전략을 개발해야 한다. 긍정적이고 현실적이며 유연한 계획을 위해 지속적인 지지를 제공하는 것은 매우 중요하다.

6) 평가자(evaluator)

사례관리자는 목적 성취와 관련해서 클라이언트에게 피드백을 제공하고, 필요할지도 모르는 추가적이거나 다른 자원 또는 서비스를 확인한다. 평가의 과업은 효과적으로 수행된 것과 그렇지 않은 것을 객관적으로 사정하는 것과 클라이언트의 행동과 변화에 대한 통찰이 클라이언트 내부적으로 유용한지를 확인하는 것을 포함한다. 클라이언트는 자신의 성취를 상기할 수 있을 것이며, 과거나 현재에 있어서 어떤 행동이 계획된 목적 성취에 도움이 되지 않았는지를 검토할 수 있도록 도울 수 있다.

7) 옹호자(advocator)

클라이언트 옹호는 사례관리의 가장 중요한 역할 중의 한 가지다. 옹호란 클라이언트가 스스로 할 수 없거나 꺼리는 일을 사례관리자가 대신하는 것을 의미한다(권진숙 역, 2004). 대체로 사례관리가 필요한 클라이언트들의 경우 스스로 자신을 대변하고 옹호할 수 있는 능력이 부족하다. 이들 클라이언트에게 필요한 자원이 존재하지 않거나 자원을 필요로 하는 클라이언트에게 제대로 자원이 공급되지 않는 경우가 많다. 이러한 경우 사례관리자는 클라이언트를 대변하여 클라이언트의 요구사항을 구체화시키고, 가능한 한 자원이 클라이언트에게 적절히 공급될 수 있도록 노력하며, 클라이언트의 옹호자로 활동한다(엄명용 외, 2005).

6. 사례관리의 실천모델

사례관리의 실천모델은 임상적 접근을 중요시하는가 아니면 서비스의 관리 기능, 즉 행정적 기능을 중시하는가, 그리고 지향하는 목적이 무엇인지, 사회복지실천현장이 일차적 현장인지 아니면 이차적 현장인지에 따라서 다양하게 제시된다. 따라서 사례관리자는 자신의 서비스 대상과 소속된 기관의 성격에 적합한 사례관리모델을 정립하고 적용하는 것이 필요하다. 사회복지현장의 특성, 개입기간, 사례관리자의 역할 수준 등이 고려되어 다양한 차원에서 사례관리모델의 적용성을 높이려는 노력들이 있어 왔다(권진숙 외, 2009). 사례관리실천에서 활용되는 핵심적인 모델을 설명하면 다음과 같다.

1) 매과이어의 모델 분류

매과이어(Maguire)는 사례관리의 모델을 전통적 장기모델과 관리보호단기모델, 일반사회복지모델과 전문사회복지모델로 구분하였다(Maguire, 2002; 배태순 외 역, 2007; 권진숙 외, 2009: 34-35 재인용).

(1) 전통적 장기모델 : 관리보호단기모델

전통적 장기모델은 치료될 수 없는 장기적이고 만성적인 건강문제나 정신보건문제를 다루는 전통적 사례관리모델이다. 복합적 인과관계를 추구하고, 비관적 예후에 대한 기대를 갖고 있고 장기보호를 필요로 하고 자원의 조정을 필요로 한다.

관리보호단기모델은 시간 제한적이고 집중적이며, 자원의 조정과 연계에 초점을 두고 치료를 중시하고 있다는 점이 전통적 장기모델과 구별되는 특성이다. 이 모델 역시 복합적 인과관계를 중시하고 조정된 보호의 필요로 하며, 시간 제한적이고 집중적인 서비스의 관리를 목표로 한다.

(2) 일반사회복지모델 : 전문사회복지모델

일반사회복지모델은 사례관리자가 클라이언트에게 사례관리에 관한 모든 (차원의 다양한) 서비스를 제공하는 모델이다. 한 사회복지사가 모든 서비스를 제공하기 때문에 상충되는 조언을 피할 수 있으나, 전문가의 역량 부족 문제가 한계로 작용한다.

전문사회복지모델은 특정 영역과 문제를 전담하는 전문사례관리자와 전문가들 간의 업무 공유가 중시되며 이들 간의 조정과 팀워크가 중시된다.

2) 사례관리의 제공자에 따른 모형

웨일과 칼스(Weil & Karls, 1985)의 사례관리의 실천모형은 대인서비스 전문가 또는 특별히 훈련된 전문가에 의해서 제공되는 사례관리로 사례관리자로서의 통합전문가 또는 서비스 중개자모형, 사례관리자로서의 일차적 치료자모형, 학제간 팀모형으로 나뉜다. 클라이언트와 특수한 관계에 있는 비전문가에 의해서 제공되는 사례관리는 사례관리자로서의 가족모형, 사례관리자로서의 지역사회 주민에 의한 지지적 보호모형, 사례관리자로서의 자원봉사자모형으로 나누어지며, 종합서비스센터에서 제공하는 사례관리로는 종합서비스센터모형이 있다(이근홍, 2006; 권진숙 외, 2009: 35-37 재인용).

(1) 통합전문가모형

통합전문가모형이란, 사례관리자가 개별 클라이언트 또는 클라이언트집단의 서비스 조정에 대한 책임을 가지고 있으며 사례관리자는 사회복지실천, 간호, 공공복지, 심리학, 대인서비스 등에 대한 훈련 등으로 직접 서비스, 조정, 옹호 등을 제공한다.

일차적 치료자모형이란, 사례관리자와 클라이언트와의 관계가 치료적인 모형으로 사례관리자는 석사학위 사회복지사, 심리학자, 정신의학자 등으로 전문 인력이며 클라이언트의 관심사와 문제에 대한 치료자 지식을 기반으로 치료자·클라이언트 간의 신뢰가 가장 중요한 모형이라 할 수 있다.

(2) 학제간 팀모형

학제간 팀모형이란, 성원 각자가 특정한 전문 영역의 서비스 활동에 개별적 책임을 가지며 다양한 학문 분야 간 전문화된 팀의 개념에 기반하는 모형으로 전문화된 사례관리자들이 공동으로 사례관리의 모든 과정을 구성하는 모형이다. 이 모형은 전문 분야에 의해 담당 사례를 결정하며 학제간 팀의 역할은 접수, 서비스 연결, 서비스 접근 및 점검과 같은 활동을 통한 책임을 공유하는 역할을 담당하고 사례관리팀은 다양한 전문가들로 구성되며 독립적이면서도 밀접한 협력관계를 이룬다.

(3) 가족모형

가족모형이란, 부모가 발달장애아동의 사례관리자로서, 또는 성인자녀가 허약한 노인의 사례관리자로서 역할을 수행하며 가족이 사례관리과정에 대한 훈련을 받게 되면 보호의 연속성과 서비스의 질에 대하여 효과적일 것이라는 믿음에 기초한 모형이다. 이 모형은 전문가와 부모·성인자녀와의 협력관계를 발달시키는 것이 중요하며 대부분의 대인서비스체계가 복잡하기 때문에 많은 전문가들이 교섭하는 데 어려움이 존재하지만 가족 성원을 위한 사례관리와 옹호에 대한 훈련은 가족으로 하여금 능력을 부여하는 경험이 될 수 있다.

(4) 지지적 보호모형

지지적 보호모형이란, 농촌 지역사회나 도시 저소득층 밀집지역에서 활용하는 것으로 지역사회 내에서 만성 정신장애인을 부양하는 데 필요한 심리적 지지가 그들의 자연적인 이웃과 일반 대중들 내에 존재한다는 신념에 기초한 모형이다. 이 모형은 지역주민들은 직접적인 정신보건서비스를 제공할 수 있으며, 클라이언트와 그들이 필요로 하는 지역사회 지지를 효과적이고 경제적인 방법으로 연결이 가능하고 지지적 보호자들은 일반 대중 가운데 선정하며, 특수한 훈련을 받고 대부분 한 명의 클라이언트와 일하도록 할당한다.

(5) 자원봉사자모형

자원봉사자모형은 기관의 직원과 자원봉사자와의 공동 협력을 통하여 일하는 것으로 지역사회 자원봉사자가 일정기간 훈련을 거쳐 사례관리기관이 전문가의 지도감독을 받으면서 만성정신장애인, 신체장애인, 허약한 노인, 발달장애아동 등의 사례관리자로 활동하는 모형이다. 자원봉사자가 클라이언트에게 직접적 서비스 제공, 서비스를 점검하거나 조정하며, 자원봉사자는 준전문가로서 클라이언트를 원조하는 보조협력자의 역할을 수행하고, 클라이언트의 복지에 대한 책임이 있으며, 임무에 대한 적절한 교육과 지도 감독을 받도록 해야 한다.

(6) 종합서비스센터모형

종합서비스센터모형은 서비스센터는 사회적 · 정서적 지지, 직업훈련, 기숙시설 등을 포함한 포괄적 서비스를 제공하는 모형으로 만성정신장애인, 발달장애인시설의 수용자, 자립생활센터의 거주자, 지체장애인, 장기 건강보호가 필요한 사람 또는 위탁보호가정의 청소년들에게 서비스를 제공한다. 전형적 종합서비스센터는 거주자들에게 기본적인 서비스만을 제공하며, 만성정신장애인 또는 약물남용자 등을 위한 재활프로그램과 같은 것들은 다른 기관으로부터 서비스를 제공 받는다. 센터에서의 사례관리는 클라이언트들과 함께 거주하는 직원에 의해 수행된다.

3) 서비스 제공기관의 형태별 모형

퀸(Quinn, 1993)은 사례관리가 다양한 형태의 기관에서 실천되고 있다고 보고, 서비스를 제공하는 기관의 형태별로 독자기관모형, 직접서비스기관 내의 특수단위모형,

특수단위시설 또는 복합기능기관모형, 조합모형 및 보험관리모형을 제시하고 있다 (이근홍, 2006; 권진숙 외, 2009: 38 재인용).

(1) 독자기관모형

독자기관모형이란, 자율적 관리 조직체를 가지고 있으며, 그 기관에서는 단지 사례관리서비스만을 제공하는 모형으로 사례관리만을 유일하게 제공하며 재원을 유지하고 확대하는 데 어려움이 존재한다. 서비스의 협정을 통한 재정적인 권리에 관여하지 않기 때문에, 보호 기획 과정에서 객관성을 유지할 수 있는 특징이 있다.

(2) 직접서비스기관 내 특수단위모형

직접서비스기관 내의 특수단위모형이란, 사례관리의 단위는 가족상담, 가정 건강보조, 가정 조성 또는 안내와 의뢰서비스와 같은 직접 서비스를 제공하며, 직접서비스기관이 지역사회에서 획득한 훌륭한 평판을 바탕으로 이익을 얻게 되는 장점이 있다. 그러나 기관의 직접 서비스의 기능과 일치하는 사례관리서비스만을 제공해야 하는 한계를 가지고 있다.

(3) 특수단위시설 또는 복합기능기관모형

특수단위시설 또는 복합기능기관모형이란, 사례관리는 병원, 노인홈, 또는 다목적 노인센터와 같은 복합적인 시설 내에서 실시하며 후원시설의 확고한 평판과 경험에서 이익을 얻는다. 사례관리의 단위가 하나의 구성요소로 간주될 수 있도록 다른 시설서비스로부터 분리하여 주체성을 갖는 것이 중요한 모형이다.

(4) 조합모형

조합모형이란, 다양한 기관들이 할당된 관리방식으로 협동적으로 일하는 것으로, 사례관리 프로그램은 조합서비스 제공자망을 통하여 클라이언트에게 원조를 제공하는 기능을 수행한다. 이 모형은 광범위한 지원망에 의해서 각각의 개별적인 협력기관보다 운영상의 자유가 더욱 보장됨으로써 강화되므로 조합이 다양한 기관들로부터 충분한 지원을 받지 못한다면, 사례관리 단위는 권위를 상실할 수 있으며 자율성도 감소하는 단점이 있다.

4) 서비스의 수준에 따른 분류

황성철(2000)은 클라이언트에게 제공되는 서비스의 수준을 기준으로 사례관리의 한국적 모형을 한국적 단순형, 기본형, 종합형, 전문관리형으로 제안하였다. 단순형은 지역사회자원과 서비스를 단순히 연계하는 수준의 사례관리모형으로서 준전문가의 수준에서 실천되며, 기본형의 경우에는 지역사회자원과 서비스 연계, 기초상담을 제공하는 수준의 모형으로서 단순형과 마찬가지로 준전문가의 수준에서 실천된다. 종합형은 기본적으로 지역사회자원과 서비스를 연계하고 심층상담 및 치료적 기능을 수행하며, 전문관리형의 경우 직접적·간접적 서비스 제공과 관리자로서의 역할을 수행한다.

〈표 13-4〉 서비스의 수준에 따른 분류

	단순형	기본형	종합형	전문관리형
사례관리의 근본 목적	지역사회의 자원과 서비스 연계	지역사회의 자원과 서비스 연계와 기초 상담, 조언	지역사회의 자원과 서비스 연계, 심층상담 또는 치료	직접적, 간접적 서비스 제공과 관리자로서 서비스 관리
사례관리의 기능	욕구 인식 및 사정, 사례계획과 서비스 연계, 서비스 점검	적극적 사례 발굴, 사정, 사례 계획 및 개입, 서비스 연계, 상담, 서비스 점검	Rothman의 15개 기능을 수행	기본적인 사례관리 기능과 자원 배분, 통솔, 의사결정 기능 포함
사례관리자의 역할	자원과 서비스 중개자	중개자, 상담자, 교육자, 지지자, 서비스 점검자	자원 및 서비스 중개자, 상담 또는 치료자, 교육자, 클라이언트 옹호자	연계자, 상담자, 치료자, 교육자, 관리자

	단순형	기본형	종합형	전문관리형
사례관리자의 교육 및 전문성 정도	준전문가, 비전문가 (전문대 졸업자, 또는 훈련된 자원봉사자)	준전문가, 전문가 (전문대 졸업자, 또는 초년생 사회복지사)	전문가(경력이 풍부한 선임사회복지사)	특수분야별 전문가
조직 내 사례관리자의 위치와 슈퍼비전	기존의 조직과 업무 수행부서에서 수행, 전문가에 의한 엄격한 슈퍼비전	기존의 조직 내에서 수행, 경험이 많은 사회복지사의 슈퍼비전이 필요	독립된 사례관리 부서, 최소한의 슈퍼비전	독립된 팀 형성, 슈퍼비전이 필요 없음
사례관리자의 담당 사례수	비교적 많음	적절한 사례 (30사례 내외)	비교적 적은 사례 (10~20사례)	최소한의 사례 (10사례 미만)
개별/팀접근	팀접근이 가능. 그러나 주로 개별적 접근	개별적 접근	개별적 접근	팀형성에 의한 접근
사례관리자의 업무에 관한 자율성 및 권위의 정도	자율적인 결정권이 없음. 전문가와 협의 요망	어느 정도 자율성이 보장됨	자율적인 의사결정이 보장됨	전문분야별 자율성을 보장. 그러나 공동결정 요망

출처: 황성철(1995: 275－304).

5) 사례관리의 중심초점에 따른 모형

로즈와 무어(Rose & Moore, 1995)는 사례관리실천에서 중심초점을 클라이언트와 서비스 제공자 중 어디에 두느냐에 따라 클라이언트 중심 모형과 제공자 중심 모형으로 구분하였다(이근홍, 2006).

(1) 클라이언트 중심 모형

클라이언트 중심 모형은 클라이언트와 사례관리자와의 관계에 초점을 두는 모형이다. 이 모형에서 사례관리자는 클라이언트를 적극적인 행동의 주체로 보고 그들의 강점, 잠재력, 성장가능성, 능력 등을 확인하고 개발하는 데 역점을 둔다. 또한 사례관리자는 클라이언트의 욕구를 포괄적으로 사정하고, 비공식적인 지원체계의 역할을 강조하며, 클라이언트의 자율성의 증대와 자기확신의 성장에 관심을 집중시킨다.

(2) 제공자 중심 모형

제공자 중심 모형은 서비스 계획에 초점을 두는 모형이다. 이 모형은 클라이언트를 수동적인 객체로 보고, 그들의 문제와 병리를 확인하고 해결하는 데 역점을 둔다. 이 모형은 클라이언트를 서비스 계획에 대한 적극적인 참여자가 아닌 순응자로 보며, 현존하는 서비스에 대한 안내와 의뢰에 역점을 두고, 공식 지원 체계의 활용을 강조하며, 문제 확인과 클라이언트의 치료 계획 준수에 관심을 집중시킨다.

7. 사례관리의 과정

사례관리의 과정은 클라이언트의 특성이나 실천현장 그리고 적용하는 사례관리 모형에 따라서 다르게 적용될 수 있다. 여러 학자들의 사례관리 과정을 제시하면 다음과 같다.

〈표 13-5〉 제 학자들의 사례관리 과정

학자명	과정
Moxley(1989)	사정 → 계획 → 개입 → 점검 → 평가
Rothman(1991)	기관 접근, 접수 → 사정 → 목표 설정, 개입계획, 자원 확인과 목록화 → 클라이언트와의 연결 → 점검과 재사정 → 결과 평가
Kaplan(1990)	사례 확인 → 사정과 기획 → 조정과 의뢰 → 서비스의 실행 → 점검, 평가, 재사정
Kirst-Ashman & Hull(2002)	사정 → 기획 → 실행 → 점검 → 평가 → 종결
Maguire(2002)	초기사정 → 기획 → 연결과 조정 → 점검과 지지 → 요약과 평가, 강화, 신뢰, 종결

이상에서 사례관리의 과정을 살펴보았듯이 사례관리 과정의 구성요소가 매우 다양하게 나타나고 있으며, 하나의 단계가 몇 개의 과업 또는 과정으로 구성되어 있다. 사

례관리과정이 몇 개의 단계로 통합되는 것이 간략해 보이기는 하지만 지나치게 통합될 경우, 사례관리실천에서 소홀히 다루어지거나 생략되는 경향을 발견할 수 있다. 따라서 사례관리실천에서 나타나는 전 과정을 세분화해서 재구성하면 다음과 같다.

〈표 13-6〉 사례관리의 주요 과정

단 계		주요 내용
1. 관여 (engagement)	1) 사례 발견 (case finding)	(1) 자발적 방문 (2) 의뢰 (3) 현장 접근
	2) 접수 (intake)	(1) 접수 내용 : 인구사회학적 특징, 문제와 욕구의 내용과 수준 (2) 자격 심사 (3) 인테이크 양식 활용
2. 사정 (assessment)		(1) 사정 내용 : 다면적인 문제와 욕구, 강점과 자원, 자원 활용, 변화의 의지 등 (2) 사정도구 : 욕구, 강점 사정표, PIE 체계, KOMI 이론, 가계도(genogram), 생태도(eco-map), 사회망 그리드(social network grid), 사정척도 등 (3) 사정의 수준에 따라 클라이언트 구분 : 고위험, 중위험, 저위험 (4) 사정도구 양식 활용
3. 기획 (planning)	1) 목표 수립 (building objectives)	(1) 사정을 근거로 장기목표, 단기목표 설정 (2) SMART한 목표
	2) 계획 (plan)	(1) 사정-목표와 연관된 계획 수립 (2) 생태학적 관점에 근거하여 다면적인 개입계획 수립 (3) 클라이언트와 가족의 강점 및 지역사회 자원의 활용 극대화 (4) 클라이언트의 참여와 자기결정 강조 (5) 계획서 양식 활용
	3) 계약 (contract)	(1) 서비스 제공 목표, 내용에 대한 설명, 선택가능성 제공 (2) 서비스 제공자의 역할, 클라이언트의 역할 공유 (3) 종결 조건 제시 (4) 서면 동의서 양식 활용

단 계	주요 내용
4. 실행 (implementation)	(1) 수립된 계획에 따라 서비스를 제공하거나 자원 연결 및 조정 (2) 직접 제공, 자원 연계 및 서비스 구매, 클라이언트 의뢰
5. 점검 및 재사정 (monitoring & reassessment)	(1) 모니터링 ① 제공자 측면 : 서비스 제공 여부, 서비스의 질 점검 ② 클라이언트 측면 : 클라이언트의 변화, 상황 및 환경의 변화 (2) 재사정 : 정기적 또는 필요한 경우 재사정 (3) 점검 및 재사정 양식 활용
6. 평가 (evaluation)	(1) 중간평가 ① 목표 달성 정도 ② 개입전략의 효과성 및 효율성 검토 (2) 종결평가 ① 목표 달성 여부 ② 클라이언트의 만족도 ③ 사회적 자원 활용 수준 등 (3) 평가양식 활용
7. 종결 (termination)	(1) 종결이란 최종의 목표를 달성했는가를 의미하는 것이 아님. (2) 종결의 조건 ① 목표의 달성 ② 목표를 향해 스스로 움직일 수 있는 만족스러운 모습을 보여줄 때 ③ 지역사회 지원체계 혹은 의뢰된 자원 제공자와 성공적으로 일하고 있을 때 (3) 종결보고 양식 활용
8. 사후관리 (follow up)	(1) 종결 이후 클라이언트나 기관의 전문가들이 어떻게 지내고 있는지 확인 (2) 전화나 편지로 실시 (3) 클라이언트가 지원이 더 필요한지, 지역사회 자원을 잘 활용하고 있는지, 의뢰가 적절하였는지 등 결정 (4) 사후관리 계획 양식 활용

1) 사례 발견과 인테이크

(1) 사례 발견

사례 발견(case finding)이란 사례관리가 필요한 대상자를 발견하고, 접촉하는 것을 의미한다. 사례 발견에 있어서 중요한 것은 사례관리 대상자의 범주를 규정하는 것이다. 왜냐하면 사례관리 대상자의 범주가 명확해야 사례관리서비스가 필요한 대상자를 더욱 효과적으로 발견할 수 있기 때문이다. 사례관리 대상자의 범주를 복합적이고 만성적인 문제를 가진 클라이언트와 그들의 가족이라고 포괄적으로 규정할 수 있으나 빈곤 아동과 가족, 피학대 아동과 가족, 한부모가족, 정신장애인, 빈곤 및 피학대 노인과 가족 등과 같이 대상자의 범주를 구체화할 수도 있다.

사례를 발견하는 방법은 크게 자진 방문과 기관 내부 의뢰, 외부 의뢰 그리고 현장주의 접근에 의해서 이루어진다. 사례관리자들은 클라이언트의 접근성을 강화하기 위해 다양한 노력을 기울여야 한다(권진숙 외, 2009). 사례관리자는 클라이언트들이 자진해서 방문할 수 있도록 리플릿, 홈페이지, 게시판, 현수막, 전단지 등과 같은 다양한 매체를 활용하여 사례관리서비스에 대해 적극적으로 홍보하는 것이 필요하며, 개방적이고 친절한 분위기를 유지하는 것이 필요하다. 또한 기관 내부적으로 의뢰체계를 구축할 뿐만 아니라 민간과 공공의 서비스 제공 기관, 부녀회, 통반장 등과 같은 공식·비공식적인 자원망을 활용하여 클라이언트 의뢰 체계를 구축함으로써 클라이언트의 접근성을 강화해야 한다. 만약 기관 대 기관 사이에서 의뢰를 하게 될 경우, 약속된 의뢰서를 개발하여 활용하는 것이 필요하다.

(2) 인테이크

인테이크(intake)란 잠재적인 서비스 이용자의 관심을 유도하고 대상자를 선별하는 것, 그리고 이용자격과 적합성을 결정하고 기관에 대한 정보를 제공하는 것(Gursansky et al., 2003)과 클라이언트 자신과 클라이언트가 경험하고 있는 문제와 욕구에 대한 정보뿐만 아니라 클라이언트의 가족을 둘러싸고 있는 환경에 대한 정보를 파악하는 단계를 말한다.

이 단계에서 가장 중요한 것은 다양한 정보원을 통해서 정확하고 풍부한 정보를 수집하는 것이다. 이를 위해서 클라이언트와 협력적인 관계 수립은 물론 클라이언트의 가족이나 주요 정보 제공자와 협력적인 관계를 수립하는 것이 필요하다.

인테이크를 수행하는 방법은 기존 정보 활용, 면담, 가정방문, 주요 정보 제공자 면담 등이 있다. 가능하다면 사례관리가 필요한 클라이언트의 문제와 욕구와 관련된 모든 가족구성원을 대상으로 면담을 실시하는 것이 바람직하다. 예를 들면, 아동에 대해 개입을 할 경우, 아동에 대한 면담과 더불어 부모와 다른 가족구성원에 대한 면담을 통해서 정보 수집은 물론 욕구와 선호를 파악하는 것이 필요하다.

인테이크 내용에는 클라이언트 관련 정보와 가족 그리고 그들의 환경 관련 정보가 필요하다. 클라이언트 관련 정보에는 인구학적 특성, 출생상태, 건강 및 발달, 가정생활, 사회적 관계, 클라이언트가 인식하고 표출하는 욕구 등에 관한 정보를 수집한다. 클라이언트가 표출하는 욕구를 탐색할 때, 욕구뿐만 아니라 욕구를 충족시키는 선호(wants)에 대해 탐색하는 것이 필요하다. 그리고 클라이언트의 가족에 관한 정보에는 가족구성원 정보 및 구조, 가족관계, 가족규칙 등이 포함되며, 환경적인 정보에는 경제적 상황, 주거, 공식적 사회자원, 비공식적 사회자원 등이 포함된다. 사례관리자는 이러한 내용을 포함하는 인테이크 양식을 개발하여 체계적으로 정보를 수집하도록 한다.

2) 사정

사정(assessment)이란 사례관리자와 클라이언트가 클라이언트의 명백한 욕구에 관한 정보를 수집하고 분석하며, 우선 순위화하고, 종합화하는 가운데 서로가 협동함으로써 이루어지는 과정이다(Hepworth & Larsen, 1982; 김만두 편역, 1992: 76 재인용). 사정은 관여하고 있는 클라이언트와 클라이언트가 처한 상황, 두 가지 측면을 감정하고 평가하는 것을 의미한다(Woodside & McClam, 2006). 지속적인 과정으로서의 사정은 협력적이고, 클라이언트의 적극적인 관여를 기반으로 강점에 기반을 두어야 한다(Kisthardt & Rapp, 1992; Saleebey, 1992; Rapp et al., 1994; Sullivan & Fisher, 1994; Miley et al., 1998).

사정의 첫 번째 영역은 클라이언트의 욕구(needs)와 선호(wants)를 명확하게 하는 것이다. 욕구란 적절한 생활을 유지하는 데 필요한 자원이 결핍된 상태이다. 사례관리에 있어서 제시 또는 표출된 욕구와 합의된 욕구가 중요하다. 제시 또는 표출된 욕구는 클라이언트가 직·간접적으로 인식하고 표현한 욕구를 말한다. 합의된 욕구는 클라이언트가 표출한 욕구에 대해 사례관리자와 클라이언트가 상호 간에 해결을 하기로 합의한 욕구를 말한다. 사례관리자는 클라이언트가 인식하고 제시하는 욕구를 민감하게 발견하고 제시된 욕구에 대해 상호 간에 합의를 함으로써 욕구를 사정하고 개입계획을 수립하는 데에 협력해 나갈 수 있다. 욕구 사정과 더불어서 중요한 것은 욕구를 실현하는 선호를 사정하는 것이다. 선호란 결핍된 욕구를 충족시키는 방법으로서 클라이언트가 선호하는 방법을 말한다. 사례관리자는 욕구뿐만 아니라 욕구를 실현하는 선호에 대한 사정을 통해서 보다 더 클라이언트 중심의 실천을 실현할 수 있다. 그러나 많은 클라이언트들이 자신의 욕구와 선호를 인식하고 표현하는 것에 익숙하지 않은 경우가 많다. 따라서 사례관리자는 클라이언트가 경험하는 어려움 속에서 욕구와 선호를 인식하고 표출할 수 있도록 도와야 한다. 사례관리자가 사정해야 할 욕구의 주요 영역에는 소득, 주택·보호처, 고용·직업, 건강보호, 정신건강, 사회적·인간 상호적 관계, 여가선용과 오락, 일상생활의 활동, 이동수단, 법적 욕구, 교육 등이 포함된다. 욕구와 선호 사정에 있어서 또 한 가지 중요한 것은 욕구와 선호의 우선순위를 정하는 것이다. 욕구의 우선순위는 긴급성과 중요성을 근거로 결정하되, 클라이언트의 의견을 반영하는 것이 바람직하다.

사정의 두 번째 영역은 환경적인 도전을 충족시킬 수 있는 클라이언트의 능력을 사정하는 것이다. 여기서 말하는 능력이란 위생, 의상, 금전관리 능력 등을 포함한다(Kirst-Ashman & Hull, 2002). 사례관리자는 클라이언트의 단점이나 결함에 초점을 두는 것이 아니라 클라이언트의 강점과 능력에 초점을 두어야 한다(Saleeby, 1997). 클라이언트가 가지고 있는 강점은 클라이언트의 개인적 특성이나 특징, 재능, 커뮤니티, 자부심 등을 의미하는데, 강점의 의미를 정리하면 다음과 같다(Saleeby, 2002).

- **역경**: 실패를 통해서 배운 것
- **개인적 특성이나 특징**: 자존감, 인내력, 생활력, 성실성, 유머감각, 원만한 대인관계, 영성, 외모와 외양 등
- **재능**: 악기를 다루는 것, 만들기를 잘하는 것, 노래를 잘하는 것, 운동을 잘하는 것, 요리를 잘하는 것 등
- **교육적 경험**: 교육경력, 학습경험 등
- **자부심**: 어려움을 극복한 경험, 성공의 경험 등
- **커뮤니티**: 친목 모임에 참여하는 것, 교육적 집단에 참여하는 것, 자조집단에 참여하는 것 등

사정의 세 번째 영역은 클라이언트의 비공식적 집단의 보호능력을 사정하는 것이다(Kirst-Ashman & Hull, 2002). 비공식적인 집단에는 가족, 친구, 이웃, 준사회복지사, 점원, 종교단체나 모임의 구성원, 급우 등을 포함한다. 비공식적인 보호에는 음식이나 주거와 같은 물질적인 지원과 심리정서·사회적 지지를 포함한다(Moxley, 1989).

사정의 네 번째 영역은 공식적인 지원체계의 자원을 사정하는 것이다(Kirst-Ashman & Hull, 2002). 클라이언트의 욕구를 충족시키기 위한 공식적인 지원체계의 능력 사정에서는 자원에 대한 이용가능성, 적절성, 적합성, 수용가능성, 접근가능성 등에 초점을 둔다(Moxley, 1989). 사례관리자는 과거에 이용했거나 현재 이용하고 있는 자원, 그리고 미래에 활용 가능한 자원을 사정해야 한다.

사정에 있어서 또 다른 목적은 클라이언트의 욕구 충족을 방해하는 장애물을 사정하는 것이다. 장애물은 크게 내부 장애물과 외부 장애물 두 가지로 분류된다. 먼저 내부 장애물이란 자원 발견 혹은 네트워킹을 방해하고 있는 사람이나 내용을 의미하는데(권진숙 외, 2009), 무관심, 무기력, 무동기, 비관주의, 비판주의, 운명주의, 냉소주의 등이 이에 속한다(Bellow & Mink, 1996). 사례관리자는 클라이언트와 가족과의 강점관점에 기반을 둔 임상적 개입을 통해 그들이 스스로 문제 해결을 위한 노력을

할 수 있도록 원조해야 한다. 외부 장애물이란 클라이언트가 필요한 자원을 얻는 데 있어서의 어려움 또는 클라이언트의 욕구 충족을 어렵게 하는 사람, 다시 말하면 표적체계를 의미하기도 한다. 외부적인 장애물을 제거하고 자원을 획득할 책임은 기본적으로 클라이언트에게 있으나 사례관리자는 자원의 사정, 개발, 연결, 유지 등에 대한 전문성을 가지고 클라이언트와 가족이 외부 장애물을 극복할 수 있도록 도와야 한다(권진숙 외, 2009).

3) 기획

사례관리에서 기획(planning)이란 사정단계를 통해 밝혀진 대상자의 문제를 해결하기 위해서 어떠한 방법으로 서비스를 제공할 것인지에 대한 실천적, 논리적 근거가 제시된 개별화된 서비스 계획을 말한다. 기획과정은 목표 수립과 계획 수립, 서비스 계약의 세 가지 활동이 이루어지는데 자세하게 설명하면 다음과 같다.

(1) 목표 수립

목표 수립은 기획과정에서 이루어지는 중요한 요소이다. 목표란 사례관리서비스를 통해서 클라이언트의 삶에 어떤 변화를 만들어낼 것인지를 의미한다. 사례관리의 목표는 클라이언트의 욕구와 연결되어 있으며, 욕구가 충족된 상태를 의미한다.

목표는 크게 장기목표(개입기간이 6개월 이상)와 단기목표(개입기간이 3개월 전후)로 구성되는데, 장기목표란 개입을 통해서 기대되는 결과로서 클라이언트 삶의 중요한 측면(aspects)들의 변화를 의미한다. 단기목표는 장기목표로부터 분화되어 나오는데, 장기목표를 달성하기 위한 단계적인 목표이다. 예를 들어, 안정적인 주거의 확보라는 장기목표를 달성하기 위한 단기목표로는 위험요소가 되는 주택영역을 수리할 수 있는 전문가에 의한 기술적 도움 제공, 열악한 주거환경의 개선 등과 같이 세분화될 수 있다. 사례관리자는 클라이언트 욕구의 우선순위에 따라서 목표의 우선순위를 정하고 단계적으로 목표를 성취하기 위해 노력해야 한다.

(2) 계획 수립

계획 수립은 클라이언트의 욕구 충족을 위해 수립된 장기목표와 단기목표를 달성하기 위해 구체적인 활동과 서비스 내용을 설계하는 과정이다. 이러한 과정은 사정단계에서 이루어진 클라이언트의 욕구와 선호 사정, 클라이언트의 자기보호 능력 사정, 비공식적인 지원망의 사정, 공식적 자원망에 대한 사정과 밀접하게 연결되는 과정이다. 사례관리자는 클라이언트의 욕구와 선호, 강점과 자원 그리고 지원 계획을 논리적으로 연결시키면서 전환적으로 사고하는 것이 필요하다. 서비스 계획은 클라이언트와 사례관리자 모두에게 방향성과 초점을 제시하게 되는데, 상호 협력적인 노력을 통해서 이루어지게 된다(Gursansky et al., 2003).

사례관리자는 포괄적인 계획을 발전시키기 위하여 여러 분야의 상호 제휴적 팀을 형성하고, 여러 분야의 다원적인 전문가들로부터의 서비스 투입을 조정하고, 계획화의 과정에서 클라이언트를 포함하며, 클라이언트에 대한 서비스와 지원 계획의 발전에 있어서 중요한 사회적 지지망의 구성원들을 참여시키는 활동을 포함하게 된다(Lawrence, 1975; 김만두 편역, 1993: 128-129 재인용).

따라서 계획은 활동 내용, 서비스 개시 및 종료 기간, 서비스 제공자, 제공주기와 방법 등 구체적인 내용이 포함되어야 한다.

(3) 서비스 계약

서비스 계약은 수립된 계획에 의거하여 제공 가능한 서비스에 대해 클라이언트에게 설명하고, 서비스 이용 및 사례관리과정에 참여할 것에 대해 클라이언트 또는 대리인과 사례관리자 및 사례관리기관 간에 계약을 수립하는 것을 의미한다. 서비스 계약의 내용에는 사례관리의 목적과 목표, 서비스 내용, 클라이언트와 사례관리자의 역할, 종결조건 등이 포함된다. 서비스 계약 과정을 통해 서비스의 내용과 상호간의 역할을 명확하게 할 수 있으며, 사례관리실천에 클라이언트의 참여를 촉진할 수 있게 된다.

4) 실행

실행(implementation)이란 기획단계에서 수립한 개별화된 서비스 계획을 실제로 이행하는 것을 말한다. 즉 기획단계에서 수립한 목표를 달성하기 위해서 이루어지는 직·간접적인 서비스 제공을 말한다. 실행단계에서는 사례관리자에 의한 직접적 서비스와 간접적 서비스 제공 활동이 이루어진다.

(1) 직접적 서비스

직접적인 서비스에는 위기개입, 의사결정이 어려운 클라이언트를 지지하는 것, 클라이언트의 환경을 수정하도록 돕는 것, 위기상황에서 정서적인 반응을 극복하도록 돕는 것 등이 포함된다. 또한 사례관리자는 클라이언트에게 동기를 부여하는 것, 클라이언트를 지지하는 것, 클라이언트가 공식적인 자원체계와 협상하도록 돕는 것과 같은 직접적인 서비스를 제공한다(Kirst-Ashman & Hull, 2002). 사례관리자는 직접적인 서비스를 제공하기 위하여 상담자, 교사, 지지자, 중재자 등과 같은 역할을 수행한다.

(2) 간접적 서비스

사례관리자가 제공하는 간접적 서비스에는 서비스 중개, 자원 연계, 서비스 조정, 클라이언트 옹호 서비스, 사회적 지지망 구축, 서비스 제공 조직에 대한 지지와 협상 등의 서비스가 포함된다.

서비스 중개란 클라이언트의 욕구를 충족시키는 데 필요한 자원을 개발하고 연결시키는 활동으로서 자원목록(resource inventories)의 발전을 통해서 확장된다. 자원 연계란 클라이언트의 서비스 이용성을 보장하기 위해 서비스와 클라이언트를 연결하는 것으로서 서비스 의뢰가 중요한 전략이 된다. 서비스 조정은 클라이언트의 욕구에 대응하기 위해 필요하다고 판단해서 조직한 서비스 제공자와 사회적 지지망의 구성원들에 의한 서비스가 조화롭고 적합한 방법으로 수행되도록 조정하는 것을 말한다. 서비스 조정을 통해서 자원의 중복과 대상자의 누락을 방지할 수 있으며, 제공자 간의 협력을 강화하고 궁극적으로는 목표 달성을 촉진할 수 있게 된다. 클라이언트 옹호 서비스의 경우, 서비스 제공 기관이 클라이언트의 욕구에 부응하려는 의사가 없을 때 활용하는 서비스이다. 옹호란 클라이언트의 권리를 대변하고, 클라이언트가 자원과 서비스를 제공받을 기회를 가질 수 있도록 대변하는 것을 말한다. 사회적 지지망 구성이란 가족, 친구, 비공식적으로 도와주는 사람, 여타 사람들로 구성된 사회적 망을 구축하는 것을 의미한다. 사회적 지지망의 구축을 통해서 감정적인 지지, 현실적인 도움, 준거집단, 희망과 자극 등의 도움을 받을 수 있을 것이다. 서비스 제공 조직에 대한 지지와 협상은 클라이언트의 욕구에 부응하는 대인서비스 조직이나 기관에 대해 변화와 혁신을 장려하는 것을 의미한다(장인협 편역, 1993).

5) 점검 및 재사정

(1) 점검

점검(monitoring)이란 사례관리자가 클라이언트와 그 가족, 다른 서비스 제공자 등을 통하여 제공되는 서비스가 클라이언트의 욕구 충족에 적절할 것인지를 검토하는 과정이다. 사례관리자는 기관 간의 협력이 확립되고 서비스가 실행되는 동안, 제공되는 서비스에 대해 지속적이고 건설적인 점검을 통해서 개입을 통해서 나타나는 변화에 대해 클라이언트의 피드백을 통합시키는 것이 필요하다(Intagliata, 1992; Gursansky et al., 2003: 73 재인용). 사례관리자는 점검활동을 통해서 서비스 계획이 적절하게 이행되고 있는지, 설정된 목적과 목표가 성취되고 있는지, 서비스 계획의 변화를 요구하는 새로운 욕구가 있는지를 점검한다. 아무리 완벽한 계획이라도 변화, 수정, 개선을 필요로 하게 되는데(Gursansky et al., 2003), 사례관리자는 점검과정 동안 서비스 계획을 재기술할 필요가 있으며, 기록을 유지하고 문서화해야 한다. 점검은 공식적인 의사소통, 공식적 · 비공식적인 회의, 전화 접촉, 사례 기록, 공식적인 평가 장치 등을 통해서 이루어진다. 점검 주기는 프로그램의 목적, 사례량, 이용 가능한 자원, 클라이언트의 특징이나 기관에서 정한 원칙에 따라 달라지는데, 하루에도 몇 회씩 이루어지기도

하고, 1주에 몇 회, 한 달에 한 번, 일 년에 한 번 이루어질 수도 있다(Woodside & McClam, 2006).

(2) 재사정

재사정(reassessment)이란 사례 점검을 통하여 클라이언트가 처한 상황이나 환경의 변화로 새롭게 나타난 문제와 욕구를 확인하고 분석하여 서비스를 수정하는 방법을 말한다. 재사정은 공식적일 수도 혹은 비공식적일 수도 있으며, 주기적으로 이루어질 수도 혹은 필요한 경우에만 이루어질 수도 있다(엄명용 외, 2005).

재사정의 과정은 우선적으로 재사정의 범위를 결정하여야 하는데 욕구의 복잡성 및 투입된 재원의 정도와 수준에 맞추어 결정한다. 재사정의 빈도는 욕구가 변화하기 쉬운 정도에 따라 상이하다. 다음의 세 가지 경우를 제외하고 대개 재사정을 위한 관계자 회의는 불필요하다. 즉, 어느 기관도 알지 못하는 이유로 욕구가 변화한 경우, 복잡한 내용의 신규 서비스를 즉시 제공해야 할 위기상황의 경우, 원조를 제공하고 있는 개인과 기관 간에 분쟁이 있는 경우이다. 이 경우 계획 작성자, 또는 가장 최근 재사정에 참가한 모든 관계자의 의견 청취가 필요하다(박정란, 2016).

6) 평가와 종결

(1) 평가

사례관리에서 평가(evaluation)는 중요한 부분으로서 사례관리의 전 과정을 통해서 이루어진다. 평가의 초점은 클라이언트의 관련성, 클라이언트의 변화와 만족도, 서비스의 통합 정도, 서비스의 질 그리고 클라이언트의 성과이다. 평가과정에서 사례관리자와 클라이언트의 협력이 필요하다(Woodside & McClam, 2006). 평가의 차원은 클라이언트와 그 가족, 사례관리기관, 지역사회 수준에서 이루어질 수 있다. 사례관리를 평가하는 방법은 일반적인 사회복지실천의 평가방법을 준용하게 되는데, 크게는 질적 평가와 양적 평가로 구분될 수 있으며, 만족도 조사, 목표 달성 척도, 표준화된 척도에 의한 집단 조사 설계, 단일사례설계 등 다양한 평가방법이 활용될 수 있다.

(2) 종결

종결(termination)이란 사례관리자가 클라이언트에 대한 서비스를 중단하는 단계를 말한다. 사례관리의 종결은 계획된 목표의 달성, 클라이언트의 서비스 종결 요청, 클라이언트의 사망과 이사, 자원의 부족, 타 기관으로의 서비스 의뢰가 더 효과적일 경우 등으로 이루어질 수 있다. 사례관리에 대한 평가는 1년에 1회 이상 정기적으로 실시하는 것이 바람직하며 평가 결과에 따라서 의뢰, 사정 및 기획단계로의 환류, 종결 등의 과정을 따르게 된다. 일반적으로 사례관리에서 종결은 초기에 설정된 모든 목표가 성취되어 클라이언트의 욕구가 충족되었거나 클라이언트 스스로가 자신의 삶을 유지해 나갈 수 있는 능력이 개발되었을 때 실시한다. 종결의 요건이 충족되면, 사례관리자는 클라이언트와 협의하여 종결 시기를 결정하도록 한다. 종결에 있어서 다른 이슈는 종결 시 나타날 수 있는 불안이나 부정적인 정서를 다루는 것이다. 사례관리자는 이러한 감정을 다루기 위해 클라이언트를 지지하고 격려하도록 한다. 또한 사례관리자는 클라이언트가 학습한 특정한 변화를 강화하고, 클라이언트의 성장과 변화에 대해 칭찬함으로써 클라이언트를 임파워먼트할 수 있다. 사례관리자는 사례관리를 종결할 때, 클라이언트가 최초로 제시된 문제를 다룰 수 있는 능력이 있다는 확신을 갖게 한다. 그리고 사례관리자는 필요하다면 되돌아올 수 있다고 말함으로써 '문을 열어 놓는다'. 종결보고서에는 종결하게 된 사유, 서비스 제공 요약, 대상자의 변화, 사후관리 계획이 포함된다.

7) 사후관리

사례관리서비스를 받은 클라이언트에 대한 사후관리(follow up)는 중요한 요소이다. 왜냐하면 클라이언트들이 직면하고 있는 문제들의 극단적인 특성, 예를 들면, 발달장애, 만성적인 정신장애, 심각한 신체적인 장애 등으로 인해 클라이언트들은 그들의 삶 속에 여전히 고위험 상황에 머물러 있을 수 있다. 사후관리는 클라이언트가 이전에 경험한 문제로 돌아가거나 다른 잠재적인 파국을 예방할 수 있는 방법이다(Kirst-Ashman & Hull, 2002). 사례관리자는 종결 후 대개의 경우 기관의 여건과 방침에 따라 일정한 기간 동안 클라이언트에게 전화나 편지, 가정방문을 실시하여 사후관리 서비스를 제공하는데, 종결 후 6개월 이내에 1~2회 정도 실시하도록 한다.

요 약

1. 사례관리의 등장배경

① 외국

- 탈시설화의 영향
- 서비스 전달의 지방분권화
- 복합적인 욕구를 가진 인구의 증가
- 기존 서비스의 단편성
- 사회적 지원체계와 지원망의 중요성에 대한 인식 증가
- 대인복지서비스 비용효과에 대한 인식 증가 등이다.

② 우리나라

- 사회복지서비스에 대한 지역주민들의 낮은 체감도
- 복합적이고 만성적인 문제를 가진 인구집단의 증가
- 사회복지전문직의 전문성에 대한 사회적 도전
- 사회복지전문직의 정체성에 대한 도전 등이다.

2. 사례관리의 개념과 특징

사례관리란 만성적이고 복합적인 문제를 가지고 있는 클라이언트를 대상으로 사회적 기능과 복지 증진을 도모하기 위하여 공식·비공식적인 자원을 조직, 조정, 유지함으로써 클라이언트의 문제와 욕구에 부합하는 맞춤형 포괄적 서비스를 제공하는 통합적 접근방법이다.

3. 사례관리의 목적

① 클라이언트의 기능 최적화

② 클라이언트의 발달적 능력, 문제해결능력 그리고 대처능력의 강화
③ 클라이언트의 기술과 능력 증진
④ 클라이언트의 기능 강화를 위한 사회적 지지망과 관련된 서비스의 능력 개발
⑤ 효과적이고 효율적인 서비스 전달 증진 등이다.

4. 사례관리의 원칙

① 서비스의 개별화(individualization of services)
② 서비스의 포괄성(comprehensiveness of services)
③ 서비스 중복 방지와 비용의 효율성(parsimonious services)
④ 클라이언트의 자율성 육성(fostering autonomy)
⑤ 보호의 연속성(continuity of care)
⑥ 서비스에 접근할 수 있는 공평성(equal assess to services)
⑦ 양질의 보호서비스(quality care)
⑧ 클라이언트의 임파워먼트(client empowerment)
⑨ 평가(evaluation)

5. 사례관리의 구성요소

클라이언트, 사회적 자원, 사례관리자, 과정, 운영체계 등이다.

6. 사례관리자의 역할

① 자원 조정자(resource coordinator)
② 직접적인 서비스 제공자(direct-service provider)
③ 계획자(planner)
④ 점검자(monitor)
⑤ 지지자(supporter)
⑥ 평가자(evaluator)
⑦ 옹호자(advocator)

7. 사례관리의 실천모델

① 매과이어(Maguire)의 모델 분류
- 전통적 장기모델 : 관리보호 단기모델
- 일반사회복지모델 : 전문사회복지모델

② 사례관리의 제공자에 따른 모형

- 통합전문가 또는 서비스중개자모형
- 일차적 치료자모형
- 학제간 팀모형
- 가족모형
- 지지적 보호모형
- 자원봉사자모형
- 종합서비스센터모형

③ 서비스 제공 기관의 형태별 모형

- 독자기관모형
- 직접서비스기관 내의 특수단위모형
- 특수단위시설 또는 복합기능기관모형
- 조합모형 및 보험관리모형

④ 서비스 수준에 따른 모형

- 단순형, 기본형, 종합형, 전문관리형

⑤ 사례관리의 중심 초점에 따른 모형

- 클라이언트중심 모형
- 제공자중심 모형

8. 사례관리의 과정

관여(사례 발견, 접수) → 사정 → 기획(목표 수립, 계획, 계약) → 실행 → 점검 및 재사정 → 평가와 종결 → 사후 관리

토의문제

1_ 외국과 우리나라 사례관리 등장배경의 공통점과 차이점에 대해 토론해 보시오.

2_ 사례관리와 사회복지실천의 통합적 접근방법과의 차이점과 공통점에 대해 토론해 보시오.

3_ 사례관리의 구성요소를 살펴보고, 성공적인 사례관리의 요소에 대해 토론해 보시오.

4_ 사례관리자의 역할을 학습하고 클라이언트의 자기지향성과 역량을 강화할 수 있는 방안에 대해 토론해 보시오.

5_ 사례관리의 모델을 요약하고 사회복지실천현장에서 적용할 수 있는 방안에 대해 토론해 보시오.

6_ 복합적이고 만성적인 문제를 가진 사례(본 장의 시작에 제시된 사례 포함)를 발견하고 욕구와 선호, 강점사정을 통해 서비스 계획을 수립해 보시오.

참고문헌

강서일 역 · Larry King 저 (2001). **래리 킹, 대화의 법칙**. 청년정신.

고수현, 김익균 (2003). **지역사회복지론**. 대학출판사.

국가직무능력표준(NCS) (2015). **NCS 학습모듈 사회복지사례관리 인테이크**, p.33

권구영 외 (2008). **사회복지실천론**. 창지사.

권중돈, 김동배 (2008). **인간행동과 사회환경**. 학지사.

권진숙 역 (2004). **사례관리 개념과 기술**. Arthur J. Frankel, & Sheldon R. Gelman (2004). *Case Management*. 학지사.

권진숙 외 (2009). 인천광역시 사회복지관 사례관리실천을 위한 매뉴얼 연구보고서. 인천광역시 사회복지관협회 · 사례관리연구회.

길귀숙, 강희숙, 이재호, 천덕희, 김상곤, 오영훈, 현영렬, 임승희 (2011). **사회복지실천론**. 양서원.

김경호 (2005). **사회복지실천기술론**. 청목출판사.

김규수, 김인숙, 박미은, 박정위, 설진화, 우국희, 홍선미 역 · Charles Zastrow & Karen K. Kirst-Ashman 저 (2002). **인간행동과 사회환경**. 나눔의집.

김기태 외 (2002). **사회복지실천론**. 양서원.

김기태 외 (2008). **사회복지실천론**. 공동체.

김대환 (1985). **사회사상사**. 법문사.

김만두 역 (1992). **케이스워크 관계론**. 홍익재.

김만두 편역 (1993). **효과적인 복지서비스를 위한 사례관리실천론**. Moxley, D. P. (1993). *The Practice of Case Management*. 홍익재.

김상곤 (2008). **사례관리의 이론과 실제**. 보건복지부 한국보건복지인력개발원.

김상균 외 (2005). **사회복지 윤리와 철학**. 나남출판.

김수지 외 (2001). **호스피스총론**. 한국호스피스협회.

김연옥, 최해경 공역 · Annette Garrett 저 (2003). **사회사업 면접의 이론과 사례**(*Interviewing: Its Principles and Methods*). 한울아카데미.

김용민 (2009). 종합사회복지관 시설종사자의 직무만족에 관한 연구: 임파워먼트 매개효과를 중심으로. 호남대학교 복지행정대학원 석사학위논문.

김융일 외 (2000). **사회복지실천론**. 나남출판.

김융일, 조흥식, 김연옥 (1995). **사회복지실천론**. 나남출판.

김익균 외 (2006). **사회복지실천론**. 교문사.

김인숙, 김용석 공역 · Barry Cournoyer 저 (2002). **사회복지실천기술연습**(*The Social Work Skills*

Workbook). 나남출판.

김창곤 (2003). 정신장애환자의 심리사회적 문제 사정 도구 개발에 관한 연구. 숭실대학교 대학원 박사학위논문.

김철권, 변원탄 공역 (2000). **정신과환자를 위한 사회기술훈련**. 하나의학사.

김충식, 나용선, 서상범, 신상수, 최명주 (2009). **사회복지실천기술론**. 공동체.

김혜란 (2006). **사회복지실천과 역량강화**. 나눔의집.

김혜란, 공계순, 박현선 (2013). **사회복지실천론**. 나남출판.

김혜란, 최현숙, 차유림, 문영주, 김보미 역 (2006). **사회복지실천과 역량강화**. Gutiérrez, L., Parsons, R. J., & Cox, E. O. (1998). *Empowerment in social work practice*. Tomson Learnig, Inc. 나눔의집.

김혜란, 홍선미, 공계순 (2003). **사회복지실천기술론**. 나남출판.

나동석, 서혜석 (2009). **사회복지실천론**. 학현사.

남기철, 변귀연, 양숙미, 정선욱, 조성희, 최승희 공역·Bradford W. Sheafor, & Charles R. Horejsi 저 (2005). **사회복지실천기법과 지침(개정판)***(Techniques and guidelines for social work practice)*. 나남출판.

남세진, 조흥식 (1995). **한국사회복지론**, 나남출판.

노안영, 강영신 (2005). **성격심리학**. 학지사.

류종훈 (2004). **사회복지실천론**. 동인.

문인숙, 김만두 공역·Alfred Kadushin 저 (1995). **사회사업 면접의 기법***(The Social Work Interview)*. 홍익재.

박석돈 (1994). **사회복지서비스법**. 삼영사.

박정란 (2016). **사례관리실천론**. 양서원.

박종삼 외 (2002). **사회복지학개론**. 학지사.

배태순, 최명민, 김영미 역 (2007). **전문 사회복지실천기술**. Maguire, L. (2007). *Clinical Social Work*. 시그마프레스

백은령 외 (2007). **사회복지실천론**. 대왕사.

백은령 외 (2008). **사회복지실천론(2판)**. 대왕사.

보건복지부 (2009a). 2008년도 보건복지백서.

보건복지부 (2009b). 복지정책과 자료.

보건복지부 (2016). 2016년 사회복지시설 관리안내.

사회복지교육연구센터 편저 (2010). **사회복지실천기술론**. 나눔의 집.

서미경 외 (2000). **사회복지실천윤리**. 양서원.

서울대사회복지실천연구회 역(2001). **사회복지실천기법과 지침**. Sheafor, B. W., Horejsi, C. R., & Horejsi, G. A. (1997). *Techniques and guidelines for social work practice*. Allyn & Bacon. 나남출판.

서진환, 이선혜, 정수경 역 · Malcolm Payne 저 (2001). **현대 사회복지실천 이론**. *Modern Social Work Theory: Macmillan Press LTD*. 나남출판.

서혜석 외 (2008). **사례관리: 임상사례 중심으로**. 양서원.

설진화 (2009). **사례관리론**. 양서원.

성숙진 역 · David R. Evans 외 저 (2000). **상담의 필수기술: 효과적 의사소통을 위한 사례중심 접근법** *(Essential Interviewing: A Programmed Approach to Effective Communication)*. 나남출판.

성은미, 김상곤, 최승희 (2009). 경기도의 효율적인 복지서비스 전달체계 구축방안 연구. 경기복지재단 연구보고시리즈 2009-3.

신현석 (2003). 종사자 임파워먼트와 서비스 질의 분석적 고찰: 장애인생활시설을 중심으로. **사회복지연구**, 25. 대구대학교 사회복지연구소.

양옥경 외 (1993). **사회복지실천과 윤리**. 한울아카데미.

양옥경 외 (2000). **사회사업실천론**. 나남출판.

양옥경 외 (2002). **사회복지실천론**. 나남출판.

양옥경 외 (2004). **사회복지 윤리와 철학**. 나눔의집.

양옥경 외 (2005). **사회복지실천론**. 나남출판.

양옥경, 김정진, 서미경, 김미옥, 김소희 (2000). **사회복지실천론**. 나남출판.

양옥경, 김정진, 서미경, 김미옥, 김소희 (2004). **사회복지윤리와 철학**. 나남출판.

양옥경, 김정진, 서미경, 김미옥, 김소희 (2006). **사회복지실천론**(개정3판). 나남출판.

양정남, 최선령 (2007). **사회복지실천론**(개정판). 양서원.

양정남, 최선령 (2015). **사회복지실천론**. 양서원.

엄명용, 김성천, 오혜경, 윤혜미 (2005). **사회복지실천의 이해**. 학지사.

엄명용, 김성천, 오혜경, 윤혜미 (2009). **사회복지실천의 이해**(개정판). 학지사.

엄명용, 김성천, 오혜경, 윤혜미 (2013). **사회복지실천의 이해**(개정3판). 학지사.

엄명용, 김성천, 오혜경, 윤혜미 (2016). **사회복지실천의 이해**(개정4판). 학지사.

엄명용, 노충래, 김용석 (2008). **사회복지실천기술의 이해**. 학지사.

원석조 (2005). **사회복지개론**. 양서원.

유수현, 오수희, 길귀숙, 이재령, 이재호 (2009). **인간관계론**. 양서원.

윤현숙 외 (2001). **사회복지실천기술론**. 동인.

이경남, 김인숙, 김현주, 박은주, 서화정, 이순영, 이찬희, 조윤득, 허영숙 (2008). **사회복지실천론**.

학지사.
이근홍 (2006a). 사회복지실천 개별관리. 공동체.
이근홍 (2006b). 인간행동과 사회환경. 공동체.
이근후, 박영숙 공역 · Ann Ellenson 저 (1990). 사회적응을 위한 인간관계*(Human Relation)*. 하나의학사.
이상균, 박현선 공역 · Margaret Schubert 저 (2000). 사회복지면접의 길잡이*(Interviewing in Social Work Practice)*. 나눔의집.
이상호 외 (2010). 사회복지실천론. 신정.
이영분, 김기환, 윤현숙, 이원숙, 이은주, 최현미, 홍금자 (2001). 사회복지실천론. 동인.
이영실, 나임순, 임원균, 신준옥, 조명희, 홍성희 (2016). 사회복지실천론. 양서원.
이원숙 (2008). 사회복지실천론. 학지사.
이윤로 (2006). 최신사회복지실천론. 학지사.
이윤로, 조미숙, 박정숙, 문영미, 나용선, 조현순, 봉수연, 최선경 공역 · Cynthia Cannon Poindexter 외 저 (2003). 사회사업실천기술론*(Essential Skills for Human Services)*. 현학사.
이은희, 김남숙 (2015). 사회복지실천론. 양서원.
이장호, 금명자 (1996). 상담연습 교본. 법문사.
이종복, 전남련, 김덕일 (2007). 사회복지실천론. 학현사.
이종복, 전남련, 나예원, 김경희, 강장미 (2015). 사회복지실천론. 정민사.
이준우, 이화옥, 임원선 (2004). 사회복지실천론. 인간과 복지.
이팔환 외 역 (1999). 사회복지실천이론의 토대. Mattaini, M., Lovery, C., & Meyer, C. 저 (1999). *The Foundations of Social Work Practice*. 나눔의집.
이현림 (2008). 상담이론과 실제. 양서원.
이훈구 역 · Thomas Gordon 저 (2002). 부모역할훈련*(Parent Effectiveness Training)*. 양철북.
임상사회사업연구회 (2000). 임상사회복지 사정분류체계. 나남출판.
임은희 (2008). 사회복지실천론. 학지사.
장인협 (1991a). 사회사업실천방법론. 서울대학교 출판부.
장인협 (1991b). 인간행동과 사회환경(개정3판). 집문당.
장인협, 우국희 (2001). 케어 · 케이스 매니지먼트. 서울대학교 출판부.
전재일 외 (2004). 사회복지실천론. 형설출판사.
전재일, 이성희 (2003). 사회복지실천기술론. 형설출판사.
전재일, 이종복, 조운희, 이준상, 이애재, 이성희 (2004). 사회복지실천론. 형설출판사.
정무성 역 (2001). 사회복지프로그램 기획과 관리. Kettner, P. M., Moroney, R. M., & Mortin, L. L. (1999). *Designing and Managing Programs*. SAGE Publications, Inc. 나눔의집.

정순둘 (2005). 사례관리실천의 이해: 한국적 경험. 학지사.

조휘일, 이윤로 (2000). 사회복지실천론. 학지사.

천덕희 (1998). 정신보건사회복지사 임상수련 지침서. 연세대학교 의과대학 세브란스정신건강병원 사회사업실.

천덕희 (2003). 심리사회적 사정. 제7기 정신보건사회복지사 이론교재. 한국정신보건사회복지학회.

천덕희 (2010). 심리사회적 사정. 정신보건전문요원 수련 이론 교육교재. 한국정신보건사회복지사협회.

천덕희 외 (2002). 정신보건사회복지사 수련 지침서. 한국정신보건사회복지학회.

최영민 (2002). 사회복지사 셀프-임파워먼트 프로그램의 개발 및 효과성 연구-정신보건복지사를 중심으로. 이화여자대학교 대학원 박사학위논문.

최옥채 (2001). 사회복지실천론. 양서원.

최옥채 (2007). 사회복지실천론(개정판). 양서원.

최옥채, 박미은, 서미경, 전석균 (2007). 인간행동과 사회환경. 양서원.

최옥채. (2002). 사회복지실천론(3판). 양서원.

최일섭, 류진석 (1996). 지역사회복지론. 서울대학교 출판부.

최해경 (2009). 사회복지실천론. 학지사.

최혜지 외 (2008). 사회복지사상. 학지사.

한국복지연구회 (1987). 사회복지의 역사. 이론과 실천.

한국전문대학사회복지교육협의회 (2005). 사회복지실천론. 양서원.

한국정신보건사회사업학회 (2000). 정신보건전문요원 수련교재. 양서원.

한국철학사상연구회 (1997). 강좌 한국철학. 예문서원.

한국청소년연맹 편 (2001). 인간관계훈련의 이론과 실제. 양서원.

한인영 외 (1999). 학교와 사회복지. 학문사.

한인영, 장수미, 최정숙, 박형원 역 (2006). 사회복지실천론: 일반주의 관점. Johnson, L. C., & Yanca, S. J. (2004). *Social work practice: a generalist approach*. Allyn and Bacon. 하나의학사.

한인영, 최현미 (2000). 의료사회사업론. 학문사.

허남순 외 공역 · Dean H. Hepworth 외 공저 (2004). 사회복지실천 이론과 기술*(Direct Social Work Practice: Theory and Skills)*. 나눔의집.

홍순혜, 한인영 공역 · Jill Donner Kagle 저 (1997). 사회사업기록: 이론과 실제*(Social Work Records)*. 학문사.

황성철 (1995). 사례관리실천을 위한 모형 개발과 한국적 적용에 관한 연구. 한국사회복지학 27, 275-304.

山手 茂 (2003). **社會福祉專門職と社會サービス**. 東京: 相川書房.

小田兼三, 宮川數君 (2005). **社會福祉援助技術論**. 東京: 勁草書房.

Austin, C. D., & McClelland, R. W. (1996). Introduction: Case Management-Everybody's Doing It. In C. D. Austin & R. W. McClelland (eds.), *Perspectives on Case Management Practice*. Milwaukee: Families International. pp. 1-16.

Baragwanath, A. (1997). *Practical Implications of Case/Care Management-How Much can We Do At Home?* Aged Care Australia Conference.

Barker, R. L. (1989). *The social work dictionary, silver spring*. MD: NASW.

Barker, R. L. (ed.) (1995). *The social work dictionary*(4th ed.). NASW Press.

Bartlett, H. M. (1970). *The Common base of social work practice*. New York: National Association of Social Workers, Inc.

Bertalanffy, L. (1968). General system theory. New York: George Braziller, Inc.

Biestek, E. P. (1957). *The Casework relationship*. Illinois: Loyola Univ. Press.

Boehme, W. (1959). *Objectives of the social work education curriculum of the future*. Curriculum Study, New York: Council on Social Work Education.

Bowers, S. (1949). The Nature and definition of Social casework. Famaily service Association of America.

Boyle, S. W., & Hull, G. H. (2006). *Direct practice in social work*. Pearson Education, Inc.

Brammer, L. M. (1979). *The helping relationship: Process and skills*(2nd ed.). Englewood Cliffs, NJ: Prentice-Hall.

Brieland, D., Costin, L. B., & Atherton, C. R. (1985). *Contemporary social work: An introduction to social work and social welfare*(3rd ed.). New York: McGraw-Hill.

Brower, A. M. (1988). Can the ecological systems model guide social work practice? *Social service Review, 62*, 411-429.

Brown, J. L., Toby, & Furstenberg, A. L. (1992). *Restoring control: Empowering older patients and their families during health crisis*. Social Work in Health Care.

Burns, B. J., Gwaltney, E. A., & Bishop G. K. (1995). Case Management Research: Issues and Directions. In B. J. Friesen & J. Poertner(eds.), *From Case Management to Service Coordination for Children with Emotional, Behavioural, or Mental Disorders: Building on Family Strengths*. Baltimore: Paul H. Brookes. pp. 353-72.

Challis, D. (2000). Care Management in the United Kingdom. In R. Applebaum & M. WhiteKey(eds.),

Issues in case Management Around the Globe. San Francisco: American Society on Aging. pp. 50-59.

Challis, D., Chesterman, J., Darton, R., & Traske, K. (1993). Case Management in the Case Management in the Care of the Aged: The Provision of care in Different Settings. In J. Bornat, J. Johnson, C. Pereira, D. Pilgrim, & F. Williams(eds.), *Community Care: A Reader.* London: Macmillan in association with Open University Press. pp. 184-203.

Compton, B. R., & Gallaway, B. (1984). Social Work Processes(3rd ed.). Homewood, IL: The Dorsey Press.

Compton, B. R., & Gallaway, B. (1989). Social Work Processes. Belmont Wadsworth Publishing Company.

Compton, B. R., & Galaway, B. (1999). *Social Work Processes*(6th ed.). Pacific Grove, CA: Brooks/Cole Publishing Company.

Compton, B. R., Galaway, B., & Cournoyer, B. R. (2005). *Social work processes.* Thomson Learning, Inc.

Compton, B., & Galaway, B.(1979/1980). *Social work processes*(3rd & 4th ed.).

Cooper & Lesser (2005). *Clinical Social Work Practice; An Integrated Approach.* Allyn & Bacon.

Corey, G., Corey, M. S., & Calanan, P. (1988). *Issues and Ethics in the Helping Professions*(3rd ed.). Pacific Grove, Calif.: Brooks/Cole.

Cournoyer, B. (2000). *The Social Work Skills Workbook*(3rd ed.). Belmont, CA: Brooks/Cole Publishing Company.

Donner, S., & Sessions, P. (1995). *Garrett's Interviewing.* Milwaukee: Families International, Inc.

Ellenson, A. (1988). *Human Relation.* Englewood Cliffs, NJ: Prentice-Hall.

Epstein, L. (1985). *Talking and Listening: A Guide to the Helping Interview.* St. Louis: Times Mirror/Mosby.

Evans, D. R., Hearn, M. T., Uhlemann, M. R., & Jvey, A. E. (1998). *Essential Interviewing: A Programmed Approach to Effective Communication*(5th ed.). Belmont, CA: Brooks/Cole Publishing Company.

Germain, C. B. (1973). An ecological perspective in casework practice. *Social Casework, 59*(11), 15-22.

Germain, C. B. (1979). Ecology and social work. In C. B. Germain(ed.), *Social work practice: People and environments*(pp. 1-22). New York: Columbia University press.

Germain, C. B. (1983). Using social and physical environments. In A. Rosenblatt, & D. Waldfogel(eds.), *Handook of clinical social work research*(pp. 110-133). Sanfrancisco: Jossey-Bass Publishers.

Germain, C. B. (1984). *Social Work Practice In Health Care-an ecological perspective.* The free press, A Division of Macmillan, Inc.

Germain, C. B., & Gitterman, A. (1980). *The life model of social work practice*. New York: Columbia University Press.

Germain, C. B., & Gitterman, A. (1986). The life model Approach to Social Work Practice Revisited. In Turner, F. & Kendall, K. A.(eds.), *Social Work Treatment*. The Free Press. pp. 618-644.

Germain, C. B., & Gitterman, A. (1996). *The life model of social work practice: Advanced theory and practice*. New York: Columbia University of Chicago press.

Goldstein, H. (1973). Social Work Practice: A Unitary Approach, Columbia: Univ. of South Carolina Press.

Gursandsky, D., & Kennedy, R. (1998). Discourses of Case Management: A Labour Market Program Analysis. *The Australian Journal of Career Development, 7*(2), 17-21.

Gursansky, D., Harvey, J., & Kennedy, R. (2003). *Case Management Policy, Practice and Professional Business*. Columbia University Press.

Hamilton, G. (1940). *Theory and practice of casework*. New York: Columbia University press.

Heffernan, J., Shuttleworth, G., & Ambrosino, R. (1997). *Social work and social welfare: An Introduction*(3rd ed.). Minneapolis/St Paul West Publishing Co.

Hepworth, D. H., & Larsen, J. A. (1993). *Direct Social work practice*. Pacific Grove, CA: Books/Cole Publishing.

Hepworth, D. H., & Larsen, J. A. (2006). *Direct social work practice: Theory and skills*(7th ed.). Pacific Grove: Books/Cole Publishing Company.

Hepworth, D. H., & Larsen, J. A., & Rooney, R. (1997). *Direct Social Work Practice: Theory and skills*. Thomson Learning, Inc.

Hepworth, D. H., Rooney, G. D., Strom-Gottfried, K., & Larsen, J. A. (1997). *Direct social work practice-theory and skills*. Thomson Learning, Inc.

Hepworth, D. H., Rooney, R. H., Rooney, G. D., Strom-Gottfried, K.S., & Larsen J. A. (2002). Direct Social Work Practice; Theory and Skills(6th eds.). Thomson Brooks/Cole.

Hepworth, D., Roony, R. H., & Larsen, J. A. (2002). *Direct Social Work Practice: Theory and Skills*(6th ed.). Pacific Grove, CA: Brooks/Cole Publishing Company.

Hollis, F. (1964). *Casework: a psychosocial therapy*(1st ed.).

Hudson, H. (trans.) (1983). *Face to Face in the Counselling Interview*. London: The Macmillan Press Ltd.

Hull, G. H. (1990). *Social Work Internship Manual.* EauClaire: University of Wisconsin-Eau Claire, Department of social Work. p. 17.

Intagliata, J. (1992). Improving the Quality of Community Care for the Chronically Mentally Disavaed: The Role of Case Management. In S. M. RoseCase(ed.), *Management and Social Work Practice.* New York: Longman. pp. 25-55.

Jackson, B., Finkler, D., & Robinson, C. (1992). A case management system for infants with chronic illnesses and developmental disabilities. *Children's Health Care*, 21(4), 224-232.

Johnson, L. C. (1995). *Social Work Practices: A Generalist Approach*(5th ed.). Boston: Allyn and Bacon.

Johnson, L. C. (1998). *Social work practice: A generalist approach*(2nd ed.). Needham Heights, MA: Allyn & Bacon.

Kadushin, A. (1983). *The Social Work Interview*(2nd ed.). New York: Columbia University Press.

Kagle, J. D. (1995). *Social Work Records*. Belmont, CA: Wadsworth Publishing Company.

Kamerman, Sheila B. (1998). Field of Practice, In Mark A. Mattaini, Christine T. Lowery, & Carol H. Meyer(eds.), *The Foundations of Social Work Practice.* Washington, DC: National Association of Social Workers, Inc.

Kaplan, H. I., Hepworth, D. H., & Larsen, J. A. (1990). *Direct Social Work Practice: Theory and Skill.* Belmont, C.A: Wadsworth Publishing Company.

Kirst-Ashman, K. K., & Hull, G. H. (2002). *Understanding Generalist Practice.* Brooks/cole Thomson Learning.

Kirst-Ashman, K., & Hull, G. Jr. (1999). *Understanding Generalist Practice.* Chicago: Nelson-Hall Publishers.

Kisthardt, W. E., & Rapp, C. A. (1992). Bridging the Gap Between Principles and Practice: Implementing a Strengths Perspective in Case Management. In S. M. Rose(ed.), *Case Management and Social Work Practice.* New York: Longman: 112-125.

Lewis, J., & Glennerster, H. (1996). *Implementing the New Community Care.* Philadelphia: Open University Press.

Loewenberg & Dolgoff (1996). *Ethical decisions for social work practice*(4th ed.). F. E. Peacock Publishers.

Louise C. Jonson (1992). *Social Work Practice-a generalist approach*(4th ed.). A Division of Simon & Schuster, Inc.

Lusk, M. W. (1993). *The Psychosocial Evaluation of Hospital Patient.* Health and Social Work.

Maguire, L. (2002). *Clinical Social Work, Beyond Generalist Practice with Individuals, Groups, and Families*. Thomson learning Inc.

Maguire, L. (2006). *Clinical social work: Beyond generalist practice with individuals, groups, and familys*. Pacific Grove, CA: Brooks/Cole Publishing CO.

Mattison, M. (1997). Ethical Decision Making in Social Work Practice. Paper Presented at the 15th Annual Bacclaureate Program Directors Conference, Philadelphia.

Meyer, C. H. (1976). *Social work practice: The changing landscape*. Free Press.

Meyer, C. H.(ed.). (1988). Clinical social work in the ecosystems perspective. New York: Columbia university Press.

Miley, K. K, O'Melia, M., & Dubois, B. L. (1995). *Generalist Social Work Practice: An Empowering Approach*. Allyn and Bacon.

Miley, K. K., O'Melia, M., & Dubois, B. L. (1998). *Generalist Social Work Practice: An Empowering Approach*. Needham Heights: Allyn and Bacon.

Minahan, A. (1981). Introduction to special issues: purposes and objectives of social work revisited. *Social work*, Jan. pp. 5-6.

Morales, A. T., & Sheafor, B. W. (1995). *Social Work A profession of Many Faces*. Allyn and Bacon.

Moxley, D. P. (1989). The Practice of Case Management. Newbury Park: Sage Publications, Inc.

National Association of Social Workers (1973). Standards of Social Service Manpower. New York: NASW.

National Association of Social Workers (1992). Case Management in Health, Education, and Human Service Settings. In S. M. Rose(ed.), *Case Management and Social Work Practice*. New York: Longman. pp. 21-24.

Netting, F. E. (1992). Case Management: Service or Symptom? *Social work, 37*(2), 160-163.

O'Connor, I., Wilson, J., & Setterlund, D. (1998). *Social work and Welfare Practice*. Sydney: Addison Wesley Longman.

Ozanne (1996). Case Management Applications in Australia. *Journal of Case Management* 5(4), 153-157.

Payne (1991). *Modern Social Work Theory: A Critical Introduction*. London: Macmillan Education, Ltd.

Pelman, H. H. (1957). Social Casework: A Problem-Solving Process, Chicago: University of Chicago Press.

Pelman, H. H. (1979). Relationship : The heart of helping people, Chicago: University of Chicago Press.

Pelman, H. H. (1986). The problem-solving model. In F. Turner(ed.), *Social work treatment: Intelocking theoretical approach*(3rd ed.). New York: The Free Press. pp. 254-266.

Perlman, H. (1957). *Social casework: A problem solving process*. Chicago: University of Chicago press.

Perlman, H. (1970). The problem-solving model in social casework. In Robert & Nee (eds.), *Theories of social casework*. Chicago: university of Chicago press.

Pincus, A., & Minahan, A. (1973). *Social Work Practice: Model and method.* Itasca. Ill.: F. E. Peacock Publishers. Inc.

Poulin, J. (2005). *Strengths-based Generalist Practice*. Thomson Books/cole.

Princus, A., & Minahan, A. (1973). The social-environmental context of child clients: An emprical exploration. *Social Work, 38*(3), 256-261.

Rapp, R. C., Kelliher, C. W., Fisher, J., & Hall, F. (1994). Strengths-based Case Management: A Role in Addressing Denial in Substance Abuse Treatment. *Journal of case Management, 3*(4), 139-144.

Reamer, F. G. (1992). The impaired social worker. *Social Work, 37.*

Reamer, F. G. (1999). *Social Work Values and Ethics*(2nd ed.). New York: Columbia University Press.

Richmond, M. E. (1922). What is Social Casework? New York: Russell sage Foundation.

Rodway, M. R. (1986). System Theory. In Turner, F. & Kendall, K. A.(eds.), *Social Work Treatment*. The Free Press. pp. 514-540.

Rose, S. M. (1992). Introduction: Case Management and Social Work Practice-History and Context. In S. M. Rose(ed.), *Case Management and Social Work Practice*. New York: Longman: v-x.

Rose, S. M., & Moore, V. L. (1995). Case Management. In R. L. Edwards, J. G. Hopps, & L. D. Bernard et al.(eds.), *Encyclopedia of Social Work*. Washington: NASW Press. pp. 335-340.

Rothman, J. (1991). A Model of case management: toward empirically based practice. *Social Work, 36*(6). Silver Spring, MD. NASW.

Rothman, J., & Sager, J. S. (1998). *Case Management: Integrating Individual and Community Practice*. Boston: Allyn and Bacon.

Sadock, B, J. (1998). *Synopsis of Psychiatry*(8th ed). New York: Williams & Wilkins.

Saleebey, D. (2002). *The Strengths Perspective in social work*. Allyn and Bacon.

Saleebey, D. (ed.) (1992). *The Strengths Perspective in Social Work Practice*. New York: Longman.

Seligman, L. (2001). *Systems, strategies and skills of counseling and psychotherapy*. Upper Saddle River, NJ: Prentice-Hall, Inc.

Sheafor, B. W., & Horejsi, C. R. (2003). *Techniques and guidelines for social work prac-*

tice(6th ed.). Needham Heights, MA: Allyn & Bacon.

Sheafor, B. W., & Horejsi, C. R. (2006). *Techniques and guidelines for social work practice*. Pearson Education, Inc.

Sheafor, B. W., Horejis, C. R., & Horejisi, G. A. (1997). *Techniques and Guidelines for Social Work Practice*(4th ed.). Boston: Allyn and Bacon.

Siporin, M. (1975). *Introduction to social work practice*. New York: MacMillan.

Skidmore, R. A., Thackeray, M. G., Farley, O. W., Smith, L. L., & Boyle, S. W.(2000). Introduction to Social Work(8th ed.). Allyn and Bacon.

Specht, H. (1998). *New directions for social work practice*. Englewood Cliffs, New York: Prentice-Hall.

Sperry & Gudeman (1992). *Psychiatric Case Formulations*. American Psychiatric Press, Inc.

Spreitzer, G. M. (1995). Psychological Empowerment in the Workplace: Dimensions, Measurement, and Validation. *Academy of Management Journal, 38*(5), 1442-1465.

Sullivan, W. P., & Fisher, B. J. (1994). Intervening for Success: Strengths-based Case Management and Successful Ageing. *Journal of Geontological Social Work, 22*(1/2) 61-74.

Tracy, E. M. & J. K. Whittaker (1990). The social network map: Assessing social support in clinical social work practice. *Families in society*.

Walsh, J. (2006). *Theories for Direct Social Work Practice*. Thomson Books/cole.

Weil, M., & Karls, J. M. (1985). *Case Management in Human service Practice*. San Francisco: Jossey-Bass.

Whitaker, W. H. & R. C. Federico. (1977). Social Welfare in Today's World, New York: McGRAW-Hill.

Wood, G. G., & Middleman, R. R. (1989). *The Structural Approach to Direct Practice in Social work*. New York: Columbia University Press.

Woods, M. E., & Hollis, F. (1990). *Casework: A psychosocial Therapy* (5rd ed.). New York: Random House.

Woodside, M., & McClam, T. (2006) *Third Edition Generalist Case Management A Method of Human Service Delivery*. Thomson Brooks/cole.

Zastrow, C. (1995). *The Practice of Social Work*(5th ed.). Pacific Grove, CA: Brooks/Cole Publishing Company.

Zastrow, C. (1999). *The Practice of Social Work*(6th ed.). Pacific Grove: Books/Cole Publishing Company.

Zastrow, C. (2003). *The Practice of Social Work*. Brooks/Cole, Thomson Learning, Inc.

Zastrow, C. (2004). *Introduction to Social Work and Social Welfare*. Empowering People.

찾아보기

[인명]

[내용]

A~Z

저자소개

❖ 길 귀 숙

숭실대학교 대학원 졸업(사회복지학 석사)
숭실대학교 대학원 졸업(사회복지학 박사)
광주여자대학교, 열린사이버대학교, 대구사이버대학교 사회복지학과 교수 역임
현, 인덕대학교 사회복지학과 교수

❖ 강 희 숙

서울대학교 대학원 졸업(보건학 석사)
서울대학교 대학원 졸업(보건학 박사)
성균관대학교 대학원 졸업(사회복지학 박사 수료)
현, 공주대학교 사회복지학과 교수

❖ 오 영 훈

숭실대학교 대학원 졸업(사회복지학 석사)
한남대학교 대학원 졸업(사회복지학 박사)
한마음정신병원 사회사업실, 건양대병원 의료사회사업파트장 역임
현, 대전과학기술대학교 사회복지과 교수

❖ 오 하 나

국민대학교 대학원 졸업(석사)
한서대학교 대학원 졸업(박사)
현, 경복대학교 복지행정과 교수

❖ 유 진 희

숭실대학교 대학원 졸업(사회복지학 석사)
숭실대학교 대학원 졸업(사회복지학 박사)
현, 국제대학교 사회복지과 교수

❖ 제 미 자

신라대학교 대학원 졸업(사회복지학 석사)
신라대학교 대학원 졸업(사회복지학 박사)
현, 동주대학교 사회복지과 교수

❖ 현 영 렬

동경도립대학교 대학원 졸업(석사)
서울시립대학교 대학원 졸업(박사)
사회복지법인 애지재단 근무
현, 서정대학교 사회복지행정과 교수

▌사회복지실천론 ▌

1판 1쇄 발행 2018년 2월 26일
1판 7쇄 발행 2026년 2월 28일

저 자 | 길귀숙 강희숙 오영훈 오하나 유진희 제미자 현영렬

발 행 인 | 박철용
발 행 처 | 양서원
주 소 | 경기도 파주시 직지길 522 파주출판도시
전 화 | 031-955-8000(代)
팩 스 | 031-955-8005
홈페이지 | www.yswpub.co.kr
이 메 일 | yswgroup@naver.com
출판등록 | 1987년 11월 24일 제 406-2003-037 호

ISBN 978-89-994-0797-0

정가 22,000원